Ethische Ökonomie. Beiträge zur Wirtschaftsethik und Wirtschaftskultur

Titel der bisher erschienenen Bände

Band 1: P. Koslowski, Y. Chen (Hrsg.)
Sozialistische Marktwirtschaft
Soziale Marktwirtschaft
1996. ISBN 3-7908-0926-8

Rolf Kühn

Leben als Bedürfen

Eine lebensphänomenologische Analyse zu Kultur und Wirtschaft

Physica-Verlag
Ein Unternehmen des Springer-Verlags

Univ.-Doz. Dr. Rolf Kühn
Institut für Philosophie
der Universität Wien
Universitätsstraße 7/III
A-1010 Wien

Die Deutsche Bibliothek - CIP-Einheitsaufnahme

Kühn, Rolf:
Leben als Bedürfen : eine lebensphänomenologische Analyse zur Kultur und Wirtschaft / Rolf Kühn. - Heidelberg : Physica-Verl., 1996
(Ethische Ökonomie ; 2)

NE: GT

ISBN-13: 978-3-7908-0927-5 e-ISBN-13: 978-3-642-61208-4
DOI: 10.1007/978-3-642-61208-4

Softcover reprint of the hardcover 1st edition 1996

SPIN 10533144 88/2202-5 4 3 2 1 0 – Gedruckt auf säurefreiem Papier

Geleitwort

PETER KOSLOWSKI

Die Untersuchung von Rolf Kühn wendet die Methodik der Lebensphänomenologie auf den Kultursachbereich der Wirtschaft an. Die These des Verfassers ist, daß Leben als phänomenologisch-originäres Bedürfen eine bestimmte immanente Teleologie besitzt, der die Gesamtkultur und damit auch die Wirtschaft als Teilbereich der Kultur Rechnung tragen muß. Die phänomenologische Analyse desjenigen, dessen das Leben immanent bedarf - und zwar bedarf als subjektives Leben, nicht als vitalistisches Kollektivleben eines Volks- oder Klassenlebens -, wird als kritischer Maßstab an die Wirtschaftskultur und an das Wirtschaftssystem angelegt. Kühn kommt von einem radikal lebensphänomenologischen Ansatz, der an Michel Henry, einem bedeutenden Phänomenologen in Frankreich heute, anschließt, zu einer Auseinandersetzung mit dem in der Ökonomie vorherrschenden Systemdenken und seiner Systemrationalität. Das Bedürfen des rein subjektiven Lebens muß gegen das Konsumiertwerden des Individuums in den Rationalismen und ökonomischen Systemen als Kritik an allen Wirtschaftssystemen aufrechterhalten werden.

Der Verfasser gelangt mit der zentralen Stellung des phänomenologischen Lebens zu einem radikalen "Subjektivismus" der Lebensaffektion, der noch über den Wertsubjektivismus der Österreichischen Schule der Nationalökonomie hinausgeht. In diesem Sinne ist ihm der methodische Individualismus der liberalen Nationalökonomie in einer gewissen Weise noch nicht individualistisch genug, weil es in der Österreichischen und Neoklassischen Nationalökonomie wesentlich darum geht, subjektive Wertschätzungen zu objektiven Preisen zu vereinigen, während es nach dem Ansatz der Lebensphänomenologie nötig ist, das subjektive Bedürfen des Lebens gegen die Zusammenfassungs- und Verallgemeinerungsimperative der ökonomischen Systeme festzuhalten.

Andererseits kann der Verfasser von seiner Position aus auch anerkennen, daß die liberale Marktordnung der planwirtschaftlichen deshalb weit überlegen ist, weil sie näher an der Subjektivität und damit auch an der Bedürfnisteleologie des individuellen Lebens ist. Kritisch gegen den Verfasser einzuwenden ist jedoch, daß er die Notwendigkeit, die Subjektivismen des individuellen Lebens zu koordinieren und im Preissystem zu vermitteln, unterschätzt. Auch der ökonomische Zwang zur Effizienz, der sich aus der Knappheit der Ressourcen und aus dem internationalen Wettbewerb ergibt, wird von dem radikalen "Subjektivismus" der Lebensaffektion nicht hinreichend beachtet. Wenn die Konkurrenz im Weltmaßstab zu einer Verringerung der ökonomischen Spielräume der Individuen in den industrialisierten Nationen führt, wirkt sich das auch auf die „immanente Bedürfnisteleologie des Lebens" (Kühn) aus, ohne daß dieser quasi naturwüchsige Prozeß durch irgendein Wirtschaftssystem, wie der Zusammenbruch der Planwirtschaft in China und der Sowjetunion gezeigt hat, verhindert oder aufgehoben werden könnte.

Interessant ist die Beobachtung Kühns, daß der Markt eine Überbrückung der an sich nicht zu vermessenden Subjektivität der Kraftverausgabung des Individuums in der Arbeit ist. Da jeder die Arbeit anders erfährt und auch die Last und Freude einer bestimmten Arbeitsaufgabe anders bewertet, stellt sich die Frage, wie ein Wirtschaftssystem dieser irreduziblen Subjektivität des Arbeitserlebens Rechnung tragen kann.

Die vorliegende der Wirtschaftskultur gewidmete Arbeit stellt eine eigenständige und originelle Übertragung des wissenschaftlichen Paradigmas einer Disziplin, hier der Lebensphänomenologie, auf das einer anderen Disziplin, hier der Ökonomie, dar. Sie entspricht in dieser Art von interdisziplinärem Transfer einem wesentlichen Zweck der Reihe „Ethische Ökonomie. Studien zur Wirtschaftsethik und Wirtschaftskultur".

Der Verfasser trifft einen wunden Punkt der gegenwärtigen Diskussion zur Wirtschaftsethik und Wirtschaftskultur: die Versuchung der Ökonomen und Philosophen, Ethik und Kultur einseitig als ein weiteres systemstabilisierendes Element neben der ökonomischen Systemrationalität des Eigeninteresses zu sehen. Gerade sein radikaler "Subjektivismus" als Lebensphänomenologe hindert den Autor daran, die von ihm kritisierte Systemrationalität und ihre Gefahren in einer „Systemethik" zu wiederholen.

Man könnte vielleicht einwenden, daß der Autor zu sehr individualethisch argumentiere. Die Zielrichtung seiner Kritik an der Ökonomie und Wirtschaftsethik ist jedoch gerade, daß sie die Subjektivität des Bedürfens und die Einzigartigkeit der Affektionen des Lebens über einer „Systemkultur und Systemethik" zu vergessen drohen. Wenn die großen Systeme den Menschen nicht völlig übermannen sollen, muß er die Subjektivität der

Lebensaffektionen gegen die Subsumption und Konsumption in und durch die Institutionen geltend machen. Ethik und Kultur sind auch institutionelle Ethik und Kultur, sie sind jedoch nicht, wie es der sogenannte "institutionenethische Ansatz" der Wirtschaftsethik etwa bei Karl Homann annimmt, nur dieses.

Wenn die Ethik nur in den Imperativen der Institutionen bestünde, könnte man auf sie verzichten. Es genügte dann eine Institutionen- und Rechtslehre. Ethik und Kultur sind mehr als die Wiederholung von Systemimperativen in der Sprache des Sollens. Sie sind vielmehr zugleich Kritik an den Institutionalisierungen von Ethos und Kultur und das Infragestellen ihrer Regeln und „Allgemeinheiten" durch die Erfahrungen des bedürfenden Lebens, das sich immer auch an diesen Institutionen reibt.

Die wirtschaftsethische Diskussion in Deutschland muß sich davor hüten, sich nur rein affirmativ zum faktischen Wirtschaftsethos und zur heute bestimmenden Wirtschaftskultur sowie zur herrschenden Lehre der Wirtschaftstheorie zu verhalten, was besonders für die bereits genannte "Institutionenethik" als Ansatz der Wirtschaftsethik zutrifft. In ihr ist kein Unterschied mehr zwischen Ordnungstheorie und ethischer Theorie der Wirtschaft zu erkennen. Da die Gefahr besteht, daß die Wirtschaftsethik und „Business ethics" zu wenig „Macht der Negation", zu wenig kritisches Potential gegenüber der wirtschaftlichen Realität in den fortgeschrittenen Industrienationen entwickeln, muß es ein Interesse der vorliegenden Reihe sein, hier Gegengewichte zu setzen.

Auch wenn man, wie der Verfasser dieses Geleitworts, die Schlußfolgerungen des Buchautors in bezug auf die Krise des Kapitalismus nicht teilt, muß man doch anerkennen, daß der Gedanke der immanenten Bedürfnisteleologie des rein phänomenologischen Lebens eine wichtige Funktion als kritisches Korrektiv gegenüber den Systemimperativen der Systemrationalität auszuüben vermag. Als dieses kritische Korrektiv leistet das Buch von Rolf Kühn einen originären Beitrag zur Debatte um die Wirtschaftsethik und Wirtschaftskultur.

Vorwort

Diese Untersuchung geht in ihrem Kern auf eine Vorlesung am Institut für Philosophie der Universität Wien zurück. Das Hauptanliegen war es, die Immanenz des reinen, phänomenologischen Lebens als in sich "inter-kulturell" zu erweisen und als möglichen Fluchtpunkt der gegenwärtigen Diskurse über "Interkulturalität" anzubieten.

Durch Anregung von Peter Koslowski vom Forschungsinstitut für Philosophie Hannover trat ein Kapitel über die sich neu definierende "Wirtschaftskultur" hinzu, was inhaltlich dann auch unseren Ausblick bestimmte, dessen überarbeiteter Text auf einen Vortrag an der Chinesischen Akademie der Sozialwissenschaften in Beijing zum Tagungsthema "Sozialistische Marktwirtschaft - soziale Marktwirtschaft. Theorie und Ethik der Wirtschaftsordnung in China und Deutschland" im März 1995 zurückgeht. Es handelte sich um die erste gemeinsame Tagung dieser Art zwischen der Chinesischen Akademie und dem Philosophischen Forschungsinstitut Hannover.

Von der Einleitung an ist jedoch der wirtschaftliche Aspekt mit präsent, denn wo das absolut-subjektive bzw. "produzierende" Leben jedwede Realität nicht mehr in seinem "Griff behält", ist eine originäre Kultur bereits aufs Spiel gesetzt. Die weiteren "kulturphilosophischen" Kapitel bieten sich daher als Untersuchung exemplarischer Art zu neueren, post-modernen Kulturtheorien an, um jene Stellen ausfindig zu machen, wo das Leben als kulturelle Selbstphänomenalisierung thematisch verabschiedet oder hermeneutisch-soziologisch verkürzt wird.

Der Versuch, Kultur und Interkulturalität *phänomenologisch umfassend* zu erhellen, erwies sich einerseits als unbegrenzbar, andererseits als lebenseidetische Analyse noch gar nicht in seinem Eigentlichen erschlossen, insofern dafür nicht einzelne kulturelle Werke und Institutionen maßgeblich sind, sondern die lebendigen "Übergänge" der transzendental-sinnlichen Affektivität. Wir danken herzlich Simone Hauke (Wien), die über aufmerksame Korrektur und Verbesserungsvorschläge hinaus immer wieder den Anspruch betont hat, der interkulturellen "Gleichabkünftigkeit" des Lebens in seinem Pathos durch mißverständliche Formulierungen keinen Abbruch zu tun. Nicht zuletzt gebührt aller Dank meiner Schwester Ilse Kühn (Freiburg i. Br.) für die vorzügliche Erstellung der Druckvorlage.

So schöpft dieses Buch aus der nie versiegenden individuellen "Lebensgabe" seine Hoffnung auf eine nicht abreißende "Kulturgabe". Kungfutse hat dies in seinen "Gesprächen" (Lun Yü IX, 5) zum Ausdruck gebracht, wenn er sagt: "Da König Wen nicht mehr ist, ist doch die Kultur mir anvertraut? Wenn der Himmel diese Kultur vernichten wollte, so hätte ein spätgeborener Sterblicher sie nicht überkommen. Wenn aber der Himmel diese Kultur nicht vernichten will: was können dann die Leute von Kuang mir anhaben?"

Wien/Tuttlingen, im Herbst 1995 — Rolf Kühn

Inhalt

INHALT

Teil III
Wirtschaft und Kultur

Ausblick

Einleitung

Was fehlt uns eigentlich?

Aus dem diffusen Unbehagen, was uns Menschen in den wirtschaftlich reichen Industrienationen im Grunde noch fehle, schält sich als individuelles, kulturelles wie wirtschaftliches Bedürfen das Bedürfen nach "Lebensqualität" heraus. Dieser Begriff schwankt zwischen einer allseits wieder hergestellten Natur-Umwelt bis hin zur ungetrübten Privatheit im eigenen Heim. Dazwischen liegen die großen Anfragen problembelasteter Technik-Wissenschaft wie humane Medizin, sparsamer Ressourcenverbrauch und Recycling,[1] aber auch mehr ideologische Beunruhigungen wie beispielsweise gesellschaftliche und persönliche "Identität". Lebensqualität soll in vielen Diskursen ein Richtmaß dafür abgeben, daß wir uns auf unserer Erde wieder "wohl" - wenn nicht gar "heimisch" - fühlen. Das Dilemma ist nur, daß die so beschworene Lebensqualität keinen genau verbindlichen Inhalt hat, sondern ein jeder aus diesem Begriff semantisch das hervorholt, was er gläubig-meinend zuvor hineingelegt hat: nämlich seine Hoffnungen wie Befürchtungen bezüglich Existenz und Leben oder Zukunft und Fortschritt.

Vollziehen wir im Sinne Husserls eine phänomenologische Einklammerung all dieser Vormeinungen, dann stoßen wir auf die philosophische Grundfrage, welche *Qualität* das *Leben an sich* haben könnte. Denn dem "Leben" Eigenschaften zuzusprechen, die es von sich aus, das heißt von seinem eigenen inneren, phänomenologischen Wesen her, vielleicht gar nicht annehmen kann, wäre theoretisch wie praktisch eine Sackgasse, um bei

---

1 Ökonomen machen darauf aufmerksam, das ökologische Hauptproblem sei ein "effektives Nachfrageversagen" *(effective demand-failure)*, Natur in ihrer Schönheit und Artenvielfalt zu erhalten, obwohl die meisten Menschen durchaus über die Erschöpfbarkeit der Ressourcen besorgt sind. Daher rührt dann eine nur geringe Zahlungsbereitschaft für diesen Problembereich. Vgl. hierzu P. KOSLOWSKI: *Gesellschaftliche Koordination. Eine ontologische und kulturwissenschaftliche Theorie der Marktwirtschaft*, Tübingen (Mohr) 1991, S. 56 f.; *Wirtschaft als Kultur. Wirtschaftskultur und Wirtschaftsethik in der Postmoderne*, Wien (Passagen) 1989, S. 40-50, wo ein "ontologischer Gerechtigkeitsbegriff" gegenüber der Natur eingefordert wird.

der Erforschung von "Lebensqualität" überhaupt weiter zu kommen. Da das gegenwärtige individuell-kulturelle Bewußtsein des Einzelnen bereits darauf eingespielt scheint, das Lösungspotential eher in gesellschaftlich-wirtschaftlichen Allgemeinheiten, politischen Institutionen oder professionellem Spezialistentum zu suchen anstatt in *seinem* phänomenologischen Leben selbst, ist es notwendig, kurz bei der Wissenschaft anzufragen, was sie unter "Leben" versteht. Denn trotz aller Zukunftsschocks erwarten wir allgemeinhin von der "wissenschaftlichen Rationalität", daß sie uns verbindlich sage, was "objektiv" richtig sei. Und da Leben scheinbar die Evolution der Arten, der sozialen Gruppierungen, der ökonomischen Bedarfsstillung und meiner Biographie darstellt, müssen auch die letztentwickelten Mikroskope, Laboratorien, Prognoseverfahren und Computer-Schnellrechner darüber verläßlich Auskunft geben können.

Biologie und Medizin gehen unter anderem seit Aristoteles davon aus, Leben kennzeichne sich durch Nahrungsaufnahme, Fortpflanzung, Umweltanpassung und verfalle durch Krankheit, Alter und Tod, wobei therapeutisch Phasen der Regeneration oder "Heilung" dazwischengeschaltet sind. Die neuesten genetischen Forschungsergebnisse verändern diese Sichtweise nicht grundsätzlich, da auch für sie das *objektivierende Sichzeigen* des Lebens in welthaften Strukturen erfolgt, die informationstheoretisch wie bio-chemisch entziffert werden können. Ein bislang substanzhaft-dynamischer Oberbegriff von Leben wird durch einen prozeßhaften verfeinert, der an die Stelle jenes überkommenen Substanzdenkens Modelle der Selbststeuerung oder Teleonomie setzt. Sehen wir zunächst davon ab, daß jede Beobachtung von außen das Leben bereits vorstellungsmäßig verdinglicht, um es zu einem "etwas" zu machen, so wiegt Folgendes allerdings schwerer: alles Erforschen von Leben setzt *im Vollzug* gerade das voraus, was erforscht werden soll. Dies verweist nicht nur auf einen epistemologischen Erkenntniszirkel, sondern auf einen prinzipiell-phänomenologischen Unterschied in der Realität *lebendigen* und *dinghaften* Erscheinens. Dinge erscheinen definitionsgemäß in der Welt und können dort grenzenlos-atomistisch erforscht werden, während das Leben als unser *Empfindungsvermögen* selbst oder als unsere *phänomenologisch-transzendentale Sinnlichkeit* überhaupt erst Welt "sein" läßt, in der es dann konsequenterweise - als absolutes Erscheinensprinzip - nicht selbst letztlich wieder als "Ding" auftreten kann.

In grundsätzlich erkenntniskritischer Reflexion bedeutet dies, daß alles Was-Fragen einen *Horizont* voraussetzt, in dem sich "etwas" zeigen kann:

ein Baum, ein Mensch, ein Molekül, ein Gen. Dieser Horizont als Welt in ihrer "Welthaftigkeit" ist seit Descartes und Kant, sowie dann besonders durch Husserl und Heidegger, mit dem Sichtbarmachen oder Sichzeigen als solchem identisch. Und jede Theorie ist eine Art "Schau", unter deren Bedingung dann etwas bestimmend als "Phänomen" sichtbar gemacht werden kann, um identifiziert, verglichen, integriert und reproduziert werden zu können. Von solcher Natur ist gerade auch das je *biologisch, medizinisch* und *ökonomisch verstandene Leben*, das die oben genannten Verhaltensweisen des Wachstums, der Nahrungsaufnahme, Güterreproduktion, Fortpflanzung, Milieuanpassung sowie des Verfalls und der Regeneration empirisch-faktisch beinhaltet. Die genetische Forschung verändert daher diesen phänomenologisch-epistemologischen Sachverhalt nicht grundlegend, wenn sie das Sichzeigen des Lebens in kybernetisch oder informationstheoretisch zu entziffernde bio-chemische Strukturen hineinverlegt. Diese enthalten nämlich, wie gesagt, so nur einen modifizierten, wenn auch komplexen Objektbegriff "Leben" als bewußtseins-intentional gegenübergestellte oder eben vor-gestellte Washeit.

Zunächst ist die Kritik an einem solchen empirischen, positivistischen, aber auch weitgehend philosophischen Lebensbegriff, den selbst die bekannten "Lebensphilosophien" des 19. wie 20. Jahrhunderts keineswegs änderten und der in unserer Kultur noch vorherrscht, trivial: 1. muß das "lebende Wesen" tatsächlich oder symbolisch-konzeptuell *getötet* werden, um beobachtet oder experimentell untersucht werden zu können. Sein absolut-subjektiver Leib, der ganz einmalig-individuelle Sinnlichkeit ist, wird dabei zum objektiviert-dinghaften "Körper", dessen Begriff physikalistisch auf Dinge wie auf Lebewesen angewandt wird. 2. Die aus solchem "Experiment" gewonnene "Lebensrealität", die in keiner Weise der eigenen, inneren Selbsterprobung der phänomenologischen Vermögen und "Kräfte" entspricht, existiert nur dank der Vorstellung oder Theorie und nicht *in actu*. In solchem Vorstellungssein als Ideation oder Abstraktion treffen sich im Grunde bisherige Philosophie und Wissenschaft als die uns eigentümlichen Kulturleistungen seit dem griechischen Ursprung: Was für die Philosophie Gegenstand des Bewußtseins im "Ich denke" ist, stellt für die Wissenschaft eine unendlich zu perfektionierende Gegenstandshypothese dar. 3. Alles, was als "Leben" erforscht und institutionell-wirtschaftlich organisiert werden soll, setzt selbiges Leben zu solcher Erkenntnis- und Praxisleistung immer schon voraus, so daß dieser ebenfalls schon angesprochene erkenntnistheoretisch-hermeneutische Zirkel im weiteren Sinne dem apodiktischen Prinzip der Voraussetzungslosigkeit (oder deren Klärung) sowohl in der Philosophie wie in den Wissenschaften widerspricht.

Es gehört damit zum phänomenologisch-methodischen Ansatz der vorliegenden Analyse festzuhalten, daß unsere naiv wie philosophisch-wissenschaftlich gebrauchten Begriffe *überdeterminiert* sind, sofern sie aus dem phänomenologischen Leben Charaktere und Vermögen beziehen, die sie nicht aus sich selbst haben, sondern diesem ungenannten (und folglich unbekannten Leben) verdanken. Dies wird in der *genealogisch-phänomenologischen* Abbau- wie Aufbauanalyse, wie wir sie im folgenden besonders auf die "Wirklichkeit" des Ethos, der Kultur und der Wirtschaft anzuwenden gedenken, durchgehend zu berücksichtigen sein. "Genealogie" beschreibt dann zunächst nicht die Ausdifferenzierung von empirischen Handlungstypen in normativer, zivilisatorischer oder ökonomischer Hinsicht etwa, sondern die *Ermöglichung* des Handelns selbst als Potentialität des Lebens im Sinne von originärem Handeln-, Werten- und Produzierenkönnen. Eine solche phänomenologische, meta-empirische Genealogie erscheint nur dann abstrakt, wenn man wiederum vergißt, daß die absolute Konkretion bereits als Leben - und weiterhin in diesem - einem jeden *Faktum* vorausliegt, welches seine analysierbare "Konkretheit" nur aus dem urstiftenden Leben als "Akt" oder "Praxis" heraus empfangen kann. Die "Genealogie von Prozessen" in Kultur und Wirtschaft betrifft dann keine Rückführung auf abermals historisch-kontingente oder anthropologisch-variable Washeiten, sondern transzendentale "Ursprünge". Der "Praktiker" wird sich damit wahrscheinlich nur zufriedenstellen, wenn es tatsächlich gelingt, auf diese Weise "alle Phänomene zu retten", wie Platon gesagt haben soll, das heißt: keine Erscheinung unberücksichtigt zu lassen, auch wenn dadurch keine unmittelbaren "Entscheidungshilfen" gegeben sind. Es ist noch ein gewisser Konsens auch gegenwärtiger Philosophie, daß sie zunächst erkenntniskritische *Bestandsaufnahme* des "Denkbaren" ist, bevor sie anderen Disziplinen "praktisch" sekundierend beispringt. Dies gilt wohl auch für eine sich neu begründende "Ethische Ökonomie", die zunächst das "Wesen" des Ethischen und Ökonomischen zu bedenken hat und nicht anstehende Entscheidungen innerhalb einer unbefragten Eigensystematik sofort als das "Wesentliche" ausgibt. Und wenn heute kein allgemeinverbindlicher Wertekodex mehr besteht, sowie keine Institution einen solchen mit letzter Legitimation mehr erlassen kann, dann sind wir eben auf das Grundlegendste zurückgeworfen: was ist unser - durch keine Vorentscheidung verstelltes - "Leben"?

Daher liegt in erkenntniskritisch-phänomenologischer Hinsicht für unsere Untersuchung der eigentliche Einwand gegen alles begrifflich-praktisch Überdeterminierte tiefer als bloße "Systemkritik" und erfordert eine "Dekonstruktion" aller wissenschaftlichen Theorievorstellung wie der abendländischen Seins- oder Bewußtseinsphilosophien als "Wahrheit" oder "Objektivität" der Sichtbarmachung allgemein. So hebt eine radikal-phänomenologische Analyse, wie sie in diesem Buch auf Leben als Bedürfen und Wirtschaft als Kultur angewandt wird, den Horizont von "Welt" überhaupt auf, um *diesseits* davon das Leben selbst als eine *absolut-eigenständige Weise der Phänomenalisierung* einsichtig zu machen und im Anschluß an frühere Studien zu konkretisieren. Herrscht in der Tat im Bereich der Weltphänomenalität der Objekte das Prinzip der De-monstration, so herrscht im genuinen Bereich der immanent-phänomenologischen Lebensoffenbarung die *Selbstaffektion.* Sie besagt, daß Leben nicht über "Anderes" wie Horizont, Welt, Zeit, Werke etc. sichtbar wird, sondern sich in sich selbst mit jener "Kraft" als seine Potentialität affiziert, die es selbst unverlierbar von seinem *absolut-phänomenologischen Ursprung* her ist. So fallen in der Lebensselbstaffektion Akt und Gehalt ineinander, und überall wo Leben sich feststellbar "nach außen" bekundet, "wird" Leben transzendental-sinnlich zu Leben zunächst in sich selbst, und zwar ohne irgendeine Unterbrechung, indem es sich nämlich ständig in sich selbst "ereignet" oder ankünftig wird, sofern man diese Selbstoffenbarung als Parusie verstehen will. Eine lebensphänomenologische Analyse kann dies des näheren an Freude, Schmerz, Anstrengung, Leiblichkeit wie Arbeit und Produzieren zum Beispiel als "absoluten Phänomenen" des *Übergangs* im Bedürfen erweisen, welches zunächst immer ein Sich-bedürfen des Lebens selbst ist und darin gleichfalls die Grundlage für eine kritische Wirtschafts- wie Kulturphilosophie legt.[2]

Die allgemein "ethischen" Konsequenzen hieraus sind unter anderem in Vorausschau zunächst folgende: 1. Leben bedeutet immer individuell-eigenständige Selbstaffektion und niemals eine abstrakte Entität. 2. Aus diesem Grund kann kein Leben letztlich mit allgemeinen Äquivalenten aus moralischer Normativität, mathematisch-demoskopischer Statistik, gen-kyberneti-

---

2 Vgl. zur eingehenderen phänomenologischen Begründung dieser Ausgangsposition hier M. HENRY: *Radikale Lebensphänomenologie. Ausgewählte Studien zur Phänomenologie*, Freiburg/München (Alber) 1992; R. KÜHN: "Bedürfen und Vorstellungsdestruktion", *Gregorianum*, 76/2 (1995), S. 323-342.

schen Regelkreisen oder wirtschaftlichen Gesetzen etc. *in sich* erkannt werden, das heißt in seiner absolut-phänomenologischen Immanenz. 3. Alle feststellbaren ethisch-kulturellen Regelungen verlaufen über ein vor-stellendes Maß, das Leben methodengebunden objektiviert und nicht seine innere Selbsterprobung als allein lebendiges, sich-selbsterweisendes *Grundethos* gelten lassen kann, das als primordiales *Lebenswissen* immer schon um die eigenen teleologischen "Notwendigkeiten" weiß, die im grundsätzlich-effektiven Übersteigen-können des eigenen Bedürfens beruhen. 4. Der weitgehende Einzug naturwissenschaftlicher Methoden auch in die geisteswissenschaftlichen Human- und Kulturwissenschaften zeigt an, daß letztere ihren eigentlichen Gegenstand, die absolut-transzendentale Subjektivität als Humanitas, aus den Augen verloren haben, weshalb im folgenden exemplarisch einige kulturwissenschaftlich-soziologische Diskurse heute über "verstehende Geschichtshermeneutik" und "Interkulturalität" etwa des näheren untersucht werden sollen. Die heute viel diskutierte "Lebensqualität" im kulturell-ökonomischen Bereich müßte daher vor aller Autonomie-Betrachtung des "Subjekts" in seiner Entscheidungs- und Markt-"Freiheit" noch das unaufhebbare *Pathos* der Selbstaffektion nicht nur anerkennen, sondern als "subjektive Wahrheit" phänomenologisch-ontologisch tiefer gründen als jede "objektive Wahrheit".

Die Frage: Wo und wann beginnt biologisches und kulturelles Leben? ist 5. durch die Einsicht zu aktualisieren, daß Leben als selbstaffektives ein prinzipiell *weltliches Nichtphänomen* bleibt. Die Frage nach dem transzendentalen Lebensbeginn und der Lebensstruktur als immanenter "Menschwerdung" ist daher jene, wie wir uns selbst als *Humanitas* einschätzen wollen. Deshalb verweisen genealogische Reflexionen über den Lebensbeginn in personal-intersubjektiver Hinsicht auf den absolut-phänomenologischen *Kulturbeginn* im Bedürfen als Bedürfen selbst. Wenn wir uns nur chemisch-biologisch oder politisch-ökonomisch verstehen sollten, dann haben wir natürlich auch Anfang und Ende unseres "Lebens" ausschließlich in einer solchen Welt, "auf die wir kommen" und in der wir uns re-produzierend gattungsmäßig erhalten. Sehen wir uns selbst als selbstaffektive Lebendigkeit (ohne zunächst metaphysisch zu präjudizieren, was göttliches, menschliches, tierisches oder pflanzliches Leben nach aristotelisch-scholastischer Einteilung ist), dann erkennen wir uns als "absolut Lebendige". Daraus ergibt sich als Konsequenz erst das eigentliche "Lebensproblem" heute, wie eine solche Sichtweise in unsere Kulturwelt einzubringen sei, die eben traditionellerweise, trotz aller Umbrüche, noch von anderen, nämlich ekstatischobjektivierenden Voraussetzungen her urteilt.[3] Kurz gesagt: Soll Leben unsere Kultur bestimmen oder "szientistische Kultur" unser Leben? Dies umfaßt keine billig zu habende Wissenschaftskritik, sondern das apodiktische und kulturelle Verstehen der Wissenschaften wie auch der Ökonomie als einer phänomenologischen *Selbstexplikation des Lebens*, die gleichfalls von der "Lebensphilosophie" im bisherigen Sinne aus dem Grunde nicht erfaßt wurde, weil ihr Erlebensbegriff bereits eine Ent-äußerung als "Ausdruck" oder "Symbol" darstellt, die den Weltbegriff nicht unterschreiten.[4]

---

3 So kann man P. KOSLOWSKI zustimmen, daß das Zukunftsproblem nicht so sehr in den knappen Ressourcen liege als vielmehr in der Beherrschung der "organisch-natürlichen Ordnungsstrukturen"; vgl. *Wirtschaft als Kultur* (1989), S. 26 ff. Es scheint uns aber fraglich, ob die *Biotechnologie* in bio-ökonomischer wie soziologischer Hinsicht sich von ihrer galileischen Vorgabe der *Ausschaltung der Subjektivität* wird lösen können, um "Natur" als Korrelat unserer prinzipiellen Lebensverwiesenheit zu verstehen und anzuerkennen. Auf die Grenze einer biologischen Interpretation des menschlichen Sozialverhaltens verweist aus der Sicht seiner eigenen Disziplin F. M. WUKETITS: *Gene, Kultur und Moral. Sozialbiologie - Pro und Contra*, Darmstadt (Wissenschaftl. Buchgesellschaft) 1990.

4 Vgl. letzthin zum Beispiel im Anschluß an Dilthey F. FELLMANN: *Lebensphilosophie. Elemente einer Theorie der Selbsterfahrung*, Reinbek (Rowohlt) 1993, S. 234: "Es geht also nicht mehr um das Problem der Einheitsbildung, der Synthesis, sondern um die Übersetzbarkeit von Empfindungen in Bedeutungen und umgekehrt." Solche Über-setzbarkeit enthält für unsere Analyse nur eine weniger abrupte Form der Subjekt/Objekt-Setzung, aber keine eigentliche *Phänomenologie* des Lebens in seinem *Eigenwesen*. Vgl. auch S. 244: "Unter Selbstbild ist kein sichtbares Bild der Person zu verstehen, sondern ein Gefühlsmuster, das über ihre impliziten Rationalitätsstandards entscheidet." Hier scheint uns die grundsätzliche unterschiedliche Phänomenalisierungsart von Gefühl und Rationalität verwechselt, da beide einer Urteilsform subsumiert werden. Somit ist die Lebensphänomenologie keine kritische Ergänzung der Lebensphilosophie, sondern die Klarstellung deren grundsätzlichen Ungenügens, Leben und Vorstellung über Einfühlung, Intuition etc. zur Deckung bringen zu wollen, weil die "Lebensidentität" als Arché immer schon diesem Bemühen vorausliegt. Für eine kritische Besprechung von Fellmanns Buch vgl. auch TH. KNOPPE: *Philosophischer Literaturanzeiger*, 47/3 (1994), S. 221-225. Natürlich ist damit nicht verneint, daß auch die Lebensphilosophie gerade wichtige wissenschaftskritische Impulse enthielt; vgl. C. F. GETHMANN: "Phänomenologie, Lebensphilosophie

Damit ergibt sich als schlichte Feststellung, daß niemand anders mir sagen kann und wird, was "Leben" ist, außer *ich selbst*, und zwar: indem *ich es erfahre* aus transzendentaler Ermöglichung. Und wo solches Leben sich (noch) nicht - oder nicht mehr - direkt "äußern" kann, wie etwa im pränatalen Stadium oder im Fall des "Weiterlebens" bei Hirntod, da versetzen wir uns intro-pathisch in solches Leben als "beginnendes" oder stummes Empfindungsvermögen hinein. Dadurch ist hier keine Vorentscheidung für Abtreibungs- oder Sterbehilfedebatten getroffen, sondern zunächst nur deutlich gemacht, daß individuelles Pathos ein ebenso unmittelbares wie apodiktisches *Mit-Pathos* nicht ausschaltet, das bei "gerechten" Entscheidungen stets mit impliziert ist. Der phänomenologische Grundsachverhalt der sinnlichen Ego-Affektivität *a priori* bestimmt so alle unsere vorliegenden Untersuchungen in analytischer wie kritischer Hinsicht, um aufzuhellen, daß auch "Kultur" und "Wirtschaft" nicht außerhalb dieses Selbsterweises des Lebens liegen, das ich bin. Solches Leben ist als einzige jene Erscheinensweise, die mich absolut an mich selbst verweist, weshalb auch dieser Selbstverweis zu jedem Augenblick meine *je lebendig* erfahrene "Ich"-Wirklichkeit ist und die Voraussetzung jeder "Selbst-Philosophie" bildet.

Michel Henry, einer der gegenwärtig bedeutendsten Phänomenologen in Frankreich, hat dafür gerade den schon erwähnten Begriff der *Selbstaffektion* ohne Zugeständnisse an Irrationalismen oder Gemeinplätze durchleuchtet, sowie für alle Ideologien und Praktiken, die sich wissenschaftlich, technisch bzw. naiv von dieser transzendentalen Grundfaktizität der Selbstaffektion lossagen wollen (Marxismus, Soziologismus, Strukturalismus, Freudianismus unter anderem), die Bezeichnung *Barbarei* in seinem gleichnamigen Buch eingeführt.[5] Frankreichs "Meisterdenker" haben uns bisher besonders seit der Debatte um die Postmoderne mit vielen philosophisch-

---

und konstruktive Wissenschaftstheorie. Eine historische Skizze zur Vorgeschichte der Erlanger Schule", in: C. F. GETHMANN (Hrsg.): *Lebenswelt und Wissenschaft. Studien zum Verhältnis von Phänomenologie und Wissenschaftstheorie*, Bonn (Bouvier) 1991, S. 28-77.

5 Vgl. *Die Barbarei. Eine phänomenologische Kulturkritik*, Freiburg/München (Alber) 1994, durch dessen Übersetzung wir für die vorliegende Studie wertvolle Anstöße erfuhren. Vgl. zuvor schon R. KÜHN: *Leiblichkeit als Lebendigkeit. Michel Henrys Lebensphänomenologie absoluter Subjektivität als Affektivität*, Freiburg/München (Alber) 1992, hier bes. Kap. VII. 2 ff. (S. 470 ff.).

kulturellen Modeartikeln überschüttet.[6] Mit dem unverrückbaren Sachverhalt des lebendigen Affiziertseins in unserem individuell-kulturellen Sein jedoch sind uns alle Ausflüchte in entschuldigende Entitäten wie Struktur, Archäologie des Wissens, Diskurs, Dissemination, Fiktion etc. genommen. Es gibt nur "die" Macht, "die" Gesellschaft, "die" Wirtschaft, "die" Technik, "die" Politik, "den" Krieg, weil Menschen als Einzelne seit jeher die unaufkündbare Realität des Begehrens, der "inneren" Anstrengung sowie der Befriedigung in sich als Bedürfen zunächst erfahren und dabei der Teleologie des Lebens als Selbststeigerung im Sinne von Lieben, Arbeiten, Hervorbringen wie Nachahmen in Kunst, Religion, Ethos und Wissenschaft - aber auch im alltäglichsten "bescheidenen Handeln" - folgten.

Insofern ist die lebensphänomenologische Analyse des "Übergangs" in der immanenten Selbstaffektion als solcher des Bedürfens, und nicht einzelner empirisch-geschichtlicher "Bedürfnisse", die Ausgangsproblematik für die folgenden Kapitel sowie ihr kritischer Leitfaden. "Kultur" ist damit nicht der einzig noch mögliche Philosophiediskurs heute, wie auch Carl-Friedrich Geyer feststellt. Aber sie bezeugt konkret jenes "Mehr" des Lebens, das all unseren Leistungen vorausgeht und nie über Werkschöpfungen bzw. Produktion und Konsumtion wieder zurückerstattet werden kann, um insbesondere auch den ökonomischen Bereich aus unserem III. Teil hauptsächlich hier gleich deutlich miteinzubeziehen. Das "Mehr" des Lebens als Kultur will besagen, daß jede Lebenssteigerung ein effektives "Können zu..." beinhaltet, dessen Formkraft aus der Affektion als Leibsein im transzendentalen

---

6 Unter dem Zeichen dieses Syndroms der Postmoderne als geschichtlichem Utopieverlust sind inzwischen zahlreiche kulturphilosophische und -kritische Stellungnahmen erschienen, die ihre eigene Berechtigung haben. Vgl. zum Beispiel P. KOSLOWSKI: *Die postmoderne Kultur. Gesellschaftlich-kulturelle Konsequenzen der technischen Entwicklung*, München (Beck) ^{2}1988; *Die Prüfungen der Neuzeit. Über Postmodernität. Philosophie der Geschichte, Metaphysik, Gnosis*, Wien (Passagen) 1989; M. FRANK: *Conditio moderna. Essays, Reden, Programm*, Leipzig (Reclam) 1993 (wo dem neufranzösischen Denken sozialdarwinistisches und präfaschistisches Gedankengut vorgeworfen wird); C.-F. GEYER: *Einführung in die Philosophie der Kultur*, Darmstadt (Wissenschaftl. Buchgesellschaft) 1994 (unter Einbezug der Frage multikultureller Gesellschaften sowie politischen und religiösen Fundamentalismus'. Solche Problemstellungen werden besonders auch in unserem Teil II aufgegriffen). Schließlich J.-F. LYOTARD: *Das postmoderne Wissen. Ein Bericht*, Wien (Passagen) 1993.

Sinne herrührt und nicht auf archetypische oder ideale Modelle zurückgeht. Insofern weist diese "Steigerung" Parallelen zum Begriff des "Mehr-werdens" des Lebens bei Nietzsche[7] und des "apperzeptiven Überschusses" bei Husserl[8] auf, aber wir verbinden damit weder einen bestimmten ontologischen "Willen zur Macht" noch ein bloß transzendierend-sinngebendes *plus ultra*, sondern eben die Fülle der "Realität" in ihrer phänomenologischen *Erscheinensmöglichkeit* selbst. Die Antwort auf die Eingangsfrage: was fehlt uns eigentlich? ist daher ebenso einfach wie gewiß: nichts! Und die Antwort bezüglich einer scheinbar neu erwarteten "Lebensqualität" ist gleichermaßen unmittelbar wie apodiktisch: Diese "Qualität" ist bereits ganz mit dem gegeben, was ich in meinem individuell-kulturellen "Lebensgefühl" *bin*: ein Verlangender, ein Hassender, ein Verzeihender, ein Bewunderer, ein Entdeckender, ein Verzweifelter, ein Hoffender, ein Produzierender, ein Verbrauchender, ein (natur)wissenschaftlich Denkender etc.

Wird mithin unter "Lebensqualität" eine Besinnung auf das Wesen der Lebensselbstaffektion eines jeden verstanden, so könnte dieser Begriff in der Tat eine Re-volution einleiten. Die Qualitäten wachsen dem Leben niemals von außen zu, indem es sich mit vielen oder wenigen Objekten umgibt. Vielmehr ist es die Eigenqualität als Eigenwesen des Lebens, sich ständig selbst in allem Tun, Fühlen und Denken "erproben" zu können - was kein Ding vermag, auch das perfektionierteste nicht. So verstandene Lebensqualität ist dann unmittelbar ihr *eigenes Ethos* und bezieht ihre Berechtigung nicht von Fremdinstanzen aus, wie wir dies besonders im Teil I untersuchen wollen. Die technische Problematik wird sich möglicherweise selbst überleben, wenn die Menschen einmal zu der Grundempfindung gelangen sollten, daß die Technik so *tot* ist, wie es ein Unlebendiges nur sein kann. Wir werden der Technik dann überdrüssig sein, wenn uns die Monotonie und Stereo-

---

7 Vgl. *Werke III*, hrsg. v. K. Schlechta, München (Hanser) [7]1963, S. 775 f.: "Aus dem Nachlaß der Achtzigerjahre". Natürlich sind weitere Vergleichsmöglichkeiten dadurch nicht ausgeschaltet; vgl. zu Hegel beispielsweise K. KOZU: *Das Bedürfnis der Philosophie. Ein Überblick über die Entwicklung des Begriffskomplexes "Bedürfnis", "Trieb", "Streben" und "Begierde" bei Hegel*, Bonn (Bouvier) 1988.

8 Vgl. *Analysen zur passiven Synthesis. Aus Vorlesungs- und Forschungsmanuskripten 1918-1928* (Husserliana XI), Den Haag (Nijhoff) 1966, S. 11 ff. u. 292 f. Für einen an Husserl orientierten kulturkritischen Ansatz E. W. ORTH: "Kulturphilosophie und Kulturanthropologie als Transzendentalphilosophie", *Husserl Studies*, 4 (1987), S. 242-255.

typie des Funktionalen nichts mehr vorzugaukeln hat, was aber keineswegs bedeutet, daß es nicht eine lebendig-ursprüngliche *téchne* der Leib/Erde-Korrelation gibt, die gerade auch das Wesen des Ökonomischen im Sinne einer Proto-Kultur bedingt und als solche unaufhebbar sein dürfte. Im Osten brach die Illusion bereits zusammen, mit Mitteln der "instrumentalen Vernunft" (welches die sozialistische Planwirtschaft neben anderen ideologischen Abstraktionen auch war), eine erlösende Geschichte zu errichten. Im Westen baut man noch "marktwirtschaftlich" auf die einzige, tatsächlich lebendige Kraft, die bleibt: nämlich auf die "subjektive Arbeit" (Marx) des Einzelnen mit seiner Anstrengung und seinen Initiativen, um Reichtum zu mehren, ohne damit irgendeinen marxistischen Diskurs reaktivieren zu wollen.

Aber die technologische Rationalisierung vertreibt langsam diesen subjektiven Arbeitsfaktor, wie es unter anderem die nahezu *vier Millionen* Arbeitslosen allein in Deutschland zeigen, zugunsten sich selbstregulierender Produktionsprozesse. Könnten diese "Arbeitslosen" wirklich wiederbeschäftigt werden, wie Wirtschaftswissenschaftler und Politiker sagen, wenn die Unternehmen von Löhnen und Arbeitsbedingungen auszugehen hätten, die sie bei ihren Investitionen im Ausland antreffen? Zum einen ist die Arbeitslosigkeit in den "Billigproduktions"- und Entwicklungsländern ebenfalls nicht geringer geworden, und zum anderen würde sich genau wieder das Problem ergeben, das wir heute teilweise schon haben, daß nämlich die dann so produzierten Waren von den meisten nicht mehr gekauft werden könnten, weil es eben ihre Niedriglöhne nicht zuließen. Nicht nur kann sich nämlich kein "Kapital" ohne kontinuierlich leibinvestierende Wartung seiner Produktionsvorausetzungen erhalten, das heißt durch den Einsatz von umfassend leiblich-sinnlicher Anstrengung, wozu auch die "geistige" gehört, weil sonst alles verrottet (wie zuvor im Osten), sondern Produkte müssen auch *konsumiert* werden. Wo indessen mehr und mehr Produkte zu rein technischem Erhalt der bestehenden Produktionsdispositive erzeugt werden, nehmen die benötigten Gebrauchsgüter als tatsächliche "Lebenswerte" ab. Wir werden zukünftig folglich produzieren, was wir nicht konsumieren. Die Arbeitslosigkeit vermehrt sich also nicht nur, weil viele Beschäftigungswillige mit einem geringeren Einkommen unzufrieden wären und so die Rationalisierungsprozesse auch von dieser finanziellen Bedingung abhängen, sondern weil der Warencharakter sich grundsätzlich verändert hat und weiterhin verändern wird. Dies ist keine bloße "Denunziation" des Rationalisierungsprozesses als einer anonym heraufgekommenen "abstrakten Macht", sondern dieser Prozeß hat selbst real-ökonomisch die tendenzielle "Abstraktion" in der Warenform hervorgebracht, so daß die Not-wendigkeit der übertechnisierten Güter lebensgenealogisch als Frage (und damit auch als ökonomisch-kulturelle Entscheidung) ansteht. Wo subjektive Arbeit und subjektiver Verzehr aber tendenziell schwinden, da lauert ebenfalls bereits der "Tod", so daß wir im Ausblick dieses Buches die Problematik zu beantworten haben, ob "Wirtschaftskultur" mit ihrem berechtigten Anliegen der Ergänzung einer rein ökonomistisch ausgerichteten Wirtschaft die "Lebenskultur" ersetzen kann oder ob sie sich auf irgendeine Weise miteinander fruchtbar verbinden lassen.

Wer hier irgendein ideologisches Denken vermutet, sei nochmals an das grundsätzlich *phänomenologische* Bedenken von Lebensqualität als lebendiger Selbstaffektion zurückerinnert. Wer letztere, wie auch immer, durch Abstraktes, Rationales, Theoretisches, Allgemeines, Idealisiertes etc. originär ersetzen will, anstatt sie aus der einzigen Quelle zu beziehen, die wir selbst von unserem "Empfinden" her und in unseren Vermögen sind, hat schon den Totenschein unterschrieben. Unser Plädoyer der absolutphänomenologischen Subjektivität wie Kultur als immanentem *Erscheinensprinzip* aller sichtbaren Erscheinungen gilt also dem Gewöhnlichsten und Ephemersten, das es überhaupt für lebende Wesen gibt, nämlich jenen affektiven Tonalitäten, mit denen und in denen wir von einem Augenblick zum anderen hinüberwachsen. Aber nicht so, als wäre dazwischen das Nichts (etwa des retentional-verschwindenden "Bewußtseinsstroms" nach Husserl), sondern vielmehr mit dem nie versiegenden "Gefühl" zu leben, das heißt: "im Leben" zu sein, so wie für Spinoza der *conatus* die reine Passion ist, nichts als "zu sein" zu sein. Selbst wer dieses Gefühl - oder diesen "Geschmack" (*le goût d'être*) - auf die Dauer unerträglich findet, nämlich "nichts anderes" als leben zu können und zu müssen, wie Heidegger meint, wenn er das Leben zu einer bloß privativen Form des "Daseins" deklariert, schöpft diese Gewißheit noch aus der Quelle der lebendigen Selbstaffektion. Wir benötigen folglich noch nicht einmal etwas "Anderes", um das "Nichts" und die tödliche Langeweile zu erfahren, welche die Postmoderne zum Teil "ästhetisch" stilisiert. Deshalb sagten wir: es fehlt uns eigentlich nichts bei einer originär betrachteten Lebensqualität, nicht einmal das Aufbrechen des Nihilismus in seinen unterschiedlichsten Schattierungen, wenn das Bedürfen "müde" wird, *sich selbst* weiterhin zu ertragen. Aber ein anderes Wort für das, wo nichts fehlt, ist *Fülle, Glück und Anmut* (*grâce*), die von der Lebensphänomenologie ohne falsche ontologisch-metaphysische Bescheidenheit wieder ins philosophische Vokabular eingeführt werden können, weil sie dem Leben in seinem Wesen direkt entsprechen. Worüber beklagen wir uns also im Grunde individuell wie kulturell? Über uns selbst. Wovon Nietzsche so trefflich in der "Genealogie der Moral" schrieb (III, 14): "'Möchte ich irgend jemand anderes sein!', so seufzt dieser Blick: 'aber da ist keine Hoffnung. Ich bin, der ich bin: wie käme ich von mir selbst los? Und doch - *habe ich mich satt!* ...'"[9]

Insoweit vorliegende Arbeit eine philosophische ist, des näheren eine phänomenologische, erhebt sie keineswegs den Anspruch, alle empirisch-phänomenalen Kulturerscheinungen auszuloten. Um trotz dieser Beschränkung der Thematik gerecht zu werden, die Kulturphänomenalität als solche in ihrer Vielschichtigkeit anzudeuten, wurden unter anderem mancherlei Exkurse und Hinweise in die Anmerkungen aufgenommen. Sie implizieren auch Forschungsintentionen, die im Zusammenhang mit der noch sehr jungen Tradition einer Lebensphänomenologie stehen, die sich ihre Inhalte nicht einfach vorgeben lassen kann, sondern in der radikalen Gegen-Reduktion alles Ekstatischen auf die Lebensrealität hin jedesmal die "Geburt" eines Phänomens allein aus dem Leben heraus zu überprüfen hat. Deshalb sind viele dieser "lateralen Diskussionen" sowohl Klärungs- wie Unterscheidungsbemühungen gemäß des Anspruchs, keine exogen-transzendenten Lebensbestimmungen in die Analyse von "Bedürfen" und dessen Kultur reeller "Befriedigung" oder "Enttäuschung" einfließen zu lassen. Dabei ist uns die Distanzierung von der schon erwähnten *lebensphilosophischen* Problemstellung besonders wichtig, da keine Realität angenommen werden soll, die sich nicht tatsächlich als Modalität des rein-phänomenologischen Eigenwesens des Lebens erweist und aus einer romantisierenden oder vitalistischen Hinterwelt unter anderem stammt. Mit diesem Anspruch verbindet sich methodisch nichts anderes als der "Radikalismus" der Phänomenologie seit Husserl, nämlich alles Prädikative und Vorprädikative zu überprüfen, um keine "Selbstverständlichkeiten" unbefragt zu lassen, auch wenn man zu dieser "Naivität" nach der transzendental-explikativen Genealogie wieder "aufgeklärt" zurückkehren sollte.

Im Unterschied beispielsweise zu Henri Bergson, dessen Verbindung von *élan vital* und Kulturentwicklung hier thematisch ohne Zweifel nahelä-

---

9 *Werke II* (1963), S. 863. Zum Zusammenhang von *conatus* und Fülle als Freude vgl. M. HENRY: "Le bonheur chez Spinoza", *Revue d'histoire de la Philosophie*, 39-41 (1944-1946), S. 67-100 u. 187-225.

ge, ist die lebendige Selbstaffektion, die sich selbst genügt, keine "Gegenbewegung", die versuchen würde - gemäß einer inneren "Schaffensanforderung" - die größtmöglichste Summe an Unbestimmtheiten und an Freiheit in einen sogenannten "materiellen Mechanismus" einzuführen.[10] Denn mit einem solchen metaphysischen Dualismus ist bereits eine kulturelle Vorentscheidung übernommen, die es überhaupt erst einmal zu verstehen gilt: wie nämlich das Subjektive ein "Widerständiges" im lebendigen Griff behält, um es zu einer "Lebenswelt" zu machen. Unsere einleitende Aussage, daß uns in unserem lebendigen Können nichts fehle, ist daher kein metaphysisches, ethisches oder religiöses Postulat irgendeiner verstiegenen Autarkie, bzw. eine bloß provokative Antithese zur klassisch-ökonomischen Voraussetzung von anthropologisch unbegrenzten Bedürfnissen in der "Natur" des Menschen, sondern der "methodische" Anspruch phänomenologischer Strenge zum Aufweis vom *stets lebendigen* Erscheinensprimat aller Dinge. Bei Bergson wird denn auch sein Dualismus zu einer Ethik der Entzweiung und des spirituell-kulturellen Kampfes, weil der *élan vital* alles "mit einem Schlag" erreichen und durchziehen will, aber von der Materie in diesem Vorhaben aufgehalten wird. Antagonistische Kräfte setzen jedoch bereits den Kraftgedanken als solchen voraus, so daß es transzendental-genealogisch wichtiger ist, das Wesen des phänomenologischen "Kraftseins" selbst zu verstehen, als den konstruierten Gegensatz kultureller Utopien (oder deren Verneinung) abzuleiten. Denn dorthin gelangte Bergson schließlich, wenn er "die von der Liebe ergriffenen Seelen" für die schöpferische Formung der Gesellschaft in Anspruch nahm, da das "Schöpfergefühl" (*émotion créatrice*) diese "ausgezeichneten Seelen emporhob und das Überfließen ihrer Vitalität" jenen Enthusiasmus verbreitete, der den mechanisch-sozialen Druck lockerte.[11]

Das Modell solcher Kontraktion und Expansion, das bis in heutige kulturkritische Überlegungen hinein zum Teil maßgeblich ist und von Bergson als Anstrengung des Lebens verstanden wurde, Energie in sich zu sammeln und dann loszulassen,[12] impliziert einen Begriff der Anstrengung, der selbst

10 Vgl. H. BERGSON: "L'évolution créatrice", in: H. BERGSON: *Oeuvres. Edition du Centenaire*, Paris (P.U.F.) 1970, S. 708 ff.

11 "Les deux sources de la morale et de la religion", in: *Oeuvres* (1970), S. 1055 ff.

12 Vgl. "L'évolution créatrice", in: *Oeuvres* (1970), S. 710 f.; P. KOSLOWSKI: *Wirtschaft als Kultur* (1989), S. 28: "Die Einsicht in die expansiv-kontraktive Natur des organischen Wachstumsprozesses ist ebenso zentral wie tröstlich für unser

schon bereits an einer physikalisch-mechanischen Vorstellung des Energetischen ausgerichtet ist, anstatt sich aus dem Wesen des Bedürfens als lebendig-pathischen Sichbedürfens erst zu ergeben. Insofern muß eine stringente Untersuchung über "Leben und Bedürfen" als Beitrag zu "Wirtschaft und Kultur" - die davon ausgeht, daß uns *phänomenologisch zur Erscheinensoffenbarung nichts fehlt* - ihre "Beschreibungskriterien" des Kulturellen aus dem Bedürfen als Selbsterweis des Lebens überhaupt zunächst als solche erhellen, um ihrem eigenem Anspruch gerecht zu werden: nämlich Kultur nicht bloß als eine von außen betrachtete "Lebensbewegung" im Sinne eines psychisch erlebten Ausdrucks (Dilthey) hermeneutisch zu verstehen, sondern sich in die *prinzipielle* Ermöglichung einer jeden kulturellen Bewegung als fundamentales "Ich-kann" (Husserl) selbst hineinzubegeben. Dieser Weg phänomenologischer Gegen-Reduktion erfolgt nicht über Intuition und Einfühlung, die innerhalb der kurz skizzierten lebensphilosophischen Problematik das Innen/Außen- bzw. Leben/Welt-Schema als Vorgaben nicht hinter sich lassen, sondern ein solcher Zugang erfolgt als radikale Epoché vom Leben selbst aus als einem *Wesen*, das zur teleologischen Selbstexplikation keinerlei Welt als Korrelat zunächst voraussetzt. Diese analytische "Regression" wird in ihrem Ergebnis mit "Selbstaffektion" bezeichnet, die kein von außen feststellbarer "gemeinsamer Elan für all unsere Ideen [und Instinkte] ist, die sich gegenseitig durchdringen",[13] sondern das immanent-phänomenologische Offenbarungsprinzip all dieser Äußerungen wie Elan, Instinkt und Ideen, sofern man an dieser Einteilung dann noch festhalten will.

Thema der begrenzten Ressourcen. Sie zeigt nämlich, daß entgrenzte Expansion nicht die Gestalt des Organismus zu verwirklichen vermag und daher nicht Normalität beanspruchen kann."

13 H. BERGSON: "Essai sur les données immédiates de la conscience", in: *Oeuvres* (1970), S. 89. Gleiches bliebe zu G. SIMMEL anzumerken, wenn er in *Fragmente und Aufsätze* (hrsg. v. G. Kantorowicz, München-Leipzig [Duncker & Humblot], 1926, S. 31) wie folgt von einem "Wissen des Lebens" spricht: "Weise aber ist die Erkenntnis, die, obgleich sie nur etwas Einzelnes betreffen mag, mit der Ganzheit des Lebens in Zusammenhang steht. Sie ist immer eine Aufgipfelung, um deren Fuß die ganze Ebene des Lebens herum liegt." *Elan* wie *Ganzheit* fassen beide das Leben noch als *etwas* in der Schau oder Intuition *Gegebenes* auf, und eben nicht als die immanent-phänomenologische Strukturierung allen "Gebens" selbst mit seinen transzendental-genealogisch einsichtig zu machenden Modalitäten.

Damit wird an dieser Stelle auch schon deutlich, daß selbst die "Steigerung" des lebensphänomenologischen "Mehr" im "Ich-kann" nicht von externen geschichtsphilosophischen Kriterien her zu bewerten ist - etwa als niedere oder höhere Formen der Moral und der Geistigkeit, die elementares Bedürfen und Kultursein sozusagen "adeln" -, sondern daß entgegen euro- und logozentrischer Vor-urteile Kulturen in ihrer lebendigen "Geburt" phänomenologisch-ontologisch "gleichursprünglich" sind. Dadurch scheint uns grundsätzlich überhaupt erst einmal die theoretische wie praktische Möglichkeit eröffnet, "Fremdkulturen" nicht nur eine mehr oder weniger große Geltung angedeihen zu lassen, die meist doch wieder implizit von der "Toleranz" als Ergebnis unserer kulturell "hochstehenden" Eigenentwicklung allein zeugen soll. Vielmehr ergibt sich radikal-phänomenologisch ohne weitere ideologische Vorbehalte, dieses perzipierte "Fremdsein" in seinem authentischen Kultursein als "Gutsein" im Sinne der je unvermeßbar einmaligen Lebensselbstexplikation wirklich zu "bejahen" und nicht vorrangig auf "rationale" Mängel hin zu durchleuchten.

Bergson hat jedoch zusätzlich auf seine Weise darauf aufmerksam machen können, daß der Bewußtseinselan, der den *élan vital* offenbart, der reflexiven Analyse durch seine "Einfachheit" entgeht. Damit ist gemeint, daß die "Aufmerksamkeit", sofern sie sich auf das Leben selbst richtet (*attention à la vie*), sich entweder nur als Spannungsveränderung (*tonus*) verrät, die eine mehr oder weniger tiefe und andauernde pychologische Störung hervorruft, oder auf der Wahrnehmungsebene der Vorstellungen ein Zurückfallen von der Zukunft in die Gegenwart bedeutet, wodurch dann als Distanz die Erinnerung mit dem Limes des "Unbewußten" geboren wird.[14] Damit sind fundamental-kritisch Verzeitlichung und Horizontalisierung nach phänomenologischer Terminologie angesprochen, die grundsätzlich "später" als das Leben selbst sind und deshalb im Bereich der Selbstaffektion nicht als deren Beschreibungskriterien verwandt werden können, weil sonst die Verfremdung genau dort bereits in die genuine Lebensrealität hineingeholt wäre, wo man sich anschickt, eben diese Verfremdung analytisch zu überwinden. Sofern Kulturphilosophie, wie angedeutet, in verstehend-hermeneutischer Weise mithin Leben beschreibt, tut sie dies daher nicht nur von außen unter den transzendenten Vorgaben von Zeit und Welt, sondern auch im

14 Vgl. "L'évolution créatrice", in: *Oeuvres* (1970), S. 928 ff. Zu Bergsons Werk insgesamt P. TROTIGNON: *L'idée de la vie chez Bergson et la critique de la métaphysique. Essai sur le système de Bergson*, Paris (P.U.F.) 1968.

expliziten oder impliziten Vorverständnis eines naiv oder philosophisch vorgestellten "Selbst" als Ich, Subjekt oder Person.[15]

Dies erlaubt uns, zumindest an dieser Stelle auf andere wichtige Versuche zu verweisen, die Realität der *Subjektivität* als eine "ungegenständliche" erneut in Betracht zu ziehen, nachdem zuvor in der neuzeitlichen Philosophie weitgehend alle "Subjekttheorien" totgesagt worden waren. Bei Manfred Frank geschieht dies darüber hinaus in dem hier wünschenswerten Kontext einer Kulturkritik, insofern er der Postmoderne zurecht vorwirft, gar kein Interesse daran zu haben, den "Selbst-Zweck der Person" als "nichtverdingt" aufzuweisen.[16] Nach Frank geht es also darum, ob die "moderne Idee", daß der Mensch ein freies, zu selbstbestimmtem Handeln fähiges Wesen sei, philosophisch aufgewiesen werden kann oder schutzlos als "fixe Idee" den dekonstruierenden Lektüren (Deleuze, Derrida zum Beispiel) ausgeliefert bleibt. Es versteht sich von selbst, daß dabei die rein "rationalistischen" Bestimmungen des transzendentalen Subjekts von Descartes über Kant bis Husserl nicht einfach rehabilitiert werden können, sondern daß sie konstruktiv weiterzuführen sind, um "Subjektivität" als lebendige Seinsweise des Menschen in den Blick zu bekommen. Dabei holt Franks rationalbegründender Diskurs gegenüber einem bloß "agonalen Diskurs" konkurrierender Machtansprüche (Lyotard) das moralische Interesse an einer stets als "Zweck" zu behandelnden Person ein, denn zusätzlich gegenüber den pragmatischen Diskurstheorien (Apel, Habermas) bedarf es eines *fundamentum*

---

15 Dies ist grundsätzlich anerkannt wie gefordert bei P. KOSLOWSKI: *Wirtschaft als Kultur* (1989), S. 54 ff., auch wenn dieses Selbst bei ihm nicht seine letzte phänomenologische Klärung erfährt. Vgl. etwa S. 59: "Die Welt hat nicht genügend Bedeutung für den Menschen und doch gewinnt er sein Selbst nur, wenn er sich an die Objektivität hingibt."

16 Vgl. M. FRANK: *Conditio moderna* (1993), S. 13 u. ö.; dazu Besprechung von C. BEYER: *Prima Philosophia*, 7/3 (1994), S. 329-333. Zur weiteren gegenwärtigen Diskussion über Subjektivität vgl. auch R. M. CHISHOLM: *Die erste Person*. Eine *Theorie der Referenz und der Intentionalität*, Frankfurt a. M. (Suhrkamp) 1992; O. MOHR: *Das sinnliche Ich. Innerer Sinn und Bewußtsein bei Kant*, Würzburg (Königshausen & Neumann) 1991; K. COMOTH: *Quasi Perfectum. Subjektivität im Umkreis der Trinität*, Heidelberg (Winter) 1992; D. BELL/W. VOSSENKUHL (Hrsg.): *Wissenschaft und Subjektivität. Der Wiener Kreis und die Philosophie des 20. Jahrhunderts*, Berlin (Akademie-Verlag) 1993; R. BERNET: *La vie du sujet. Recherches sur l'interprétation de Husserl dans la phénoménologie*, Paris (P.U.F.) 1994.

in re, um "ein radikal ungegenständliches Selbstbewußtsein" zu bejahen, das auch alle Interaktion von sich aus ermöglicht und nicht in dieser erst entstehen kann.

Auch das sprachanalytische Argument, das für die lebensweltlich-kulturellen Selbst- wie Fremdzuschreibungen von Bedeutung ist, findet hier seine Grenze. Daß der epistemische Selbstbezug dem Subjekt keinen bevorzugten Zugang zu sich selbst verschaffe, liegt nach Ernst Tugendhat daran, daß die Perspektiven solcher Selbst- und Fremdzuschreibung "psychischer Prädikate" umkehrbar seien: Die Wahrheit des Satzes "Ich weiß, daß ich p" (p = psychisches Prädikat), soll daran gebunden sein, daß mir jemand anderer dasselbe Prädikat auch aus seiner Perspektive zuschreiben kann. Mit Recht wendet Frank dagegen ein, daß zwar der Andere ein bestimmtes Gefühl der Verliebtheit, des Hasses etc. zum Gegenstand seiner Aussage machen könne, die ich aus meiner Beobachterperspektive dann ebenfalls "verifizieren" kann, aber diese Selbstzuschreibung über das Außen durch mich selbst oder durch den Anderen setzt voraus, daß ich mir selbst dieses Prädikats *vorgängig* bewußt bin, das heißt: eine *unmittelbare* Gewißheit davon besitze.[17] Kulturell ist es sicherlich ganz entscheidend, ob Menschsein insgesamt in Welt oder Intersubjektivität aufgeht, oder ob mit Subjektivität, Person, Selbst, Ich etc. eine Wirklichkeit bezeichnet werden kann, die dem Einzelnen ein absolutes Eigenwesen zugesteht, ohne sich dadurch von der Welt als Korrelat des subjektiven Lebens zu lösen. Denn mit dem Status eines nicht-welthaften Seins "im" Menschen entscheidet sich auch eine letzte Finalität der Kultur, die entweder selbst ein Wert in sich ist oder als je rein geschichtliche Konstellation dadurch auch unbegrenzter Manipulation unterliegt.

M. Frank will in einem solchen Kontext folglich "Selbstbewußtsein" des Menschen als dessen Wesensmerkmal gegen die These der subjektiven Abkünftigkeit setzen: sei es als Effekt kommunikativen Handelns oder als sprachvermitteltes Wissen um eigene psychische Zustände. Aber problema-

---

17 Gegen Tugendhats Argument vgl. schon M. FRANK: *Selbstbewußtsein und Selbsterkenntnis. Essays zur analytischen Philosophie der Subjektivität*, Stuttgart (Reclam) 1991, S. 178 ff. Ebenfalls bereits H. SCHMITZ: "Zwei Subjektbegriffe. Bemerkungen zu dem Buch von E. Tugendhat: Selbstbewußtsein und Selbstbestimmung", *Philosophisches Jahrbuch*, 89 (1982), S. 131-142; "Sind Tiere Bewußthaber? Über die Quellen unserer Du-Evidenz", *Zeitschrift für philosophische Forschung*, 46/3 (1992), S. 329-347.

tisch bleibt reflexiv wie phänomenologisch die von ihm in Anspruch genommene *Unmittelbarkeit*, die - falls sie sich nicht halten läßt - auch die kulturelle *Einmaligkeit* im sinnlich-ästhetischen Bereich des Bedürfens, der wirtschaftlichen Präferenzen etc. berühren würde. Franks analytisches Hauptargument lautet nun, daß die Subjektkritiken im Sinne der Subjektverneinung "Selbstbewußtsein" nach dem klassischen Reflexionsmodell überhaupt sich gegenständlich vorstellen und so zirkelhaft denken, nämlich als Sekundärphänomen eines sprachlichen und/oder interaktiven Geschehens, das aber schon "Subjekte" voraussetzt, weil es nur seinerseits unter dieser Annahme zureichend erklärt werden könne. Noch wichtiger als dieser einsichtige analytische Vorbehalt, der auch stets Husserls Versuch eines Aufweises originärer Fremderfahrung gegenüber vorgebracht wird, ist die erkenntnistheoretische Implikation bei Frank, Selbstbewußtsein sei "kein Sonderfall von Gegenstandsbewußtsein". *Radikal ungegenständlich* besagt also als seine These für ein eigenständiges Selbstbewußtsein als Subjektivität, daß die festgehaltene "Unmittelbarkeit" einen "Zugang" des Einzelnen zu sich selbst impliziere, der von keiner äußeren Instanz vorgängig bewirkt oder beeinflußt sei.

Die unter anderem phänomenologische Schwierigkeit, die bei diesem Argument auftaucht, besteht darin, wie Selbstbewußtsein als "unmittelbare Vertrautheit" des Bewußtseins mit sich selbst noch als eine Weise von *Bewußtsein* bezeichnet werden kann, wenn gerade solches Bewußtsein *kein* Gegenstandsbewußtsein sein soll. Die Vertrautheit meiner selbst als Unmittelbarkeit muß mir in der Tat bewußt sein, damit ich *mir* einen bestimmten Bewußtseins*zustand*, von dem oben als psychischem Prädikat die Rede war, als Gewißheit zuschreiben kann. Das heißt dann allerdings, daß die Vertrautheit als eine bewußte mir dann nicht unmittelbar selbst gegeben sein kann, da ich sie zunächst *als* meine identifizieren können muß, um ihrer für mich gewiß zu sein. Aber gerade damit wäre dieses Selbstbewußtsein *mittelbar* ausgewiesen, was seinem apodiktischen Gründungsanspruch absoluter Subjektivität widerspricht. Auf dem Hintergrund dieser - von Frank sehr kritisch in den philosophischen Details der Vergangenheit wie Gegenwart erarbeiteten - Subjektreflexion wird handgreiflich einsichtig, daß der Bewußtseinsbegriff als solcher, sofern er Distanz oder Horizont als Mittelbarkeit für das "Selbst" impliziert, zu verabschieden ist, wofür in unserem Rahmen daher die phänomenologische Realität der "Selbstaffektion" steht, die prinzipiell bedeutet, daß sich "Bewußtsein" erst lebendig selbst-affizieren muß, um überhaupt "Bewußtsein von etwas" sein zu können. Und diese absolut-vorgängige Selbstverlebendigung des Bewußtseins in der Lebensselbstaffektion sowie durch diese *vor* allem Bewußtsein im herkömmlichen Sinne kann dann genau nicht dem re-präsentierenden Bewußtsein zugänglich sein, ohne daß damit allerdings das "selbstaffektive Bewußtsein" einer ineffablen Dunkelheit verfiele, sondern es wird vielmehr zum Hinweis auf eine immanente Lebenseidetik, die sodann als Bedürfen, Kraft, Anstrengung, Tonalität etc. die Grundstrukturen von lebendiger Subjektivität, Produktivität und Kulturalität beinhaltet.

Wir teilen jedoch mit Frank die phänomenologische Anforderung, daß der Selbsterweis der Subjektivität bei keinem Äußeren irgendeine Anleihe zu machen habe, um das "Selbstsein" zu konstruieren, ohne dadurch andererseits den Anspruch auf Klärung einer meta-empirischen Genealogie des wirtschaftlich-kulturellen Prozesses aufzugeben. Denn insofern für die Kultur- und Wirtschaftsgenese irgendein externer, geschichtlich-hermeneutischer, ökonomisch-sozialer Grund etc. in Anspruch genommen wird (weshalb wir uns im Mittelteil dieser Arbeit mit Ethnosoziologie, Zivilisationskritik sowie interkultureller Philosophie auseinandersetzen), müßte zunächst verständlich gemacht werden, warum dieser Faktor ein spezifisch *kultureller* sei oder zumindest Kulturelles bewirke, was analog für *ökonomische* Erscheinungen gilt. Wird keine absolut-phänomenologische, das heißt bereits *in sich* kulturelle wie "ökonomische" (handelnd-hervorbringende) Subjektivität angesetzt, dann stirbt die Kultur/Wirtschaftsgenese in einem faktuell-unendlichen Regreß, der zudem letztlich - subtil-geistig oder naturalistisch-naiv - die Subjektivität an Empirie veräußert, ohne deren Status erkentnistheoretisch geklärt zu haben. "Daß uns eigentlich nichts fehlt", ist daher nicht nur eine Hinführung zur kulturellen Fülle der Selbstaffektion im Sinne transzendental-konkreter Subjektivität als der eigentlichen Faktizität im lebensphänomenologischen Sinne,[18] sondern zugleich auch der epistemologische Anspruch, "Gewordenes" als Legitimationsinstanzen auf solche Rechtfertigungsziele hin zu durchleuchten. Insofern muß jede Kulturphilosophie immer auch "Kulturkritik" sein, wenn sie mit einer Klärung von "Selbst" und "faktischer Realität" einhergeht.

---

18 Vgl. für diese Diskussion auch im Rahmen klassischer Husserlinterpretationen besonders L. LANDGREBE: *Faktizität und Individuation. Studien zu Grundfragen der Phänomenologie*, Hamburg (Meiner) 1982; M. HENRY: *Radikale Lebensphänomenologie* (1992), S. 102 ff. u. ö.

Diese Klärung kann vor der *Phänomenologie* selbst nicht haltmachen, deren Anspruch auf "originäre Gegebenheiten" mittels Epoché in den folgenden Untersuchungen die gewählte Zugangsweise darstellt. Aber über diese methodologische Präferenz hinaus kann nicht geleugnet werden, daß sich an der Phänomenologie bis heute zugleich jene Bewegung ablesen läßt, wie Philosophie überhaupt "tradiert" wird, um in diesem Paradigma auch die Weitergabe von Kultur zu spiegeln. Seit dem Zweiten Weltkrieg besonders bietet die Phänomenologie in der Tat eine exemplarische Geschichte der Kontinuität, Brüche und Neuansätze einer "Philosophie", die nacheinander Marxismus, Strukturalismus, Humanwissenschaften, Postmoderne, kognitive und analytische Philosophie zu ihren "Gegenspielern" hatte, um nicht nur in eine Diskussion mit ihnen allen einzutreten, sondern auch teilweise von den genannten Strömungen integriert zu werden. Von Sartre und Merleau-Ponty bis Ricoeur und Marion über Lévinas und Henry vollzog sich besonders in Frankreich eine durchgehende Bestätigung der phänomenologischen Analyse, die durchaus - bis hin zu ihrer letzten sogenannten "theologischen Wende" als Einschreibung der Metaphysik in den phänomenologischen Erscheinensbegriffs[19] - mit dem Anspruch der "Philosophie des 20. Jahrhunderts" auftreten kann, wie zuvor Scholastik, Rationalismus, Empirismus und Idealismus in ihren jeweiligen Jahrhunderten. In ihrer Komplexität ist die Phänomenologie - ohne einen endgültigen Abschluß von "Ergebnissen", es sei denn in den wichtigen Unterscheidungen von Gegebenheitsweisen - das Wiederaufgreifen von Analysen, in denen sich die Philosophie selbst als "Wiederholung" hervorbringt und weitergibt. Ergebnisarmut heißt mithin keineswegs Beliebigkeit, sondern gerade mit Blick auf ein sich im Fragen selbst stets wieder entziehendes "Wahres" die weitergeführte Befruchtung jener Kultur, aus der diese Philosophie geboren wurde. In diesem Sinne ist Phänomenologie "esoterisch" wie "exoterisch"; nur subjektiven Bewußtseinsdokumenten und zugleich einer eidetisch-diskursiven "Verallgemeinerung" verpflichtet - anders gesagt kritisch, ethisch und pädagogisch. Phä-

---

19 Vgl. D. JANICAUD: *Le tournant théologique de la phénoménologie française*, Paris (Eclat) 1991; B. WALDENFELS: *Phänomenologie in Frankreich*, Frankfurt a. M. (Suhrkamp) 1983; R. KÜHN: *Französische Reflexions- und Geistesphilosophie*, Frankfurt a. M. (Hain) 1993, Teil IV: "Ontologie und Phänomenologie" (S. 157-221). Außerdem H. R. SEPP (Hrsg.): *Edmund Husserl und die phänomenologische Bewegung. Zeugnisse in Text und Bild*, Freiburg/München (Alber) 1988.

nomenologie weiß Kultur durch und durch als ein Gewordenes, aber zugleich beinhaltet die Genealogie die Naturierung des Erscheinenden durch *ein* Prinzip, welches für uns das selbst-impressionale Leben ist, das als Arché und Ethos somit auf ein "Absolutes" verweist, wie es gleich zu Beginn über das phänomenologische Ethos als "Grenzphänomen" behandelt werden soll, um darauf eine erste Konfrontation mit der ökonomischen Abstraktion zu erlauben.

Ist Phänomenologie durch dieses prinzipiell-transzendentale Fragen dem Methodenpluralismus der soziologisch-humanistischen Sichtweisen gegenüber auch kritisch eingestellt, so ist damit dennoch eine "Kultur im Plural" nicht a priori verneint, aber diese "Pluralität" bleibt zurückgebunden an eine "phänomenologische Metaphysik" des Absoluten, die vereinheitlicht, ohne zu traumatisieren, um hier E. Lévinas' ontologisches Totalitätsbedenken anzusprechen. Die Frage von P. Koslowski, ob "Metaphysik jenseits der Vielheit der Geschichten und Narrativa möglich ist,"[20] versucht die Phänomenologie vom *Ursprung* des Erscheinens her zu beantworten, und nicht durch eine "spekulative Metaphysik", die in den Augen des zuletzt genannten Autors zugleich die Aufgabe haben soll, die konkurrierenden Machtansprüche von kulturellen Einzelentwürfen einzudämmen, ohne jedoch den Versuch der Kultur dabei zu beschneiden, immer auch auf eine "Einheit" aller Bereiche oder "Lebensstile" hinzuarbeiten. Wenn der Ursprung des lebendigen Generierens diese *Einheit* im phänomenologischen Prinzip der Subjektivität tatsächlich birgt, dann bedeutet dies kulturphilosophisch, daß die verschiedenen Kulturbereiche von diesem Prinzip her an sich *gemeinsam* miteinander wachsen, also Religion, Ethik, Wissenschaft wie Wirtschaft allzumal sich herausbilden, da die individuelle Konkretion in der Korrelation von Leben/Erde zunächst keine geteilte ist. Ohne mithin ein unerreichbares - weil stets aufgeschobenes - Vernunfttelos in Anspruch nehmen zu müssen oder eine bestimmte "Geschichte des Absoluten" (die christliche, gnostische, hegelianische, marxistische, liberale etc.), ist die Phänomenologie in

20 *Wirtschaft als Kultur* (1989), S. 77. Vgl. *ebd.* S. 182: "Die Normativität des Lebens führt eine ganzheitliche soziokulturelle Gestalt des Lebens herbei, auch wenn die konkreten Gestalten der Kulturen und Sozialordnungen verschieden sind." Diese *Normativität des Lebens* als Hervorgang aus seinem inneren Telos bleibt aber gerade lebensphänomenologisch aufzuweisen, falls man nicht in eine faktische Normativität verfallen will, die schließlich äußere Normen mit dem Leben selbst fälschlicherweise gleichsetzt.

der scheinbaren Armut ihrer Epoché nicht ohne die Fülle wie die Festigkeit einer "Tradition", die sich in der *absoluten Historialität* der Lebensaffektion als Pathos von Freude/Leid bzw. in der "sedimentierten Geschichte" der Husserlschen transzendentalen Bewußtseinsmonade als Genese und Akt der "Stellungnahmen" herausbildet.

Die phänomenologische Kulturanalyse ist durch die Besonderheit ihrer Gegenstandsauffassung als *Ge-gebenheit* stets "bei der kulturellen Sache", ohne das "Subjekt" darüber zu verlieren, weil die Dingkonstitution gerade die subjektive Werdensgeschichte eines Ob-jekts überhaupt wiedergibt. Durch diese Korrelation ist der phänomenologische Analyseweg explizit wie implizit stets auch der "kulturelle Weg" als solcher, denn die Kultur bezeichnet in dieser Hinsicht die "relevante Geschichte" des Menschen mit sich selbst sowie mit den Dingen - eine Geschichte, die sich dann gerade im phänomenologischen Aufweis als bewußt-erneuerte Teilnahme an der Kultur wiederereignet. Die *lebensphänomenologische Radikalisierung* eines in sich kulturellen Vollzugs ist dabei weniger an den vorstellenden Bewußtseinsleistungen im Sinne der apperzeptiven und sinneidetischen Objektkonstitution interessiert als an der Weise, *wie* das Leben als "subjektive Praxis" von seinem Bedürfen her "Welt" in seinem teleologischen Griff behält, um dieses Bedürfen, das in sich bereits kulturelle Tonalität des affektiven Pathos ist, zur "Kultur der Werke" werden zu lassen. Diese Epoché auf das genealogische *Wie* des kulturellen Werdens von subjektiver Praxis und Welt im "Lebensgriff" impliziert, daß in den jeweiligen immanenten Übergängen - etwa vom Bedürfen zur Arbeit, von der Arbeit zum Tausch und vom Tausch zum Gebrauch - "nichts fehlt", weil Hervorbringung und Objekte dabei allein so betrachtet werden, wie sie sich aus der "Kraft" oder aus der Bewegung des selbstpathischen Lebens ergeben. Denn wenn das Leben zu keinem Augenblick "fehlen" darf, damit wir im Leben weiterbestehen können, dann gibt es auch keine Verrichtung, die nicht durch dieses Leben erst ermöglicht und gehalten wäre. Dies ist der kulturelle Weg des Lebens "von der Immanenz zur Existenz", der es zu sagen erlaubt, daß in all diesen lebendig-teleologischen Übergängen nichts fehlt, weil stets die affektive Sinnlichkeit in ihrem Bedürfen, Sichausrichten und Tätigwerden "am Werk" ist.

Sich auf keinen "Mangel" metaphysisch, ethisch, ökonomisch oder religiös zurück(be)ziehen zu können, bedeutet dann aber auch, daß jeder Augenblick durch das Leben und aus seiner Ermöglichung heraus "kulturelle Menschwerdung" ist, die in der Abdankung vor diesem "Gesetz" der nie zurückgenommenen Potentialität zum "Kulturverfall" werden kann, das heißt: zur Nicht-Menschwerdung als *Barbarei* im Sinne eines Nicht-Subjektivität-sein-wollens mit all dessen Folgen. Daß hier letztlich für diese innere Verneinung der transzendentalen Humanitas keine äußeren Kriterien angebbar sind, sondern höchstens nicht-kulturelle Folgen als Verrohung und sinnlicher Verarmung, leuchtet insofern ein, als keine Äquivalenz von außen in die abyssale Nacht dieser subjektiv-kulturellen Menschwerdung als richtender Maßstab eingreifen kann. Das Ethos dieser lebendigen Kulturwerdung ist die "Mächtigkeit", mit der das je eigene Empfinden den "Lebensanspruch" erfährt, und wenn dieser ebenfalls über den Vergleich und die Nachahmung mit überlieferten Gestaltungen erfolgt, dann ist die von ihnen ausgelöste Betroffenheit wiederum ein teleologischer Selbstanspruch des *individuellen Lebens*. Deshalb haben Imitation, Pädagogik, Handwerkliches, Recht etc. in einer lebensphänomenologischen Kulturanalyse ihren grundsätzlich berechtigten Platz, jedoch nie als Automatismen oder Entitäten, die durch sich allein wirkten - auch wenn der äußere Ablauf, besonders in Wirtschaft, Verwaltung und Gesellschaft, diesen Anschein erweckt. Denn zu vergessen ist nicht, daß - außer der schöpferischen Freude - Monotonie, Langeweile, Angst und Frustration gleichfalls affektive Wirklichkeiten sind, die in der Zeit ihres Empfindens absolute Gegebenheiten darstellen.

Letztere sind nicht einfach durch Appelle und verfügende Programme in eine andere Tonalität überführbar, sondern nur im subjektiv-kulturellen Wissen dessen, daß der Übergang des Pathos in seine erneute freudige Selbsterprobung zum "Gesetz" der kulturellen Menschwerdung gehört. Das hier vertretene Kulturverständnis versucht demzufolge auch für eine phänomenologisch-ökonomische Sensibilisierung Bewußtsein zu schaffen, die noch *vor* den notwendigen großen, innovativ- kulturellen und unternehmerischen Leistungen der "poietischen Imagination" als sichtbaren Schöpfungen liegt.[21] Es ist eine Phänomenologie des Erwachens oder der Geburt, die erst den Boden für alle dann feststellbaren "Pro-duktionen" abgibt - und insofern letztlich ein Plädoyer für eine *Kultur des Gefühls*, das kein bestimmtes Gefühl ist, sondern das "Gefühl" in seiner anerkannten Wirkmächtigkeit als transzendentaler Affektivität gesehen. In jedem Erwachen ergreift die origi-

21 Vgl. P. KOSLOWSKI: *Gesellschaftliche Koordination* (1991), S. 75 f., 102 f.; W. HEINRICHS: *Einführung in das Kulturmanagement*, Darmstadt (Wissenschaftl. Buchgesellschaft) 1993, worin verschiedene Formen des öffentlichen und privatwirtschaftlichen Kulturbetreibens vorgestellt werden.

näre Leibpotentialität steigernd von sich Besitz, so wie in der Geburt zur kulturellen Menschwerdung diese Potentialitäten dann insgesamt als Ermöglichung "angenommen" werden, um diese Vor-gaben des Lebens zum "Werk" werden zu lassen. *Leben, Bedürfen* und *Kultur* besagen daher im Grunde das Selbe, wenn man in der Lage ist, sich rein in die Selbstergreifung dieser "Kraft" phänomeno-logisch hineinzubegeben, wo das Bedürfen wie gegen sich selbst erdrückt zur Energie der Verwandlung wird. Und da diese Transformation keinen *zufälligen* Bahnen folgt, sondern jenen der leiberdhaften Kompossibilitäten, die damit nicht nur Kontingenz im herkömmlichen Sinne sind, ist auf diese Weise auch der Weg der ökonomisch-kulturellen Befriedigung vorgezeichnet. Dadurch ist dieser Versuch einer Kulturphänomenologie *diesseits der Vorstellungen* zugleich ein Beitrag zur genealogischen Rückbesinnung auf das *stets* Mögliche angesichts postmodern uns bewußter gewordener Entgrenzungen, die zu einer neu zu lernenden "Kunst" des Umgangs mit Natur und Selbst auffordern, falls der tendenziell ablesbaren Geschichte von Verfall und Zerstörung weithin noch Einhalt geboten werden soll. Das Leben trägt diese Zerstörung als metaphysisches Verdikt *nicht als solche* in sich, denn es kommt ohne den Tod aus, welcher als der Abbruch aller Beziehungen an Weltvermögenheiten erscheint und damit als deren Negativbild. Aber das Leben schließt die Selbstzerstörung nicht aus, wo es selbst nicht mehr primordial "gewollt" ist - was allerdings wiederum keine abstrakte Feststellung "von außen" sein kann, sondern an die Verwirklichung der Lebensteleologie nach deren eigenen, affektiv-eidetischen Notwendigkeiten gebunden bleibt.

Teil I

Ethos und Kultur

Bekanntlich übersetzt Heidegger *éthos* mit "Aufenthalt des Menschen" und meint damit den "offenen Bezirk, worin der Mensch wohnt", um das erscheinen zu lassen, "was auf das Wesen des Menschen zukommt und also ankommend in seiner Nähe sich aufhält".[1] Läßt man dabei hier das Problem beiseite, wie Heidegger "Ethik" und "Ontologie" als zusammengehörig aus der "Wahrheit des Seins" heraus neu andenken will, sowie sein problematisches Gleiten vom Begriff des "Aufenthalts" zur "Anwesung des Gottes", das sich bei ihm durch die Übersetzung des Heraklitspruchs *éthos anthrópo daímon* ergibt,[2] dann bleibt eine meist übersehene Aussage zur Ausdeutung der Heraklitgeschichte, wonach dieser "sich an einem Backofen wärmte",[3] zur Grundsituation des Ethos näherhin zu befragen. Heidegger führt nämlich aus, das Sichaufhalten Heraklits am Backofen, um sich zu wärmen, verrate "an diesem ohnehin alltäglichen Ort die ganze Dürftigkeit seines Lebens", weshalb sich auch die sensationsgierigen Besucher in der Hoffnung, einen Denker beim Denken zu finden, enttäuscht abwenden. Und in diesem Zusammenhang fällt auch nach der Überlieferung des Aristoteles jenes Wort, das Heraklit zur Ermutigung, jenes Alltägliche doch näher zu betrachten, seinen Besuchern zuruft: "Götter wesen auch hier an (*eînai gàr kai entaûtha theoús*)."

Die Dürftigkeit des Heraklit ist sein Bedürfen an Wärme, mithin eine Lebensnotwendigkeit, die in der unmittelbarsten subjektiven Praxis des

---

1 *Über den Humanismus*, Frankfurt a. M. (Klostermann) 1947, S. 39-41. Zur Diskussion Ontologie/Ethik bei Heidegger vgl. zum Beispiel E. KETTERING: *Nähe. Das Denken Martin Heideggers*, Pfullingen (Neske) 1987, S. 368 ff. (Lit.).

2 *Frg. 119*, hrsg. v. Diels-Kranz. W. CAPELLE übersetzt: "Dem Menschen ist sein Wesen sein Schicksal." (*Die Vorsokratiker. Fragmente und Quellenberichte*, Stuttgart [Kröner] 1963, *Frg. 122*, S. 156).

3 ARISTOTELES: *De partibus animalium* A 5, 645a 17 (hrsg. v. O. M. Balme, Oxford [Clarendon Press] 1972, mit engl. Übers.). Dt. Übers.: *Über die Teile der Lebewesen* (Übers. W. Kullmann), Darmstadt (Wissenschaftliche Buchgesellschaft) (in Vorb.).

Alltäglichen uns in das Pathos der fundamental fleischlichen Affektion versetzt. Diese übergeht Heidegger genau, um eher durchblicken zu lassen, das "Ungeheure" des Göttlichen, des Gottes oder der Götter, wese auch - oder zunächst und vor allem - im "reizlosen Vorkommnis" des Frierens als Alltäglichkeit an, wohinter sich die Ek-stasis des Daseins in ihrer ontologisch bedeutsamen Offenheit oder Nähe zum Sein verbirgt. Daß Heidegger wie oft an entscheidenden Stellen seines Denkens im Zusammenhang mit der Differenz Sein/Seiendes die Leiblichkeit werkstrukturell "versäumt", das heißt: notwendigerweise nicht als Phänomenalisierungsgrund in absoluter Hinsicht sehen konnte, ist des öfteren von Kritikern aufgezeigt worden.[4] Nur ist über diese Defizitanzeige hinaus die genannte "Dürftigkeit" nicht sozusagen als leibhafte Verortung des Ethos/der "Ethik" in die Leiblichkeitsanalyse einfach zu integrieren, sondern gemäß der dem Bedürfen inhärenten Selbstaffektion *vor* aller *sichtbaren* Leibmanifestation als die Frage des "Ethischen" zu erhellen. Kurz gesagt steht die Untersuchung an, ob das absolute, immanente Lebenspathos das *ganze* Ethos als solches beinhaltet oder nicht und wo sich eine Differenz in diesem Pathos einstellen könnte, die in ihrem Transzendenzverweis dann zur "Ethik" im herkömmlich selbst-imperativen oder weisungsgebundenen Sinne würde. Sollte sich zeigen, daß die Immanenz des absoluten Lebens als pathisch-affektive Subjektivität in ihrem unausweichbaren Sich-bedürfen *éthos* schlechthin ist, dann ließe sich die Frage allerdings nicht umgehen, ob solches mitextensives Sein von Pathos und Ethos nicht nur einem "göttlichen Leben" zukommt, das in seiner sich selbst genügenden Autarkie der menschlichen Existenz abgeht, wodurch eben - ähnlich wie bei Heidegger - eine spezifische Ethik zu aller grundlegenden "Ontologie" doch hinzugefordert wäre.

---

4 Vgl. J. GREISCH: "Das Leibphänomen. Ein Versäumnis von *Sein und Zeit*", in: P. J. M. VAN TONGEREN u. a. (Hrsg.): *Eros und Eris*, Dordrecht (Kluwer) 1992, S. 343-362. Unter Bezug auf M. HEIDEGGER's *Phänomenologische Interpretationen zu Aristoteles. Einführung in die phänomenologische Forschung* (GA 61, 1985) sieht J. GREISCH das Verhältnis von Dasein und faktischem Leben als positive Möglichkeit einer hermeneutischen Auslegung des *cogito-sum*; vgl. seinen Artikel "Descartes selon l'ordre de la raison herméneutique. Le 'moment cartésien' chez Michel Henry, Martin Heidegger et Paul Ricoeur", *Revue des Sciences philosophiques et théologiques*, 73 (1989), S. 529-548, hier bes. S. 538 ff. Zur Hermeneutik insgesamt vgl. J. GREISCH: *Hermeneutik und Metaphysik. Eine Problemgeschichte*, München (Fink) 1993.

1. Ethos als Protest und Zeitlichkeit

Das Bedürfen an Wärme, von dem die Rede war, ist nicht von einer Subjektivität zu trennen, die diese Lebensnotwendigkeit des Sich-wärmen-müssens erleidet. Im Erleiden ist phänomenologisch - wie groß auch immer der empirische Schmerz sein mag, und damit die Möglichkeit seines Differierens, Aushaltens und Beendigens - das Sich-erleiden der Subjektivität mitgegeben, die das innere Erscheinungswesen des Lebens ausmacht. Tritt nun mit diesem inneren Pathos eine Zeitlichkeit im transzendenten Sinne auf, weil das Leid und der Schmerz als solche, das heißt: auch das unerfüllte Verlangen als Mangel, eine *Pro*-testation des Ego hervorrufen, die das "Sein" des Schmerzes in ein "Sein-sollen" von etwas Anderem verwandeln möchte?[5] Damit wäre die lebensphänomenologische Grundeidetik erschüttert, daß Sich-erleiden und Sich-erfreuen nicht nur derselben Affektivität angehören, sondern in ihrem notwendigen Übergang ineinander sich je auch dieselbe Historialität des absoluten Lebens in seinem "Werden" als Passivität fortzeugt. Der Ausschluß mundaner Temporalität ergibt sich prinzipiell aus der Tatsache, daß im Transzendenzakt des Bewußtseins zwei Sachverhalte meist miteinander verwechselt werden: die Errichtung des ekstatischen Zeithorizonts und die Entgegennahme dieses Horizonts in jeglichem Transzendenzakt.

Der ekstatische Zeithorizont bildet die Phänomenalität alles Seienden als Transzendenz, denn nur so kann es überhaupt für ein Bewußtsein erscheinen. Was aber ist die Aktphänomenalität des Transzendierens selbst nun? Sie muß zum einen den entäußerten Horizont als Veräußerlichung des Außen im Sinne des Raumes der Sichtbarkeit entgegennehmen und zum anderen aber auch die Transzendenz in ihrem Transzendieren garantieren. Das heißt, da die Transzendenz sich nicht selbst transzendieren kann, um sich selbst als Transzendenz entgegenzunehmen, findet in ihr eine Selbstaffektion statt, die das innere Wesen der Transzendenz ist. In dieser Weise ist genau die Immanenz die ontologisch-phänomenologische Grundlage der Transzendenz, und die Entgegennahme des Horizonts, der zeitlichen Ekstase, in

5 Dies ist zusammengefaßt der Grundeinwand von J. PORÉE: "Le temps du souffrir. Remarques critiques sur la phénoménologie de Michel Henry", *Archives de Philosophie*, 54 (1991), S. 213-240, auf den wir hier zu antworten versuchen.

der Transzendenz ist eine Hinnahme, deren Selbstrezeptivität gerade nicht mit der inneren Selbstaffektion identisch ist, weil Hinnahme (Akt) und Hingenommenes (Gehalt) dem Horizont und den transzendenten Onta in ihrer Differenz entsprechen. Gerade diese Differenz fehlt in der Selbstaffektion als dem phänomenologischen Wesen des Lebens, weil Akt und Gehalt jeweils das Leben selbst sind - weshalb auch die "egologische" Erfahrung als *Ipseität* das ontologische Werden jeder Erfahrung überhaupt ist. Mit anderen Worten: an keiner Stelle dieser Erfahrung, die ihr eigener Gehalt wie ihr eigenes Prinzip ist, gibt es etwas Impressionales, das nicht ein bestimmt gezeugtes Sich in und aus der Selbstaffektion des Lebens wäre.

Damit scheint in der Tat jede herkömmlich verstandene Ethik verbannt zu sein, weil sie - als letzte Legitimierung von "sittlichem Verhalten" - die Unterschiedlichkeiten von "Situationen" voraussetzt, die ein Verändern-wollen durch das Ich implizieren. Widerspricht sich eine Phänomenologie als Gründungsbemühen aus dem absoluten Anfang heraus nicht selbst, wenn sie das Ethische als humanes Faktum der Sollensforderung in diesem absoluten Anfang des Lebens nicht auszumachen imstande ist? Dabei wäre allerdings bereits zugestanden, daß "Ethik" in solchem Sinne und absoluter Anfang auch wirklich identisch sind und die Ontologie des immanenten Lebens allein nicht genügt, in sich selbst ein hinreichendes *Ethos* in der Weise eines um sich selbst wissenden Lebenswissens zu sein, das keine andere Teleologie als die seine kennt - das heißt: sein Sich-bedürfen. Wenn tatsächlich, wie zuvor ausgeführt wurde, die Immanenz die Transzendenz trägt, dann besteht allerdings eine phänomenologische Heterogenität zwischen zwei Erscheinungsweisen, die zwar einerseits eine reine Ursprungsphänomenalität - nämlich jene der absoluten Selbstaffektion - birgt, aber andererseits keine phänomenologische Re-flexion kennt, die sich ihrem Objekt im *Übergang* von der Immanenz zur Transzendenz homogen anpaßt. Dies wäre der Haupteinwand, um eine Ethikbegründung im Sinne der ihr stets ekstatisch vorausgehenden - oder zumindest sie begleitenden - Zeitlichkeit einführen zu können, weil eben Zeit wie Ethik *Über-gang* im Sinne eines Gegensatzes beinhalten. Im Wesen des immanenten Lebens herrscht aber gerade keinerlei Gegensatz, insofern es dort keine In-tuition als Gegenüber von Intuitionieren und Intuitioniertem gibt.

Dennoch gibt es im lebensimmanten Sinne tonale Übergänge, insofern transzendentale Affektivität bedeutet, daß die Subjektivität als Lebensbedürftigkeit ein Bedürfen des Sich-erleidens und des Sich-erfreuens ist. Und genau dieser historiale Übergang als Parusie des Absoluten des Lebens ist auch unmittelbar *Ethos*, insofern in diesem Übergang ohne jedes Weltelement ein Lebenswissen geboren wird, das allem Tun und Denken mitextensiv ist. Zu keinem Augenblick verliere ich dieses objektlose Wissen des Lebens um sich selbst, lebendig zu sein und lebendig handeln zu können. Und genau dies ist sein Ethos, in dem das Leben seinen "Aufenthalt" oder seine "verläßliche Beständigkeit" besitzt, um mit Heidegger zu sprechen. Nur ist dieser Aufenthalt kein Weilen in der Offenheit des transzendenten Seins, sondern er ist die Identität von Leben und Bleibe in dem ihm eigenen "Ruhen" als stetes Sich-erfahren ohne beunruhigende Andersheit. Erleiden und Freude als die selbstaffektiven Grundstrukturen der Affektivität in ihrer *einen* Wirktatsächlichkeit bergen den *Übergang* dieser je tonalen Bestimmtheit einer jeden Affektion, insofern keine der letzteren denkbar ist, in der sich das Leben nicht selbstaffektiv stets *als* Freude *und* Erleiden geben und empfangen würde. Der Übergang der affektiv-tonalen Bestimmtheiten, die als "Gefühl" jedes Erleben konkretisieren und so die Welt mit unserem apriorischen affektiven Fleisch versehen, ist keine Dichotomie, da der Schmerz oder das Leiden in der reinen Selbstrezeptivität des Lebens die "Materialität" dieses Lebens selbst sind, die auch seine Freude am Sich-selbst-empfangen ausmacht, das heißt sein Glück, nichts als "Leben" sein zu dürfen. Und dieses Glück zu leben, ist mit anderen Worten jener "Geschmack", im Leben zu "sein", bevor dieses Sein überhaupt mit irgendeinem Entwurf verbunden ist. Ethik, und sei sie Glücksethik im Aufbegehren gegen rein rational-normative Ethik, ist von diesem Glück des Lebens als es selbst immer schon entfernt, wenn sie Teleologien oder Motive des Glücks bereitzustellen versucht.[6]

Nun läßt sich einwenden, ein solches Verbleiben des Lebens in sich selbst als das "Ruhen" in seinem tonalen Übergang als solchem sei eben keine echte Erfahrung, die das Leben in sich und mit sich selbst mache, weil es nicht mit dem *Ereignis* der Zeitlichkeit zusammenfalle. Die Phänomenalisierung durch die Selbstaffektion wäre besser als die Selbst-Reflexion der Zeit in jenem Augenblick zu denken, der ihre ekstatische Entfaltung aufhebe, um die reine Form als Versinnlichung des Horizonts zu materialisieren. Dann wären in der Tat Immanenz und Transzendenz keine zwei heterogenen

6 Vgl. z. B. den Versuch H. KRÄMER's, in einer "mehrdimensionalen Sicht des Ethischen" Motive der Moralphilosophie und der Lebenskunstlehre als Strebens- oder Glücksethik in einer sogenannten "Dritten Ethik" zu vereinigen: *Integrative Ethik*, Frankfurt a. M. (Suhrkamp) 1992.

Erscheinungsmodi, sondern zwei verschiedene Gesichtspunkte der Phänomenalität. Und die Idee einer ursprünglichen Epoché entspräche der Bestimmung des Wesens des Augenblicks als solchen, in dem sich die "Ethizität" der Ethik entscheidet, insofern jeder Augenblick die transzendentale wie existentielle Instanz der Ent-scheidung ist, das heißt das Ethos des Sein-sollens bzw. des Anders-sein-sollens, wie es gerade in Schmerz und Leid erlebt wird. Diese Überlegung hat ohne Zweifel ihr Gewicht, weil Epoché in gewisser Weise weder Bewegung noch Ruhe beinhaltet; eher bezeichnet sie eine "innegehaltene Bewegung". Diese charakterisiert zugleich die Reflexion, so daß die Epoché der Zeit als unendlicher Eröffnung von Horizonten zugleich zum apriorischen Wesen der Zeit selbst gehören würde. Die Epoché der Zeit, die sich in ihrem Elan oder Projekt selbst bricht, brächte im Sinne der "Differänz" Derridas Retardierung, Aufhebung wie Aufschub in das Zeitgeschehen hinein. Solche aufhebende "Instantisierung" der Zeit als ursprüngliche Selbstaffektion der Zeit selbst durch sich selbst hebt ihre ekstatische Indifferenz auf und räumt einen bestimmten Ort oder Hiatus in ihr ein, worin ein "Selbst" erscheinen könnte.

Eine solche Sichtweise ist methodisch gesehen eine reflexiv-hermeneutische Annäherung an die Zeitontologie, insofern der Augenblick die Zeit zum Ereignis werden läßt, das sich auslegend der beschreibenden Phänomenologie im weitesten Sinne darbietet. Hermeneutische Beschreibung des Schmerzes aber (oder des Übels als "Böses") möchte den Augenblick aus dem Grund privilegieren, um ihm seine phänomenologisch-existentielle Dichte zu lassen, mit der solch je einmaliger Schmerz "ethisch" auf dem Bewußtsein lastet. Denn in der Tat verliert ein aus dem Ereignis herausgelöstes "Übel" seine Partikularität, um in eine Reihe zeitlicher Geschehensabfolge eingereiht zu werden, die für Schmerz und Übel nur noch einen Blick "von außen" übrig hat. Eine solche "Ethik des Schauspiels", wie man sagen könnte, läßt in der Tat nicht mehr den einzigartigen Protest nachklingen, mit dem das Bewußtsein *diesen* Zeitaugenblick suspendieren möchte, damit Anderes werde. Nichtsdestoweniger ist das rein selbstaffektive Erleiden mehr als ein metaphorischer Schmerz ohne eigene "ethische Motivation", wie schon angedeutet wurde. Denn keine Epoché vermag zum Leben in seiner Immanenz vorzudringen, sofern Epoché immer eine Schau ist, die in der Reduktion eine *Retention* voraussetzt. Selbst wenn also zugestanden würde, daß die Zeit einer spezifischen Suspendierung als Augenblick zugänglich wäre, die den ek-statischen Charakter als solchen in gewisser Weise neutralisiert, so bliebe doch die strukturale Unmöglichkeit, das Leben zum Gegenstand einer Retention zu machen, da alles Zurückbehaltene als Gewesenes nicht mehr aktuales Leben ist - sondern vielmehr "Tod". Selbst Phänomenologen, die nicht die lebensphänomenologische Analyse teilen, erkennen an, daß die "pure Gegenwart" nur eine Idee sein kann, da jede Bewußtseinsstromphase von Urimpression, Retention und Protention notwendigerweise nur abstrakt fixiert werden kann, und zwar im Hin-blick auf den Punkt oder Augenblick, wo immer die Urimpression endet, um ihrer Retention Raum zu schaffen oder eine neue Urimpression beginnen zu lassen. Jeder Akt irgendeiner Epoché innerhalb eidetisch-phänomenologisch gedachter Wahrnehmung bleibt unweigerlich von diesen drei Momenten kontaminiert.[7]

Eine originäre Seinsgewißheit - und sei es die des ethischen Ereignisses als originärer Erfahrung im Schmerz - ist also über die Wahrnehmungsmöglichkeit nicht zu erhalten. Das, was der Protest des Anders-sein-sollens zurückbehält, ist bei aller Dramatik extremen Leids[8] nicht die Selbstaffektion des Lebens, sowenig wie es die Zustimmung ins Leid ist, da Verweigerung wie Zustimmung dieses Leben bereits wieder mit der ganzen Fülle seiner inneren "Präsenz" voraussetzen, bevor überhaupt im Ja oder Nein, die immer auch eine Retention als Repräsentation implizieren, eine Antwort gegeben werden kann. Und genau dieses *absolute "Vorher"* des Lebens, das kein zeitliches Vorher ist, da es stets "wird", insofern ich als Selbst davon impressional stets affiziert bin, entspricht dem unverbrüchlichen Ethos des Lebens: *nur es selbst zu sein und als solches sich nie selbst zu verlassen*, weil es niemals in eine Distanz zu sich selbst treten kann. Diese lebens-eidetische oder -strukturale Feststellung ist keine Abwertung der sittlich wertvollen Diskurse und Aktionen, die Menschen unternehmen, um Leid zu lindern, ohne hier in die Betrachtung einer leicht sich selbsterlösend gebenden "instrumentalen Vernunft" einzutreten.[9] Es geht nur darum, *phä-*

---

7 Vgl. A. AGUIRRE: "Zum Verhältnis von modaler und praktischer Möglichkeit", in: E. W. ORTH (Hrsg.): *Perspektiven und Probleme der Husserlschen Phänomenologie* (Phänomenologische Forschungen 24-25), München/Freiburg (Alber) 1991, S. 150-182, hier S. 180 ff.

8 Vgl. zu einer Kritik allzu leichtfertiger "Sinngebung" bei chronischen Schmerzen H. SANER: "Die Grenzen des Ertragbaren. Zur Phänomenologie chronischer Schmerzen", in: R. KÜHN/H. PETZOLD (Hrsg.): *Psychotherapie und Philosophie - Philosophie als Psychotherapie?*, Paderborn (Junfermann) 1992, S. 15-28.

9 Zum Ansatz einer Ethik bei der notwendig "besseren" Lebensbewältigung vgl. P. LORENZEN/O. SCHWEMMER: *Konstruktive Logik, Ethik und Wissenschaftstheorie*, Mannheim (Bibliographisches Institut) ^{2}1975. Ihre eigene epistemologi-

nomenologisch zu erkennen, daß die originäre Passivität der Lebensankünftigkeit oder Lebenshinnahme in ihrer tonalen "Polarität" von Freude und Schmerz keine partikuläre Motivation beinhaltet, da die transzendentale Affektivität jede Motivation trägt - und sei es die reine Achtung bei Kant als "Faktum der Vernunft" angesichts ihrer eigenen autonomen Gesetzgebung.[10] Von Kant und Husserl hat die Phänomenologie gelernt, daß sie keine psychischen Befindlichkeiten zur Erklärung für ihr eigenes Vorhaben heranzuziehen habe, was hier heißt: das Ethos muß in der ontologischen Ermöglichung von Schmerz und Freude als solchen begründet sein - und nicht auf den Augenblick, wo es mir als dem *empirischen Ich* unerträglich wird.

Unter diesem Gesichtspunkt der möglichen *Unerträglichkeit* des Lebens und seines ihm unmittelbar diesbezüglich zugehörigen Ethos steigert die Lebensphänomenologie sogar noch das "ethische" Paradox des Schmerzes. Daß das Leben sich selbst nicht mehr ertragen kann, weil die ausschließliche Bindung an es selbst als seine einzig "ethische Bleibe" im Sinne seines Ethos niemals eine Ausflucht in der Äußerlichkeit finden kann, um dort von sich selbst "befreit" zu werden, macht jeden Diskurs über Ethik oder Metaethik in dieser Hinsicht fragwürdig. Denn nirgendwo kann in einem Wert, in einer Maxime oder Finalität diese absolute Last der Selbstbindung vom Leben genommen werden, so wie andererseits alle Werte und Finalitäten nur Selbstobjektivierungen dieses Lebens als Versuch seiner Selbststeigerung sein können. Daraufhin ist das Bedürfen angelegt, weshalb alle Normierungen aus rationaler, historischer bzw. religiöser Einsicht heraus in ihrem repräsentierenden Stil nur "Schatten" dieses Bedürfens als Modus des tran-

---

sche Rekonstruktion einer transkulturellen Invariabilität des Anthropologischen verkennt allerdings nicht die dazu notwendige Kritik bisheriger logischer und ethischer "Orthosprachen" in einer je historischen Kontextualität. Erinnert sei natürlich auch an die Kritik der praktischen und instrumentalen Vernunft bei TH. W. ADORNO seit der Frühschrift *Dialektik der Aufklärung* (1944). Jetzt in: *Ges. Schriften 3*, Frankfurt a. M. (Suhrkamp) 1980.

10 Besonders dort, wo er sich auf die "Bedeutung eines Emotivismus" beruft, der keine ontologische Fundierung in der Selbstaffektion kennt; vgl. H. SPECTOR: *Analytische und postanalytische Ethik. Untersuchung zur Theorie moralischer Urteile*, Freiburg/München (Alber) 1993; außerdem H. G. FACKELDEY: *Norm und Begründung. Zur Logik normativen Argumentierens*, Frankfurt a. M. (Lang) 1992, in bezug auf kritischen Rationalismus und Transzendentalpragmatik.

szendental unsichtbaren Lebens sein können.[11] Wenn letzteres die Wahrheit unserer Humanitas ist, dann weiß diese sich im Vollzug ihres "Seins" in einer unmittelbar affektiven Vollzugserfahrung, die originärer als alles transzendente Sein ist, weil die Möglichkeit der pathischen Einheit Freude/Leid in ihrer strukturalen Übergangsphänomenalität alle "Welterfahrungen" bis hin zum Nicht- mehr-aushalten-können eines Schmerzes in sich birgt. Deshalb sagten wir, daß die in sich lebensimmanent angelegte Möglichkeit, in der das Leben sich selbst nicht mehr ertragen kann, noch jene Unmöglichkeit unterfängt, wenn im Schmerz und im Protest gegen ihn die Unmöglichkeit der Zustimmung in solches "Leben" selbst auftaucht. Die Freude, die dann vor-gestellt, imaginär oder fiktiv als eine *andere* Lebensmodalität am Horizont des Nicht-mehr-Schmerz-seins auftaucht, ergibt sich aus dem ethisch-existentiellen Pro-test als Haltung *gegenüber* dem Schmerz-hier. Eine "Haltung", die jedoch das Ethos der Selbstbindung des Lebens an sich selbst bereits ek-statisch wie ek-sistentiell verlassen hat, ist schon vom ontologischen Grund des Lebens in einen Bereich der Distanzierung hinübergeglitten. Die Freude, die als Andersheit wahrgenommen wird, ist eine ethisch-welthafte Möglichkeit, auf die Unerträglichkeit zu antworten, mit der das Leben in sich verharrt. Aber diese Unerträglichkeit hindert nicht, daß in deren Pathos Leben weiterhin passiv entgegengenommen wird und so sich an sich selbst "erfreut", das heißt um *sich* weiß.

So wie die radikale Lebensphänomenologie an keiner Stelle die immanente Urphänomenalisierung durch *psychologische* Affektrealität kontaminieren läßt, so kann auch nicht gesagt werden, das ursprüngliche Lebensethos absoluter Lebensselbstbindung bis in die Flucht vor der Lebensunerträglichkeit hinein vollende die Immanenz des transzendentalen Affektivitätsübergangs in einer *Theodizee.* Zumindest ist die Leibnizsche Theodizee eine Rechtfertigung des Bösen als *weltgegebener* Realität, so daß auch ihr

11 Wir akzeptieren damit den Begriff "Schatten" im Husserlschen Sinne aus W. BERGER's Untersuchung: *Das Bedürfnis und sein Schatten. Vorarbeiten zu einer Philosophischen Anthropologie*, Freiburg/München (Alber) 1992. Allerdings ist für die Lebensphänomenologie jeder anthropologische Fundierungsversuch konstitutiv ein "Schatten" und nicht erst bei der Konstatierung von theoretisch-abstrakter Aporetik aus Anlaß ordnungsimmanenter Voraussetzungen von Bedürfnisdefinition oder -klassifizierungen: ein "somatisch" unmittelbar Gebundenes solle allgemein begrifflich gefaßt werden; vgl. *ebd.* S. 11 ff.

Transzendenzgedanke Gottes als Schöpfer einer "bestmöglichen Welt" von dieser Welthaftigkeit behaftet bleibt.[12] Das "radikal Böse", um diesen Kantschen Begriff zu gebrauchen, vollzieht sich aber gerade da, wo es nicht mehr um das Verhältnis Gott/Welt - also um einen Transzendenzbezug - geht, sondern wo das Leben in seine eigene Verneinung und Zerstörung umzuschlagen droht. Insofern beschreibt die Übergangsmodalisierung Erleiden/Sicherfreuen im Wesen des Lebens keine göttliche Autarkie, die auf die Veränderung des Bösen in Gutes ruhig warten kann, sondern sie benennt *unsere* Geburt als Subjektivität, die in sich die Möglichkeit birgt, diesen Übergang nicht mehr zu *wollen*, weil die Lebensunerträglichkeit zu groß erscheint.[13] Die "transzendentale Geburt" ist der "Augenblick", in dem das passive Hinnehmen des Lebens als Sicherleiden in seiner absolut damit bestimmten phänomenologischen Bedürftigkeit mit der lebendigen Gewißheit investiert wird, sich zugleich an diesem Leben selbstaffektiv zu erfreuen. Das "Böse" im lebensphänomenologischen Sinne wäre so die Verkennung dessen, daß das Lebensethos grundsätzlich *Gutsein* des Lebens bedeutet, sofern es phänomenologisch nur sich selbst will und damit auch immer nur sich selbst geben kann. Ob solches Leben dann mit dem "Leben Gottes" identisch ist, kann nur geklärt werden, indem phänomenologisch zunächst erhellt wird, was "Selbstoffenbarung Gottes" bedeutet, die nicht mehr an ein Wort der Welt oder der "Schrift" zuallererst gebunden ist, sondern das "Wort des Lebens" selbst darstellt. In diesem Aufweisversuch müssen dann auch damit verbundene Gegenargumente beantwortet werden: Da die lebensphänomenologische Erfahrung nur die *Idee* einer Erfahrung sei, gehöre sie in den Bereich "mystischer Erfahrung" und sei daher im Bereich empi-

---

12 Vgl. M. HENRY: "Théodicée dans la perspective d'une phénoménologie radicale", *Archivio di Filosofia*, 1-3 (1988), S. 383-393. Zur weiteren Information C.-F. GEYER: "Theodizee oder Kulturgeschichte des Bösen? Anmerkungen zum gegenwärtigen Diskurs", *Zeitschrift für philosophische Forschung*, 45/2 (1992), S. 238-256. Zu nachfolgendem Kantischen Begriff unter anderem W. SCHULTE: *Radikal böse. Karriere des Bösen von Kant bis Nietzsche*, München (Fink) 1988.

13 Vgl. als Vorbereitung auf eine solche "andere" lebensphänomenologische Religionsphilosophie R. KÜHN: *Studien zum Lebens- und Phänomenbegriff*, Cuxhaven-Dartford (Junghans) 1994, Kap. VIII. 1: "Religionsphänomenologie als Lebensphänomenologie" (S. 349-373).

risch-transzendental kontrollierbarer Phänomenologie nicht mehr nachvollziehbar.[14]

An dieser Stelle kam es nur darauf an, diesseits von Psychologie, Theodizee und Rekurs auf zeitliche Ontifizierung im Schmerz ein primordiales Lebensethos einsichtig zu machen, das sich weder auf Anschaulichkeitsimperative noch auf menschliche Gebrochenheitsdramatik zurückführen läßt.[15] Macht man aus der Pro-testation des Bewußtseins gegen den Schmerz die Basis einer "Ethizität", dann ist damit die Dif-ferenz als phänomenologische Referenz für "Sein" anerkannt, um die Verwandlung dieses leidvollen Seins in ein anderes "Sein-sollen" denken und wünschen zu können. Offen bleibt dann aber, daß "Sein" als apriorische Erfahrungsmöglichkeit zunächst selbst im Erleiden des Leidens über dessen Eigenrezeptivität überhaupt erst ins "Sein" kommt, das heißt: der Schmerz nicht im Sein ist, sondern das Sein im Leiden dieses Schmerzes affektiv-impressional erst "wird". Wenn "Welt" nie verspüren kann, was eine Affektion ist, so vermag die ekstatische Dif-ferenz, und sei es als Sus-pendierung der gewöhnlich erstreckt gedachten Zeit, nicht der Ort für die Selbstaffektion des Leidens zu sein. Diese bleibt ein akosmisches Pathos, weil jeder verspürte Schmerz mit seinem Aufbegehren im Gefolge gegen ihn einen Horizont des Pro-testes in der Distanz voraussetzt, denn der Pro-test des Bewußtseins ist nicht mehr der reine Schmerz als solcher, um dessen originär phänomenologische Möglichkeit als Wesen des Lebens es geht. Das *Ethos dieses Urschmerzes*, ohne hier Schopenhauer herauszuhören, weil dieser das Wollen dann doch wieder in eine pessimistische Gesamt*metaphysik* der Welt einbettete, bedeutet deshalb keine Ausschließung der "Person", die der reflexiven Hermeneutik[16] als

---

14 Vgl. D. JANICAUD: *Le tournant théologique de la phénoménologie française*, Paris (Eclat) 1992, bes. S. 61 ff.

15 Von solcher Situation eines "gebrochenen Wesens" her entwickelt D. WYSS sein Buch *Die Strukturen der Moral*, Göttingen (Vandenhoeck & Ruprecht) 1968. Solche Fragilität läßt dann schon die vorprädikativen Erfahrungsstrukturen wie Raum, Zeit, Berühren, Einkörperung, Entkörperung, Triebleben, Umweltbeziehung usw. in der Dichotomie von sittlich/unsittlich erscheinen, die im Gewissensproblem kulminiert.

16 So geht auch H. SANER, weil er mit der Geburt Freiheit beginnen läßt, in seinem wertvollen Beitrag "Memento nasci. Vorbemerkungen zu einer Philosophie der Geburt" nicht über diesen zeitlichen Anfangspunkt hinaus. In: G. K. KALTENBRUNNER (Hrsg.): *Überleben und Ethik*, Freiburg i. Br. (Herder) 1975, S. 142-161.

Grund wie als Ziel der Motivation teuer ist, sondern genau die "transzendentale Geburt" dieser Person, weil diese sich als im Akkusativ dekliniertes je-meinig-bestimmtes-Sich ("Mich") entgegennimmt, und zwar in eben der genannten abyssalen Passivität, aus der allein die Freude über ihr "Sein" in der Lebendigkeit und als solche werden kann.

Solches Ethos der Person als Ipseität, die ihre Freiheit aus der absoluten Vorher-gegebenheit des Lebens schöpft, da hier alle Potentialitäten erwachsen, die diese Person als Kraft ihrer Bewegungen und Handlungen entfaltet, ist dann unabhängig von äußeren Axiologien, die sich der ontologischen Identität von Ego und Lebensankünftigkeit als der letztendgültigen und tragenden Phänomenalisierung substituieren wollen. Dem Wandel der lebensimmanenten Übergangsrealität Erleiden/Erfreuen in der transzendentalen Persongeburt die Erfahrung des Bösen gegenüberstellen zu wollen, um eine *Alternative* zum "Ich leide" phänomenologisch zu begründen, vergißt, daß Alter-native - streng gedacht - gegenseitigen Ausschluß von möglicher Erfahrung bedeutet. Wenn dies auf der Ebene der Zeit gilt, weil diese nie in ihrem "Fluß" dieselbe sein kann, so bliebe dann aber eben doch noch zu erhellen, wie Freude *und* Schmerz beide im Leben und als dieses sein können.

Dieses radikalphänomenologische Ethos vom historial-mitsubstantiellen Übergang Freude/Leid verhindert also nicht die empirische Erfahrung vom "Ich leide" und der Suche nach seiner Linderung durch die Steigerung des Lebens in Freude, sondern dieses Ethos *vor* allem psychologisch-ethischen Bewußtsein verdeutlicht, wie Erfahrung überhaupt werden kann. Es besagt zunächst nicht, *was* die Erfahrung "Ich leide" ist und existentiell-ethisch heraufbeschwor; dieses lebensimmanente Ethos sagt, *wie* jede mögliche Erfahrung als affektives Fleisch unserer Person überhaupt "wird". In der Alter-native des ethischen Rufs, "Anderes soll sein", spricht ein Logos, der im Aus-sprechen solcher "Vernunft" - jetzt metaphorisch gesagt - den Atem des Lebens noch voraussetzt. Der Logos des Lebens als Ethos spricht nur von sich selbst, weshalb er keine Alter-native kennt, das heißt keine andere "Nativität", die nicht ihr eigenes Ins-leben-kommen wäre. Denn Dinge kommen ins Dasein, ohne je ihr eigenes Ins-sein-kommen einholen zu können, weshalb ihr Erscheinen nicht mit ihrem Grund in der Erfahrung zusammenfällt. Die Alter-native, in der Endlosigkeit ihrer Wahl, bleibt so das Gesetz der Welt und ihrer Ethik der Ent-scheidung, wohingegen das Leben alternativlos schon immer *für* sich ohne jede Verweigerung entschieden hat, ohne damit im Bedürfen seiner selbst das Ethos der Steigerung als Kultur auszuschließen.

2. Ethos phänomenologischer Grenzerfahrung

Wenn damit die Zeit als Begründung für eine Ethik ausgeklammert ist, worin das originäre Sagen als alter-native "Spur" durch das Gesagte bloß immer wieder hindurchbricht, ohne eingeholt werden zu können, weil das Gesagte sich *diskursiv*-immanent verfestigt, ohne selbst die lebendige Immanenz des Ursprungs zu sein, muß jetzt in einem weiteren Schritt gefragt werden, ob das Ethos des Lebens nicht zuallererst das "Ethische" der Philosophie selbst ausmacht, anstatt in der Ethik unbefragt eine sofortige Gesetzgebung für die Welt und das Mitsein zu sehen. Die Autoreferentialität der Lebensphänomenologie impliziert eine "Philosophie an der Grenze" in dem Sinne, daß die Maieutik dieser Philosophie versucht, sich im "Augenblick" ihrer ständigen Geburt im Leben zu halten, ohne daß das philosophische Denken dabei selbst sein "Leben" verliert, das heißt nach Kant in die "Schwärmerei"[17] verfällt. Wenn Philosophie solcher Schritt an die Grenze ist, ohne die Grenze zu überschreiten, um darin ihre Grenze zu ziehen, dann ist zumal die Phänomenologie solche Grenzbeschreitung, da sie von der Epoché "lebt", worin die "Selbstgegebenheit" letzte anvisierte Realität ist, das heißt: Freude/Erleiden als Wesen des Lebens ohne repräsentierend denkbare Dif-ferenzierung läßt Bezug oder Bindung so zum Ursprung allen Erscheinens werden, daß "transzendentale Geburt" das Gesetz dieses Übergangs ist, welcher kein "Sterben" kennt, da die Dichotomie Leben/Sterben sich phänomenologisch-sichtbar nur da vollzieht, wo "Welt" ist. Das Ethos in der Lebensphänomenologie als Ethos der Philosophie selbst ist mit anderen Worten ein Erwachen, das seine Bedürftigkeit nicht als ein Ding unter all den anderen Dingen erkennt, sondern als *Radi-kalität* in der Verlängerung von Husserls "Philosophie als strenger Wissenschaft".[18]

17 Vgl. "Von einem neuerdings erhobenen vornehmen Ton in der Philosophie" (1796), in: I. KANT: *Gesammelte Schriften 8* (Akademie-Ausgabe), Berlin (De Gruyter) 1923, S. 387-406. Dazu Kommentar von J. DERRIDA: "D'un ton apocalyptique adopté naguère en philosophie", in: *Les fins de l'homme à partir du travail de Jacques Derrida*, Paris (Galilée) 1981, S. 445-486.

18 Vgl. *Cartesianische Meditationen* (Husserliana I), Den Haag (Nijhoff) 1963, S. 45 ff. (§ 2): "Notwendigkeit eines radikalen Neubeginns der Philosophie".

Ethos des Ursprungs aus und im Leben ist Radikalisierung des Ursprungs oder der "Urregion", weil gefragt werden muß, was die Subjektivität "subjektiviert" oder eben selbst-affiziert, ohne sie zum *subjectum* zu machen, das heißt: in eine Welt als Setzung oder Konstitution verlegen würde. Das als unsere Subjektivität in solchem radikalen Sinne definierte Bedürfen ist mithin der "Aufenthalt" (*éthos*) im reinen Erwachen oder Geborenwerden-zu-sich, ohne daß es hier ein repräsentiertes Selbst gibt oder eines solchen bedarf.[19] Mithin kann auch formuliert werden, daß das Husserlsche Ethos der phänomenologischen Ausweisbarkeit aller Vernunft bis in die "Krisis"-Schrift hinein zum Ethos einer *Transparenz* wird, die die Immanenz nicht mehr von einer intentionalen Transzendenz durchzogen sieht, wodurch das "Licht der Welt" auf das Ego selbst fällt, das sich in diesem ihm fremden Licht verstehen soll. Transparenz ist seit jeher das Ethos philosophischen Denkens,[20] aber wenn Husserl eben nicht eine nicht-welthafte Geburt des Ego *in der Zeit* durch dessen Selbstverzeitlichung gelten lassen will, dann ist damit eine bleibende Opazität gesetzt: Es gibt eine Selbstgebung des Ego an sich selbst durch sich selbst, wodurch das Ego seiner eigenen Geburt vorhergehen müßte. Aber es kann als *transzendentale* Subjektivität nicht gleichzeitig in der Zeit geboren werden und Ursprung der Zeit sein. Daher gibt es ein primordiales Ethos einer Phänomenologie des Sich-bedürfens, der Geburt oder des Übergangs an der Grenze, die genau der Aufenthalt (*éthos*) der Selbstgebung ist: Gebung (Gabe) an sich selbst durch sich selbst wie in sich selbst. Die onto-*do*-logische Ethik dieser immanenten Gebung fragt also nicht mehr zunächst danach, ob jede Gegebenheit die "Sache selbst" gibt oder ob *ich* das mir Gegebene gebe, sondern wie es um das Selbstoffenbaren der Selbstgebung steht. Das Ethos der Phänomenologie, sofern sie das Ethos der absoluten Subjektivität sein will, ist die Frage, wie sich das transzendentale Vermögen allen Gebens sich selbst gibt - und zwar so an sich selbst gibt, daß keine andere Instanz dabei auftritt. Das Ethos der phänomenologisch-philosophischen Radikalität ist so das Ethos des reinen

---

19 Vgl. F.-D. SEBBAH: "Eveil et naissance. Quelques remarques à partir d' Emmanuel Lévinas et Michel Henry", *Alter. Revue de Phénoménologie*, 1 (1993), S. 209-235, wo Erwachen und Geburt als phänomenologische "Grenzphänomene" befragt werden, allerdings ohne Blick auf die Ethik.

20 Vgl. E. W. ORTH (Hrsg.): *Logik, Anschaulichkeit und Transparenz. Studien zu Husserl, Heidegger und die französische Phänomenologie* (Phänomenologische Forschungen 23), Freiburg/München (Alber) 1990.

Sich-gebens: dessen "Ontologie" als das Sich-selbst-sagen des lebendigen Lebens, in das zur Erklärung nichts Totes (und somit auch kein Heideggersches "Sein zum Tode") eindringen kann.

Damit ist dieses radikal-phänomenologische "ethische" Fragen auch zunächst weit von einer Problematisierung des "guten" oder "besseren Lebens" im Sinne einer Selbstverwirklichung entfernt, die den Entschluß faßt, "das eigene Leben um seiner selbst willen zu führen", weil es sich personal als "Zweck an sich selbst" mit Kants Worten versteht und dabei "das gute Leben [als] Menschheitsprojekte" einschließt, insofern ich "dazu des Beistands derjenigen bedarf, die in derselben Lage sind".[21] Näher beim lebensphänomenologischen Ethos wäre schon R. M. Hare's[22] Feststellung, die Ethik habe es weniger mit "moralischen Grundsätzen" zu tun als mit der Untersuchung dessen, was jemand *tut*. Aber dieses Tun in seinem inneren Bedürfen ist eben nicht von außen zu betrachten, sondern in seinem phänomenologischen Sich-selbst-ergreifen als Kraft und Potentialität. Wo diese Klärung nicht erfolgt, ist jede prä-skriptive (Meta-)Ethik in der Tat nur der "Schatten" des Bedürfens, das sich als Ego und im Ego selbst-affizierend entgegennimmt. Eine phänomenologische Betrachtung des Ethos dieser absoluten Sich-Hinnahme entspricht der "Selbstverwirklichung" des Lebens als konkret-leistender Sichwerdung, mit anderen Worten: der Offenbarung der lebendigen Selbstaffektion in ihrer Unmittelbarkeit, die wie eine "Gewalt" erscheint, da ich zu-mir-geboren in meinem Egosein geboren werde, ohne daß ich an diesem Akt im mundan-selbstverwirklichenden Sinne teilnehme. Dieses Ethos der Gabe, das jedes affektive Bedürfen in seinem Selbsterfahren beinhaltet, ist eine "Ethik" dieser "Gewalt" als umarmender Umschlingung, die mir "angetan" (*afficere*) wird, damit ich *bin*, ohne durch diese Lebensethik in Pro-test oder rückgebende Hin-gabe zu verfallen, da das Ethos des Lebens sich selbst gegenüber ebenso unwiderruflich wie uneinklagbar ist.

Fällt damit dieses Ethos der absoluten Lebensselbstoffenbarung als Grund allen Erscheinens in der Errichtung der Ipseität des subjektiven Ego unter das kritische Veto, es handle sich dabei um eine "vollendete Tatsache",

---

21 F. KAMBARTEL: "Universalität und Lebensform. Zu den (unlösbaren) Schwierigkeiten, das gute und vernünftige Leben über formale Kriterien zu bestimmen", in: W. OELMÜLLER (Hrsg.): *Normbegründung - Normendurchsetzung* (Materialien zur Normendiskussion 2), Paderborn (Schönigh) 1978, S. 11-21, mit Diskussion S. 159-183.

22 Vgl. *Die Sprache der Moral*, Frankfurt a. M. (Suhrkamp) 1973, S. 19 ff.

die uns zu "leben" verurteile, um Sartres Diktum von der Verurteilung zur Freiheit bzw. das griechische Lebensgefühl der *anánke* hier abzuwandeln? Phänomenologie an der Grenze, in diesem Falle in der Absolutheit unserer Geburt, will besagen, daß das Wesen des Lebens keinen Horizont des Fragens kennt - mithin keine Distanz, in der eine Wozu-Frage und ihre Sinnbeantworung entstehen kann. Dieses Ethos ist auch kein Dogmatismus, denn dieses Leben lehrt keinerlei Lehre als Ethik der Grundsätze, der Motive oder Finalitäten in der Welt; dieses Ethos hält sich im "Exzeß" oder im "Paroxysmus" der Ursprünglichkeit auf, in der jedes Wort erst geboren wird, so daß die übliche Gleichsetzung vom Fassen des Ursprünglichen in der es beschreibenden Schau an ihren "Mord" erinnert wird: nämlich an die Tötung eines je urimpressionalen Lebendigen durch die Überführung der Cogitatio in die Eidosessenz. Das lebensphänomenologische Ethos ist alleiniges Geltenlassen des *Grundes* in seiner definitiven "Selbständigkeit", die - da es sich um den Grund *als* Wesen handelt - auf nichts anderes als auf sich selbst zurückgeführt werden darf,[23] wie wir dies im Zusammenhang mit der Transzendenz und ihrer möglichen Selbstgründung kurz ausgeführt haben. Ohne Horizont, weil Zeit, Intentionalität und Ekstase in diesem Wesen des lebendigen Erscheinens keine Berechtigung haben, ist die Radikalität des aufgesuchten Grundes und dessen Ethos wirklich absolut, da im mundanen Sinne *nichts* "da" ist, worauf sie sich stützen könnte. Das Ethos der Lebensaffektion als meine Grundaffektion im Sinne absolut-transzendentaler Geburt ist mithin das reine Ethos ohne äußere Prä-skription oder Re-präsentation. Denn Vor-stellungen, und seien sie im höchsten Maße ethisch, sind die Re-präsentierung dessen, was bereits woanders existierte, nämlich in der Selbständigkeit des Lebens und seiner Offenbarung.

Ethische Sätze sind Sprachsätze, das heißt: sie gehören zum Kon-text der Welt, und alles, was "auf die Welt kommt", also die "transzendentale Geburt" verläßt, stirbt. Nochmals ist dieses apophatische Ethos keine *theologia negativa*, sondern es wird damit die Grenze allen Sprechens bezeichnet, das nicht das Wort des Lebens in seiner Immanenz selbst ist. Insofern ist dieses Ethos der lebendigen Selbstoffenbarung das Ethos des Tuns in seinem inneren, unmittelbaren "Betroffensein" durch das Bedürfen, das sich von keiner Theorie herleitet, sondern als solches "ist", das heißt als Potentialität oder Kraft, die sich allein von sich her in Bewegung setzt, ohne sich selbst

---

23 Vgl. M. HENRY: *Radikale Lebensphänomenologie. Ausgewählte Studien zur Phänomenologie*, Freiburg/München (Alber) 1992, S. 30 f., 182 f., 207 ff.

zu reflektieren. Dieses Ethos ist das Nicht-sehen des Sehens selbst, das seinem eigenen Blick entgeht und doch in aller ästhetischen Verfeinerung des Sehens anwesend sein muß, damit Steigerung des Sehens stattfindet. Dieses Ethos ist das Ethos des Tanzes, in dem die Bewegung und Potentialität des Leibes zur Vollendung geführt wird, ohne in die "Übersetzung" eines Figuren- oder Leibschemas zu verfallen: reine Bewegung, die sich ausschließlich selbst ergreift und nur so sich-vergessend die Angst vor dem Fall als Obsession der Tänzer überwindet. Es ist das Ethos der Ruhe, in der sich Kräfte sammeln, für die keine Vor-schrift im voraus sagen kann, wozu sie da sein werden, wenn der plötzliche Anruf des Tuns an sie herantritt, um sie auf die ungeahnten Höhen zu treiben, die dem inneren Ethos ihrer Anstrengung entsprechen. Dies ist die "Sittlichkeit einer Rationalität", von der Aristoteles noch (phänomenologisch) unbefangen sagte, jedes Tun trage seine eigene *eudaimonía* als Grund in sich.[24]

Das Ethos des Schweigens des Wortes des Lebens, das im Tun, im Gefühl und so in der kulturellen Verwirklichung des Bedürfens spricht, ist deshalb keine Opazität, in die die Evidenz des vorstellenden Redens nicht hinreinreichen kann. Es gehört einer *anderen* ontologischen Ordnung als solcher an: was dem distanzhaften Sehen dunkel und undurchdringlich erscheint, ist diesseits aller Welt die Quelle des Lebens, die "Nacht" bei Novalis als Grund mit der ihr eigenen "Offenbarung", wovon seine "Hymnen an die Nacht" sprechen, ohne wie Schelling - und später S. Freud - ein Unbewußtes zu zelebrieren. Das Ethos der Lebensphänomenologie impliziert also eine Umkehr *aller Methode*, die von einem "Anfang" ausgeht, sei dieser metaphysisch-intuitives Prinzip (Platon) oder Bewußtseinsgegebenheit (Kant, Husserl) bzw. Daseineröffnung (Heidegger), um jeden Logos als Diskurs und Ratio auf das Vor-Anfängliche, eben auf die Geburt im wirktatsächlichen Leben zurückzuführen. Dieses Ethos als Geburt beinhaltet dann ein Immemoriales, das heißt ein notwendiges "(Sich-)Vergessen" des Lebens, das sich der Sicht entzieht, damit wir Zugang zu ihm haben, nämlich Zugang zu unserer Wirklichkeit, ein Sich ohne vorstellbares Selbst zu sein. Dieses Vergessen als Grundethos verweist dann auch alle Gewissensproblematik in das Gewisseste, das immer um sich weiß, nämlich auf das Leben, das als

24 Vgl. dazu die Überlegungen auf dem Hintergrund moderner Zweckrationalität (M. Weber) und Autonomie (I. Kant) bei O. HÖFFE: "Sittlichkeit als Rationalität des Handelns", in: H. SCHNÄDELBACH (Hrsg.): *Rationalität. Philosophische Beiträge*, Frankfurt a. M. (Suhrkamp) 1984, S. 141-174, hier S. 148 ff.

solches nicht "fehlen" kann.[25] Das Ethos der Umkehr der ekstatischen Methoden bedeutet jedoch keine logosvergessene, irrationale Versunkenheit oder "Schwärmerei" eines unmittelbar zugänglichen Lebens, wie etwa in den theologischen Schriften des jungen Hegel über das Leben Jesu.[26]

Das Ethos der methodischen Umkehr oder Reduktion als Hinweis auf das sich anders, nämlich rein selbstaffektiv phänomenalisierende Leben ist der absolut notwendige phänomenologische Gang bis an jene Grenze, wo Wahrheit und Weg tatsächlich eins sind, mit anderen Worten: die Uroffenbarung des Lebens in seiner Immanenz ohne irgendeinen Abstand zwischen Offenbarungsakt und Offenbarungsgehalt. So gesehen läßt sich das Ethos des Lebens auch als die Konversion des Blicks beschreiben, der durch seinen Bund mit der *theoría* (Schau) noch nicht die Garantie der Wahrheit birgt. Dieses andere Sehen als Ethos des Nicht-sehens führt aber keineswegs zu einem phänomenologischen Autismus, der in der Selbstrückkehr bzw. Selbsterfahrung nur Schatten ergreift. Vielmehr enthält dieser Weg das Verstehen der Welt selbst, sofern wir im Nicht-sehen, das heißt in der affektiven Selbstimpressionabilität, der Welt unser Fleisch *lebendiger* Wahrheit verleihen. Ein Ethos folglich, das nicht mehr auf eine Vorschrift zum richtigen Handeln wartet, sondern immer schon gehandelt hat, bevor ein Kodex aufgeschlagen wird, um unser Handeln zu verrechnen. In diesem Sinne ist die "Ethik" dem Leben homogen und mitextensiv, erfährt sich als solche in der Kultur der vergangenen lebendigen Generationen und verwirklicht sich auf den Wegen, die die Kultur dem Bedürfen zur inneren Lebenssteigerung anbietet.[27]

Eine Zeit wie die Moderne, die die immanente Lebenswirklichkeit als Realitätsfaktor ausgelöscht hat und angesichts post-teleologischer Skepsis die rationalen Diskurse zur Notwendigkeit einer "Ethik" mehrt, weil Han-

---

25 Vgl. R. KÜHN: *Studien zum Lebens- und Phänomenbegriff* (1994), Kap. VIII. 2: "Lebenswert und Lebensgefühl - ein Ethikentwurf" (S. 374-392).

26 Vgl. *Theologische Jugendschriften*, hrsg. v. H. Nohl, Tübingen (Mohr) 1907.

27 Dadurch sind "primäre Welt" und eine durch den *linguistic turn* Wittgensteinscher Prägung erweiterte "Lebenswelt" ethisch-kulturell schon originär miteinander verbunden, ohne diese Verbundenheit durch transzendental-pragmatische Interexistenziale, welche die verabschiedete "Subjektivität" ersetzen sollen, erst konstruieren zu müssen, wie bei TH. RENTSCH: *Die Konstitution der Moralität. Transzendentale Anthropologie und praktische Philosophie,* Frankfurt a. M. (Suhrkamp) 1990.

deln vor den selbstgeschaffenen Problemen immer dringlicher wird, kann natürlich ein Ethos reiner Lebenstransparenz nur schwer gelten lassen, weil die Diskursimmanenz außerhalb ihrer selbst auf eine reale, lebendige Immanenz hin dezentriert wird, die nichts mit irgendeinem vorgestellten, introspektiv zugänglichen Innenraum zu tun hat. Die Immanenz des Diskurses ist nicht die Immanenz des Lebens, und auf dieser Selbsttäuschung der Philosophie beruht eine lange Geschichte des zu erlangenden "Heils" durch Erkenntnis bzw. eines zu "gelingenden" Lebens. Der Diskurs und seine Ethik benötigt immer das Andere, um sich daran zu beweisen; im Ethos des Lebens herrscht das reine Bedürfen nur dieses Lebens selbst, um zu sein, wovon auch der Diskurs "lebt", sofern er bedürftige Rede ist. Aber als nicht faßbare Realität im Diskurs bleibt dieses lebendige Bedürfen das Unausschöpfbare, immer vorgängige Mehr, das als "Erwachen" dieses Bedürfens selbst das Ethos am "leben" hält, weil es das Leben ist.

Phänomenologie der Grenze oder der "absoluten Phänomene" ist daher kein Dogmatismus des unfaßbar Unsichtbaren; es ist das Ethos der Radikalität der Philosophie selbst, die letztere als solche erst ermöglicht, sofern sie von einer "Selbstgegebenheit" lebt, die sich stets als das Mehr des Gesagten allen "Philosophischen" erweist. In diesem Sinne ist jede Philosophie Ethos und der Kultur unmittelbar zugehörig, gleich ob diese Philosophie also eine "Ethik" thematisiert oder nicht, da die Philosophie als kulturelles Bedürfen zu seiner Anerkennung und damit möglichen "Nachahmung" führt, das heißt zum Philosophieren als sich-erfüllender Lebensweise. Nur auf diesem Weg kann sie fruchtbar werden - und nicht indem sie über die Welt legiferiert und so mit anderen Instanzen in Konkurrenz tritt. Tut sie es, dann deshalb, um das Mehr des Lebens und das Mehr der Kultur nicht dem Vergessen anheimfallen zu lassen, weshalb das Ethos der Lebensphänomenologie in das "Ethos" der Zeit hinein spricht. Denn die Philosophie ist zwar nicht das Leben, aber indem sie sich selbst thematisiert, erstellt sie nicht nur eine transzendentale Theorie der Erkenntnis, der Wissenschaft und Ethik im allgemeinen, sondern unternimmt sie den Versuch, *alle denkbaren Erfahrungsformen* in deren lebendigem Prinzip der Subjektivität zu gründen. Und in diesem Sinne ist Philosophie eine "Theorie des Lebens" als deren praktisches Ethos in der Weise des "denkens", das sich im Vollzug als lebendiges weiß, ohne seine Vorstellungen mit dem Gehalt der im "denken" an-wesenden Lebensaffektion selbst zu verwechseln.

Kann solcherart von einer Präsenz des Lebens im Philosophieren gesprochen werden, dann ist zumal das phänomenologische Ethos, das ohne

Rückhalt gegen alles "Tote" eintritt, immer mehr als auf bloße Ideengeschichte reduzierte Philosophie, die zudem heute durch soziologistische sowie teilweise linguistische und analytische Betrachtungsweisen zu einer reinen Ideologie herabsinkt, weil angeblich auto-referentielle Systeme im Vordergrund stehen. Was nicht in die Ekstase von Zeit/Welt eintritt, wie das absolut selbstaffektive Leben, hat in der Sicht des radikal-absoluten Ursprungs als Grund keinen Anfang, beginnt somit nicht und endet daher auch nicht. Damit ist keine metaphysische "Unsterblichkeit" postuliert, keiner existentiellen Endlichkeit widersprochen, wohl aber allen zeitgenössischen Versuchen, die *Verzeitlichung* unbefragt als das letzte Erscheinungsgesetz hinzustellen und damit zu fordern, es gäbe andere maßgebliche Bindungen als an sich-selbst, wie zum Beispiel die Heideggersche Aufgabe der "Seinshütung". Gerade das Ethos der phänomenologischen "Grenzphänomene" Geburt und Erwachen im Bedürfen der reinen Subjektivität macht deutlich, daß jede Ethik der Gabe, der Bindung, des Bezugs und des Werkes mit ihrem intersubjektiven, mit-pathischen Gemeinschaftlichkeitsapriori im *Wollen des Lebens* ruht, das nur sich wollen kann. Eine "wollenslogische Grundlegung" moralischen Argumentierens[28] hat pragmatisch-semantische "ich-will"-Sätze in ihrer Verflechtung von Verpflichtung und Tatsachen auf die Ipseität hin zu überschreiten, das heißt: sie ist auf jenes Sich des Erfahrens hinzuführen, das jeder Welt vorausliegt, wo erst ein "Argumentieren" stattfinden kann. Dieser ethische Diskurs benötigt einen Raum zu seiner Entfaltung, und dieser Raum ist die Welt; aber das Ethos der Ethik kann dann nicht diese Welt sein, die vom Ego konstituiert ist, sondern es ruht im Sich, das nicht gegeben ist, sondern *sich-gibt*. Das Wollen als Bündelung des Bedürfens, sofern mit diesem Wollen die Ekstase der weltlichen Teleologie mit ihren Zielen und Zwecken gemeint ist und nicht das Sich-selbst- wollen des Lebens, setzt bereits eine Solidarität von Sein und Logos, Verpflichtung und verantworteter Pragmatik voraus. Die Unsichtbarkeit des Lebens ist in der je gezeugten Ipseität zugleich die absolute Singularität eines jeden Ego als das Wollen des Bedürfens in und als Leben. Weder anschaulicher Begriff noch Ding, ist dieses Sich in seiner Ipseität auch ohne Raum der Welt, weshalb es sich nicht vermessen und zählen läßt.

---

28 Vgl. H.-U. HOCHE: *Elemente einer Anatomie der Verpflichtung*, Freiburg/München (Alber) 1992.

Der ethische Diskurs als axiologische, imperative, situative, ontologische, finale, kommunikative Rationalität usw.[29] darf nicht vergessen, daß damit nur der *Schatten* einer absoluten Singularität eingefangen wird. Denn die Diskurse solcher Art sind Verallgemeinerungen von "Welt", die Bewußtsein und Zielobjekte voraussetzen, während die Ipseität in ihrer Singularität reine *Bewegung* ist. Schon "Individuelles" ist in gewisser Hinsicht allgemein gedacht, da es den Begriffen des verallgemeinernden Bewußtseins zugeordnet ist. Das wirklich singuläre Leben - Cogitatio als Affectio - ist eine Einheit, die weder zählbar noch vergleichbar ist, und daher auch nicht austauschbar, sondern originär, eben ohne Feld oder Horizont in deren Homogenität, wo ein jedes einem anderen substituiert werden kann, so wie der *ethische Diskurs* für alle gelten soll. Dieser Schatten der ethischen Universalisierungsversuche, der auf das singuläre Bedürfen fällt, wird natürlich da zur "Dunkelheit", wo Psychologie, Psychoanalyse oder andere Humanwissenschaften sich der transzendentalen Erhellungsanalyse substituieren. Denn dann wird empirische Faktualität (Kindheits-, Triebschicksal, Verhalten, emotionale und kognitive Kompetenz usw.) zur Transzendentalität hypostasiert, ohne diesen Begründungsanspruch einlösen zu können.

Wo die Radikalität der Phänomenologie der Sich-Immanenz als Lebensabsolutheit keiner zeitlich-raumhaften Ekstase in irgendeinem Sinne Zugeständnisse machen kann, ohne ihren Gang an die Grenze des "Denkbaren" zu verraten, der das Ethos der Philosophie selbst ist, sofern sie je das Denken in seiner Ermöglichung aufsucht, muß sie diesem Ethos den Namen *Einsamkeit* geben. Sich-sein ist mit sich allein sein, ohne Hermann Hesses Einsamkeitstragik zum Beispiel noch irgendein pantheistisches "All-Ein" zu evozieren. In phänomenologischer Strenge heißt Selbstsein: in einem Bezug zu-sich sein, der nichts als Leben ist. Dieses monadische "Vorher" der Selbstbezogenheit als Selbst-affektion ist weder chronologisch noch deduktiv-logisch, sondern ontologisch akosmisch wie atemporal, wodurch die Frage sich schließlich auftut, ob *jedes* Bedürfen ein Bedürfen ohne Lebensbezug außer seinem eigenen ist, bzw. ob diese identisch sind, ohne einen äußerlichen Vergleich einzuschließen, das heißt: eine relationale Verallgemeinerung, die die Singularität wieder auflösen würde.

---

29 Wir erinnern an die frühe Unterscheidung von "Gesinnungs- und Erfolgsethik" bei P. H. HENSEL, wo die heutigen Debatten zwischen reinem Wollen und Handlungspragmatik sich schon teilweise abzeichnen; vgl. *Ethisches Wissen und ethisches Handeln*, Habilitationsschrift Universität Straßburg 1888.

3. Kulturelle Immanenz des Ethos

Josef Simon[30] sieht in der Freiheit als ethischer Verantwortlichkeit am besten die zweifache Realität des Wahrheitsimperativs und der historischen Kontingenz gewahrt. Damit ist neben einer Theorie des Urteils, das nicht nur Behauptung ist, eine Trennung von wissenschaftlicher Objektivität und hermeneutischer Teleologie gefordert, die aber eine tiefere Einheit voraussetzt, insofern Wahrheit und Freiheit aufeinander bezogen bleiben, und zwar als die "Vermittlung" aller Dinge als "Mitte" im Namen der Freiheit. Dieser Vermittlungsraum ist ohne Zweifel die *Kultur*, die alle Realität bereits auf Lebensbewahrung und Lebensbewältigung hin prädestiniert hat, ohne welche auch keine Freiheit sich vermittelnd und vermittelt verwirklichen könnte. Damit bleibt zu fragen, ob das Bedürfen, falls nicht der Schatten immer schon vorgestellter Kultur (in Werken, Institutionen, Lebensformen usw.) auf es fallen soll, in sich selbst bereits alle Kultur als Leben ist und somit auch "Kultur" *vor* der Freiheit begründet, sofern das Bedürfen keine Folge der Freiheit ist, sondern im affektiven "Wollen" sich ankündigt, das an die innere Lebensgabe ohne Freiheitsentscheidung im Sinne einer existentiellen Haltung gebunden ist.

Bedürfen als transzendentale Geburt zu-sich im Sich des Ego ist Aussetzung, Austragung oder "Erfahrung" der lebendigen Selbstaffektion. Dieses Ethos, so sagten wird, ist unverbrüchlich und trägt jedes Ins-Werksetzen, das den Übergang affektiver Art von Bedürfen/Kultur darstellt, wobei dieser Übergang nicht das "Andere" ist,[31] sondern der wesenhafte Bezug des Bedürfens zu einem "Kulturmodell", in dem es sich verwirklicht, ohne seine Singularität aufzugeben. Wo solche Kulturmodelle - wie heute die Technik-Wissenschaft - die Weltekstase zu einer absolut anonymen Transzendenz machen, so daß das Leben, die Subjektivität, nicht nur unsichtbar bleibt aufgrund seiner nichtwelthaften Immanenz, sondern sogar formal und

---

30 Vgl. *Wahrheit als Freiheit. Zur Entwicklung der Wahrheitsfrage in der neueren Philosophie*, Berlin (De Gruyter) 1978, hier bes. S. 423 ff.

31 So sieht J. DERRIDA "Übergang", bevor er ihn später als *différance* (Differänz) definierte, die an sich das "absolute Phänomen" gegenüber der identifizierten Gegebenheit ist; vgl. seine Einleitung zu E. HUSSERL: *L'origine de la géométrie*, Paris (P.U.F.) 1962, 3-171, hier S. 165.

inhaltlich darüber hinaus als nichtrelevant für gültige "Erkenntnis" ausgelöscht ist, da wird auch Bedürfen auf eine retrograde Materialisierung und Naturalisierung zurückgeschnitten. Anstatt sich also *als* Bedürfen selbst in seinem Ethos rein empfangender Subjektivität zum Ethos der Kultur als solcher steigern zu können, die kein anderes Ethos als das des immanenten Lebens beherbergt, wird das Bedürfen in seiner rein transzendentalen Entfaltung beschnitten. Es kann nicht mehr den vielfältig bereichernden Weg der intropathischen Nachahmung bisheriger Kultur gehen, die die Genese lebendiger Generationen in ihrer subjektiv-leiblichen Anstrengung mit deren schöpferischen Paroxysmen durch die Geschichte hindurch erschließt, weil solche Kultur weitgehend schon in Frage gestellt und zerstört ist. Dasselbe Bedürfen, das dem Ethos seiner inneren Lebensbewahrung und -steigerung treu sein will, kann aber auch nicht der rein technischen "Bedürfnisbefriedigung" folgen, weil hier an sich das Bedürfen als subjektiv-kulturelles Leben von vornherein gar nicht vorkommt, insofern Technik von ihrem methodischen Prinzip her bedeutet, daß das *Objektive* deren ausschließlich eigene Zielsetzung ist. Die geplante Erfüllung von "objektiven" Zielsetzungen aber kanalisiert das Bedürfen leicht in Derivate und Substrate hinein, die den Weg in Frustration, Apathie und Ressentiment im allgemeinen vorbereiten, womit letztlich der Wille zur Selbstzerstörung vorprogrammiert ist, weil eine Subjektivität, die sich genuin phänomenologisch als *Leben-wollen* erfährt, nicht da sich wirklich entfalten kann, wo sie systemimmanant in ihrem Grund verneint wird.

Kultur bleibt auch als Vergangenheit Leben, denn die "Werke" der Kultur, wozu auch die Weisen des Essens, Wohnens, Liebens, Arbeitens usw. gehören, sind Zeichen der Menschheit aus der abgründigen Nacht der Subjektivität heraus, mit denen die lebendigen Individuen von "einst" über den Hiatus der Zeit hinweg die Bezeugung der Lebenserprobung weitergeben, in die wir durch eine intropathische Gleichzeitigkeit eintreten können. Natürlich ist jede Kultur vom hermeneutisch-geschichtlichen, unauslotbaren Spiel der Kontinuitäten und Brüche gekennzeichnet, so daß dem Ethos der Lebensangleichung durch "Zeugnisse" vergangener Kultur grundsätzlich keine Grenzen gesetzt sind - eben auch nicht die Grenze des Todes als eines chronologischen Ereignisses, denn die Gemeinschaft der Toten ist eine phänomenologisch-kulturelle Wirklichkeit, über die heute sicher zu wenig im Zusammenhang mit Zukunfts- und Fortschrittsbewältigung nachgedacht wird. Auguste Comte wußte noch darum, wenn auch im positivistisch gedachten "Kult der Menschheit"; aber Nachfolger, die daraus den Schluß einer naturalistischen Ethikentwicklung zogen, feierten bloß den Gott "Mensch", der in der Emanzipation von der religiösen Moral die letzte Stufe seiner biologisch-darwinistischen Eigenidealisierung proklamierte.[32]

Mit dieser nur angerissenen Thematik soll angedeutet sein, daß ein *Ethos der Vergangenheit* nicht aus einer radikalen Phänomenologie auszublenden ist. Allerdings soll damit keiner Restauration das Wort geredet sein, sondern auf die Tatsache hingewiesen werden, daß das Leben als solches keineswegs in relativen oder zyklischen "Renaissancen" besteht, was nur eine mögliche empirisch-historische Hypothese bleibt. Im streng phänomenologischen Sinne ist das Leben absolute "Vergangenheit", das heißt das absolute Vorher, wo nie "etwas" geschehen ist, weil keine Zeit in es eingetreten ist - und insofern ist dieses Leben nie "gewesen", wie gegenüber Heidegger zu bemerken bliebe. Phänomenologisches Sprechen vom Leben als absolutem "Vorher" will besagen, daß das Leben nur als "Vergessen" zum Leben selbst Zugang verleiht. Das Ethos der Vergangenheit kulturellen Lebens ist somit immer auch die Reaktualisierung *meines* Ethos, daß ich zu-mir-selbst geboren bin, insofern das Leben sich als "Mich" oder "Selbst" in der transzendentalen Selbstaffektion "vergißt". Vergangenheit ist nicht uneinholbar, weil die Unendlichkeit der Zeit dagegen spricht, sondern weil ihre Vergessenheit als Nicht-Distanz des Lebens die Bedingung seines Ankünftig-werdens selbst ist.[33] So wie ich nicht allein bin, wenn alles um mich herum fortgenommen ist, sondern das Allein-sein im Verhältnis zum empfangenen Sich gründet, so ist Vergangenheit auch nicht da, weil es keine absolute Neuvergegenwärtigung in der Erinnerung gibt, sondern weil die ekstatische Unzugänglichkeit des Lebens dessen absolutes Vorher ausmacht.

---

32 Vgl. A. COMTE: *Système de politique, ou Traité de Sociologie instituant la Religion de l'Humanité, t. II: La Statique sociale, ou le Traité abstrait de l'ordre humain*, Paris (Carilian-Goeury/Dalmont) 1852, S. 7 ff. (Kap. I: "Théorie générale de la Religion, ou Théorie positive de l'unité humaine"); *Rede über den Geist des Positivismus*, hrsg. v. I. Fetscher, Hamburg (Meiner) 1956, S. 41 ff. (Kap. 1.2.1). Weiterhin F. JODL: *Geschichte der Ethik*, 2 Bde, Stuttgart/Berlin 1882-89 (Reprod. 1965). Für heute vgl. zum Beispiel G. VOLLMER: *Evolutionäre Erkenntnistheorie*, Stuttgart (Hirzel) 1975, S. 84 ff., über biologische und kulturelle Evolution.

33 Zur Unterscheidung einer phänomenologischen und existenzial-organischen Analyse des Grenzphänomens "Vergessen" vgl. J.-L. CHRÉTIEN: *L'inoubliable et l'inespéré*, Paris (Desclée de Brouwer) 1990, und S. GRÄTZEL: *Organische Zeit. Zur Einheit von Vergessen und Erinnern*, Freiburg/München (Alber) 1993.

Das Ethos der phänomenologischen Grenzphänomene verweist mithin in eine kulturelle Wirklichkeit, die mein Leben "überschreitet", ohne es zu isolieren, was des näheren in den Bereich einer lebensphänomenologisch aufzuzeigenden wahren Inter-subjektivität im Sinne eines zeitlich unbegrenzten Mit-pathos gehört,[34] das die Allzeitlichkeit der idealen Gegenstände im Sinne Husserls (Mathematik, Gattungen, Logik) noch überbietet. Das kulturelle *Werk* in jeglichem Sinne, das sich dem Ethos des Bedürfens zu seiner Erfüllung - sei es in Nachahmung, sei es als Neuschöpfung - anbietet, ist also aus dem absolut singulären Sich-Bezug heraus vorrangig als "Lebensbewegung" zu sehen, damit es nicht von der distanzierenden Vorstellung ent-"äußert" wird. Wir sagen umgangssprachlich, ein Werk sei lebendig, was heißt, daß es nicht die tote Einheit eines Dings besitzt und auch nicht das bloße Selbstwerden des empirischen Individuums erkennen läßt, wo sich stets schon die Spuren der Transzendenz aufgeprägt haben, so wie bei Hegel jedes Werk Allgemeinreferenz beinhaltet oder "objektiven Geist". Das Werk ist lebendig, weil es aus dem Lebenspathos entstanden ist, mit dessen Ethos jederzeit unabhängig von historischen Umständen angeknüpft werden kann, und bildet so das Wort einer inneren Historialität, die sich nicht in der Geschichte abspielt. Insofern ist die Bündelung des Bedürfens auf das kulturelle Ethos hin dem Ethos des Lebens näher als die technische Verengung der Bedürfnisse, wo nicht mehr *jedes* Bedürfen zu seinem ihm *an sich* angemessenen Ziel der aktiven Selbststeigerung hinfindet.

Das Ethos des reinen Bedürfens in der transzendentalen Geburt ohne historischen oder gar historizistischen Schatten ist schließlich der Versuch, für die Philosophie eine Realität zu skizzieren, die in ihrer absoluten Selbständigkeit bisher im abendländischen Denken noch nicht direkt formuliert wurde: nämlich als das *reine Pathos* und die Möglichkeit seines Selbst-sagens ohne Weltreferenz(en). Es ist das Leben, in das wir eingetaucht sind, oder so wie Leibnizetwa sagte, daß "das Ich sich selbst eingeboren ist". Das heißt, das Ins-leben-eingetaucht-sein ist keine auflösende Dif-fusion, sondern eine "innere Notwendigkeit" unserer selbst, von der nie eine Abtrennung möglich ist, während ich im existentiellen Leben als "Dasein" immer eine Wahlmöglichkeit besitze, diese oder jene Richtung einzuschlagen. Diese Erdrücktheit des Lebens gegen sich selbst als *meine* Geburt ist zugleich

34 Vgl. M. HENRY: *Die Barbarei. Eine phänomenologische Kulturkritik*, Freiburg/München (Alber) 1994, S. 267 ff., 334 ff. (franz. Orig.: *La Barbarie*, Paris [Grasset] 1987).

seine Freude als Sich-erfreuen, ist also Ethos des Glücks zu leben, das zunächst ohne zeitliches Band ist.

Dieses Ethos, das keine falsch verstandene Subjektphilosophie wiederherstellen will, weil es eben nur ein Sich ohne memorierbares oder substantialisiertes Selbst in dieser Lebensgeburt "gibt", möchte von allem ungeklärten Sprechen über "leben" wegführen, sei es als Heideggersches In-der-Welt-sein, als Husserlsche Selbstkonstitution oder als post-moderne Subjekt-Tod-Kritik mit deren Verweisen auf die struktural-systemischen Interferenzen oder nicht logozentrisch einfangbaren "Andersheiten" als "Ränder des Diskurses", wie in der Derridaschule. Ethos des Lebens ist zunächst nicht, *nach* welcher Vor-schrift Leben "ist", sondern gerade das Bemühen, jenes theoretische Auseinanderfallen von Handeln und Lebenswissen, das schon immer um sich als lebendiges Tun weiß, phänomenologisch zu hinterfragen. Damit ist Ethik im lebensphänomenologischen Sinne, sofern eine Bestimmung notwendig ist, der Ursprungsbereich des ersten primordialen Lebenswissens in seinen transzendentalen Modalitäten, wovon Bedürfen als Pathos, Lebensverkosten (Sich-erfreuen) und kulturelle Selbstexplikation die Grundformen einer absolut subjektiven Praxis in ihrer Geburt oder in ihrem "Erwachen" darstellen. Der ethische Status solcher Praxis ist dann die "Grenzphänomenalität" selbst, mit der sich Praxis rein *als* Praktisches ohne Normierung ausweist - eben in ihrem phänomenologischen Fleisch, welches die Affektivität als Bedürfen ist.

Daß damit auch Antwortmöglichkeiten sich ergeben wie beispielsweise auf Fragen nach dem "faktischen" Beginn von Leben als Personsein oder zumindest als dessen Potentialität,[35] bliebe weiter zu bedenken, insoweit transzendentale Affektivität als Sich-empfinden-können, was die Grundvoraussetzung aller "Personalität" ist, in Zukunft nicht ausschließlich an den Zeu-

---

35 Vgl. die entsprechende Kriteriendiskussion bei R. WIMMER: "Zur ethischen Problematik der Keimbahn-Gentherapie am Menschen", *Zeitschrift für philosophische Forschung*, 44 (1990), S. 55-67; "Die veränderte Wissens- und Handlungssituation in den Wissenschaften vom Leben", in: K. STEIGLEDER/D. MIETH (Hrsg.): *Ethik in den Wissenschaften*, Tübingen (Attempto) 1990, S. 230-259. Zum Stand augenblicklicher Diskussion in der Medizinethik vgl. auch J. WIDDER: "Unheilbarkeit, Hinfälligkeit, Sterblichkeit. Zur ethischen Dimension der modernen Medizin", *Geschichte der Gegenwart*, 11/4 (1992), S. 276-289; "Die Beschränkung der Ethik in der Medizin", *Wiener Medizinische Wochenschrift*, 7 (1995), S. 23-26 (jeweils weitere Lit.).

gungsakt mehr gebunden ist. Die neuen Formen der "Lebensweitergabe" in ihrer Faktizität mit den einsetzenden Manipulationsmöglichkeiten rühren allerdings an eine weitere bedürftig-kulturelle Selbstexplikation des Lebens in seinem Pathos, nämlich an die *Erotik.* Sind Kunst, Religion und Ethik schon weitgehend durch den Technikprozeß marginalisiert, so scheint hier eine weitere fundamentale Lebensäußerung einer Verlagerung anheimzufallen, die ein Abgleiten aus der pathischen Ur-Gemeinschaftlichkeit von Mutter und Kind als *Intropathie* - und damit aus der Matrix aller personal-gesellschaftlichen Gemeinschaftlichkeit - zur Folge haben könnte. Im Mutter-Kind-Verhältnis besteht zu Anfang der reine Affekt; er wird vonseiten des Kindes von keiner Vorstellung begleitet, noch nicht einmal von der "Idee" Mutter - es sei denn von der rein pathischen Cogitatio Sich-wärmen, Sich-nähren usw. in deren phänomenologisch-deskriptiv kaum einholbarem Sich-selbst-empfinden. Die Manipulation der Zeugung ist sicherlich nicht eo ipso das Verschwinden der Erotik, aber die Frage nach dem "Anfang des Lebens" als entsprechende experimentelle oder therapeutische Eingriffsmöglichkeiten mit eugenisch-sozialdarwinistischem Hintergrund lassen eben die Korrelation Erotik/Kultur auf dem Fundament der unabdingbaren Affektivitätsrealität nicht unberührt.

Mit dieser Betrachtung über das Ethos als originärste Kultur selbst soll noch einmal für die Aktualität phänomenologisch absoluter Phänomene plädiert werden, weil die Radikalisierung der Phänomenologie vom Mehr ihrer je gewonnenen Gebung lebt. Und insofern beruht das phänomenologische Ethos weder auf einem dogmatischen Corpus noch auf verpflichtenden Methoden wie auf den Husserlschen Epochén.[36] In ihrem Ethos ist die Phänomenologie die Motivation zu einem Erscheinen, das sich selbst genügt, das heißt: über alle generalisierende Methode hinausführt, um an der Grenze des mundanen Logos und seiner "Worte" ein ständiges Entstehen auszumachen. Durchbrechen der Transzendenzen, Phänomenalisierung aller Ontologie, Aufdecken reinen Bedürfens als absoluter Gebung, ohne in die Naivität einer metaphysisch-mystischen Intuition eines Unsichtbaren zu verfallen, bleiben das Ethos der Lebensphänomenologie ohne "Schatten" von Faktizitätshypostasen. Wollte Husserl mit der evidenten, leibhaft-erfüllenden Selbstgebung das Telos der Phänomenologie als regulative Idee der Kanti-

---

36 Vgl. J.-L MARION: *Réduction et donation. Recherches sur Husserl, Heidegger et la phénoménologie*, Paris (P.U.F.) 1989, hier vor allem S. 48 ff., 233 ff.

schen Erfahrungsproblematik herausstellen,[37] so steht jetzt die Notwendigkeit an, die *Nicht-Gebung* lebendiger Cogitatio *im Sichtbaren* als eine zukünftige Phänomenologie zu erkennen, das heißt als eine "Phänomenologie" des reinen Sich-gebens des Lebens, um dadurch auch "Licht" auf anstehende Fragen zu werfen, jedoch im Bewußtsein, daß das immanente Leben in seiner "Grundaussage" als Urphänomen schon immer alles gesagt hat, was es zu sagen hat. Dies ist kein ethischer Quietismus, obwohl das stets sich in mir, in meiner Ipseität und als solche, sich zeugende Leben ohne Unruhe, Tragik oder Gespaltenheit ist, die jede Sein/Sollens-Analyse ihrerseits in sich trägt.

Das Ethos der immanenten Lebenspassivität ist keine bloße Radikalisierung des Husserlschen transzendentalen Ego als Selbstverzeitlichung - es ist der Bruch mit dem operativen Schema der reflexiv-idealisierenden "Transzendenz in der Immanenz".[38] Gerade die Ethikfrage in der Lebensphänomenologie zeigt, wie sehr der "Gegenstand" Leben - bzw. Bedürfen, Subjektivität, Affektivität oder Pathos - gegenüber dem traditionellen Objekt der Philosophie als objektiver Normbegründung für Erkenntnis und Handeln versetzt ist. Ethos bezeichnet lebensphänomenologisch eine immer notwendige Historialität - ein Wesen, das außerhalb jeder Geschichte und somit in jeder Zeit stattfindet. Und die Verbindung mit der Kultur als Ethos besteht darin, daß das "Leben" solange "siegt", wie der Einzelne an sich selbst glaubt; das heißt: sein Pathos als faszinierende Kraft *weiß*, ohne sich in einem Bild *sehen* zu müssen, was wohl Nietzsches Verhältnis von Dionysos und Apollo auf seine Weise ausdrückt. Die Illusion, das Leben "auf Distanz halten" zu können, obwohl die Pro-jektion (Sinnverwirklichung, Bewußtwerdung, Erlösungsglaube usw.) vorübergehend diese "Befreiung" bringen kann, widerspricht dem Ethos des affektiven Lebens, das in-sich-selbst Übergang ist: nicht Trans-zendenz in die Irrealität von etwas "Anderem", sondern Übergang als eidetisch-strukturale Selbstveränderung von Angst und Beladensein in Sich-erfreuen, wobei die Einheit der "Tonalität" Leben nie verlustig geht.

---

37 Vgl. S. GEHLHAAR: *Die frühpositivistische (Helmholtz) und phänomenologische (Husserl) Revision der Kantischen Erkenntnislehre*, Cuxhaven (Junghans) 1991, S. 114 ff.

38 Vgl. zum Beispiel E. HUSSERL: *Die Idee der Phänomenologie. Fünf Vorlesungen* (Text nach Husserliana II), Hamburg (Meiner) 1986 (2. Vorlesung).

Die Umkehr der historischen phänomenologischen Methode(n) zugunsten dieses Ethos ist die philosophische Ermöglichung, daß diese innere Umkehrstruktur des Lebens sich "entbergen" kann, ohne damit in die Sichtbarkeit einzutreten. Darin ist keine Replik der Heideggerschen Dialektik von Verbergen/Entbergen des Seins zu sehen, sondern die tatsächliche "Feststellung" unserer lebensethischen Bedingung: *affektive Bewegung* zu sein, ohne diese als Objekt oder Subjekt bzw. als "individuelle Freiheit" festschreiben zu können. Aber diese Bewegung ist auch nicht anonym, das heißt kein abstraktes Leben "an sich", sondern ein gegen-sich-selbst-erdrücktes Bedürfen ohne Weltschatten im reinen "Aufenthalt" der Subjektivität als stetem Sich-selbst-empfinden. Diese Spannung mag unerträglich erscheinen, erdrückend wie faszinierend zugleich, was genau das Ethos von Kultur erklärt, wo diese Spannung in der "Schöpfung" von Werken gelöst ist - und seien es die alltäglichsten. Denn das Bedürfen birgt so das Alltäglichste wie die höchsten Berufungen in seinem scheinbar passiven Erwachen, das ins Leben eingetaucht ist und so die Geburt unserer selbst zu-uns-selbst bietet, und zwar mit der Möglichkeit der Freiheit aus der passiven Lebensgegebenheit selbst heraus. Die philosophische Sprache, der scheinbar abstrakte Diskurs des Konzepts ist damit selbst Pathos, denn es wird letztlich nicht in den Bedeutungen auf ein Objekt verwiesen, sondern die Rede selbst wird zur Offenbarung dessen, was die "Erkenntnis" durchzieht: das Sich-sagen-wollen des Lebens, das seine Wurzeln in meiner Leiblichkeit als selbst-affektiver Subjektivität besitzt.[39] Insofern ist das Ethos des Bedürfens als "leben" das Sprechen des Leibes in seiner originär-ethischen Fleischlichkeit, die auch immer schon an der Kultur aller Worte partizipiert, die vor mir gesprochen wurden, um dem Pathos des Lebens als seinem Ethos selbstwachsend entsprechen zu können.

---

39 Wenn auch metaphysisch-ontologisch, so verwies auch schon früher C. BRUAIRE auf eine unlösbare Verknüpfung allen (konzeptuellen) Sprechens mit dem leiblich-"phonetischen" Ausdrucksvermögen; vgl. *Philosophie du corps*, Paris (Seuil) 1968, S. 21 ff. Zur mehr sinnhermeneutischen Sprachverankerung in der leiblichen Gestik vgl. außerdem bereits M. MERLEAU-PONTY: *Phénoménologie de la perception*, Paris (Gallimard) 1945, S. 217 ff.

4. Genealogie und "Ökonomie" des Bedürfens

Hat der lebensphänomenologische Ansatz im deutschsprachigen Raum bereits seine Rezeption gefunden, besonders für den Bereich der Ästhetik und Kulturkritik,[40] so sind natürlich auch Argumente laut geworden, welche die "Immanenz des Lebens" ohne Transzendenzbezug in ihrem eigenen phänomenologischen Wesen für bedenklich erklären. Untersucht man jedoch diese Einwände genauer, so wird von diesen nicht beachtet, daß Immanenz eben nichts mit *Introjektion* zu tun hat. Letztere meint eine Verlagerung ins "subjektiv Innere", in das "Milieu der genuinen Tatsachen" wie Wünsche und Sorgen, die sich von der Objektivität als einem ersten "Hier" und "Jetzt" abschälen, um sich dann als "Subjektivität" vom Rest der objektiven Tatsachen weiterhin abzukapseln.[41] Bei einer solchen scheinbar "unbefangenen Phänomenologie", wie sie H. Schmitz "ernüchtert empirisch" in Anspruch nimmt, wird dann gerade aber nicht bedacht, daß die Raum-Zeit-Korrelation Hier/Jetzt als "primitive Gegenwart" des Leibes schon eine erste Konstitution aus transzendentalem Vermögen heraus bedeutet, welches das Leben als subjektiven "Pol" (wenn auch nicht als Bewußtsein im klassischen Sinne) bereits voraussetzt. Vor der "Introjektion" - bzw. damit diese überhaupt statthaben kann - muß das phänomenologische Leben als Affektionsmöglichkeit schon "gegeben" sein, so daß dieses Leben als "Immanenz" gerade nicht die Negativform zur Transzendenz darstellt, sozusagen einen "weltentleerten Hohlraum" (was im übrigen immer noch ein "Raum" wäre), sondern die Ermöglichung zur Errichtung jeglicher Räumlichkeit schlechthin.[42] Sofern diese nur über Leibkinästhesen in passiv-hyletischer Genesis nach Husserlzustande kommt, ist namentlich mit der originären Leiblichkeit

---

40 Vgl. E. JAIN: *Hermeneutik des Sehens. Studien zur ästhetischen Erziehung der Gegenwart*, Frankfurt a. M. (Lang) 1995, S. 147 u. ö.

41 H. SCHMITZ: "Immanenz als Falle des Lebens", *Philosophische Rundschau*, 42/1 (1995), S. 69-75. Vgl. anderslautend B. FORTHOMME: "Etude sur l'affectivité à propos d'un ouvrage consacré à M. Henry", *Annales de Philosophie* (Université Beyrouth), 15 (1994), S. 111-116.

42 Vgl. E. HUSSERL: *Ding und Raum. Vorlesungen 1907* (Husserliana XVI), Den Haag (Nijhoff) 1973; N. LEE: *E. Husserls Phänomenologie der Instinkte*, Dordrecht u. a. (Kluwer) 1993.

die unverzichtbare Lebensselbstaffektion als das ursprünglichere "Er-eignis" vorausgesetzt.

Wie relevant diese zunächst rein innerphilosophische Diskussion für das Thema "Ethische Ökonomie" und "Wirtschaftskultur" ist, zeigt sich sofort, wenn man den Bedenken nachgeht, die aus wirtschaftsepistemologischer Sicht gegen das Immanenz/Lebens-Prinzip als absolutes Erscheinensapriori erhoben werden könnten. Nach der neo-klassischen Handlungstheorie, die der Wirtschaftshermeneutik meist zugrunde liegt, zerfällt das Tun des "Subjekts" (was bereits eine bestimmte Reduktion der "immanent-subjektiven Praxis" darstellt) in Plan, Ausführung und Bedürfnisbefriedigung. Damit ist nicht nur ein fiktives Subjekt postuliert, das sich erst einen "Entwurf" zu erdenken habe, um handeln zu können, sondern auch Arbeit wie Kultur sind damit von vornherein aus dem Bedürfen selbst herausgenommen und erscheinen zunächst unter dem puritanisch-kapitalistischen Gesichtspunkt des "Opfers", wie etwa bei Adam Smith, für den Arbeit den Verlust von Freiheit, Muße und Glück bedeutet.[43] Hier zeichnet sich nicht nur ab, daß "Arbeit" einer *bestimmten gesellschaftlichen Produktionsform*, nämlich der modernen Lohnarbeit, subsumiert wird, was eben schon eine Abstraktion gegenüber dem phänomenologischen Wesen der Arbeit als "Lebensbedürfen" bedeutet, sondern daß überhaupt die ökonomischen Kategorien die "Wirklichkeit" ersetzen werden, während es sich *realiter* gerade umgekehrt verhält, wie wir dies später im einzelnen zu zeigen versuchen werden. In der klassischen wie auch in der neo-liberalen Sichtweise wird außerdem Bedürfnisbefriedigung - und damit schon in gewisser Weise Kultur - an einem wachsenden Reichtum festgemacht, der sich von außen *messen* läßt, während auf die unmittelbare "Befriedigung" des subjektiven Lebens in seinen lebendig-vollzogenen Akten kaum ein Blick fällt, weshalb auch "Lebenssteigerungen" (selbst wenn sie die reine Reichtumsanhäufung in Besitzwerten erweitern sollten) weiterhin "gemessen" werden, nämlich an "höherer Moral" oder an "aufsteigender Geistigkeit". Das heißt, an die Stelle der Steigerungsmöglichkeit *qua* Affektivität tritt eine abstrakte Äquivalenz, die das Prinzip des Messens als solches verallgemeinert, was ideologisch ganz unterschiedliche Formen annehmen kann: reine Kapitalanhäufung oder "Fortschritt" in Geschichte wie technisch-wirtschaftliche Ausdehnung über die Erde.

---

43 Vgl. M. HENRY: *Marx II: Une philosophie de l'économie*, Paris (Gallimard) 1976, S. 214 ff.; P. KOSLOWSKI: *Ethik des Kapitalismus*, Tübingen (Mohr) [4]1991, S. 36, 50 f.

Wenn Phänomenologie nach Husserl allgemein die Analyse der Objektgenealogie *als* subjektiver "Geschichte" in Akt und Habitus bedeutet, dann dürfte einleuchten, daß damit eine pauschale Verurteilung von Fortschritt, Technik und Ökonomie gerade nicht statthaben kann, weil solche Verurteilungen nach eigenem phänomenologischen Verstehen einer Nicht-Aufhellung des eigenen Urteils gleichkämen, was aber genau das Gegenteil phänomenologischer Sinngenesis als Methode wäre. Sollte sich dabei erweisen, daß die letzten Grundstrukturen einer meta-empirischen Genealogie des Bedürfens als gleichzeitig transzendentaler Genealogie der "Ökonomie" *einfach* sind, dann spricht dies nicht prinzipiell gegen eine solche Analyse, denn Einfachheit ist - zusammen mit Unmittelbarkeit und synthetischer Einheit - das noetische Merkmal eines auf sein Jetztmoment beschränkten Erlebnisinhalts des Bewußtseins. Man kann also nicht die *komplizierten* ökonomischen Sachverhalte und -probleme, die sich aus einer zivilisatorischen wie wissenschaftstheoretischen Entwicklung heute ergeben, als Argument gegen den Ursprung anführen, von dem aus "Komplexität" geworden ist. Jede Wissenschaft versucht eidetisch-regionale Wesenseinsichten zu gewinnen, und möglicherweise wird sie die Komplexitätsreduktion irgendwo aus pragmatischen Gründen auf Zeit abbrechen, aber dies enthält kein grundsätzliches Primat der "Komplexität" gegenüber der "Einfachheit". Vor allem dann nicht, wenn es um unsere subjektiv-kulturelle Wirklichkeit geht, die unlösbar mit dem "Lebensempfinden" verbunden ist. Deshalb ist es keine Schwierigkeit, phänomenologisch dem Mathematiker, Natur- oder Wirtschaftswissenschaftler ein spezifisches Erleben beim Vollzug *seines* rationalen Diskurses zuzuerkennen. Aber das Beherrschenwollen oder -müssen von "komplexen Strukturen" bleibt ein *Evidenzgeschehen*, das keine besonderen eigenen Gesetze als "Evidenz" hat, sondern den genetisch-phänomenologischen Gesetzen der subjektiven Evidenz als "Objektivität" folgt, nämlich der apperzeptiven Ausgewiesenheit eines "Gegenstandes" als weitestgehender Anschaulichkeit im Sinne des gegenständlichen "Es-selbst".[44]

Problematisch wird es nur dort (und für die vorliegende Kulturanalyse ist dies primordial), wo die wissenschaftliche "Objektivität" als eine besondere Form des "Erlebens" voll "Allzeitlichkeit" und "Gewißheit" im Sinne methodologisch für jedermann zu jeder Zeit an jeglichem Ort reproduzierba-

44 Vgl. D. LOHMAR: *Phänomenologie der Mathematik. Elemente einer phänomenologischen Aufklärung der mathematischen Erkenntnis nach Husserl*, Dordrecht u. a. (Kluwer) 1991.

rer Objekte oder logisch-abstrakter Gebilde und Modelle zur *Flucht* oder gar zur theoretischen wie praktischen *Verneinung* der eigenen Subjektivität wird. Dies kann selbstverständlich auch den Philosophen ereilen und impliziert daher weder Besserwisserei noch moralische Bevormundung, sondern eben einen tendenziellen Zug neuzeitlicher Wissenschaft und gegenwärtiger Kulturkrise, nämlich das Nicht-mehr-zu-Kenntnis-nehmen-wollen der epochalen Substitutionsvorgänge, die schon immer *entschieden haben* (und dieses Verdikt im Perfekt ist das maßgebliche), daß "Objektivität" die *einzige Wahrheit* sei und daher das Individuelle in solcher Weise im Allgemeinen als Sein, Wahrheit, Politischen, Gesellschaftlichen etc. aufzugehen habe. Setzt der (Natur-)Wissenschaftler Maßstäbe, so setzt er sie aus der Logik seiner Wissenschaft heraus, denn sonst kann er nicht als Wissenschaftler auftreten. Oder aber er setzt sie aufgrund rein eigenen Empfindens, dann befindet er sich - wie alle Individuen - seinem *Pathos* allein ausgeliefert. Es sei denn, er habe das Pathos evident-einsichtbarer Gewißheit und Anschaulichkeit zu seinem einzigen Erleben gemacht, was dann die Stellungnahme zu einer *gewordenen* Möglichkeit bedeutet, die *a posteriori* zur einzig "wahren" deklariert wird.

Somit ist zweierlei für die Genealogie der Wissenschaften im allgemeinen wie der Ökonomie im vorliegenden Fall anerkannt, daß natürlich auch sie einerseits eine Dimension "sinnlicher Erfahrung" weiterhin in sich beherbergen und andererseits die "komplexere Rationalität" innerhalb dieser Disziplinen als idealisierte Gegebenheiten in eine phänomenologisch-deskriptive Analyse zunächst miteingehen können, ohne zugleich der letzten transzendentalen Reduktion auf das rein-subjektive Ego unterworfen zu werden. Husserl ist beispielsweise diesen Weg beim Erheben der psychischen Erlebnisse gegangen, weil ein zu schnelles Übergehen zur transzendentalen Epoché anstelle des Verweilens in der psychologischen Reduktion wichtige "Hintergrundphänomene" des Bewußtseins nicht zur notwendigen Klarheit bringen könnte, insofern sie der Ausklammerung "mit einem Schlag" verfielen.[45] Insofern enthalten auch für unseren Bereich die ökonomischen Phänomene auf jeder Stufe der Abstraktion noch "indirekt vermittelte Lebenserfahrungen", weil unsere These ja gerade darin besteht, daß Ökonomie zu keinem Zeitpunkt ihrer Genese aus dem "Griff des Lebens" entlassen ist. Aber das, was in der Sicht der Phänomenologie als solche

45 Vgl. E. HUSSERL: *Psychologische Phänomenologie. Vorlesungen Sommersemester 1907* (Husserliana XVI), Den Haag (Nijhoff) 1968, S. 55 ff. (§ 6 ff.).

"Lebenserfahrung" noch erscheinen kann, ist es kaum in den Augen des Ökonomen selbst, denn wirtschaftliche Modelle oder statistische Berechnungen treten mit dem eigenständigen Anspruch auf, Wirklichkeit als solche ohne lebensgenealogische "Vermittlung" abzubilden. Und um dieses epistemologische *Grundverhältnis* zu klären, werden im folgenden vorrangig nicht einzelne isolierbare Phänomene wie Arbeitslosigkeit als Problem der Entlohnung, des Zugangs zu *industrieller* Arbeit und des Programms technischer Rationalisierung beschrieben, sondern die *Phänomenalisierung* der Arbeit als solcher aus dem Lebensbedürfen selbst heraus wird in ihrer selbstaffektiven "Logik" analysiert. Entsprechend ist dann auch zunächst nicht auf den "Umgang" mit Technik als Phänomen der Rationalisierung durch Maschinen und Computer abgehoben, sondern auf das phänomenologische *Gegen-Wesen* der Technik als einer nicht mehr methodologisch in der Subjektivität des Lebens sich be-gründenden Erscheinung der Moderne, um so die Grundschwierigkeit für heute wie für die Zukunft überhaupt in den Blick zu bekommen.[46]

Das unmittelbare Anbieten von Lösungsstrategien anstelle einer fundamentalen Betrachtungsweise der genealogischen "Bedürfniswerdung" bis zur abstrakten Ökonomie hin arbeitet unserer Feststellung nach denn auch mit Interpretationsvorgaben, die das alte philosophische Vorurteil der Höherbewertung der *ratio* über die *affectio* oder *passio* im wirtschaftlichpolitischen bzw. gesellschaftlichen Bereich wiederholen. So ist beispielsweise bei C. Herrmann-Pillath zu lesen:

> "Daß die Wirtschaftspolitik der Transformation [wie noch zur Zeit in Deutschland] unter dem Primat der Sinnbewahrung stehen muß [...] Ungeachtet aller komplizierten wirtschaftswissenschaftlichen Überlegungen und Empfehlungen kann nämlich in schlichter Einfalt festgestellt werden, daß alle erfolgreichen Wachstumsprozesse vor allem auf der Bereitschaft der

---

46 Ohne M. HEIDEGGER's "seinshütende" Position zu teilen, kann man aber unabhängig vom lebensphänomenologischen Ansatz bei ihm gleichfalls die *Radikalität* ermessen, die mit der Technikfrage unter anderem als Geschichtsfrage für ihn überhaupt ansteht. Vgl. *Beiträge zur Philosophie. Vom Ereignis* (Gesamtausgabe 65), Frankfurt a. M. (Klostermann) ²1994, S. 132 beispielsweise: "Was meint *Machenschaft*? Das in die eigene Fesselung Losgelassene. Welche Fesseln? Das Schema der durchgängigen berechenbaren Erklärbarkeit, wodurch jegliches mit jedem gleichmäßig zusammenrückt und sich vollends fremd, ja ganz anders als noch fremd wird. Der Bezug der Unbezüglichkeit."

> Menschen aufbauten, in der alltäglichen Arbeit Fleiß, Ausdauer, Innovations- und Kooperationsfähigkeit, Willen zur Selbsthilfe und andere persönliche Eigenschaften aufzubringen. Nun mag es zwar durchaus kulturelle Unterschiede bei einzelnen dieser Eigenschaften geben, aber es gilt wohl allgemein, daß sich diese Eigenschaften rasch ausbilden, wenn die Menschen ihre Tätigkeit als sinnvoll und ihre zukünftigen Lebenschancen optimistisch betrachten. Die Wirtschaftspolitik setzt hier wesentliche Rahmendaten."[47]

Abgesehen davon, daß man nicht erfährt, wie diese "schlichten Eigenschaften" der Menschen sich gründen, wird im nächsten Atemzug denselben Menschen attestiert, daß die "einzelnen Betroffenen [an der] Unfähigkeit [leiden], die Zusammenhänge zu überblicken". Woraus sich ohne größere Besinnung die Folgerung ergibt, daß "eine aktive Ordnungspolitik der Sinnangebote erforderlich erscheint [und] ein Teilbereich der Wirtschaftspolitik durchaus der Förderung der Produktion von Sinnangeboten gewidmet werden sollte", und zwar beispielsweise durch "Subventionen und steuerliche Begünstigungen". Hier wird also einerseits den Individuen eine originär positive Lebenspraxis konzediert, auf der anderen Seite jedoch für den geistig-kulturellen Bereich, in dem sich an sich das Eigentlichste eines jeden unter anderem verwirklicht, nämlich der "Sinn" seines Lebens, auf Verordnungen von "Sinnangeboten" zurückgegriffen, die aus einer *anderen* Sphäre zu stammen scheinen als aus jener "schlichten Lebenspraxis", in der sich die Arbeit vollzieht. Kurz gesagt wird hier unseres Ermessens nach mit einem Kulturmodell repräsentierend-metaphysischer Herkunft gearbeitet, auf dessen aristokratisch-ideologische Ordnungsvorstellungen im einzelnen hier nicht weiter einzugehen ist, um die phänomenologische Kulturfrage als solche in Auseinandersetzung mit der Ökonomie noch eingehender in den Blick zu bekommen.

Wie dringlich dies insbesondere für die *interkulturellen Beziehungen* ist, deren philosophisch-kulturwissenschaftlicher Neubesinnung in der Gegenwart wir im folgenden ein eigenes Kapitel widmen werden, zeigt sich daran, daß die abendländischen, griechisch-christlichen Sinnentwürfe gerade nicht mehr - und an sich auch vorher nicht - ohne Bedenken auf andere Kulturen

47 "Wissenschaft und Kultur als Kräfte gesellschaftlicher Ordnung während der Transformation", in: C. HERRMANN-PILLATH u. a. (Hrsg.): *Marktwirtschaft als Aufgabe. Wirtschaft und Gesellschaft im Übergang vom Plan zum Markt*, Stuttgart (G. Fischer) 1994, S. 285-301, hier S. 298 f.

übertragen werden können. Denn jede Sinnvorstellung impliziert lebensweltliche Horizonte fundamentalster Art, die gerade den grundlegenden Unterschied zwischen "Heim- und Fremdwelten" (Husserl) ausmachen, wie beispielsweise die Deutung der Wirklichkeit unter der Voraussetzung des Mythos, des konfessionellen Glaubens oder der aufgeklärten Rationalität. Hier von vornherein zu entscheiden, was wertvoller sei, impliziert eine symbolische (und dann sicher todbringende) Sinngewalt, die sich nicht nur um die Chance ihrer eigenen Selbstaufklärung begibt, sondern die möglichen wie unbedingt notwendigen "interkulturellen Synergien"[48] für eine authentische Kooperation *a priori* überhaupt vernachlässigt oder zu gering ansetzt, weil das eigene Modell als das prädestiniert-effektivere gilt. Gerade wenn man sich den Bedingungen eines zusammenwachsenden Weltmarktes heute stellen möchte und international operierende Unternehmen auf länderspezifische Voraussetzungen auch in "Mentalität" und Sozialstrukturen achten müssen, kann dies nur gelingen, wenn man zumindest vorübergehend oder "dialektisch" in der Lage ist, seine eigene Kulturreferenz "einzuklammern", um möglichst weitgehend in die des Partners verstehend einzudringen, um beispielsweise Motivationen und andere Potentialitäten für die Zusammenarbeit besser zu erkennen. Was wir in den vorherigen Kapiteln durchgeführt haben, nämlich eine Reduktion auf das immanente Ethos des "subjektiven Lebens" allein, erweist sich hier also als unbedingt fruchtbar und notwendig, nämlich das "Lebenswissen" des anderen in praktischer wie ideeller Hinsicht gerade in seinen elementarsten Äußerungen mitvollziehen zu können, um die weiteren theoretisch-kulturellen wie ökonomischen Selbstlegitimierungen dann umso besser zu verstehen und nicht nur als einen beliebig austauschbaren Diskurs zu werten.

Vertieft sich mithin die "Ethische Ökonomie" in den interkulturellen Vergleich und ihre Methodik, um die Vergleichsparameter selbstkritisch in ihrer Sinngenese in Erfahrung zu bringen, dann kann dies zugleich eine wünschenswerte Rückwirkung für die eigenen, inländischen "Sinnverschreibungen" haben. Denn auch ökonomisch und betriebswirtschaftlich wird man dann nicht nur auf eine "Mikro-" wie "Multikulturalität" der eigenen gesellschaftlichen Gruppierungen aufmerksam, sondern es wird sich als eine neuerlich diskutierte Grundproblematik herausstellen, ob Unternehmen und

---

48 Wir greifen hier titelvariierend die Untersuchung von P. PEILL-SCHOELLER auf: *Kulturelle Synergien in Joint Ventures zwischen China und den deutschsprachigen Ländern*, Heidelberg (Springer) 1994.

Staat (sofern letzterer programmatisch, wirtschaftlich, sozial und kulturell interveniert) überhaupt die Rolle der "Sinnvermittlung" übernehmen können, die früher Religion, Sitte, Kirchen und Geisteswissenschaften im weitesten Sinne zufiel. Neben der Anfrage, ob hier nicht methodisch einfach eine *metábasis eis állo génos*, also eine unerlaubte Grenzüberschreitung, stattfindet, wiegt schwerer noch die phänomenologisch-genealogische Grundüberlegung, *wie* es prinzipiell überhaupt zu verbindlichen Sinnproduktionen kommt, wenn heute eine allgemeine "Rationalität" dafür nicht mehr in Frage steht, da deren ontologische Sonderregionalität und hermeneutisch-geschichtlicher Sonderhorizont durchschaut ist. Natürlich läßt sich ökonomisch noch mit einem tradierten "Sinnüberhang" eine gewisse Zeit weiterarbeiten, aber sofern auch unsere speziellen Wirtschaftsformen geschichtlicher Natur sind, wird sich in Zukunft die grundsätzlich neue Legitimation von "Ökonomie" als eines westlich-marktwirtschaftlichen Produktionssystems wohl nicht länger umgehen lassen. Wo aber Sinnvorgaben, und seien sie anthropologischer Natur im Sinne von biologischen Konstanten (Bedürfnis als Mangel, Ernährungsnotwendigkeit etc.) nicht mehr ohne weiteres als unbefragte Theoriestandards (für einseitig bestimmte Wirtschaftsstrategien) fungieren können, da ist zumindest philosophisch-phänomenologisch eine *Grundbesinnung* auf eine Erscheinensrealität angezeigt, die - um "zu sein" - eben keiner Sinnvorstellung an sich bedarf, das heißt das rein selbst-affektive Leben.

Die Korrelation Sinn/Ethos ist folglich durch eine fundamentalere Korrelation Leben/Ethos im Sinne der bereits dargestellten "Immanenz" zu radikalisieren, wenn "Sinn" als Ordnungsfaktor sich als immer problematischer erweist. Dies geschieht im unmittelbarsten Interesse der Ökonomie selbst, sofern diese ja an die tatsächliche Genealogie des Bedürfens im Vollzug von Arbeit, Produktion und Konsumtion unmittelbar zurückverwiesen ist. Sowohl für die Unternehmensethik wie für die Analyse der Kultur von Wirtschaftssystemen ist es heute, seit dem postmodern konstatierten "Ruin der Vorstellungen" (Heidegger), von Belang, eine Standortbestimmung von kritischen Einsichten aus zu betreiben, die nicht mehr jenen geistig-kulturellen Überzeugungen entsprechen können, unter denen traditionelle wirtschaftswissenschaftliche Theorien entstanden und weiterentwickelt wurden.[49] Eine Untersuchung über die ökonomisch-kulturelle Immanenz des

49 Vgl. für die geschichtliche Retrospektive etwa H. FREYER: *Die Bewertung der Wirtschaft im philosophischen Denken des 19. Jahrhunderts* (1921), Hildesheim

Ethos, das heißt über das phänomenologische "Werden" des Bedürfens als Sich-bedürfen des Lebens in seiner immanent-transzendentalen Genealogie als Teleologie, wie sie hier als Diskussionsbeitrag vorgelegt wird, bietet die Möglichkeit, das "wirtschaftliche Ethos" zu verstehen, ohne weiterhin von gesellschaftlich-ideologischen Vorgaben wie Kapitalismus oder Sozialismus, bzw. Markt oder Plan, abhängig zu sein. Selbst wenn der Leser nur diese Auffassung teilen sollte, daß der Analyseansatz einer immanenten Bedürfensteleologie des Lebens ein solches *kritisches Korrektiv* gegenüber den Systemimperativen der Systemrationalität darstellen könnte (anstatt umfassend die phänomenologische Grundfrage nach dem Erscheinesapriori überhaupt darin geklärt zu sehen), bleibt die Tatsache bestehen, daß der Aufweis eines immanenten Ethos aus dem reinen Lebensvollzug des "Produzierens" selbst heraus das "Wirtschaften" als originäre Kulturleistung ebenbürtig neben die "großen" Kulturleistungen wie Religion, Ethik und Wissenschaft stellen kann. Dies bedeutet: es wäre dann zu Beginn nicht bei einer externen Ethik erst anzufragen, worin das "Ethische" des Wirtschaftsaktes bestünde, sondern dieses könnte sich aus der primordialen Korrelation von Bedürfen/Anstrengung sowie Arbeit/Produzieren und Tausch/Verzehren selbst be-gründen.

Damit ist zugleich die Möglichkeit gegeben, daß "Ethische Ökonomie" nicht nur in *business ethics* steckenbleibt, sondern unmittelbar ein *eigenes* kritisches Potential gegenüber der wirtschaftlich-technischen Realität in den fortgeschrittenen Industrienationen liefert, wobei entsprechende Fehlentwicklungen (zum Beispiel in bezug auf die Umwelt) für die sich industriell noch entwickelnden Länder durch solche kritische Vorausschau gegebenenfalls vermieden werden könnten. An dieser Stelle ist allerdings auch auf eine zunächst naheliegende Verwechslung hinzuweisen. Die zentrale Stellung der absolut-phänomenologischen Subjektivität ist kein *Subjektivismus* oder *Individualismus* im moralisch-existentiellen Sinne etwa oder auch im Sinne des Wertsubjektivismus der Österreichischen Schule der Nationalökonomie bzw. des methodischen Individualismus der liberalen Wirtschaftslehre, die dann sozusagen durch die Radikalisierung "absoluter Subjektivität" sogar noch überboten würden.[50] Als "radikal"-phänomenologischer Ansatz geht es

(Olms) 1966 (Reprint); J. KROMPHARDT: *Konzeptionen und Analysen des Kapitalismus*, Göttingen (Vandenhoeck & Ruprecht) 1980.

50 Vgl. beispielsweise G. B. MACPHERSON: *Die politische Theorie des Besitzindividualismus. Von Hobbes bis Locke*, Frankfurt a. M. (Suhrkamp) 1973; E.

nicht wie in den letztgenannten Nationalökonomien wesentlich darum, "subjektive Wertschätzungen" als "Präferenzen" zu "objektiven Preisen" in Übereinstimmung zu bringen, sondern zunächst einmal die *prinzipielle* Nicht-Subsumierbarkeit des generierenden Lebensbedürfens als solchen überhaupt gegen die *Illusion* ökonomischer, gesellschaftlicher und politischer - aber auch wissenschaftlicher oder sonstiger ideologischer - Synthese- und Verallgemeinerungsimperative festzuhalten. Das absolut-generierende Leben ist eine andere "Ordnung" *sui generis* als alle übrigen erdenkbaren Ordnungen, die errichtet werden, um die sichtbaren "Lebenserscheinungen" untereineinander planvoll zu vermitteln und zu vereinigen. Als prinzipieller Ursprung ist dieses Leben nicht "integrierbar", woran der neuzeitlich-westliche Zwang zur Synthese, Systematik wie Rationalisierung und Organisation in allen theoretischen wie praktischen Bereichen vom Prinzip her in Frage gestellt ist - und nicht bloß in seinen negativen Auswirkungen. Weshalb wir sagten, daß die Anerkennung eines solch unmittelbaren "Ethos im Ökonomischen" selbst die Ökonomie als einseitige "Allokation knapper Mittel bei gegebenen Bedürfnissen", wie es die neo-klassische Auffassung sieht, vor ihren damit *systemimmanent* vorgezeichneten Rationalisierungshorizont als ausschließlicher Selbstreferenz gestellt würde.

Wenn das absolut-lebensphänomenologische Ethos unmittelbarer genealogischer "Ökonomie des Bedürfens" im *Übergang* von Leben/Hervorbringen im Sinne von Arbeit/Produzieren liegt, dann ist die orignäre "Ethik" dieses "Aktes" - in seiner rein-immanenten Vollzugswirklichkeit betrachtet - die unverrückbare Korrelation von Lebens-not-wendigem/Vor-handenem. Das heißt, der Urakt des Lebens ist seine Weitergenerierung durch sich selbst, als immanent-selbstaffektives Bedürfen zu leben, wobei das unmittelbar Vor-*hand*ene: das, was tatsächlich "vor der Hand" ist, zum einzig phänomenologischen Notwendigen als dem *Not*-wendenden wird. Damit ist keinerlei "Mangel" in irgendeiner äußeren Mittel/Zweck-Relation impliziert, sondern das Vor-handene ist das zunächst Aus-*reichende*, das originär der Selbstgenerierung des Lebens absolut korrespondiert - in dessen "Griff" ist, wie man analog zum Husserlschen Terminus der noch nahen Retention hier wie an anderen Stellen sagen kann. Auch damit wäre wiederum keine theoretisch-ideologische (vielleicht sogar utopische) Ökonomie der "Askese" postuliert, weil im Vor-handenen als dem Aus-reichenden die innere teleo-

---

STREISSLER/CH. WATRIN (Hrsg.): *Zur Theorie marktwirtschaftlicher Ordnung*, Tübingen (Mohr) 1980.

logische Bewegung des Leben als zugreifender, materialmodifizierender und sich ernährender Leiblichkeit *originaliter*, also von ihrem phänomenologischen Eigenwesen her, zur Voll-endung gelangt. Hierdurch wird auch deutlich, daß die lebensphänomenologische Analyse des Ökonomischen weder von einem aristotelisch-substantivistischen noch von einer vitalistischen Auffassung ausgeht, was den "Gegenstand" des Ökonomischen betrifft. Denn dieser ist weder das noetisch-tugendhafte Lebenwollen als auf *eudaimonía* ausgerichtete *enérgeia,* noch die beobachtbare Hervorbringung als Produkt der *phúsis* bzw. gar vitalistisch-kollektivistisches Volks- oder Klassenleben. Vielmehr ist der lebensphänomenologische "Ökonomiebegriff" zunächst allein (jenes später genauer ausgeführte) *proto-kulturelle* "Er-eignis", wie das Vor-handene der Erde aus-reicht, um im Selbstbedürfen der Identität von Leben und Leiblichkeit ange-*eignet* zu werden, um so das *Zu*handene zu werden, das genealogisch-ökonomisch weitergereicht werden kann als "Wert" und "Ware" zu Gebrauch, Tausch und Verkauf.

Dies bedeutet, alle ökonomischen Charaktere müssen phänomenologisch in sich aufgewiesen werden *ohne* Inanspruchnahme von späteren externen Faktoren wie etwa Zeit im Sinne "gesellschaftlich notwendiger Arbeitszeit", falls das Absolutheitsprinzip des Lebens als allein-phänomenologischer Realitätszugang ein Kriterium abgeben soll für das, dessen wir im Grunde "bedürfen". So vermag der "Wert" von Gebrauchsgütern und Waren, sowie ihre Vermehrung und Verteilung, nur herzurühren aus dem "Wert", den ihm das subjektive Leben in seiner immanent-sinnlichen Anstrengung verleiht. Alles spätere Berechnen und Vergleichen, wie etwa bei Smith, Ricardo und Marx durch "gesellschaftliche Arbeit" wie "gesellschaftliche Zeit", um einen Warenwert festzulegen, ist bereits ein Danach im Sinne der abstrahierenden Äquivalenz,[51] wo das lebensphänomenologisch Not-wendige und Zu-handene schon analytisch verlassen ist und damit das Prinzip der rational-vermehrenden Reichtumssteigerung um ihrer selbst willen sich systemimmanent etabliert hat - was eben auch besagt: ohne ein noch mögliches eigenes, *inneres* Korrektiv. Wenn heute folglich eine allen plausible "Begrenzung des Wachstums" aufgezeigt werden soll, dann kann diese unserer Analyse nach nur über die Rückbesinnung auf den pathischen Grundakt erfolgen, der uns als *Lebenden* eigen ist, um solche Lebende zu sein und zu bleiben.

---

51 Dies wurde bereits detailliert an solchen Texten erhoben bei M. HENRY: *Marx II: Une philosophie de l'économie* (1976), S. 138 ff.

Daß es uns nicht um eine pauschale Kapitalismuskritik ohne Alternative geht, wird daran ersichtlich, daß der "Markt" vor dem "Plan" anerkannt wird, insofern die freie Marktordnung - wenn auch phänomenologisch begrenzt - auf "die individuelle Arbeitsinitiative" des Einzelnen als tatsächlich verbleibenden "subjektiven Faktor" setzt. Damit befindet sich diese Marktordnung geneaologisch-ökonomisch noch näher am lebendigen Ursprung allen Wirtschaftens als planwirtschaftliche Systeme. Aber diese Begründung wird nicht ideologisch erfolgen, etwa unter Verweis auf personale Freiheit und Entscheidungsspielraum, sondern eben mit Rekurs darauf, daß Leben originär sich gar nicht anders erhalten und entfalten kann denn durch die lebendige Investierung all seiner Kräfte als selbstmodaler Potentialitäten des Lebens. Und im historischen Rückblick ist bei dieser Gelegenheit auch anzumerken, daß es nicht um eine Verurteilung der *Chrematistik* im Sinne unstatthafter "Kapitalmaximierung" als solcher geht, weil nach Aristoteles nur "das gute Leben" anstelle des bloßen "Lebenwollens" zähle.[52] Denn diese und ähnliche Unterscheidungen vom guten, schlechten oder wünscheswerten Leben sind theoretische Blicke (die natürlich als Vorstellungen statthaben können) auf das Leben, das sich vollzieht, *ohne* von solchen Überlegungen in sein selbstgenerierendes Eigenwesen versetzt worden zu sein. Auch hier prangert die Lebensphänomenologie nicht aus irgendeiner scheinbar "höheren" Warte "Reichtumsstreben" an, sondern sie hält nur dagegen, daß Reichtumsmehrung das Leben nicht von außen erfüllen kann, wenn es die Möglichkeit zur eigenen Steigerung rein aus sich und seinem Empfinden schöpft.

Deshalb wird bis auf terminologische Entlehnungen wie "subjektive Praxis, lebendige Arbeit, Gebrauchs- und Tauschwert" hauptsächlich auch in keiner Weise ein vordergründiger oder hintergründiger *Marxismus* betrieben. Und dies aus dem ganz einfachen Grund, weil der Marxismus als sozialistische Doktrin im weitesten Sinne gerade das *phänomenologisch-philosophisch Umwälzende* bei Marx nicht erkannt hat: daß in der Tat keine Ideologie (welche auch immer) Realität irgendwie ersetzen kann, sondern allein "Praxis, lebendige Kraft" etc. den Wahrheitshorizont des sinnlich-leibrückgebundenen Erscheinens von "etwas" bilden, um die minimalste Idee einer Gegenstandsidentität im Sinne Husserls hier anzusprechen.[53] Man

52 Vgl. dazu P. KOSLOWSKI: *Ethik des Kapitalismus* (1991), S. 29 ff.

53 Da im weitesten Umfang andernorts kritische Einwände gegen eine solche Marxinterpretation berücksichtigt wurden, dürfen wir hier der Kürze halber da-

könnte der vorliegenden Analyse also vorwerfen, Marx mit den Augen der Phänomenologie zu lesen, etwa außer der Husserls auch die Maine de Birans, wogegen wiederum zu fragen wäre: Und wenn sich darin gerade etwas vom "lebendigen Zugang" zur Realität - auch insbesondere als Ökonomie - zeigen sollte? Man könnte sich natürlich darauf beschränken, in bisherigen Ökonomielehren oder in den *modern economics* "Lebenselemente" auszumachen, vielleicht sogar in bio-evolutionsökonomischen Konzeptionen Entwicklungen von "lebensnäheren" Handlungsmöglichkeiten entdecken. Aber dies dürfte für unsere Absicht nur ein sehr marginales Ergebnis liefern, weil in der Ökonomie als solcher bis jetzt *konstitutiv* von etwas anderem gesprochen wird, das heißt: "Phänomene des Lebens" daran nicht als solche phänomenologisch-thematisch werden und folglich auch nicht eigenständiger Analysegegenstand sein können. Wie kann eine Theorie jedoch, so lautet unsere Anfrage, letztlich glaubhaft nachvollziehbare Aussagen machen, wenn sie über die erste aller Voraussetzungen im Sinne absolut-notwendiger Bedingung - nämlich unser "Lebenkönnen" - schweigt? Marx ist jedoch bis in seine Grundkonzepte hinein ein Denker "lebendiger Praxis", was eben mehr bedeutet, als einen methodologischen Individualismus etwa in heutiger Wirtschaftslehre zu vertreten. Insofern ließe sich sagen, daß die phänomenologische Marxlektüre eine überhaupt andere Perspektive auf die Ökonomie bietet, die durch diesen Rückgriff auf das lebendig-selbstaffektiv-praktische Prinzip der Bedürfensgenerierung auch keine Kapitalismus-, Entfremdungs- oder Ausbeutungskritik im Sinne einer bloß gedanklichen *Vorstellungsdestruktion* beabsichtigt. Letzteres bliebe eine "Konkurrenz der Systeme" bei Aufrechterhaltung des Vorstellungsprimats selbst auf beiden Seiten, während es gerade radikal-phänomenologisch darum geht, das Vorstellungsprimat als scheinbar realitätsgenerierend selbst aufzuheben, weil Leben eben zunächst keine Vorstellung ist.

Kurz im Vorblick gesagt erlaubt uns diese phänomenologische Marxlektüre eine Artikulation von *Ökonomie/Sinnlichkeit*, die einerseits unmittelbare Kulturanerkennung ist und zum anderen möglicherweise ein weiteres Analysepotential für die Ökonomie selbst erschließt, die gemeinhin einen solch

---

her verweisen auf R. KÜHN: *Leiblichkeit als Lebendigkeit*, Freiburg/München (Alber) 1992, S. 381 ff., 439 ff. (Kap. VI. 1 u. 5). Vgl. ebenfalls unsere "Einleitung" zu M. HENRY: *Radikale Lebensphänomenologie* (1992), S. 43 ff., im Zusammenhang mit dem *poiesis*-Begriff bei Aristoteles und dem Wahrheitsbegriff bei Hegel und Heidegger.

elementaren Sinnlichkeitsbereich als Erscheinensprinzip gar nicht berücksichtigt. Wenn jedoch das phänomenologische Wesen des "Bedürfens" in sich subjektiv, kulturell wie "ökonomisch" in einem ist, dann ist diese Sinnlichkeit als solche differenzierter, als es die wirtschaftstheoretischen Reduktionen auf individuelle axiologische wie ästhetische "Präferenzen am Markt" erkennen lassen. Unsere Frage an die Ökonomie bleibt daher: wo *sie* die Frage des "Lebendigen" *sui generis* phänomennah und damit adäquat sinnvoll erörtern kann und will? Sollte sich indes herausstellen, daß lebensphänomenologisch-selbstaffektives Fragen in der modernen Ökonomie theoretisch - und damit wohl auch praktisch - keinen eigentlichen Ort besitzt, also auch in einem "individualistischen" Ansatz von Wert und Besitz nicht, dann gilt zumindest heuristisch die Überlegung als wertvoll, ob "gesellschaftliche Koordination" und Fragen der "Wirtschaftsordnung" sich nicht einer radikaleren "Lebensanalyse" zuwenden müssen, um realitätsgerechter zu sein.

Wir unterschätzen folglich nicht die empirische Notwendigkeit, die "Subjektivismen" des individuellen Lebens im Preissystem zu vermitteln und über den grundsätzlich anerkannten "freien Markt" zu koordinieren. Nur wird in den späteren Kapiteln darauf aufmerksam gemacht werden, daß dieser ökonomische "Subjektivismus" oder "Individualismus" bereits ein *sekundäres Phänomen* gegenüber der unsichtbar verbleibenden phänomenologischen Subjektivität ist, die ganz in die immanente Vermögenheit ihres Könnens als Kraft, Bewegung, Trieb, Anstrengung und Freude eingetaucht ist und daraus die unmittelbare Selbstgewißheit der Ich-Leiblichkeit als Ich-Sinnlichkeit bezieht. Diese vermessen zu wollen, und zwar am Markt unter Konkurrenzbedingungen, offenbart entweder ein verkürztes "Menschenbild" der Ökonomie oder einen Totalitätsgedanken der lebenseidetischen "Bedürfnisstillung", der nur metaphysisch oder ideologisch sein kann. Der größte Künstler, um ein Bild zu gebrauchen, empfindet nach Vollendung seiner Werke oftmals ein Ungenügen, das bis zur Zerstörung seines Werkes führen kann, und zwar nicht, weil seine Schöpfung "objektiv" ungenügend war, sondern weil der Vorgang der Ent-Äußerung als solcher die eigentlich schaffende Subjektivität zurückläßt, wie es Hegel allgemeiner in seiner Bewußtseinsphänomenologie als "Objektivierung" des "subjektiv-individuell Inneren" durch Sprache, Handlung und Werk zu analysieren versucht hat.[54] Und

54 Vgl. *Phänomenologie des Geistes*, hrsg. v. J. Hoffmeister, Hamburg (Meiner) [6]1952, S. 286 ff.

was dem wirklich "frei Schaffenden" größte Zweifel bereitet, sollte am Markt ohne weiteres gelingen?

Selbstverständlich gibt es auch einen ökonomischen Zwang zur Effizienz, der sich aus begrenzten Ressourcen und aus internationaler Konkurrenz ergibt. Und dieser Wettbewerb im Weltmaßstab kann die ökonomischen Spielräume der Individuen in den Industrienationen wie in den Entwicklungsländern verringern, aber diese "Spielräume" sind zunächst vorgestellte aufgrund eines tradierten Freiheitsbildes oder Fortschrittsdenkens bzw. von privaten oder öffentlichen Glücksutopien etc. Die "immanente Bedürfensteleologie des Lebens" ist davon zunächst nicht berührt, denn sie entfaltet sich nicht existentiell, was die Analyse betrifft, sondern transzendental notwendig *vor* allen systemisch-geschichtlichen Ereignissen und Katastrophen, weshalb wir es aufgrund von fixierten Geschichts-, Biographie oder Gesellschaftsmustern auch so schwer haben, uns losgelöst von geschichtlicher Kontingenz zu betrachten. Dies ist keine Apologie der Krisen und historischen Einbrüche, wohl aber der notwendige Hinweis auf eine *Heterogentität* phänomenologisch grundsätzlicher Natur zwischen primordialer Lebensermöglichung und sichtbar feststellbarer "Verwirklichung". Diese Heterogenität phänomenologisch anzuerkennen, um unter anderem Schein und Erscheinen nicht zu verwechseln, bedeutet weder den Quietismus des Philisters als ein *habet suam pacem* noch einen quasi naturwüchsigen Prozeß der Wirtschaftssysteme. Denn die Lebensselbstaffektion im hier analysierten Sinne des transzendental-modalen Übergangs Bedürfen/Arbeit läßt einen solchen Rückzugs-"Frieden" ebensowenig zu, wie die Naturwüchsigkeit von Systemen dadurch ausgeschaltet ist, daß Individuen aufgrund derselben inneren Bedürfensteleologie ihre mit-pathische Gemeinschaftlichkeit verwirklichen wollen, das heißt Aus-Tausch im weitesten Sinne leben wollen. Gerade der Zusammenbruch der östlichen Planwirtschaften zeigt diese Notwendigkeit am deutlichsten, frei miteinander leben und wirtschaften zu wollen, anders gesagt: seine Kräfte individuell investieren zu können.

Wenn Aufhebung von "Entfremdung" versus "Rationalität" der Marktbeziehungen die einzigen Alternativen sein sollen, welche die neuzeitlichen Wirtschaftslehren uns angeboten haben, so ist zu sagen, daß ein Vergleichen - eventuell ein Kampf - zwischen beiden genau das reproduziert, was Marx an Hegel, Stirner und anderen demonstriert hat: nämlich die Ideologie durch eine *kon*-kurrierende Vorstellung überwinden zu wollen, so wie eben die Hegelsche "Aufhebung" Negation einer Idee im Bewußtsein für das Bewußtsein ist, das die andere, antithetische Idee sich weiterhin selbst gibt.[55] Wenn wir also - bei aller Radikalisierung des Kapitalismus in späteren Kapiteln als einer "ontologischen Subversion" - weder der totalen Entfremdungslehre folgen noch einer totalen Akzeptanz des freien Marktes, und zwar einschließlich seiner sozialen Komponenten eines "Gerechtigkeitsideals", dann geschieht dies letztlich aus dem Grunde, weil die Grundexplikationen des transzendental-subjektiven Lebens nicht systemabhängig sind, sondern meta-empirisch und damit systemtranszendent, oder auch: jedem System passiv-synthetisch vorgelagert im Husserlschen Sinne hyletisch-habitueller Synthesen. Daher ist es philosophisch gesehen, was unseren genuinen Rahmen darstellt, nicht die Wirtschaft in absoluter Betrachtung, die "individuelle Spielräume" eröffnet, sondern das Vermögen zu solchen Er-öffnungen von Handeln (und dann existentiell-gesellschaftlichen Handlungsräumen) überhaupt liegt *vor* aller Freiheit im lebensabkünftigen "Ich-kann" eines jeden Individuums, an das die projekthaft sich entwerfende Freiheit zurückgebunden ist, sofern sie Vollzug bezeichnet. Dies gilt auch für die sogenannte Wirtschaftsethik als "Institutionsethik", die wir nicht auf eine "Individualethik" im Sinne *isolierter* Entscheidungen verkürzen, wohl jedoch befragen in bezug auf die Grund-Vermögenheit, aus der heraus Entscheidungen überhaupt erwachsen können, sei es beim Einzelnen oder bei einer Gruppe als Entscheidungsträger.

Das Aufheben von *Widersprüchen*, in unserem Fall von abyssaler Bedürfenssubjektivität und Marktkoordination, ist theoretisch wie praktisch ein metaphysisches Postulat von Vermittlungsinstanzen. Ver-*mitteln* aber impliziert notgedrungen Ver-*gegen*-ständlichung und Ver-*all*-gemeinerung, um "Gleiches" miteinander in Beziehung zu bringen. In dieser Hinsicht ist auch der Kapitalismus nach Max Weber nicht nur ein Erbe des Calvinismus, sondern vor allem des Platonismus, nämlich der philosophischen Meinung, an der *ousía* (An-wesen des Seins) über die *idéa* (Vorstellung, Bewußtsein, Wahrnehmung in der weiteren Ideengeschichte) *teilhaben* zu können.[56] Die

55 Vgl. im einzelnen M. HENRY: *Marx I: Une philosophie de la réalité*, Paris (Gallimard) 1976, S. 368 ff.: "Le lieu de l'idéologie". Zum folgenden auch F. A. VON HAYEK: *Drei Vorlesungen über Demokratie, Gerechtigkeit und Sozialismus*, Tübingen (Mohr) 1977; O. VON NELL-BREUNING: *Kapitalismus - kritisch betrachtet*, Freiburg i. Br. (Herder) 1974.

56 In dieser Hinsicht ist HEIDEGGER's Kritik der abendländischen "Ideengeschichte" von bleibender Aktualität, weil sie ebenfalls eine Grundverkehrung des "Er-

"Ethiken" des Kapitalismus wie Utilitarismus, Positivismus, Sachobjektivität aus Vernünftigkeit, Synthesis der Kompromisse etc. sind Variationen dieses selben Themas: wie vermittelt man subjektives Erscheinen mit objektiven Seins- und/oder Sollensansprüchen? Der neuere Aufruf zur Berücksichtigung der Gesamtheit der "Moralität", der Schichten und Interessen der Individuen auf dem Hintergrund einer optimalen Bestimmung von Freiheit, die das Pareto-Optimum als ethisches Minimum überschreitet, sind ohne Zweifel notwendige Überlegungen, um eine nach allen Seiten abwägende Ethik auch für die Ökonomie heute zu etablieren.[57] Dahinter waltet allerdings ein *Ordo*-Denken, dessen Leitbild eines reichen, effizient-funktionierenden Wettbewerbsmarktes ein Schöpfungsmodell reproduziert, in dem alles - weil es eben geschaffen, also "gesetzt" ist - zum Gegen-stand von "richtigem Handeln" werden kann. Daß dabei eher die "Ergebnisgerechigkeit" als die "Regelgerechtigkeit" betont wird, bzw. Gerechtigkeit ein Korrektiv für reine Effizienz bedeute oder auf die Ausbildung von Interessen zu achten sei, ändert nichts am Grundkonzept des im weitesten Sinne ökonomisch "Mach- und Herstellbaren", welches eine ontologisch-phänomenologische Konsequenz eines allseitig (endlich) gesetzten Seins ist.

Der sicherlich bedrängenden Frage für einen Ökonomen, wie ein Wirtschaftssystem der "irreduziblen Subjektivität" der Arbeitsanstrengung als eines in sich kulturell-sinnlichen Bedürfenslebens Rechnung zu tragen habe, worin das Empfinden des einen nicht das "Selbe" des anderen ist (also beispielsweise Müdigkeit statt Elan bei "derselben" Arbeit), ist daher zunächst einmal zu antworten, ob die Ökonomie dies überhaupt kann und muß, wenn Ver-*mittlung* hier stets Ver-*dinglichung* bedeutet. Das Eingeständnis, daß absolut-phänomenologische Subjektivität als transzendentale Affektivität letztlich nicht als Arbeit, Produkt, Ware und Verzehr äquivalent austauschbar sei (was nur auf der Ebene "empirischer Individuen" sinnvoll ist, sofern sie unter einen gleichen Wahrnehmungshorizont fallen), bedeutet keinen programmierten Verzicht auf Effektivität, Gleichgewicht, Lohnentsprechung und ähnliches, wohl aber die theoretische Bescheidung diesbezüglich, daß Menschen sich darin als *sie selbst* wiederzuerkennen hätten, bzw. ihnen dies vorzugaukeln. Diese Bescheidung phänomenologischer Herkunft hebt den

scheinens" thematisiert, nämlich von der *phúsis* zum *noûs*. Vgl. *Beiträge zur Philosophie* (1994), S. 208 ff.

57 Wie dies P. KOSLOWSKI: *Ethik des Kapitalismus* (1991), hier bes. S. 42 ff., versucht.

Sachverhalt nicht auf, daß der Markt - sofern er im Sinne der immanenten Könnenspotentialitäten nicht denkbar ist ohne lebendig-gemeinschaftlichen Austausch - eine relative "Überbrückungsfunktion" zwischen der abyssalen Krafterfahrung, der immanenten Subjektivität und der korrelativen Freude der "Leistung" und des "verzehrten Produkts" darstellt. Aber die genannte Bescheidung substituiert sich nicht mehr ordnungs- oder geschichtsutopisch einem transzendentalen Anspruch, das "Glück" herbeiführen zu wollen oder die "Gerechtigkeit", die im Selbsterfahren des Lebens mit sich selbst liegen. Genauso kann dieselbe Bescheidung eine grundsätzliche Begrenzungsoption in die Ökonomie einführen, die dann des weiteren dem Beherrschenwollen von allem Seienden als Ver-fügbarem entgegenwirken würde. Sollte die Ökonomie mit ihren Fachunterteilungen Vorreiterin eines solchen Denkens werden, weil die dringende Frage ansteht, ob wir noch Zukunft als "Leben" und "Geschichte" haben, dann vermöchte sie vielleicht sogar auch dem "galileisch-technischen Projekt" entgegenwirken, von dem noch die Rede sein wird als Selbstregulierung der Technik-Wissenschaft und ihrer prinzipiell a-ethischen (lebensindifferenten) Dispositive. Aber ist dann die Ökonomie überhaupt noch eine solche im bisherigen Selbstverständnis sowie im Fächerkanon?

Dies lenkt abschließend hier auf eine Frage der *Wissenschaftskommunikation* überhaupt, um auch zum kulturphilosophischen folgenden Teil mit wissenssoziologischen Elementen überzuleiten. Mit Recht beobachtet C. Herrmann-Pillath, daß Wissenschaftsberatung in Transformationszeiten wie den unsrigen in "fataler Weise irreführen kann", weil einerseits Beratung von Gremien oder Institutionen durchgeführt wird, die keinem hohen Grad an Wettbewerbsintensität unterliegen und so ihre eigene "Wirtschaftskultur" weiterzüchten, so wie andererseits in Veränderungsprozessen es weniger auf eine "präskriptive als vielmehr auf [eine] kritische Rolle der Wissenschaften" ankomme.[58] Unsere vorherige Frage nach dem Selbstverständnis der Ökonomie impliziert daher einen neuralgischen Punkt derselben, der bei der gegenwärtigen Diskussion um Wirtschaftsethik, Wirtschaftskultur und Sinnmanagement ins Auge springt: Ökonomen wie auch teilweise Philosophen möchten "Ethik" und "Kultur" als ein zusätzlich *systemstabilisierendes* Element neben der Selbstregulierung der wirtschaftlichen Systemrationalität

58 "Wissenschaft und Kultur als Kräfte gesellschaftlicher Ordnung während der Transformation" (1994), S. 290 ff.

etabliert wissen.[59] Gegen die Gefahr einer solchen inhärent reproduzierten "Systemethik" bildet der Ansatz bei einer radikal-phänomenologischen Subjektivität dem eigenen Methodenverständnis nach eine offensichtliche Garantie, die zugleich mehr "Krisis" als "Präskription" bedeutet. Des weiteren scheint Ökonomie auch trotz älterer Kritik ähnlicher Art (G. de Tarde, F. Tönnies etwa) zu vergessen, daß Ethik und Kultur zwar immer auch *institutionelle* Ethik und Kultur sind, jedoch nicht nur allein dies und vor allem nicht prinzipiell-originär, sondern unzweifelhaft lebendig-selbstaffektive Bedürfensmodalitäten.

Solches Vergessen schlägt sich durchgehend theoretisch nieder, wenn das "Geheimnis" von Geld und Markt "erklärt" werden soll, anstatt zu erkennen, daß es ein "Geheimnis" ist, indem es untrennbar weiterhin auf das Leben verweist. Vielleicht kann Philosophie, deren Aufgabe es unter anderem ist, "noch nicht gesättigte Probleme" als "Problematiken" überhaupt erst einmal zu solcher Aufbereitung zu verhelfen,[60] der Ökonomie sagen, daß überall, wo gerade von "In-vestitionen, Profit, Surplus, Zinsen, Mehrwert" etc. die Rede ist, das unselbständige Wesen des Geldes und der Wirtschaft implizit zum Ausdruck kommt. Kapital (im umfassenden Sinne) ist jeweils zu erhalten, zu konvertieren, zu riskieren, was bedeutet: es verweist als wirtschaftliches Element *par excellence* auf "etwas", was es nicht selbst ist - eben auf "das Leben", welches konkret als Individuum vollzieht, was scheinbar das Kapital macht: nämlich "arbeiten". Und auf diesem Hintergrund wird im III. Teil die nicht leichtherzige Prognose gezogen, daß bereits jetzt *tendenziell* auf dem Markt (und damit der Markt selbst) sich die beiden bisher tragenden Kräfte auseinanderentwickeln, nämlich die notwendig subjektive Arbeit (die technisch-rationalisierend ausgeschlossen wird) und die erwerbbaren Gebrauchsgüter (da diese wie das Geld zum Kauf durch die herausgedrängte Arbeit abnehmen).

Der phänomenologische Grundsachverhalt hierfür ist eindeutig und verdient noch einmal in rein philosophischer Hinsicht zusammengefaßt zu werden, um als deutliche Richtschnur für die weiteren Ausführungen zu dienen, die der Verschränkung des "Realprozesses der lebendigen Arbeit" als an sich schon "kulturellen" Bereichs mit dem originär-leiblichen "Wirt-

59 Vgl. im einzelnen P. KOSLOWSKI: *Neuere Entwicklungen in der Wirtschaftsethik und Wirtschaftsphilosophie*, Berlin u. a. (Springer) 1992.

60 Vgl. S. AUROUX: *Barbarie et philosophie*, Paris (P.U.F) 1990 (Nachwort zur italien. Übers.).

schaftsprozeß" gewidmet sind sowie den *ontologischen* Einbrüchen ihrer Auseinanderentwicklung in der Moderne. Das bisherige Eingehen auf mögliche Einwände konnte also nicht mehr sein, als der Gefahr der eigenen mystifizierenden Verdunkelung vorzubeugen und Argumente zu finden, die gegen eine solche fundamentale Ansetzung des Lebens vor allem auch im Wirtschaftsbereich sprechen könnten. Wenn das Leben das transzendentalsinnliche Erscheinensprinzip *aller* Erscheinungen ist (was immer wieder in dieser apriorischen Perspektive betont werden muß), dann hat es die Welt so in seinem *phänomenologisierenden Griff*, daß der "Weltgehalt" eine "Objektivierung" aus der Selbstobjektivierung des Lebens als solchen heraus ist. Der Weltgehalt - die Materie, die Natur, ihre Formen und Eigenschaften, sowie die Gesetze, die diese regeln - ist als "Realität" dieses Weltgehaltes das Leben selbst, während die Vorstellung davon jeweils nur eine *Re*-präsentation ist, das heißt das "Phänomen" dieses Lebens im Sinne dessen, was die selbstaffektive Realität dieses Lebens selbst nicht mehr enthält, da sie mit jeder Transzendenz des Sich-Repräsentierens verschwindet. Denn das eigentliche Wesen des Lebens ruht in seinem Pathos als in seinem ständigen Sich-selbst-erproben, wovon der übliche Begriff "Erfahrung" nur eine sekundäre, mundan-kategorial gefärbte Konnotation wiedergibt, was die "Wissensschaftskommunikation" auch so schwierig macht, weil Wissenschaft als solche nur von letzterem Erfahrungsbegriff ausgeht - und ausgehen kann. Der Weltgehalt im Lebenspathos sowie durch dasselbe ist jedoch als "subjektive Praxis" originär-korrelativ zugleich "soziale Praxis", weil die Gesetze der Gemeinschaftlichkeit als Inter-Subjektivität keine anderen sein können als die der transzendental-affektiven Subjektivität schlechthin. Daraus ergibt sich das für unsere Untersuchung so zentrale Analyseergebnis, daß die "Gesetze", welche das "Soziale" bestimmen, nicht jene Bewußtseinsgesetze sind, die - etwa nach Kant - die Phänomenalität der Welt als objektiv-kategoriale Vorstellungssynthesis regeln, sondern die unsichtbar-pathischen *Lebensgesetze*, wie Michel Henry schreibt: "Die Verwurzelung der Kraft in der Affektivität, das Aufbrechen des Triebes (*pulsion*) unter dem Gewicht des Affekts, die unendliche Wiederholung im Leben von Bedürfen (*besoin*) und Handeln (*action*) bestimmt jede Gesellschaft und so den Gehalt dieser Welt als einer Gesellschaft der Produktion und Konsumtion."[61]

61 "Phénoménologie non-intentionelle: une tâche de la phénoménologie à venir", in: D. JANICAUD (Hrsg.): *L'intentionnalité en question. Entre phénoménologie et recherches cognitives*, Paris (Vrin) 1995, S. 383-397, hier S. 396.

Die Objektivität des Weltgehaltes ist mithin nur eine Er-scheinung und nicht ihr originär-wirklicher Status. Dies läßt aber genau eine theoretische Begründung der scheinbaren Objektivität der sozialen Wirklichkeit zu, denn gerade der phänomenologische Status des Lebens beinhaltet diese notwendige theoretische Objektivierung. Das Leben, stets als Subjektivität im Plural verstanden, produziert die notwendigen Gebrauchsgüter als "Lebensgüter", und deren Tausch setzt ein "Maß" für die sie hervorbringende lebendige Arbeit voraus, sofern im Tausch "Arbeiten" (und deren Zeit) miteinander verglichen werden. Da die originär-pathischen Modalitäten der inneren subjektiven Praxis quantitativ wie qualitativ jedoch keineswegs meßbar sind, und niemals mesurabel gemacht werden können, substituiert die Ökonomie ihnen notwendigerweise ein Ensemble ideal-objektiver Äquivalente, welche die "Ökonomie" als "Wissenschaft" bilden. Auch ein Musiker "bringt" Musik "hervor", aber niemand würde ernsthaft auf die Idee kommen, dieses subjektive "Pro-duzieren" *ökonomisch* messen zu wollen, was nicht ausschließt, daß auch die "Kunst" als Kultur ihren "Markt" hat. Die Ökonomie ist daher phänomenologisch gesehen eine idealisierende oder abstraktive "Verdoppelung" (Nietzsche) oder "Parallele" (Husserl) des Lebens, was ihren wissenschaftlich-praktischen Status so schwierig für eine wirklich sachgerechte Analyse macht. Als Substitution des Lebens kann sie an sich nur von diesem her verstanden werden und bewahrt deshalb proto-kulturelle Elemente desselben auf (zum Beispiel Bedürfen, Anstrengung, Befriedigung und Verzehr). Zur anderen Seite hin, das heißt mit Blick auf eine sich selbständig dünkende Wirklichkeitserklärung, ist sie in ihrem Eigenprojekt vom Leben gelöst und multipliziert mit zunehmender Geschwindigkeit abstrakttheoretische sowie mathematisch-statistische Modelle, um die Notwendigkeit des "Messens des Lebens" (als Preis, Lohn, Kapitalinvestion etc.) aus sich selbst heraus zu legitimieren.

Und genau an dieser Stelle gewinnt die zweite massive ontologische Substitution ihr ganzes Gewicht, und zwar nicht nur für das Leben selbst, sondern auch für den wissenschaftstheoretisch neuen Status der Ökonomie, indem nämlich das "Galileische Technikprojekt" die lebendige Arbeit aus dem Produktionsprozeß grundsätzlich eliminiert und damit zugleich sein phänomenologisch-ideales Äquivalent: das Geld. Tendenziell, das heißt im genealogisch-transzendentalen Sinne, wird deshalb für die Zukunft "Ökonomie" im bisherigen Verständnis schwieriger, wozu unserer Meinung nach auch die *modern economics* gehören, indem sie wie in den anderen Human- und Naturwissenschaften fortlaufend zu Modelldifferenzierungen gezwungen werden, ohne ihren eigentlichen Gegenstand: das Humane, die Natur, das wirtschaftliche Leben noch fassen zu können. Denn dieser "Gegenstand" verflüchtigt sich in der Technik als solcher, sofern diese prinzipiell-methodologisch die Nicht-mehr-zur-Kenntnisnahme und damit die Ausschaltung des "Subjektiven" als phänomenologisch-lebendiges Wahrheits- oder Erscheinensmoment bedeutet. Der vorliegende Versuch, eine transzendentale Genealogie dieser genannten Substitutionen des Lebens unter anderen als "Ökonomie" des Bedürfens in Ansätzen vorzulegen, entspricht daher dem Bemühen, phänomeno-logisch die zum erstenmal in der Menschheitsgeschichte auftretende Bedrohung auf unserer Erde zu verstehen, *daß das Leben als solches verschwinden könnte*. Da jedoch diese Substitute als "rationale" und somit quantifizierbare Strukturen vom Leben selbst "erfunden" wurden, damit es sich fortsetzen und steigern kann, befinden wir uns vor der schwierigsten Einsicht, die das Ökonomieproblem als solches dann noch übersteigt, aber darin eine seiner Zuspitzungen erfährt, wie nämlich in der Tat das Leben etwas *hervorbringen* kann, das es zu *vernichten* droht. Vielleicht mag dies zu unterstreichen, welche philosophische Strenge (auch in der sich scheinbar manchmal "wiederholenden" Fragestellung) vonnöten ist, um der Ökonomie ihre ganze Bedeutsamkeit für die skizzierte Problematik angedeihen zu lassen - eine Bedeutsamkeit, die sie vielleicht selbst im verständlichen Suchen nach "Lösungsstrategien" für "Krisen- und Transformationserscheinungen" noch gar nicht wahrgenommen hat. Insofern möge der Leser zunächst mehr die Frage als einige versuchte Antworten würdigen.

Teil II

Multi- und Interkulturalität

1. Zivilisationskritik und Kulturhoffnung

Wenn die gewesenen und kommenden Begriffe von Kulturarbeit im Sinne von historisch-soziologisch gesehenen Klärungsprozessen davon zeugen, wo sich symbolisch-real Orientierung, Kommunikation und Kampf miteinander verschränken, so war es für Europa ein Weg vielfältiger Ablösungserscheinungen und Konfrontationen, in denen sich höfische Zivilisation von "Barbarei", dann antihöfische und antibürgerliche Kultur von Zivilisation löste, um erneut technisch-politisch (National-)Kultur und Barbarei besonders in Deutschland miteinander zu verbinden. Norbert Elias[1] hat beispielsweise diese Entwicklung unter dem Gesichtspunkt der zivilisatorischen Prozesse nachgezeichnet, denen zufolge sich drei Verhaltensbereiche menschlicher Realität - nämlich Vorstellungsmuster, Affektregulierung und Gesellungsfunktionalitäten - zu gegenseitigen *Kontrollinstanzen* herausbilden. So ermöglicht größere instrumentelle Kontrolle über die äußere Natur stärker ausdifferenzierte innergesellschaftliche Abhängigkeiten, die als Gewaltkontrolle zugleich den Anspruch der Affektkontrolle erhöhen, wodurch ein neuer Kreislauf von potenzierter Natur- und Konfliktbeherrschung auch im ökonomischen Sinne in Gang gesetzt werden kann. Die Abwandlung von der mittelalterlichen *courtoisie* zur *civilité* über die humanistische *civilitas*[2]

---

1 *Über den Prozeß der Zivilisation. Soziogenetische und psychogenetische Untersuchungen*, 2 Bde., Basel (Haus zum Falken) 1939 (Neudruck Frankfurt a. M. 1976); *Die höfische Gesellschaft. Untersuchungen zur Soziologie des Königtums und der höfischen Aristokratie*, Neuwied/Berlin (Luchterhand) 1969. Dazu W. ENGLER: *Selbstbilder. Das reflexive Projekt der Wissenssoziologie*, Berlin (Akademie Verlag) 1992, S. 52-94, sowie zum Antagonismus zwischen positivistisch-naturalistischem und geisteswissenschaftlich-historischem Erbe von Soziologie und Kulturwissenschaft K. ACHAM: *Geschichte und Sozialtheorie. Zur Komplementarität kulturwissenschaftlicher Erkenntnisorientierungen*, Freiburg/München (Alber) 1995.

2 Vgl. hierzu besonders auch E. GRASSI: *Verteidigung des individuellen Lebens. Studia humanitatis als philosophische Überlieferung*, Bern (Francke) 1946. - Auf die weiteren Zusammenhänge mit dem *Civitas*-Begriff der klassischen Staats- und Rechtstheorie des Gemeinwohls kann hier nur verwiesen sein, da

bis hin zum einheitlichen Begriff der *civilisation* des fürstlichen Absolutismus kündet von schichtenspezifischen Kulturauffassungen, die heute - besonders in der starken deutschsprachigen Trennung von Kultur/Zivilisation - daran zu arbeiten haben, mit der technisch-militärischen Kulturabkoppelung nicht eine dem Zivilisationsstand als solchem eingeschriebene Barbarei anachronistischer Konfliktlösungen aufkommen zu lassen. Das heißt, von einer kommenden Weltgesellschaft als humaner fiele ein Blick auf Kulturmöglichkeiten, die ihr Kontrollpotential zur innergesellschaftlichen wie innerkulturellen Humanisierung benutzen.

Daß damit keine ethische Engführung der Kultur gemeint sein kann, zeigt gerade die nach Elias zu überwindende Polarisierung des Kulturbegriffs, die aus dem 17. Jahrhundert stammt, als sich mittelständische, sozialfunktionslose Intellektuelle wie beispielsweise Saint-Simon, La Rochefoucauld oder La Bruyère gegen die Dichotomie von gesellschaftlicher Machtüberlegenheit und kultureller Konversationsbanalität am Hof und in den Salons auflehnten. Sie taten es im Namen der Ideale von Aufrichtigkeit und Universalität, weil man sich zugleich gegen die ökonomisch-materialisierte Endlichkeit des erwerbsstrebenden Berufsbürgertums wandte. Dadurch erhielt der Kulturbegriff als Ausdruck sozialer Frontstellung seinen Zug zum Geistig-Höheren als gesteigerter menschlicher Existenzform, wobei antiklerikale Dogmenaufklärung teilweise hinzutrat. Akzeptiert man diese soziologische Lesart von Elias und anderen "Kulturwissenschaftlern" im weitesten Sinne ganz, dann werden Individuen über den Gruppenleisten geschlagen. Das heißt, das Handeln von Individuen und Gruppen wird als gleich angenommen, ohne zu sehen, daß radikal-phänomenologisch betrachtet nur das Individuum real *handelt*, nämlich allein ganz in die Unmittelbar-

---

dies eine Betrachtung über "Gewalt und Kultur" als Pazifierung des inneren Gemeinwesens und der äußeren Feindabschreckung durch Krieg einschließt. Zumindest scheinen aber für die Zukunft wirtschaftlich-zivilisatorische Entwicklung und hochgerüstete Gewaltanwendung unwahrscheinlicher zu werden, da ein Krieg mehr zerstören würde, als er politisch "einbringt". Kants Formel von der "Weltbürgergesellschaft" mit einem wechselseitigen und vorbehaltlosen Gewaltverzicht wäre dann keine reine Utopie mehr. Zu dieser Feststellung gelangt G. KOHLER "Krieg, Politik und Markt. Kants Versprechen", *Zeitschrift für Philosophische Praxis*, 1 (1994), S. 12-19, hier bes. S. 16 ff., nach einer Analyse des atomaren Wettrüstens, das der Westen als demokratisch-kapitalistisches Modell vor dem Osten gewann, was ebenfalls zu dessen Zusammenbruch geführt haben dürfte - zunächst ideologisch, dann politisch real.

keit der subjektiven Anstrengung eingetaucht ist, wo Empfinden von Bedürfen und Empfinden von Kultur eins sind. Mit der soziologisch-zivilisationstheoretischen Kritik eines schichtenspezifischen Hangs zum Transzendenten oder Überempirischen, der dann besonders in der deutschen Engführung von "Kulturnation" und "Nationalkultur" blühte, ist in der Tat noch nicht geklärt, warum Kultur als immanentes Lebensgesetz *überhaupt* Steigerung bedeutet, was nicht mit Seele, Transzendenz etc. identisch sein muß, wenn wir an asiatische Kulturen zum Vergleich denken.[3] Daß zum Beispiel namentlich Kunst bei Schiller in seiner Schrift "Über die ästhetische Erziehung des Menschen" von 1795 zum kulturellen Fluchtort für politisch zerschlagene nationale Einheitshoffnung wird, erklärt nicht, warum Kultur *ohne* Kunst in der Menschheitsgeschichte als solcher gar nicht denkbar wäre, womit noch keineswegs über den Gehalt einzelner Kunst-, Denk- und Lebensstile befunden ist.

Gewiß ist es berechtigt zu sagen, daß in anderen Kulturstilen, zum Beispiel im französischen, gegen den sich deutsche Kultur als national "geistigere" im 19. Jahrhundert und danach noch definierte, leichter zivilisatorische Elemente integriert werden. So ist in Frankreich Öffentlichkeitsbezogenheit mit literarischem *Esprit* sowie sprachlicher Eleganz und republikanischer Klarsicht bis Schärfe verbunden, wie es die kulturkämpferischen Auseinandersetzungen in je verschiedener Weise in den beiden Ländern etwa im selben Zeitraum beispielsweise belegen.[4] Allerdings ist mit dem vereinfachten Gegensatz Seele/*Esprit* und politischer Partikularismus/*Grande Nation* noch nicht entschieden, was Kultur nun tatsächlich ausmacht, sondern nur

---

3 Analoges wäre vom "Kulturphänomen" Liebe zu sagen, deren funktional-kommunikativer Codierung NIKLAS LUHMANN ab dem 17. Jahrhundert nachgeht, indem er unter anderem die Thematisierung der Liebe als Leidenschaft, Galanterie, Freundschaft, Plaisir, Heirat untersucht. Vgl. *Liebe als Passion. Zur Codierung von Intimität*, Frankfurt a. M. (Suhrkamp) 1983. Wenn alle literarischen, idealisierenden und mystifizierenden Vorstellungen den Gehalt von Liebe nicht ausschöpfen, sondern nur Reaktionen auf auch ökonomisch bedingte Gesellschaftsveränderungen anzeigen, bleibt trotzdem die *lebensphänomenologisch* unabweisbare Frage: Was läßt Leben zu Liebe in selbstaffektiver Hinsicht bei sich wandelnden äußeren Formen werden?

4 Vgl. H. PLATZ: *Geistige Kämpfe im modernen Frankreich*, München (Kösel-Pustet) 1922, hier bes. S. 529 ff. Allgemein zum französischen Denken auch R. KÜHN: *Französische Reflexions- und Geistesphilosophie*, Frankfurt a. M. (Hain) 1993.

der Hoffnung Ausdruck verliehen, wie bei Elias, daß sich Kultur enger mit demokratischer Zivilisiertheit verbinden möge, um neuerlichen barbarischen Einbrüchen innerhalb der gesellschaftlich-staatlichen Ordnung zu entgehen. Damit taucht aber gerade eine stillschweigende Voraussetzung der zivilisationsfunktionalen Kulturanalyse auf: nämlich, daß Bedürfen oder Trieb in ihr als eine Art "Rohmaterial" angesetzt ist, das sich dualistisch von der zivilisatorischen Kontrolle abhebe, anstatt die Dynamik oder Steigerung des kulturellen Seins aus sich heraus in einem ausdifferenzierenden Prozeß über Generationen hinweg zu entlassen.[5] Bei Elias ist - wie in anderen soziologischen oder systemtheoretischen wie auch ökonomischen Sichtweisen - die Entwicklungsgesetzlichkeit einer geschichtlichen Ausdifferenzierung immer schon als solche postuliert, weshalb wir seit Beginn dieser Untersuchung sagten, das transzendental-phänomenologische Leben bleibe dabei das unaufgeklärte X als Sich-selbst-Bedürfen. Wo Trieb und Affekt als "Rohmaterial", als definitorischer Widerpart, für eine vorentschiedene Zivilisationslogik auftreten, da ist auch das Kulturwerden des Einzelnen immer nur Integration in eine zeitbedingt wechselnde gesellschaftlich-wirtschaftliche Schichtenkultur.

Infolgedessen bleibt die Hoffnung umkehrbar. Vermehrte Akzeptanz für neue zivilisatorische Kontrolle durch Expertokratie, Verwaltungsmanagement, Wirtschaftszwänge und Militärhegenomie wäre dort tragbar, wo das "kulturelle Selbstsein" als Bedürfniswerden im Sinne von "Menschwerdung" nicht mehr in scheinbar egozentriertem Protest konfrontativ einzufordern ist, sondern auch zivilisatorisch als praktikable kulturelle "Identitätsstärkung" mit ihren je notwendigen "Perspektivenwechseln" zugestanden wird, weil die zivilisatorischen Möglichkeiten heute dazu an sich gegeben sind. Darin nur einen sozialen Gegensatz zu sehen, der den Übergang zum kulturellen Pluralismus - eventuell sogar zu dessen jeweiliger Gleichwertigkeit und nicht nur Gleichberechtigung - als Widerstand der "Alltagskulturen" gegen sozial Mächtige sieht, mindert diese Kulturmöglichkeiten als solche herab

---

5 Ähnliche Kritik bei W. BERGER: *Das Bedürfnis und sein Schatten*, Freiburg/München (Alber) 1992, S. 85 ff. Zur Überprüfung der Eliasschen Zivilisationsforschungsansätze, vor allem hinsichtlich der inzwischen eingetretenen Freizügigkeit von Gefühls- und Sexualitätsäußerungen, vgl. C. WOUTERS: "Informalisierung und der Prozeß der Zivilisation", in: P. R. GLEICHMANN u. a. (Hrsg.): *Materialien zu N. Elias' Zivilisationstheorie*, Frankfurt a. M. (Suhrkamp 1977, S. 268 ff.

und bindet Soziologie doch wieder einseitig ideologisch an Statusränge, die sie an sich durchschauen will, woran sie aber konfliktuell alles mißt. Plurale Kultur im zivilisatorisch neuen Spielraum, wenn er auch ökonomisch möglich ist, könnte nur heißen, daß Kultur eben nicht mit idolatrisiertem sozialen Prestige identisch ist - sie ist vielmehr primär "gekonnte" Lebenskunst des Einzelnen mit einem originär-phänomenologischen Gemeinschaftsbezug. Gerade deshalb muß Zivilisation nicht aus Kultur verbannt sein, sofern Berufung auf "Welthaft-Nützliches" anstatt auf "Seelisch-Geistiges" ebenfalls eine Lebenskunst impliziert, die unsere wesenhaft-lebendige Erdkorrelation mit der Dimension einer ökonomisch-arbeitsgebundenen Proto-Kultur ausdrückt. Kultureller Pluralismus als *Pluralität* mit Zivilisationstoleranz erscheint so als wesenhafte Relativierung der Berufungsinstanzen von teilsystemisch oder globalsystemisch proklamierten "Wichtigkeiten", die sich durch diese Gläubigkeit am Leben erhalten. Wo Kultur sich mit Verachtung paart, die auf "materielle Interessen" oder "Normalbedürfnisse" herabschaut, das heißt auf zivilisatorische Standards alltäglicher Gesten, hat insgeheim solche Kultur noch mit Herrschaftsanspruch über das "Nichtige" verwechselt - anstatt das je *eigene* Steigerungsbedürfen der Individuen wirklich rein-phänomenologisch zu sehen. Wo die Geltung dieses "Nichtigen" lebensprinzipiell anerkannt ist, da ist auch Zivilisatorisches mit Kultur versöhnt, da die individuellen Pluralitäten *als* Singularitäten dabei akzeptiert sind.

Es gehört mit zu den still waltenden wissenschaftlichen Habitusformen des soziologischen Diskurses, zwar zuzugestehen, Zivilisationsformen seien menschengemacht, und sie dennoch gleichzeitig wie *Hypostasen* zu behandeln. Ein Stück kultureller Aufklärung der Postmoderne wird sein müssen, nachdem der Mythos "Geschichte" als Totalität verabschiedet wurde, auch solche hypostatischen Zwänge ganz auszuleuchten, um sie eben wirklich als "gemacht" erscheinen zu lassen. Dann verlieren sie nicht nur ihren Hang zur Eigenidolatrie, sondern es wird für jedermann der Wurzelgrund entzogen, er befände sich ein für allemal im Reich des Wahren und des Rechtmäßigen - es sei denn, man versteht hierunter das absolut-phänomenologische Leben, das keiner theoretischen Rechtfertigung bedarf. Die neue zivilisatorische Machbarkeitsthese von allem, was meß-, kalkulier- und produzierbar erscheine, müsse auch sein, könnte also auch eine "zivilisatorische Lücke" als kulturelle Umkehrstrategie zulassen: weil alles machbar ist, besitzen auch die Systemreferenzen, worauf sich diese Machbarkeit stützt, nur begrenzt funktionalen Wert. Und in diesem Einsichtsspielraum ist Platz für neue Kultur, die Zivilisation weder über- noch unterzubewerten hat und damit auch das politische Wir-Ideal nicht benötigt, um sich zunächst symbolisch sowie dann alsbald real destruktiv über andere zu erheben. Die erschreckende deutsche Kompensationslogik zwischen national-emphatischem Kulturkanon und barbarischster Gewaltrückkehr mit der daran zu lernenden Notwendigkeit, Kultur, Wirtschaft und Politik einander näher zu rücken, hebt die andere Kritik nicht auf, die Zivilisation ihrerseits nicht zur neuen Barbarei werden zu lassen, weil sie die kulturellen Selbststeigerungsmöglichkeiten des Einzelnen und der neuen Gruppenkulturen nicht als *Lebensimperative* aufgrund der ebenfalls zivilisatorisch eingeschriebenen wissenschaftlich-technischen Reduktionspriorität anerkennt.

Kultur entstammt dem Leben und bleibt infolgedessen kosubstantiell beharrlich auf Leben ausgerichtet, weshalb an diesem Maßstab auch jegliche Zivilisation in deren Relativität mit entsprechenden Eigenkorrekturen zu messen bleibt. Wo Soziologie nur Schichten-, System-, Konflikt- oder auch Reflexionsapriori erblickt, müßte sie selbst über den ihr *eigenzivilisatorisch* gegebenen Forschungsgegenstand hinausschauen - und so mit dem phänomenologischen Bedürfen eine Positivität entdecken, die jenem als solchem zukommt und nicht erst durch "Gesittungsprozesse". Möglicherweise bildet dann die Geschichte von Tischsitten, Bädern, Gerüchen, Nahrungsmitteln und Mobilar, um nur einige Präferenzen der neuen "Sozialgeschichte" zu nennen, weniger eine Historie der Überkreuzung von gebrauchswerthaften Ernsthaftigkeiten und erstaunlichen Skurrilitäten[6] als vielmehr einen Ausdruck der verborgen-lebendigen Historialität des sich je kultivierend-steigernden Bedürfens in seiner immanenten Genealogie als Affektivität. Haus und Tisch sind nicht nur Orte und Weisen des empirischen Wohnens und Essens; es sind - abyssal gesehen - Lebensvollzüge als Bleibe und Zelebration, wo das Leben sich selbst in seinem Sich-selbst-empfinden-wollen feiert.

So gibt es eine phänomenologische *Gefühlskultur*, die nicht die Kultur eines bestimmten Gefühls darstellt, sei es der Intimität oder der ängstlichen Besorgung wie der Gastlichkeit beispielsweise, sondern des Gefühls *als* Kul-

---

6 Vgl. außer den entsprechenden Analysen bei Elias auch A. CORBIN: *Pesthauch und Blütenduft. Eine Geschichte des Geruchs*, Berlin 1984; W. SCHIVELBUSCH: *Das Paradies, der Geschmack und die Vernunft. Eine Geschichte der Genußmittel*, Frankfurt a. M. 1983; H.-P. DUERR: *Nacktheit und Scham. Der Mythos vom Zivilisationsprozeß*, Frankfurt a. M. 1988, unabhängig davon, daß letzteres Buch eine Kritik an Elias darstellt.

tur, das heißt: als Gefühl nur mit sich selbst beladen zu sein in einem unzerreißbaren Pathos von Freude und Schmerz, das an niemanden abgetreten werden kann. Kündigt sich heute ein diesem Sachverhalt korrespondierendes Welt- oder Realitätsgefühl an, daß nämlich weder rein selbstzentriertes noch objektivistisches Verhalten der uns umgebenden "Natur" gegenüber angemessen sei, dann läßt sich darin zweifelsohne auch das Bewußtsein einer neuen "Risikogesellschaft" lesen, die weiß, daß künftig die Zivilisationsfolgeerscheinungen für das kulturelle Überleben als *Menschen* schon jetzt technisch-ökonomisch unter anderem einzubeziehen sind.[7] Mehr noch als eine psychoanalytisch-soziologisch bzw. neo-liberal gedachte Gegenseitigkeit von Trieb- und Bewußtseinsdurchlässigkeit, um ökologisch und psychisch nicht zu versanden, kündet sich darin genau eine fundamentalere Wahrheit an, die jene der absoluten Primordialität des Gefühls oder der transzendentalen Affektivität insofern ist, als alle postmoderne Aufklärung darauf hinausläuft, epochal anzuerkennen: Realität und Theorie sind nicht kongruent. Einfacher ausgedrückt: Reales ist kein Produkt welcher ekstatischen Erkenntnis auch immer, weshalb kollektive Selbsterkenntnisprozesse wie individuelle über die "Zivilisationsinformalisierung" von soziologisch beobachteter Versagung und Entfaltung dieses *lebendig Reale* auch nicht benennen können, sofern es als das Äußere des Handelns gesehen wird.

So wie Alfred Schütz[8] gegenüber Max Weber zu bedenken gab, daß die Zweck-Mittel-Relation noch nicht die eigentlich sinnhafte Intentionalität des Handelns in sich erschließe, so bleibt auch gegenüber einer mikrosoziologisch-ethnologischen Verkürzung der Handlung auf den *situativen Kontext* nicht nur auf die ebenfalls die Handlungen durchziehenden archaischeren

7 Vgl. U. BECK: *Politik in der Risikogesellschaft. Essays und Analysen*, Frankfurt a M. (Suhrkamp) 1991. Ähnliche Fragen stellen sich bereits den Unternehmen; vgl. P. ULRICH: *Transformation der ökonomischen Vernunft.* Fortschrittsperspektiven der modernen Industriegesellschaft, Bern/Stuttgart (Haupt) 1986; W. HOLLEIS: *Unternehmenskultur und moderne Psyche*, Frankfurt a. M. (Campus) 1987; W. BÖCKMANN: *Sinnorientierte Führung als Kunst der Motivation*, Landsberg (Moderne Industrie) 1987; M. CRAIG: *Kreatives Management in New Age*, New York (Springer) 1989; H. KASPER: *Die Handhabung des Neuen in organisierten Sozialsystemen*, Berlin (Springer) 1990.

8 Vgl. *Der sinnenhafte Aufbau der sozialen Welt. Eine Einleitung in die verstehende Soziologie*, Wien (Springer) 1932, S. 235 ff. Dazu weiter H. COENEN: *Diesseits von subjektivem Sinn und kollektivem Zwang*, München (Fink) 1986, Kap. I.1: "A. Schütz und die Monadologie der sozialen Welt".

Kulturstile zu verweisen,[9] sondern diesseits davon noch auf die Abwesenheit jeder vermessenden Äquivalenz für das absolute Eingetauchtsein des Handelns nur in sich selbst im Augenblick seines Kräfteerwachens.[10] An diesem Ort ist die immanente Gefühlskultur zu Hause, das heißt als Anstrengung, als Erregung, als Energie, Bewegtheit, Elan etc., die sich keineswegs phänomenologisch mit dem immer auch ausmachbaren "zivilisierten" Kulturstil einer Geste decken, ohne ihm deshalb die lebendig-substantielle Nahrung zu entziehen. Wofür wir hier eintreten, ist, die je fremde, andere oder offener gezeigte "Sinnlichkeit" nicht nur nicht zu verfemen, um sie der Stigmatisierung und dann letztlich der Vernichtung auszuliefern, sondern diese transzendental-phänomenologisch gegebene Sinnlichkeit als originäre Gefühls-, Trieb- oder Leiblichkeitswirklichkeit in den nunmehr epochal anstehenden "interkulturellen Dialog" der Multikulturalitäten im weitesten Sinne einzubeziehen, und zwar als Basis jeglicher Referenzen. Das heißt, Kulturen nicht mehr allein daran zu messen, was unsere oder ihre eigenen "Theoriesysteme" darüber sagen, sondern daran, was in und durch diese Kulturen "ins Leben" will.

Es geht in der Tat nicht allein darum, die eigenen ethnologisch verhaltensrelevanten Konfigurationen symbolischer Kontextgeneralisierung zu durchbrechen, um darüber hinaus in einem weiteren Erfahrungsschritt deren ungeprüfte Prämissen so zu durchschauen, daß der damit verbundene verabsolutierende Charakter der Wahrnehmungs- und Handlungserwartung erkannt wird. Vielmehr sind neue Kontexte in einer kulturellen *Kontextdezentrierung* vor allem dann zu realisieren, wenn sie mit dem Verlust des gesellschaftlich-alltagsweltlich wie auch wirtschaftlich-sozial nicht mehr konformen "Selbst" korrelieren. Simone Weil sprach bereits in den 40er Jahren diesbezüglich von der notwendigen Verabschiedung des Personbegriffs als einer rein vom "Wir-Prestige" imaginär erfüllten Entität, die durch das Wissen um andere kulturelle "Ich-Bilder" zu relativieren, ja sogar zu "entleeren"

9 Vgl. zu dieser Kritik am "radikalen Kontextualismus" der mikrosoziologisch-"perlokutiven" Handlungskonzeption auch W. ENGLER: *Selbstbilder* (1992), S. 108 ff. Des weiteren Themenheft "Multikulturalismus": *Deutsche Zeitschrift für Philosophie*, 2 (1995).

10 So im Hinblick auch auf eine *mimetisch* begründete Entstehung von fremder Kulturunterdrückung durch Verneinung dessen, was die aufgeklärte Vernunft sich selbst versagen muß: M. HORKHEIMER/TH. W. ADORNO: *Dialektik der Aufklärung. Philosophische Fragmente*, Frankfurt a. M. (Fischer) 1944.

sei, um dem abendländischen Imperialismus - aufgrund weiterer machtzentrierter Gottes- und Wahrheitsvermittlung - insgesamt abzuschwören.[11] Gregory Bateson entdeckte seinerseits im Zusammenhang solcher alltäglich-kulturellen Erwartungsdestabilisierung eine "Ökologie oder Ästhetik der kosmischen Interaktion", in der sich die Auflösung der Gegensätze einer erlernten Weltauffassung zu vollziehen habe, falls der "Schatten" des Gesellschaftlichen auf unserer vermeintlich sichergewähnten Identität nicht der letzte Glaubenssatz sein solle. Wenn er hierbei dann davon spricht, ein solcher Absprung riskiere, "vom ozeanischen Gefühl weggeschwemmt zu werden",[12] wenn nicht zugleich eine Metakommunikation über die bisher kontextfixierten und neuen dezentrierenden ("verrückten") Interaktionsweisen stattfinde, so wird man ihn nicht des Irrationalismus bezichtigen. Sein Begriff eines ganz neuen "Lebensgefühls" zeigt aber nach allen unseren bisherigen Ausführungen schon an, wie konstitutiv die Frage der kulturellen Dissemination mit ihrer Unsicherheitszone an die spezifische *Gewißheit* der reinen Lebensaffektion heranführt.

Letztere ist nicht - um auch hier Klarheit zu schaffen - mit Hegels Lebensbegriff identisch, wodurch das reflexive Bewußtsein endlich-gleichwertig Anderes im Begriff oder Erscheinen entdeckt, das zugleich der Logik des Selbstbewußtseins folgt, insofern der Geist in der geschichtlichen Dialektik subjektives und objektives Bewußtsein als *sein* Bewußtsein von einem von ihm Gesetzten noch aufhebt.[13] Wenn Lebensaffektion sich daher gerade nicht mit der Kritik an Hegels allgemeinem Bewußtsein verabschieden läßt, weil in letzterem das "selbstische" Selbstbewußtsein als ein nur "besonderes"

---

11 Vgl. R. KÜHN: *Deuten als Entwerden. Eine Synthese des Werkes Simone Weils in hermeneutisch-religionsphilosophischer Sicht*, Freiburg-Basel-Wien (Herder) 1989, S. 188 ff.

12 *Ökologie des Geistes. Anthropologische, psychologische, biologische und epistemologische Perspektiven*, Frankfurt a. M. (Suhrkamp) 1985, S. 389 ff. Wie im übrigen konkret "Kulturgeschichte" geschrieben wird, zeigen mit Beispielen aus Literatur, Philosophie und Kultursoziologie die Beiträge in B. J. DOTZLER/E. MÜLLER (Hrsg.): *Wahrnehmung und Geschichte. Markierungen zur Aisthesis materialis*, Berlin (Adademie Verlag) 1995.

13 Vgl. *Enzyklopädie der philosophischen Wissenschaften im Grundrisse, II. Teil*, Bd. 10 (Werke in 20 Bde.), Frankfurt a. M. (Suhrkamp) 1969, S. 207 f. , 226 ff. Ausführlicher dazu R. KÜHN: *Studien zum Lebens- und Phänomenbegriff*, Cuxhaven-Dartford (Junghans) 1994, Teil IV: "Dialektik des Erscheinens bei Hegel" (S. 156-203).

gegenüber den geregelten Anerkennungsverhältnissen der bürgerlich-öffentlichen Gesellschaft verschwindet, dann besagt diese Lebensaffektion genau in kulturell-dezentrierter Hinsicht: Originäre Lebensphänomenalisierung ermöglicht *Erfahrung* überhaupt als vielfältig kulturelle, weil die Lebensaffektion an die "Selbstwerdung des Ich" *vor* jeder Reflexivität gebunden ist. Multi- wie interkulturelle, ethnodezentrierte Erfahrung beinhaltet dann nicht nur die Einsicht, daß die äußere Realität eine Offenheit für unbegrenzte Weisen von Unterscheidungssystemen zeigt, so daß symbolische Repräsentationen zugleich als Realitätsproduktion zu sehen sind, sondern daß solches Wissen von sich wie vom Gegenstand - mit Hegel gesprochen - immer schon ein "Lebenswissen" bei jedem Lebenden voraussetzt, das weder rein transzendental-reflexiv noch bloß geistig-objektiv ist. Es ist, einfach ausgedrückt, jenes fundamentale Lebenswissen als "Wissen des Lebens" von sich selbst, wenn wir das Gehen *gehen*, die Liebe *lieben*, die Trauer *trauern* etc., ohne dies in einem ekstatischen Entwurf vorausbedenken zu müssen. Weil dieses Wissen immer schon die *Humanitas* eines jeden Menschen *ganz* bekundet, setzt Kultur nicht erst bei den Weisen ein, wie er dies kontextuell bezogen, ethnologisch, mikrosoziologisch oder verhaltensbedingt beobachtbar tut, sondern *daß* er solches in einer unauslöschbaren Selbstaffektion tut. Wir würden die Lektion der Multi- wie Interkulturalität - und damit unserer anstehenden Dezentrierung, auch im ökonomisch-internationalen Wettbewerbskontext - wieder versäumen, wenn wir bei vorgestellten Kulturpräferenzen haften blieben. Es gilt, *das affektiv-fundamentale Kultursein als eine Garantie sowohl gegen Selbstverlust wie gegen symbolische und reale Gewalt zu sehen.*

Dies ist umso notwendiger, als Selbstverlust wie Gewalt aus derselben Alltagswelt sich ergeben, die in der Postmoderne jedem recht zu geben scheint, da der zuvor erwähnte Perspektivenwechsel als neue "Lebenskunst" zu einem bloßen Perspektivismus im Sinne der je eigenen Gesichtswahrung avancieren könnte. Nicht der wirklich intropathisch-affektive Austausch scheint untereinander gepflegt zu werden, sondern das Imagebemühen, die Illusion einer kleinen sozialen Welt in ihrem Begegnungsritual aufrecht zu erhalten. Damit könnte der Kulturgewinn an möglicher eigener Lebenspotentialitätssteigerung nach manchen Kritikern[14] wieder zu dem gerinnen, was

---

14 Vgl. diesbezüglich zum Beispiel B. E. GOFFMANN: *Das Individuum und der öffentliche Austausch. Mikrostudien zur öffentlichen Ordnung*, Frankfurt a. M. (Suhrkamp) 1974, S. 97-137: "Der korrekte Austausch".

die höfische Konversation weitgehend kennzeichnete: Austausch von Belanglosigkeiten, wobei die sozial-wirtschaftliche Etikette des Sicheinbringens von der Aufmerksamkeit aufgespießt wird, um den *faux pas* auszumachen. Nun ist es allerdings wichtig, dennoch festzustellen, daß Affektion sich gerade nicht, wie es die mikrosoziologisch-ethnologischen Handlungsanalysen anzunehmen scheinen, nur auf die empirisch feststellbare Gefühlslage als mittelbare "Stimmung" bezieht, um davon instrumentell bezogenes Gegenstandshandeln, existentielle Sinngebungen, kulturelle Normengefüge und kommunikative Verständigungsprozesse abzuheben.

Die Selbstaffektion, die mit der Lebensaffektion identisch ist, durchzieht all diese alltäglichen Lebensweisen und macht sie zu einem gesamtkulturellen Geschehen, das sich damit nicht nur auf einen Perspektivenrelativismus verkürzen ließe. In der Tat hat der symbolanalytisch Geschulte als "Wissenschaftler" gelernt, in Zeichen nur einen kontingenten Bezug zur Sache zu sehen - gleich ob es sich um Begrüßungsrituale, Worte oder Texte handelt: Das Handreichen ist nicht die Begegnung selbst, der Wortlaut noch nicht der Begriff und der Begriff des wissenschaftlichen Textes keineswegs unbedingt die Wahrheit der Sache. Dieses theoretische Sonderwissen um solche erkenntnistheoretischen, deskriptiv-phänomenologischen Zusammenhänge verleitet dazu, den Akteuren der Lebenswelt zwar proto-soziologische, sinnverstehende, handlungsreflexive oder eben allgemein kulturelle Wissensstrukturen zuzusprechen - sie ihnen als "blind" Agierenden zugleich aber auch aus der Beobachtersituation heraus dann wieder abzusprechen. Das heißt, der wissenschaftliche, theoretisch-ekstatische Blick bricht mit dem *gemeinschaftlichen Lebenspathos*, das alle a priori einschließt, um sich rein seinem eigenen objektivierenden Erkenntnispathos als Gegenstands- und Selbstdistanzierung zu übereignen. Damit geht das "Innenerleben" eines alltäglich-kulturellen Gesamterlebens verloren, da reduzierte Verhaltensstereotypen als beobachtete Muster oder Rollen an die Stelle der ganzheitlich-affektiv handelnden Individuen treten.

Und als insgesamt affektiv Handelnde, zum Beispiel als Besorgte, Ängstliche, Hoffnungsvolle etc., vollziehen die Einzelnen nicht nur die sozialen Rituale, die im übrigen auch ein geronnenes Lebenswissen sind, sondern sie stellen indirekt durch solche "Befindlichkeiten" jene distanzierend erlebten Rituale auch wieder in Frage. Dies aber will besagen, daß "sozial" nicht nur das sein kann, was selbstverständlich "normal" ist, sondern ebenfalls, was thematisch oder unthematisch die Alltagswelt zur *Frage* werden läßt. Was Soziologie, Wissenschaft allgemein, zur Wahrheit macht, muß also diese Infragestellung in ihre eigene Spannung von Teilnahme und Beobachtung in der Lebenswelt aufnehmen, denn sonst verselbständigt sich die "Wissensobjektivität" zu einer gefährlichen Transzendenz, die sich der Alltagskultur enthoben dünkt, was prinzipiell nicht nur Macht, sondern auch Gewalt einschließt. Der Schein einer transsituationalen Handlungsrealität lastet mithin auf dem Kulturverstehen, das als alltägliches oder öffentliches gilt, während die Diskursordnung der Wissenschaft eine zweite andere Kultur aufzubauen scheint - eben eine *Expertenkultur*. Die Objektivität dieser letzteren gehorcht aber ihrerseits einer lebensphänomenologisch alltäglichen Gesetzlichkeit, insofern der methodische Diskurs die Anstrengung darstellt, eine Welt für andere zu erstellen. Der Expertendiskurs repräsentiert folglich auch nicht die Ordnung der Dinge, wie schon Spinoza zu bedenken gab, sondern eine meist textliche "Sinnstiftung" *für* die Öffentlichkeit, worin die Vertextung zu leicht als die Struktur der Sache auftritt.[15] Auch der Text erscheint mithin als eine Art intersubjektiver Ritualisierung, wohinter sich die Vermeidung des Forschenden von Konfrontation mit den Fragen der Lebenswelt als grundsätzlich affektiver Welt - das heißt in letzter Verdichtung: mit dem reinen Lebenspathos als Selbstaffektion - verbergen kann. Damit wäre zumindest angedeutet, daß bei allen Versuchen methodologisch-systemischer Art, die Beobachtungsprozesse der Alltagskulturalität zu "verobjektivieren", die Verschränkung von Objektivem/Subjektivem nicht nur nicht ganz auszuschalten ist, sondern der Objektivierungsversuch als solcher einem absolut-subjektiven Pathos entspricht, nämlich seine je eigene Subjektivität nur "verobjektiviert" in den Blick bekommen zu wollen.

Wissenschaft wie Alltagsrituale besäßen damit die Gemeinsamkeit, das Unmittelbarste seiner selbst, den lebendigen Affekt, nicht ohne weiteres preiszugeben und ertragen zu müssen. Kultur ist sowohl in dieser erlernten "Scham" anwesend, also in ihrem zivilisatorischen Prozeß und jeweiligem Perspektivenwechsel der funktionalisierten Kontrolle, wie aber auch in der

15 Für die weitere wissenschaftskritische Selbstdiskussion vgl. beispielsweise W. WILDGEN: *Dynamische Sprach- und Weltauffassungen (in ihrer Entwicklung von der Antike bis zur Gegenwart)*, Universität Bremen 1985; H. P. KRÜGER: *Kritik der kommunikativen Vernunft. Kommunikationsorientierte Wissenschaftsforschung im Streit mit Sohn-Rethel, Toulmin und Habermas*, Berlin 1990; *Dialektik*, 3 (1993): "Natur, Naturwissenschaften, Kulturbegriffe". Zuvor schon G. BACHELARD: *La philosophie du non. Essai d'une philosophie du nouvel esprit scientifique*, Paris (P.U.F.)1975.

Hinterfragung, die aus dieser "Gesittung" bei einem jeden wohl irgendwann - vorübergehend oder für immer - hervorbricht. Das "Wahrheitsstreben" in einer Kultur ist als Ungenügen am Bestehenden zugleich der beste Beweis für das Verhaftetsein darin. Das philosophische Aufdecken von scheinbar selbstverständlicher Ich- und Wir-Reflexion sowie die selbstkritische Erforschungsanalyse der wissenschaftlichen Kommunikationskanäle und -stile, die mithin eigentlich keine ausgrenzbare Rationalität neben oder über dem Alltagshandeln im Grunde erkennen läßt, kommt so zu dem Fazit, wie Nietzsche es schon anklingen ließ, daß alltägliche wie wissenschaftliche Interpretationen oder Darstellungen von Welt vermehrt werden, indem Darstellungen von Darstellungen zu Darstellungen treten. Die Illusion der wahrheitskonformen Textgestalt von Welt und Kultur erhöht sich dadurch, während sie eben "schlicht" - im Husserlschen Sinne - praktisch-lebendige "Bewährungen" darstellt, das heißt sinnlich-affektive Gewißheiten und gegenseitige Korrekturen im Perzeptionsablauf. Kritisiert man die soziale "Ritualisierung" als wenig authentisch, so darf man Vertextungen, Versprachlichungen etc. "auf höherer Ebene" davon nicht ausnehmen: sie alle versuchen, Affektivität oder Pathos kulturell-existentiell lebbar zu machen, indem die reine "Lebensimplosion" den Schutz eines distanzierenden Sach- oder Handlungsbezugs erhält.

2. Kontextualität und Universalität

Mit dem Begriff der *Interkulturalität* ist ein Austausch zwischen unterschiedlichen Kulturen angesprochen, die weder ineinander überführt werden sollen noch eine Trans-kulturalität im Sinne einer Über-Kultur intendieren. Zwar vollzieht sich der interkulturelle Dialog heute, sofern er philosophisch, soziologisch-kulturwissenschaftlich, ökonomisch und religiös-theologisch in Ansätzen schon besteht[16] parallel zur möglichen Weltvergemeinschaftung

16 Vgl. für alle Aspekte die zum erstenmal prinzipiell interkulturell angelegte 5teilige *Encyclopédie Philosophique Universelle*, hrsg. v. A. Jacob, Paris: (P.U.F.) 1988-1995, sodann unter anderem im einzelnen F. WIMMER: *Vier Fragen zur Philosophie in Afrika, Asien, und Lateinamerika*, Wien, (Braumüller) 1988; P. GORDAN (Hrsg.): *Evangelium und Inkulturation*, Graz (Styria) 1992; R.

der Staaten, aber damit ist noch keineswegs entschieden, ob dieser politisch-wirtschaftliche Vorgang mit dem inter-kulturellen Geschehen auch identisch sein muß. Die Ausklammerung der politischen Weltdimension bedeutet in diesem Buch deshalb kein Vergessen eines wichtigen Zukunftsproblems,[17] sondern nur seine methodische Zurückstellung, sofern das Politische bei uns eher den kulturellen Habitus ausdrückt und mitprägt, aber nicht selbst derart den Hauptteil einer je spezifischen "Inkulturation" darstellt, wie dies beispielsweise in den lateinamerikanischen Ländern der Fall ist, die ihre Kultur *als* Inkulturation in eine im Bewußtwerden begriffene eigenständige "Kultur der Befreiung" verstehen.[18]

Insofern die europäische Leitidee der Kultur letztlich den autonomen Menschen im Sinne hat, der selbstbestimmend in einer Kulturwirklichkeit als sozial-gesellschaftlicher wie ökonomischer Gesamtwirklichkeit seine Emanzipation aus dem Anspruch aufgeklärter Vernunft heraus in Vergemeinschaftung mit anderen Gleichgesinnten unternimmt, bedeutet dieser Kulturbegriff ein theoretisches und praktisches Programm, das individuell wie kollektiv umfassender nicht sein könnte - zumindest dem Anschein

---

POLIN: *La création des cultures*. D'une philosophie de l'histoire à une philosophie des cultures, Paris (P.U.F.) 1993; T. LEE: *Kultur als Widerstand und Befreiung*. Zur *geschichtlichen Entwicklung der humanistischen Idee in Europa und in der Dritten Welt*, Frankfurt a. M. (Lang) 1993; N. ADLER: "Cross Cultural Management: Issues to be faced", *International Studies of Management and Organisation*, 13/1-2 (1987).

17 Vgl. beispielsweise M. KRIELE: *Die demokratische Weltrevolution*, Göttingen (Vandenhoeck & Ruprecht) 1987; P. KOSLOWSKI: "Sozial- und Kulturphilosophie" (über Binnenmarkt und Einigung Europas), in: P. KOSLOWSKI (Hrsg.): *Orientierung durch Philosophie. Ein Lehrbuch nach Teilgebieten*, Tübingen (Mohr) 1991, Teil II, Kap. 1; C.-F. GEYER: *Einführung in die Philosophie der Kultur*, Darmstadt (Wissenschaftl. Buchgesellschaft) 1994, hier bes. Kap. über multikulturelle Gesellschaften und verschiedene Formen des Fundamentalismus' (S. 130 ff.).

18 Vgl. R. FORNET-BETANCOURT (Hrsg.): *Interdisziplinäre und interkulturelle Forschung in der Theologie. Autochthone Theologien und Kulturen*, Eichstätt (Diritto) 1992, S. 13-29: "Skizzierung einiger Grundvoraussetzungen des Themas aus hermeneutisch-epistemologischer Perspektive"; *Ethik und Befreiung*, Aachen (Augustinus) 1990, als Einleitungstext: "Vernunft und Kontext. Überlegungen zu einer Vorfrage im Dialog lateinamerikanischer und europäischer Philosophie".

nach. Durch die industriell-technischen Einseitigkeiten eines solchen Befreiungsideals in gesamtmenschlicher und gesamtkultureller Hinsicht haben sich in der Tat Zweifel erhoben, die diese europäische Kultur in ihren alltagsweltlichen wie expertokulturellen Wissensformen von zwangsrationalen Strukturen durchzogen sehen, welche eine freie kulturelle Ausdrucksform als gleichberechtigte Kommunikation *aller* eben kaum mehr glaubhaft erscheinen lassen.

Warum dennoch die Hoffnung nicht aufzugeben ist, beruht in der Besonderheit kultureller Alltagspraxis, die nie mit ihrer theoretisch-kulturwissenschaftlichen Beobachtung identisch sein kann, insofern praktisches Handeln als Habitus - und phänomenologischer noch: als immanent-spontanes Lebenswissen - im Augenblick des Handelns nie die Distanz einer "wissenschaftlichen Frage" zu sich selbst zuläßt. Pierre Bourdieu formulierte dies so: "Alles weist darauf hin, daß der Handelnde, sobald er [zum Beispiel als Wissenschaftler] über seine Praxis nachdenkt und sich damit sozusagen theoretisch in Positur wirft, keine Chance mehr hat, die Wahrheit reiner Praxis und vor allem die Wahrheit des praktischen Verhältnisses zur Praxis zu formulieren."[19] Wir wissen dies alle sehr genau von unserer Leiblichkeit her, die nicht im Vollzug beobachtet oder thematisiert werden kann, ohne daß dabei eine störende Beeinflussung bis hin zur Hemmung eintritt. Warum sollte es mit der Kultur als Praxis grundsätzlich anders sein, da diese immer im Leibgeschehen mit dessen trieb-affektiven Potentialitäten und Tonalitäten beruht? Es scheint jedenfalls keinen einsichtigen, rationalen Grund zu geben, eine solche Andersartigkeit des "Wesens" für die Kultur anzunehmen, sofern sie von lebendigen Individuen - und nur von diesen - gelebt wird.

Ohne nun die Bourdieu'sche Habitustheorie insgesamt teilen zu müssen, weil sie sich lebensphänomenologisch noch radikalisieren läßt, ist jedoch anzuerkennen, daß sie teilweise aufklärt, wie ein *opus operatum* (inkorporierte Kultur- als Alltagswirklichkeit) mit seinem eigenen *modus operandi*

---

19 *Sozialer Sinn. Kritik der theoretischen Vernunft*, Frankfurt a. M. (Suhrkamp) 1987, S. 165. Vgl. dazu W. ENGLER: *Selbstbilder* (1992), S. 144 ff. - Erstaunlich bleibt, wie wenig sich gerade im Rahmen solcher Methodendiskussion die These von M. HENRY durchsetzen konnte, die "subjektive Praxis" im phänomenologischen Sinne sei ek-statisch eben gerade nicht zugänglich. Vgl. seine umfassende Untersuchung in 2 Bänden: *Marx I. Une philosophie de la réalite; II. Une philosophie de l'économie*, Paris (Gallimard) 1976 (Neuaufl. 1991).

(der alltäglichen Lebenskunstkultur) zusammen "funktionieren" kann. Denn einfach gesagt schließt der praktisch-lebendige Habitus ein Lösungspotential ein, das mit der schlichten Grundgewißheit nach Bourdieu umschrieben werden kann: die kulturelle Alltagspraxis ist eine Praxis mit der nicht in Zweifel gezogenen Annahme, *daß* es - irgendwie - weitergeht. Diesseits aller explizit religiösen und theoretischen Vorstellungen verläuft der kulturelle Erlebnisprozeß des Praktischen (oder "Praxeologischen" näherhin für Bourdieu) von Herausforderung zu Herausforderung, von Problem zu Problem weiter, ohne die Alltagswelt selbst zu enträtseln bzw. philosophisch-soziologisch-rational zu verrätseln. Die Gewißheit des genannten *Daß*: nämlich, daß es weitergeht..., die sich selbst reflexiv-distanziert nicht einholen läßt, beruht nun phänomenologisch unserer Analyse nach auf der Gewißheit des Lebens als solcher, insofern dieses zu jedem Augenblick nichts anderes "tut", als "zu leben". Kultur, die derart - über die theoretische Selbstepoché der Praxis - auf die einfache Gewißheit zurückgeführt werden kann, daß das "Lebenswissen" des Augenblicks konkret sowie apriorisch genügt, um in diesem Habitus als "Ethos" der Praxis zu existieren, kann daher zunächst einmal die re-präsentierenden Gehalte verabschieden, die bisher das Fremdkultur-Verstehen als zumeist ethnologisch bestimmte Methode kennzeichneten. Und sie vermag zugleich die eigenen rationalen Gehalte zu verabschieden, nach denen wir unser Selbstbild fixieren, um den "Anderen" sich darin spiegeln zu lassen. Man darf sich dabei an die ältere Kritik Max Webers erinnern, daß "wie alle Kulturwerte, so auch der Intellekt eine von allen persönlichen Qualitäten eines Menschen unabhängige, also unbrüderliche Aristokratie des rationalen Kulturbesitzes schuf".[20]

Um mithin sowohl den naiven Enthusiasmus eines empathisch-unmittelbaren Einübens in eine andere Kultur hinter uns zu lassen wie den Absolutheitsanspruch der logozentrischen Rationalität, kein Erklären oder Verstehen ginge ohne sie, soll hier heuristisch der Weg einer "Interkulturalität" beschritten werden, der darum weiß, daß "Dehabitualisierung" mit zum Habitus der Praxis als Lebenswissen gehört. Epistemologischer gesprochen: die "unbrüderliche Aristokratie der rationalen Kulturwerte" im Sinne We-

---

20 *Gesammelte Aufsätze zur Religionssoziologie*, Tübingen (Mohr) 1920, S. 569 ("Zwischenbetrachtung: Theorie der Stufen und Richtungen religiöser Weltablehnung"). Vgl. auch für neuere Untersuchungen H. BEHR: "Theorie des Fremden als Kultur- und Zivilisationskritik. Ein kritischer Forschungsbericht", *Philosophisches Jahrbuch*, 102/1 (1995), S. 186-194.

bers sperrt sich nicht aufgrund irgendeines "ewigen" Gesetzes gegen Anerkennung von kooperativen Kommunikations- und Produktionsformen, die "Solidarität" im wie mit dem gemeinsamen "Menschenschicksal" als lebendiger Humanitas verheißen. Humanitas bedeutet deshalb hier keine autonom-europäische Leitidee mehr, die den Logos der Vernunft hypostasiert, sondern meint gemeinschaftliche *Lebensabkünftigkeit vor* jeder biologisch-rassischen Empirie, das heißt: die unhintergehbare, transzendentale Tatsache in allen Äußerungen und Verhaltungen, daß jeder Mensch *qua* Lebendigkeit ein aus sich heraus vollkommen-lebendes Wesen ist, was das singuläre Prinzip seiner Lebendigkeit betrifft. Keine Vernunft, keine Historie, kein Glaube, keine Wissenschaft, kein Fortschritt hat ihn zu *diesem* Lebenden gemacht. Vielmehr ist das Lebendig-sein seine unmittelbarste, phänomenologisch-subjektive "Seinsweise", die Generationenwissen, Praxiswissen, Kulturwissen, Erotikwissen, Sozietätswissen, Wirtschaftswissen etc. vom Grund her einschließt, weil Leben Pathos, radikale Passivität, ist, die sich als durch keine Andersheit begründetes Sich-erleben zugleich als "Lebenssteigerung" manifestiert. Unsere These[21] lautet daher auch hier schlicht ("schlicht" im Husserlschen Sinne von originärer Letztgebung phänomenologischer Erlebensrealität), daß Interkulturalität als Solidarität in solchem Lebenspathos allein gründet, wenn auch unter Einbezug der Teilergebnisse interdisziplinärer Methodendiskussion zum "Kultursein" als zu berücksichtigenden "Phänomenen".

Die unmittelbare Konsequenz hieraus ist, daß jede Kultur in ihrem Lebens- oder Praxiswissen direkt weiß, was ihr aus ihr selbst heraus zu ihrer Lebenssteigerung zukommt, sofern dieses "selbstaffektive Wissen" nicht mit seinen Interpretationen davon verwechselt wird, die natürlich der Täuschung unterliegen können. Und die Epoché auf dieses fundamentale Lebenswissen hin impliziert korrelativ die hier zur Debatte stehende weitere Epoché, daß die "andere" Kultur keinerlei Diktat der eigenen Natur im Namen einer monokulturell universalisierten Rationalität unterliegt. Daß sich Kulturen trotzdem überhaupt "verstehen" können, "Heim- und Fremdwelten" miteinander schon immer phänomenologisch-archaisch miteinander kommunizie-

21 Darin unsere systematische, ontologisch-phänomenologische Arbeit *Leiblichkeit als Lebendigkeit*, Freiburg/München (Alber) 1992, weiterführend, wo die Sachanalysen für die soeben gemachten Behauptungen überprüft werden können. Vgl. auch die Besprechung von E. JAIN: *Philosophischer Literaturanzeiger*, 46/4 (1993) S. 338-343.

ren, genauer: die in ihnen lebenden Individuen die Möglichkeit dazu haben,[22] läßt sich dann letztlich schon so analysieren, daß "Transkulturalität" als Interkulturalität keine lebensenthobene abstrakte Entität in einer Vorstellungshinterwelt ist, sondern das lebendige Medium eben dieses genannten pathischen Lebensaustausches ausmacht. Raúl Fornet-Betancourt resümiert unmißverständlich bezüglich des neuen Habitus eines solchen interkulturellen Dialogs:[23]

> "Ohne Kontextualität, das heißt ohne konkreten Bezug zur praktisch-geschichtlichen Grund-Lage des *Lebens* ist die Erfahrung der Grenzen des Horizonts des eigenen Diskurses nicht möglich. Aus dieser Erfahrung jedoch kommt die Befähigung des Diskurses zur Orientierung in Richtung auf Universalität, weil die Einsicht in die eigene Begrenztheit den vielleicht ursprünglichsten Gehalt an Vernunft freilegt, nämlich die Notwendigkeit [...] der Akzeptanz alternativer Diskurse. Für mich ist dies zugleich der erste Schritt auf dem Weg zur Universalität; sofern damit jeder Diskurs in die Pflicht genommen wird, in seiner eigenen Textur universalisierbare Inhalte zu suchen. Unter diesen sind keine *abstrakten Konstrukte* zu verstehen. Vielmehr meinen die universalisierbaren Inhalte jene als notwendig für die bessere *Fundierung sowie Entfaltung der jeweiligen Grund-Lage des Lebens zu ermittelnden und zu vermittelnden Qualitäten.*"

---

22 Vgl. E. HUSSERL: *Zur Phänomenologie der Intersubjektivität. Texte aus dem Nachlaß, III. Teil: 1929-1935* (Husserliana XV), Den Haag (Nijhoff) 1973, Beilage 11: "Heimwelt, fremde Welt und die Welt" (S. 214-218). Mit Gewinn sind aber auch die Forschungsmanuskripte des I. und II. Teils (Husserliana XIII-XIV, 1973) hinzuzuziehen. Vgl. außerdem K. HELD: "Heimwelt, Fremdwelt, die eine Welt", in: E. W. ORTH (Hrsg.): *Perspektiven und Probleme der Husserlschen Phänomenologie. Beiträge zur neueren Husserl-Forschung* (Phänomenologische Forschungen 24/25), Freiburg/München (Alber) 1991, S. 305-337; B. WALDENFELS: "Verschränkung von Heimwelt und Fremdwelt", in: R. A. MALL/D. LOHMAR (Hrsg.): *Philosophische Grundlagen der Interkulturalität*, Amsterdam/Atlanta (Rodopi) 1993; V. BENDIG: *Das Prinzip Gegensatz. Beitrag zu einem interdisziplinären, phänomenologischen Vergleich fundamentaler Strukturgesetze in Natur und Kultur*, Frankfurt a. M. (Lang) 1992.

23 "Vernunft und Kontext" (1992), S. 108-115, hier S. 114 (Hvh. R. K.). Vgl. "Rassenbeziehungen als interkulturelles Verstehens- und Kommunikationsproblem", in: K. KOHUT (Hrsg.): *Rasse, Klasse und Kultur in der Karibik*, Frankfurt a. M. (Vervuert) 1989, S. 51-62.

Diese Argumentation greift also gleichfalls auf "lebendige Konkretheit" zurück, die zwar nicht die pathisch-lebensselbstaffektive ist, sondern die geschichtlich-kontextuelle, sich aber möglicherweise in der ersteren wiederentdecken läßt. Die Artikulierung von Kontextualität/Universalisierbarkeit geht den Weg über eine Kritik des monolithischen Rationalitätsbegriffs, der bisher homogenisierend wirkende Universalität im Blick hatte, was Europa betrifft. Wenn allerdings der interkulturelle Dialog auf eine neue kulturelle Positionsbestimmung hinauslaufen soll, der den Eurozentrismus dehabitualisiert oder dezentriert, um in die Mitte der Interkulturalitätsfrage die Identität als "befreiende Selbstwerdung" zu stellen, und zwar mittels einer nicht angelernten philosophischen Fremdsprache, dann bleibt dabei immerhin noch zu beobachten, daß diese Identität - als sich mit Recht zu ihrer autochthonen Eigenerscheinung anmeldende Alterität - noch die letzten *phänomenologisierenden Voraussetzungen* des griechisch-klassischen Seins- wie Bewußtseinsmonismus teilt: nämlich "Alterität" als Dif-ferenz im Horizont des In-der-Welt-seins, ohne hier eigens Heideggers Fundamentalontologie weiter in Anspruch zu nehmen. Das heißt, die Berufung *ultima ratio* auf eine eigene kulturelle Kontextualität als *Geschichtlichkeit* bleibt Rekurs auf den Logos der Zeitlichkeit, der jedes Sagen von Vernunft in das Sagen von "Welt" als geschichtlicher Realität verwandelt und darin einschreibt, wodurch auch die Legitimierung der eigenen Kulturalität von dieser "Geschichte" als einer letzten Metamorphose abendländisch-europäischer Ideen- wie Metaphysikgeschichte abhängig gemacht wird. Daß aufgrund solcher konkreten Geschichtlichkeit in Lateinamerika[24] die komplexe Inkulturationsentwicklung dort, neben Philosophie Literatur, soziale Bewegungen und Theologie einschließt, mindert nicht die Tatsache, daß sich offensichtlich diese reiche Selbstaneignung der eigenen Vergangenheit als neuer Gegenwart vor sich selbst sowie im Vergleich mit bisheriger "Europahörigkeit" als überhaupt *wertvoll* auszuweisen hat, während es doch in lebensphänomenologischer Hinsicht zur Lebenseidetik gehört, daß diese sich in ihrem Wesen immer - sofern sie nicht "barbarisch" daran gehindert wird - als Religion, Kunst, Ethos, Wissenschaft und Wirtschaft sowie als alltägliche Praxis in vielerlei Gestaltungen wie Essen, Wohnen, Kleiden etc. selbst-objektiviert.

---

24 Was aber für die "Dritte Welt" allgemein gelten dürfte; vgl. schon U. CERRONI: "Die westliche Kultur und die Dritte Welt", *Internationale Dialog Zeitschrift*, III/3 (1970), S. 194-208.

Die notwendige Betonung von kultureller Differentialität an Formen, die in Europa gegenüber einer allmächtigen, philosophisch-wissenschaftlich-"objektiven" Vernunft marginalisiert worden sind: nämlich Sitte, Ästhetik, Religion etc., sowie die Betonung einer "Befreiungsphilosophie" als Höhepunkt eigener Artikulationsmöglichkeit arbeitet mithin noch mit dem untergründigen Bewußtsein, daß solche "Selbstbefreiung" überhaupt zu legitimieren sei. Wenn *Befreiung* nur ein ekstatisches Sagen dafür ist, was dem Wesen des Lebens pathisch eingeschrieben ist, nämlich sich in allen Punkten seines "Seins" zu steigern, dann ist solche Befreiung die *originäre Selbstverständlichkeit* dieses Lebens diesseits aller Geschichte als des metaphysischen Raumes der (Selbst-)Darstellungen mit ihren axiologisch-normierten Äquivalenzen, nach denen nationales, soziales, biographisches, existentielles "Leben" etc. bei "Anderen" beurteilt wird: sei es als Lob bei eigenem Defizit[25] oder als totale Verkennung bis hin zur verurteilenden Zerstörung bei eigenen Allmachtsphantasien, wie zur Epoche der "Entdeckungen" und Kolonialisierungen.[26] Fornet-Betancourt ist folglich nicht nur zuzugestehen, daß mit der "Befreiungsphilosophie" die philosophische Tradition angeblicher "Universalität" des Logos, der Vernunft, unter anderem zur *questio disputata* wird, sondern die Ermittlung des "Gegenstandes" der Philosophie als solcher in den Mittelpunkt rückt, und zwar als Infragestellung des phänomenologischen Horizontes oder "Raumes" selbst, in dem sich die Verhandlung über den Status von Vernunft und Kontextualität abspielen soll. Nicht letztere Fragestellung allein macht die neue mögliche Interkulturalität aus. Vielmehr besteht sie darin, ob außer dem Recht auf partikuläres Geschichts-sein eine ganz andere Phänomenalisierungsreferentialität als Sprache des "unmittelbaren Lebens" selbst eingeführt wird. Dann hätte die Inter-Kulturalität eine Chance, über die Anerkennung von stets notwendigerweise nur begrenzt möglichen "rationalen" Diskursen hinaus eine neue "meta-

---

25 In dem Sinne , daß der Andere instrumentalisiert wird, um ästhetische, existentielle und ethische Abwesenheiten in der eigenen Kultur auszugleichen; vgl. M. DUALA-M'BEDY: *Xenologie. Die Wissenschaft vom Fremden und die Verdrängung der Humanität in der Anthropologie*, Freiburg/München (Alber) 1977, S. 325 ff. Außerdem H. BECK: "Lateinamerika als Ort kreativer Kulturbegegnungen. Zukunft im Widerspruch zur Gegenwart?", in: R. A. MALL/D. LOHMAR (Hrsg.): *Philosophische Grundlagen der Interkulturalität* (1993).

26 Vgl. L. u. T. ENGL (Hrsg.): *Die Eroberung Perus in Augenzeugenberichten*, München (DTV) 1977.

physisch"-ontologische Qualität bzw. "Materialität" selbst zur Geltung zu bringen, nämlich die des Lebens als einer immanent "affektiv-kulturellen Fleischlichkeit", die *per se* als individuelle Singularität unersetzbar und daher vor aller rationalen Begründung bereits zu achten ist - wofür älteres Sprechen die numinose "Sakralität" des Lebens setzte.

Da der Begriff der Singularität in seiner Lebensverwiesenheit gar nicht anders denkbar ist denn als singuläres Leben, das - nicht erst über eine Allgemeinheit vermittelt - selbst-affiziert *lebt* (keineswegs bloß "existiert"), und in dieser Singularität seine absolute Situativität selbst findet, ist auch der Begriff der *Pluralität* nicht über den Umweg einer Rationalität erst herzuleiten, die auf ihre von ihr gesetzte Universalität immer nur als eine punktuell realisierte "Vernünftigkeit" zurückgreifen kann, um sich in ihrem "universalen" Entwurf zu bestätigen. Vielmehr ist die Pluralität das Gesetz des phänomenologisch-subjektiven oder singulären Lebens selbst als eines in der Absolutheit des Lebens gezeugten Lebens. "Leben" gibt es nur in der Pluralität der sich "im Leben" selbstaffizierenden Individuen, so daß hier von vornherein eine Universalität von "Lebenden" ausschließlich als diese Pluralität existiert, die durch nichts subsumierbar ist. Hinzu tritt, daß diese Pluralität der Singularitäten als empirischen "Individuen" in der transzendental-absoluten Ipseität der Lebensaffektion wurzelt, in der die "Lebensgabe" so situativ absolut ist, daß ich mich nie davon lösen kann - selbst im "Affekt" des Selbstmordes nicht, der dessen "Kraft" zum Tun noch bedarf. In der Welt, und zwar in jeder beliebigen "Welt", kann ich zur Not in die innere oder äußere Emigration gehen; dem Leben hingegen kann ich niemals den Rücken kehren, weil es in seinem phänomenologischen Eigenwesen gar nicht anders kann, denn sich als Leben unwiderruflich zu geben.

Diese Unwiderruflichkeit ist das einzelne "Ich", das im Bezug zur fundamentalen Pluralität aller anderen "Iche" lebt, ohne jemals die Gemeinschaftlichkeit dieser pathischen Lebensgabe oder auch Lebensübereignung aufkündigen zu können, wodurch es sich selbst in seiner Pathosaffektion aufkündigen würde, falls dies eben grundsätzlich möglich wäre. Die Vernunft, bevor sie überhaupt - mit Hegel vornehmlich, aber im Grunde seit den Griechen - Universalität in Anspruch nimmt, um das ihr Heterogene, Fremde, Andere, Widerständige, Singuläre, Vorsprachliche etc. zu assimilieren, wenn nicht zu unterwerfen, hat schon immer eine viel fundamentalere "Universalität" verlassen, die als *plurale Affektivität* des Lebens jegliche ekstatische Situation oder Kontextualität im voraus ermöglicht und damit originär "bejaht" hat. Die "utopische" Inanspruchnahme der lateinamerikanischen Befreiungsphilosophie von kontextuell eigener "Rationalität" als "Krisis" noch nicht praktisch eingelöster Universalisierbarkeit erscheint daher - hiermit radikaler gesehen - als Rekurs auf eine ältere *ratio*, die zur Anerkennung von kulturell-philosophischer Pluralität und Differenzierung gar nicht der pluralen Vernunftaufklärung bedarf (oder nur sekundär), wenn phänomenologisch deutlich ist, daß eben die *affectio* älter ist als jede nur mögliche *re-praesentatio*.

In der Vorstellung, auch in jener von den noch zu realisierenden "Beiträgen" zu einer als "transrationalem Prozeß" zu verwirklichenden universellen Vernunft, sind ständig Bewährungskorrekturen und personal-einfühlende Akte im lebensweltlich-sozialen Sinne Husserls möglich und nötig. Im rein-phänomenologischen Leben gibt es im Gegenteil keinerlei Korrektur; seine Übereignetheit ist definitiv realisiert, weshalb das Lebenskönnen die Vernunftkorrekturen als anschaulich-begriffliche Vorstellungsanpassungen trägt. Die von der je kontextuell situierten Philosophie zu leistende Befragung der "universalisierbaren Inhalte in der eigenen Textur" hat daher als letzten Maßstab nur die Universalität des Lebens für sich, denn die praktische Referenz hin-sichtlich konkreter Geschichtlichkeit ist im Grunde keine andere als die Frage nach der existentiellen *Lebbarkeit* einer Situation. Darüber aber kann wiederum letztlich nicht die Vernunft als abstrakt-idealisierende und damit irrealisierende Instanz entscheiden, sondern nur das Leben selbst, indem es die affektiv-phänomenologische Materialität oder Fleischlichkeit seines immanent-transzendentalen Pathos nicht leugnet. Auch im Hinblick auf die ökonomische wie unternehmerische "Interkulturalität" von "Konkurrenz" und Management ist es hier von Belang, dies an einem konkreten Beispiel, nämlich am schon genannten Lateinamerika, weiterhin zu verdeutlichen.

Denn das von uns herausgestellte Pathos hat sich in seinem Wesensaspekt der eigenen kulturellen Selbststeigerung und Austauschgemeinschaftlichkeit gerade leugnen müssen, als in *Lateinamerika* - wie andernorts unter Terror - keine Möglichkeit von pluraler Solidarität und "Kommunikationsgemeinschaft" mehr gegeben war, weil eine monokulturell geprägte "Entdecker"-Barbarei die (Neue) "Welt" als den ihr allein zustehenden Herrschaftsraum betrachtete und nicht mehr realisieren konnte, daß eigene Identität geschichtlich, lebensweltlich und lebensphänomenologisch prinzipiell interkulturelle Verschiedenheit voraussetzt, wie es zum Beispiel in der genealogischen "Völkertafel" von Genesis 10, 1-32 noch ganz selbstverständlich ist, ohne hier auf die biblisch-jahwistische Erzähltradition näher eingehen zu können.[27] Damit soll nur angedeutet sein, daß die europäische Kultur in ihrer jüdisch-christlichen Ausprägung nicht ohne ein mitgegebenes "Wissen" um Pluralität angetreten war und ihr Prozeß der Verkennung des "Fremden" zur Zeit der *Conquista* bereits eine Symbiose von Ratio und Gewalt symbolisch eingegangen war, die "Gegebenes" als zu "assimilierendes Material" verstand, wie es dann unter anderem Kant programmatisch als Praxis erkenntnistheoretischer Vernunft schließlich sowohl als philosophisches Erbe wie als aufklärerisches Credo sanktionierte.[28] Die ebenso provozierende wie erschreckende Frage ist daher eine doppelte im Zusammenhang mit der ersten Phase der "Transkulturation" in Lateinamerika, bei der wir weiterhin Raúl Fornet-Betancourt folgen, der diese Phase als *desculturación* oder *exculturación* anhand lateinamerikanischer Autoren herausarbeitet.[29] Es bleibt in der Tat zu überlegen, wie 1. eine Kultur überhaupt zur

---

27 Vgl. G. VON RAD: *Theologie des Alten Testaments I: Die Theologie der geschichtlichen Überlieferungen Israels*, München (Kaiser) 1966, S. 174 ff. Dazu die philosophisch-hermeneutische Reflexion von P. RICOEUR: "Expérience et langage dans le discours religieux", in: J.-F. COURTINE (Hrsg.): *Phénoménologie et Théologie*, Paris (Critérion) 1992, S. 15-40. Für die griechische Sichtweise, die gleichzeitig die europäische "Geschichtsschreibung" inaugurierte: HERODOT: *Historien*, 2 Bde., hrsg. v. J. Feix, München (Heimaran) 1963. Über das erzählsophistische Konstruktionsprinzip von "Sein" und "Sagen" dieser *Historíai*, was ursprünglich übrigens *Eroberungen* bedeutete, vgl. F. HARTOG: *Le miroir d'Hérodot*, Paris (Gallimard) 1980.

28 Hier nur ein paar Hinweise auf die philosophische Eigenaufklärungsarbeit dieser Gewalt-Vernunft: TH. W. ADORNO/M. HORKHEIMER: *Dialektik der Aufklärung. Philosophische Fragmente*, Amsterdam: (Querido) 1947 (Neuaufl. 1969); S. WEIL: *L'enracinement*, Paris (Gallimard) 1949 (posthume Veröffentlichung durch Albert Camus; dt. Übers.: *Die Einwurzelung*, München [Kösel] 1956); G. BATAILLE: *La part maudite. Essai d'économie générale I: La consumation*, Paris (Minuit) 1949 (dt. Übers. in: *Das theoretische Werk I*, München [Fink] 1975); M. FOUCAULT: *Les mots et les choses. Une archéologie des sciences humaines*, Paris (Gallimard) 1966 (dt. Übers.: *Die Ordnung der Dinge*, Frankfurt a. M. [Suhrkamp] 1974). Vgl. zur hermeneutisch ausführlicheren Analyse dieser abendländischen Gewalt-Kraft-Idolatrie auch R. KÜHN: *Deuten als Entwerden*, (1989), S. 162 ff.

29 Vgl. "Rassenbeziehungen als interkulturelles Verstehens- und Kommunikationsproblem" (1989), S. 54 ff. Sowie umfassender: *Cuestiones de método para una filosofía intercultural desde Ibero-Américana*, México 1993. Aus paläan-

Barbarei werden kann; als auch 2., wie das Lebenspathos zur "List" des "Untergrunds" greifen muß, um das nackte Überleben zu sichern.

Ungefähr einhundert Jahre trennen Kolumbus' Landung 1492 in "San Salvador" von *Galileis* ersten Forschungen ab 1592 in Padua, die zur Reduktion der scholastisch vermittelten Aristotelischen Physik der natürlichen Elemente und Topoi Erde, Wasser, Luft und Feuer auf rein mathematisch bestimmte Relationen zwischen Objekten bzw. Kräften führen, denen alle "sekundär" empfundenen Eigenschaften wie Farbe, Wärme, Geruch etc. abgesprochen werden. Das heißt, der subjektive oder affektiv-sinnliche "Erkenntnisanteil" wird in eine Scheinwelt verworfen, die jederzeit - da sie für den Erkenntnisfortschritt nichtssagend ist - konsequenterweise auch ohne Skrupel zerstört werden kann. Die politische Geschichte Europas zeugt unter anderem auch von dieser metaphysisch-epistemologischen Operation, wo das Individuelle nur zur Herauslösung abstrakter Regeln dient, die als "allgemeine Vernunft" höheren Rechtsanspruch besitzen. Damit ist "Leben" prinzipiell dem symbolischen und realen Terror unterworfen, der es unter bestimmten Umständen vernichten darf, weil es "objektiv" eben nicht zählt. Um sich jedoch selbst einer solchen verallgemeinernden, tötenden Regel oder Norm unterwerfen zu können, muß man bereits "barbarisch" in sich die Flucht vor dem Lebenspathos angetreten haben, um durch eine Distanzierung mittels der "Objektivität" - zum Beispiel in den Wissenschaften - der drängenden Unerträglichkeit der Selbstaffektion als absoluter Subjektivität im Lebenspathos zu entgehen.[30]

Die andere Weise einer solchen jahrtausendealten Selbstflucht ist die direkt ausgeübte Gewalt in Raub, Vergewaltigung und Mord, welche "andere" Menschen bewußtseins- und wahrnehmungsmäßig unter die Seinsart "niederer Wesen" subsumiert, also nicht mehr die originäre Solidarität in der Affektivität unter Menschen leben und erkennen kann. Daß diese sich-lebensdesolidarisierende Selbstflucht in die Gewalt hinein ebenfalls mit der Übereignung an philosophisch-theologische Allgemeinheitsgläubigkeit einhergehen kann, zeigt gerade die etwa zur Zeit des beginnenden "Galileischen

---

thropologischer Sicht K. GERHARDT: *Aggression und Rassismus - elementare Verhaltensweisen?*, München (Kösel) 1973.

30 Dies ist die Grundthese von M. HENRY's kulturkritischer Analyse unserer Gegenwart als "neuer Barbarei"; vgl. *La barbarie*, Paris (Grasset) 1987 (dt. Übers.: *Die Barbarei*. Eine phänomenologische Kulturkritik, Freiburg/München [Alber] 1994).

Entdeckungsprojekts" stattfindende Grundsatzdisputation zwischen dem Rechtsgelehrten *Sepúlveda* und dem Geistlichen Las Casas 1597vor Kaiser Karl V. mit seinen Beratern in der spanischen Stadt Valladolid über die Folgen der Eroberungen in der "Neuen Welt" (*orbis novus* bei Petrus Martyr als erstem wohl in Anlehnung an Seneca, Medea 377 ff.). Sepúlveda vertritt in der Tat genau die ausbeuterisch-kriegerische "Missionierung" der Indios mit vier Argumenten, die auf Aristoteles, antikes Naturrecht (Cicero), Bibel, Augustinus und Thomas von Aquin zurückgreifen. Zum einen sind die Indios für ihn in geistig-sittlicher Hinsicht "Barbaren", mit Aristoteles gesagt: "Sklaven von Natur, für die es besser ist, wenn sie auch tatsächlich als solche regiert werden" (Politik 1,5; vgl. 1,8; 3,14; 7,14). Zum anderen seien die Indios Götzendiener, was Bestrafung erfordere, wie Gott einst im Heiligen Land die "Heiden" hat besiegen lassen. Des weiteren verpflichte die Ermordung Unschuldiger bei Menschenopfern und Kannibalismus im Reich der Azteken als Verbrechen gegen göttliches und menschliches Recht jeden Menschen zum Eingreifen, so wie die "Einwanderung" als solche gerecht wäre, um Handel zu treiben und das Evangelium zu predigen.[31] Und schließlich sei mit der Auslegung des Gleichnisses vom großen Gastmahl (Lukas 14, 15-24) durch Augustinus Krieg als Instrument der Missionierung gerechtfertigt, und zwar gemäß der Aufforderung: "die Gäste notfalls mit Zwang zum Eintritt zu bewegen".

Auf diesem theoretisch-spekulativen Hintergrund zur Durchsetzung eigener Kulturinteressen als Machtinteressen wird deutlich, daß - trotz gewichtiger Gegenstimmen und teilweise gesetzlicher Maßnahmen zum Schutz der Indios - der lebendige Grundaustausch pluraler "Sinnlichkeit" als unterschiedlicher Weltverstehensmöglichkeit über symbolische Realitätskonstruktion suspendiert ist. Die "fremden" Weisen der Lebensformen in Woh-

31 So schon der Dominikaner FRANCISCO DE VITORIA, einer der Mitbegründer der modernen Naturrechtslehre im Anschluß an Thomas von Aquin, in seiner Vorlesung 1539 in Salamanca *De Indis recenter inventis*. Alle Quellenangaben hierzu bei E. SCHÄFER: "*Die Indianer und der Humanismus. Die spanische Conquista in lateinischer Literatur*", in: E. u. B. BLATTMANN (Hrsg.): *Reinhold Schneider - Ich, Tod, Gott*, Frankfurt a. M.-Bern-New York (Lang) 1985, S. 205-259 (Lit.). Zur heutigen Begründung der Menschenrechte mit Rückgriff auf den Lebens- und Personbegriff sowie auf eine "zivilisatorische Weltordnung": W. SCHWEIDLER: *Geistesmacht und Menschenrecht. Der Universalanspruch der Menschenrechte und das Problem der Ersten Philosophie*, Freiburg/München (Alber) 1994.

nen, Kleiden (Nacktheit), Lieben, Feiern, sozialen wie religiösen Gemeinschaftsformen etc. erscheinen nicht als "menschliche" Äußerungen, sondern als ein durch die eigene habitualisierte Theorie gefiltertes "Gegenmodell", das man in seiner "Unverständlichkeit" in sich selbst mittels einer religiös-zivilisatorischen Kontrolle weitgehend hat abbauen müssen. So bleibt der Verkürzung der eigenen Lebensaffektion über die Selbstflucht in eine als universal proklamierte religiös-zivilisatorische "Heilsmission" (ohne damit die Indiolage als die eines "freundlichen Wilden" verzeichnen zu wollen) nur die Möglichkeit, durch die Zerstörung zu vollenden, was an die eigenen vergangenen und nicht-gelebten Lebenspotentialitäten erinnert. Die Entwurzelung (*desculturación, exculturación*) durch kolonialen Despotismus ist somit weitgehend die mimetische Wiederholung der eigenen Lebenszerstörung am Anderen als reduziertem "Objekt", zu dem man selbst in einem bestimmten sozial-symbolischen System geworden ist, was ökonomisch-sozialgeschichtlich auch die Herkunftsbiographien der meisten Eroberer belegen können: höfisch entfunktionalisierter Adel und verarmte Unterschichten zum Beispiel, wie es Reinhold Schneider als Schriftsteller geschichtstreu in seiner exemplarischen Erzählung "Las Casas vor Karl V." quellenmäßig verarbeitet hat.

Dieser Lebensselbstflucht in missionarischen Autoritätsglauben und dadurch in "selbstvergessene" Gewalt steht nun allerdings die andere, aufgenötigte Lebensflucht in Konflikt, List und Aufstand durch die marginalisierte eigene Kulturwelt gegenüber. Die trotzdem weitergehende "Inkulturation" aus einer solchen Situation heraus kann sich nicht mehr über die geduldige Wiederholung des bisherigen eigenen kulturellen Lebens mit seinen langsam vorwärtsschreitenden Veränderungen ereignen, obwohl gerade auch die nur rhythmisierte, imitatorische Wiederholung von traditionsalten Riten, Zeremonien, Alltagsgesten, Arbeitsweisen etc. die Lebenspotentialitäten zur Steigerung der kulturell sich darin ausdrückenden Lebenssinnlichkeit führt. Vielmehr ereignet sich die erste Phase der lateinamerikanischen - und sicher allgemein kolonialen "Inkulturation" - als *Unterwerfung*. Auch dieses Konzept enthält eine Lebensselbstflucht in sogenannte "rohere" Formen der Befriedigung von Lebensbedürfnissen: nämlich Lethargie, kulturelle Atrophie, künstliche Übernahme oder Anpassung an Lebensformen der dominierenden (hier europäischen) Kultur. Eine solche Regression als "Lebenslist" ist allen besiegten Völkern in der Geschichte auferlegt worden, sofern sie nicht sofort gänzlich ausgerottet wurden (zum Beispiel Karthager und Kelten), oder man sie teilweise als kulturell höher stehendes Modell anerkannte

(Griechen durch Römer).[32] Was als "Regression" in solcher "passiven" Unterwerfung in Erscheinung tritt, ist ein Weiterleben der immer noch anströmenden Lebensenergie auf der Ebene einer Verzerrung, die als gehemmte Lebensmöglichkeit weiterhin nach sich-selbst-empfindender und sich-selbst-objektivierender Aktivität sucht. Der Widerstand darf nicht in psychoanalytischer Manier als bloßes Verdrängungsproblem gesehen werden, sondern die Spannung des Lebens, nicht es selbst sein zu können, führt zu konfliktuellen Strategien, die Passivität mit Anpassung mischen, das heißt: eigene kulturelle Elemente in die zum Überleben notwendige Teilübernahme der Fremdkultur einschmelzen, wo sie gleichzeitig als Zeichen der Resistenz ein Minimum an Identitätskontinuität garantieren, ohne eine umfassend neue Lebensform oder gar Lebenswelt für sich schaffen zu können.

Die *mestizaje cultural* ist daher in Lateinamerika jener Vorgang, wodurch die Inkulturationsphase der Indios und Schwarzen in europäische Kulturelemente schließlich zur gegenseitigen Transkulturation führt. Die "Untergrundform" des Lebens als eine Art Lebensselbstzerstörung erweist sich in ihrer Rückzugstendenz als Sammlung neuer Kräfte, die *incognito* langsam heranreifen, um durch Ausstehen von Unterdrückung und Konfliktualität das immanente Lebenspathos selbst im paroxystischen Verhältnis zu einer Welt zu leben, die dieses Pathos zu ignorieren vorgibt. Da hierbei die Vernunft nicht direkt selbst eine neue eigene Gesamtordnung entwerfen kann, erscheint es uns plausibel, warum teilweise oder eine zeitlang andere kulturelle Formen zur "Philosophie" werden: die Literatur oder die Theologie zum Beispiel.[33] Damit soll in keinerlei Weise irgendeiner Apologie des

---

32 Zur Typologie des eurozentrischen Fremdverständnisses im Verwendungszusammenhang der Bezeichnungen "Barbaren, Exoten, Heiden" vgl. auch F. WIMMER: *Interkulturelle Philosophie 1: Geschichte und Theorie*, Wien (Passagen Verlag) 1990, S. 80 ff., 113 ff. Für außereuropäische "Kulturbegegnungen" im analogen Sinne vgl. beispielsweise P. OTTINO: "L'empreinte culturelle musulmane dans l'océan indien", in: *Encyclopédie Philosophique Universelle I* (1988), S. 1497-1504.

33 Vgl. L. POLLMANN: *Der Neue Roman in Frankreich und Lateinamerika*, Stuttgart (Kohlhammer) 1968, S. 190 ff. - An sich geht es aber hier um ein noch sehr viel fundamentaleres phänomenologisches Problem, das wir in der Kürze nur andeuten können und das zum Beispiel von Heidegger als die "Gleichursprünglichkeit" von Dichten und Denken thematisiert wurde, das sich nicht in "Philosophie" im herkömmlichen Sinne auffangen lasse, und von M. HENRY als *narrer le pathos* zu einem Sprachverständnis geführt wurde, welches der modernen

Schmerzes, des Leidens und der Ungerechtigkeit das Wort geredet sein. Aber es ist nicht zu verkennen, daß die in Lateinamerika gemachten kulturellen Erfahrungen dem "Lebenspathos" auch anschaulich zu einer neuen philosophisch-phänomenologischen Dignität verhelfen, die sich nicht vor der Vernunft zu verantworten hat, weil dieses Pathos mit der Selbstbefreiung seine ausschließlich auf sich gestellte innere Gewißheit wiedererkennt, die durch keine vorgegebene Allgemeinheit vermittelt ist. Obwohl der Wert dieses siegreichen Pathos - als Glaube des Lebens im phänomenologischen

---

Skepsis seit Hegel widerspricht, alles "Sagen" sei ein "Töten" der konkret-lebendigen Realität (vgl. Interview: *Revue des Sciences humaines*, 1 [1991], S. 49-65). Solche "pathische Narration" ist eben nicht nur literarischer Diskurs mit "sozialkommunikativen" Implikationen, sondern immer auch lebensimmanente Unmittelbarkeit - selbst in der philosophischen Begrifflichkeit noch, insofern auch das "Denken" ein Vollzug der modal-transzendentalen Lebensaffektion bleibt. In der Tatsache der *Befreiungs*philosophie scheint uns dies mitzuschwingen und wäre im Zusammenhang mit dem "Übergang" von der Affektivität zur Vorstellung genauer aufzuzeigen. Aber wenn Enrique Dussel im letzten die "Interpellation" des Armen nach Gerechtigkeit an dessen "*leidende Körperlichkeit* als Gehalt, Referenz oder Bedeutung seines Sprechaktes" bindet, dann formuliert er nicht nur über Apels und Habermas' "ideale bzw. pragmatisch-transzendentale Kommunikationsgemeinschaft" hinaus eine lebendig-reale Gemeinschaft, die immer auch den Anderen als das im Unterdrücker-Systemdiskurs "noch-nicht-seiende *Novum*" ethisch einschließt. Vielmehr setzt die dazu geforderte ethische *Achtung* vor dieser (ungerecht leidenden) Andersheit und ihrem Anruf - wie schon als Kritik an Kants praktischer Gesetzesbefolgung - ein tatsächliches "Gefühl" als *Mit-Pathos* voraus, das unsere real-transzendentale Gemeinschaftlichkeit (Sympraxis) ausmacht. Vgl. E. DUSSEL: "Die Vernunft des Anderen. Die 'Interpellation' als Sprechakt", in: R. FORNET-BETANCOURT (Hrsg.): *Diskursethik oder Befreiungsethik?*, Aachen (Augustinus) 1992, S. 96-119, hier bes. S. 107 f., 119 f. (APEL's Replik *ebd.* S. 16-54: "Die Diskursethik und die Herausforderung der Dritten Welt"). - Nach dem *linguistic turn* und dem *pragmatic turn* stünde sozusagen ein *affective turn* an, den im Grunde auch alle Lévinas'schen Begriffe beinhalten, die Dussel für die Ethizität der Interpellation heranzieht, nämlich: Proximität, Schweigen, system- oder totalitätsdiesseitige Sittlichkeit, Erotik. Ähnliches gilt von DUSSEL's Marxlektüre (*ebd.* S. 100 f.) betreffs einer apriorischen Gemeinschaft lebendig-bedürftiger *Produzenten* und *Konsumenten*. Hierin trifft sich Dussel in gewisser Weise mit der Henryschen Marxdeutung (vgl. unsere Anm. 19 sowie auch folgende Kapitel 3. 1-4: "Wirtschaft und Kultur").

Sinne an seine eigene, immanente Kraft - den reinen Wert des "Kulturellen" für sich besitzt, ist darüber hinaus nicht zu verkennen, daß neben dem europäischen Logozentrismus und Systemdiskurs die vergessene sinnlich-affektive, pathische Originärerfahrung ihre ontologisch-metaphysisch-ethische Würde oder Respektivität teilweise zurückgewinnt.

Deshalb sind wir der Auffassung, daß die neue mögliche Interkulturalität nicht nur eine rationale Kommunikationsform einleitet, in der nicht mehr von vornherein Kultur und "Kulturlosigkeit" einseitig von westlichen Machtzentren im politisch-ökonomischen Sinne her dogmatisch fixiert werden, sondern eine Umstrukturierung der Realitätsreferenzen selbst sich abzeichnet: nämlich die bleibende Unsichtbarkeit des subjektiven Lebenspathos, das keiner "Ent-deckung" zugänglich ist und damit allen Kategorien sich entzieht, mit denen wir für den Anderen dessen Leben und Welt definieren wollen. Was daraufhin also als nicht rekonstruierbare "Lebensreferenz" bleibt, ist das *Bedürfen* als notwendiges Erwachen des Pathos im Übergang zu situativ-geschichtlicher Aktivität. Die Fleischlichkeit des Bedürfens ist der "Sitz im Leben", wo sich die Subjektivitäten begegnen können, ohne daß der eine für den anderen eine rational-kulturelle *Evidenz* mitbringen könnte, wonach das Bedürfen unzweifelhaft in eine bestimmte, ein für allemal definierte Form der Stillung hineinfinden würde. Denn dieser Weg vom Bedürfen zur Anstrengung und deren Erfüllung ist gerade die Kultur selbst, die sich als Entsprechung zum Lebenspathos immer wieder selbst als solche erzeugen und erproben muß, wenn sie lebendig bleiben will. Insofern gibt es keine Kultur als dauerhaften Besitz im Sinne eines "Habens", sondern es existieren nur exemplarische Wege, welche die Generationen vor uns schon zur "Bündelung" der Affektivität beschritten haben: Arbeit, Erotik, Religion, Kunst, Wissenschaft, Feiern, Wachen und Ruhen, Wohnen und Emigrieren. Die technische Rationalität hier allein als eine neue Totalität für alle einführen zu wollen heißt, bisherige "Kulturschuld" am Anderen fortzusetzen, wenn er nicht unterwerfungsvoll in die Logik des systemdiktierten "Fortschritts" hineinpaßt. Insofern hat Enrique Dussel recht, davon zu sprechen, daß die "konkreten Typen der weltweiten Interpellation" heute Aufmerksamkeit verlangen. Rassische Apartheid, Frausein "in der machistischen Lebenswelt", Lohnarbeiter, ökologische Zukunftsberaubung, kultureller Eurozentrismus als "Spielplan" zivilisierter Lebenswelt überhaupt sowie Peripheriedasein von 75% der Menschheit im Südteil der Erde gegenüber dem kapitalistischen Zentrum im industrialisierten Norden fordern dringlich eine "Ethik" der Ökonomie, die nicht nur einfach mehr ein

"System" im Sinne hat wie bei Habermas zum Beispiel, sondern ein "transzendentales Recht" von personalem "Leben" in einer schon global existierenden, das heißt *real-bedürftigen produzierenden* und *konsumierenden* Kommunikationsgesellschaft.

3. "Interkulturelle Philosophie" als Sympraxis

Damit können wir zur Überlegung einer "interkulturellen Philosophie" übergehen, die Interkulturalität nicht mehr als einseitigen Transfer von einer maßgeblichen abendländischen Philosophie zu einem Empfängerdenken versteht, das nur auf Rezeption warte. Vielmehr ist soziologisch und ethnologisch, auf dem Hintergrund eines gewissen Konsens heute, gleichwertige Interkulturalität der Austausch zwischen zwei tatsächlich autonomen Subjekten der Philosophie, die sich durch die Inkulturation ihrer je ganz eigenen Geschichte und Kultur nicht nur als Partner verstehen, sondern einen neuen Durchbruch des Denkens überhaupt initiieren: die *Polyphonie* der Stimme der Vernunft, wie sich mit Habermas zunächst sagen ließe,[34] wobei diese Vernunft als "Rationalität" nicht mehr monokulturell oder mono-ideengeschichtlich bestimmt ist, kurz gesagt: als griechischer Logos der wahrheitsentbergenden Theoria. Bezogen auf den bisherigen intrakulturellen, soziologisch "kulturwissenschaftlichen" Diskurs bei uns würde dies bedeuten, daß unsere eigene gesellschaftlich bedingte Forschungskonstitution durch wissenschaftlich-staatliche "Objektivierungsprozesse" eine Handlungsrationalität einschließt, die alltäglich-reflexive Wissensstrukturen, wo Emotionalität eine größere sichtbare Rolle spielt, nicht ausklammert, sondern auf einem "höheren Syntheseniveau" zusammenführt, das dann eben nicht mehr als "universal" erscheint, weil tatsächliche Interkulturalität es zu

---

34 Vgl. *Nachmetaphysisches Denken*, Frankfurt a. M. (Suhrkamp) 1989, S. 153 ff. Für R. A. MALL ist daher das Philosophieren keine exklusive Eigenschaft nur einer bestimmten Kultur; vgl. *Philosophie im Vergleich der Kulturen*, Darmstadt (Wissenschaftl. Buchgesellschaft) 1995. Außerdem CHR. SAND: *Die große Freiheit. Über einige Ähnlichkeiten und Unterschiede in den Freiheitsverständnissen der europäischen, indischen und chinesischen Philosophie*, Cuxhaven-Dartford (Junghans) 1994.

einem effektiv begrenzt "ethnologischen Faktum" gerinnen läßt. Denn "höher" bedeutet jetztmehr nur, daß Affektepoché und Gegenstandsdistanzierung in der wissenschaftlichen Forschungskultur als Denkstil, Habitus, Schemata etc. ein sozusagen abstrakteres Pathos herausbildet: das der *Erkenntnisverschriebenheit*, die einen intersubjektiven Sinnentwurf der jeweiligen Forschergemeinschaft im kleinen oder großen ebenso beinhaltet wie die dadurch erfahrene Belehnung der Welt mit Sinn, wodurch der einzelne Wissenschaftler ebenfalls subjektive "Ressourcen" der Freude unter anderem schöpfen kann.

Wenn dergestalt die Teilhabe an der Alltagswelt der "kulturwissenschaftlichen" Beobachtung gar nicht auszuklammern ist, weil Datenregistrierung, ihre Verknüpfung mit früheren Erkenntnissen und schließlich kommunikative Vertextung innerhalb einer weiteren Theorieeinschreibung ebenfalls eine alltagsweltlich eingebettete Sympraxis darstellen, dann kann der "Andere" der "naiv-blinden" Alltagswelt nicht einfach der zu Beobachtende und bloße Rezipient wirtschaftlich-technischer Forschungssegnungen sein, sondern er ist ein Anderer, der zugleich ganz "Subjekt" bleibt. *Die Interkulturalität ist deshalb zunächst das Gesetz der eigenen Kultur selbst* unserer Analyse nach, seitdem es Mythos, Theologie, Philosophie und davon emanzipierte Wissenschaften gibt, das heißt: unterschiedlich gelingender Austausch zwischen "Leben" und der es "begleitenden" Theorie, die nur in hyperreflexiver Selbstisolierung die bleibende affektiv-kulturelle Subjektivität aller verkennen kann, um sich zum Beherrschungsinstrument aufzuschwingen. Die wissenschaftliche Gläubigkeit - Bacons *idola tribus* - an solche natürliche Macht über Erkenntnis ist dann nicht weniger naiv als die Gläubigkeit jener, die Wahrheit von außen glauben empfangen zu müssen.

Demzufolge hat auch Philosophie keinen anderen Beitrag zur "Kulturwissenschaft" und deren Soziologie zu liefern, als darauf hinzuweisen, daß die kulturellen Selbstverständlichkeiten der Alltagswelt *wie* die scheinbar auto-referentiellen systemischen Experteninneneinrichtungen einer gemeinsamen Humanitas als Sinnlichkeit oder Affektivität entwachsen, die wir im transzendental-phänomenologischen Sinne "Leben" nennen und darauf als auf den primordialen Grund von aller Kultur auch hier wieder verweisen, weil das Verkennen, Vergessen und Reduzieren des Lebens im genannten Sinne dem theoretischen Diskurs konstitutiv eingeschrieben ist. So hat denn Philosophie zwar die interdisziplinären Erkenntnisse ernstzunehmen, aber sie kann als Phänomenologie aus keiner von ihnen einen transzendentalen Boden machen, weil Forschung an sich nicht nur Bruch mit einer - retrospektiv dann rekonstruierten - "Primärerfahrung" darstellt, sondern dieses "Primäre" sie in ihrem Distanzierungsverhältnis nie verläßt, indem es in der diskursiven Versicherung von "Welt" eine Gewißheit sucht, die das Begehren der Subjektivität als solche phänomenologisch ausmacht, das heißt: "im Leben" zu sein. Die Wissenssoziologie als vielleicht umfassendstes Instrumentarium selbstaufgeklärter Kulturwissenschaft ist ohne Zweifel eine nahe Verbündete der Philosophie, aber als "forschende" Wissenschaft bleibt sie vom Ansatz her einer anderen Transzendentalität verpflichtet als der genuin philosophischen: sie muß das Gesellschaftliche im/am/unter/über etc. dem "Selbst" aufweisen und kann nicht den reinen, phänomenologischen Lebensbegriff diesseits von "Gesellschaft" und "Selbst/Ich" gelten lassen, weil sie mundan ein Ob-jekt schon vorkonstruiert hat: den gesellschaftlich-wissensstrukturellen Aufbau eines nur im Außen funktionierenden Lebens, wenn man dieser möglichst weiten Bestimmung von Soziologie zustimmen will.[35]

Denn weder die ideengeschichtliche noch die archäologische[36] und die machttheoretische wie prozeßideologische Objektivierungsebene von Wissen als Urteilskraft schöpft den lebendigen Grund allen kulturellen Hervorbringens aus. *Ideengeschichte* markiert die Bewußtseinsschwellen, ist aber als Idiographie nicht Philosophieren als das ursprüngliche Generieren von Denken selbst. *Archäologie* des Wissens gibt uns die denkstiltypischen Schemata von Episteme, wobei sich leicht oder gewollt die Überzeugung einer subjektlos-anonymen Geistesgeschichte einstellt, die entweder in die strukturale Invarianzthese einer affektivitätslosen "menschlichen Geistigkeit" abdriftet oder diesen "Geist" als "Subjekt" postmodern selbst tötet, um so ihrerseits das System der Alltäglichkeit oder der Pluralität zu hypostasieren. Die *machttheoretische* Durchdringung des Wissens läßt Kulturgenealogie zur symbolisch-realen Hegemonieperspektive von reifizierten oder gruppenspezifischen Instrumentarien werden, wo die erwähnte Interkulturalität zwischen Subjekten der Forschungen und Subjekten der Alltagswelt verkannt wird. Die *prozeßsoziologische* Wissensobjektivierung sieht diese

---

35 Hier sehen wir die entscheidende Grenze zu dem auch philosophisch ausgezeichnet informierten wissenssoziologischen Programm von W. ENGLER: *Selbstbilder* (1992), bes. S. 138 ff.: "Analytik der objektivierenden Urteilskraft".

36 Besonders mit dem Namen Michel Foucaults verbunden; vgl. W. BERGER: *Das Bedürfnis und sein Schatten* (1992), S. 150-193: "Das ortlose Theater der Kritik"; W. ENGLER: *Selbstbilder* (1992), S. 195 ff., 229 ff.

Macht im Zusammenhang mit zivilisatorischen Ordnungsfaktoren und verbündet sich gar bewußt mit ihnen als "Forschungspolitik". Aber es wird dabei nicht gesehen, daß diese Einsicht in Zivilisierungsmaßnahmen über Gefühle, Denken und Handeln mittels Naturinstrumentalisierung und ökonomischer Sozialpazifizierung selbst noch "naturwüchsig" ist, sofern sie sich als aufgeklärter Fortschritt oder als Endzustand postmoderner Geschichte wähnt, das heißt als definitive "Entzauberung" von kulturellen Bedeutungsproduktionen. Gerade dieser Endzeitlichkeitsmentalität, daß nach uns nichts anderes mehr komme oder alles im technologischen Zugriff erstickt sei,[37] könnte "interkulturelle Philosophie" entgegenwirken, da sie die Prämisse Naturgegebenheit/Realitätsbewältigung bzw. Wissensinhaber/Wissensempfänger, Alltagswelt/Expertensuprematie oder führende Kultur/periphere Kulturen durch die Begegnung von neuen verlebendigten "Subjektivitäten" unterläuft.

Daß Beschäftigung mit anderen Kulturen Bereicherung bringe, dürfte sicher nicht zur Debatte stehen, da semiotisch wie soziologisch-systemisch unter anderem anerkannt ist, daß interkulturelle Zeichen- oder Symbolsysteme als "Verschiedenheit der Ergreifung der Möglichkeiten der sinnlichen Welt zu Elementen der Manifestation eines Sinnes" aufgefaßt werden können.[38] Entsprechende Ethnologie fördert dann nicht so sehr die Beschreibung einer "Natur" von Objekten zutage als ihren *kulturellen Gebrauch*. Aber schon die intra-ethnologische Diskussion im Zusammenhang mit zivilisationskritischen Analysen zeigte, daß bei dieser methodischen Vorgehensweise eine ontologische Differenz zwischen dem Benutzer solcher Gebrauchsverhalten und deren Beobachter entsteht, die forschungs- und nicht nur mentalitätsabhängig ist. Deshalb fordert Raúl Fornet-Betancourt[39]

---

37 Vgl. H.-L. OLLIG (Hrsg.): *Philosophie als Zeitdiagnose. Ansätze der deutschen Gegenwartsphilosophie*, Darmstadt (Wissenschaftl. Buchgesellschaft) 1991. H. LÜBBE: *Im Zug der Zeit. Verkürzte Aufenthalte in der Gegenwart*, Berlin u. a. (Springer) 1991, sieht auch eine Kompensation der Nachteile.

38 K. STIERLE: "Semiotik als Kulturwissenschaft", *Zeitschrift für französische Sprache und Kultur*, 83 (1973), S. 99-128, hier S. 104.

39 Vgl. "Probleme des interkulturellen Dialogs in der Philosophie", in: R. FORNET-BETANCOURT (Hrsg.): *Diskursethik oder Befreiungsethik?* (1989), S. 7-15. Außerdem F. WIMMER: *Interkulturelle Philosophie I* (1990), der vor allem die Philosophiegeschichte in bezug auf gelungene und verengte Kulturrezeptionen untersucht, sowie R. A. MALL/D. LOHMAR (Hrsg.): *Philosophische Grundlagen der Interkulturalität* (1993): Beiträge von F. Wimmer, B. Waldenfels, M. Wäl-

als ein engagierter Vertreter authentischer Interkulturalitätsdialogik, daß der Sachverhalt des Interkulturellen weder ein bloß neues referentielles Element für philosophische Selbstidentifizierung sein darf noch eine überkulturelle Konstruktion. Wenn aus der Rolle von Aktant und Beobachter, Produzent und Rezipient, zwei "Subjekte" in einem gleichwertig-lebendigen Austausch werden sollen, weil nur so Kultur jeweils ernstgenommen wird, dann sei jeder ethnologisch-kulturelle Dialogpartner als "Anderer" unter keine vorentworfene metaphysische Einheit a priori subsumierbar. Erst in diesem Augenblick schöpfe er seine unverwechselbare Identität aus einer kontingenten Inkulturation als *autochthoner* - und nicht nur autonomer - Vernunft: nämlich "Welt" aus einer jeweiligen Kultur heraus zu sehen, das heißt der lateinamerikanischen, afrikanischen etc., wobei hier offensichtlich an sich schon wiederum eine große Vielfalt an spezifisch regionalen und nationalen Lebenswelten zu schnell vereinheitlicht wird.

Wenn aber gemäß diesen Überlegungen rein formal die unhinterschreitbare Kontextualität und Geschichtlichkeit verschiedener kultureller Philosophien in den Dialog eintreten soll, dann muß gerade die je schon kontextualisierte *Rationalitätsform* dem Anderen aus-tauschend vermittelt werden. Bei einem solchen *lebendigen* Prozeß der Interkulturalität handelt es sich daher nicht um ein Philosophieren *über* Differenz, sondern *aus* der Differenz heraus. Dies beinhaltet für Fornet-Betancourt eine Radikalisierung, die vielleicht unter anderem die Chance eröffne, den "Gegenstand" der Kultur letztendlich noch deutlicher zu sehen. Denn wenn kommunikative Verdeutlichung der eigenen Kontextualität zugleich weitere Vertiefung des Prozesses der Inkulturation je bei einem selbst bedeutet, dann käme es daraufhin zu einer tatsächlichen kulturellen Polyphonie, die beispielsweise folgenden Satz Hegels umkehren würde: "Was bis jetzt sich [in Nord- und Südamerika] ereignet, ist nur der Widerhall der Alten Welt und der Ausdruck fremder Lebendigkeit."[40] Die neue Lebendigkeit erwächst nicht aus dem "Interesse"

---

de, E. Holenstein, R. Ohashi, H. Kimmerle zum Beispiel. Außerdem K. HELD: "Europa und die interkulturelle Verständigung. Ein Entwurf im Anschluß an Heideggers Phänomenologie der Grundstimmungen", in: H.-H. GANDER (Hrsg.): *Europa und die Philosophie* (Martin-Heidegger-Gesellschaft Schriftenreihe 2), Frankfurt a. M. (Klostermann) 1992, S. 87-104; B. OSTENDORF (Hrsg.): *Multikulturelle Gesellschaft. Modell Amerika*, München (Fink) 1994.

40 *Vorlesungen über die Philosophie der Geschichte* (Werke 12), Frankfurt a. M. (Suhrkamp) 1970, S. 114.

am Anderen als Forschungsgegenstand, aus der "bereichernden" Tatsache, daß er "Stoff" für mein Denken ist, sondern aus einer Begegnungsweise, die kanonisierte Beziehungsmuster wie Subjekt/Objekt-Relation überhaupt verläßt und so die machttheoretisch-imperiale Denktradition des Abendlands stranden läßt.

Lebendiger Austausch als neue Dialogqualität erfordert Selbstaufklärung über Leben *als* Kultur, die ihr "Erscheinen" nicht als Gegenstand, sondern als Jetzt-Erfahrung praktiziert und aus solcher Aktualität in die Kommunikation eintritt. Die Radikalität des umgekehrten Hegelschen Satzes wäre unserem Verständnis nach mithin, daß kulturelle Lebensformen nicht vorderrangig beobachtet, verglichen und eventuell in Äquivalenzen vermessen werden, sondern "Leben auf Leben" trifft. Diese Situation war implizit immer vorhanden, wo bisher durch Ökonomie, Politik, Religion, Wissenschaft Kulturen aufeinander trafen, zum Beispiel Griechen- und Christentum, wie Franz Wimmer deutlich zeigt. Aber zum erstenmal dürfte sicherlich der Gedanke der grundlegenden *Gleichabkünftigkeit* als theorieleitender Gedanke *idealiter* die sich begegnenden "Rationalitäten" bestimmen. Insofern herrscht Hoffnung, daß die rein-immanente, phänomenologische Lebensgesetzlichkeit als kulturelle sich selbst inter-kulturell begegnet und zur Anerkennung führt, wo eben *im gleichen Pathos Leben auf Leben trifft.* Die Interkulturalität wäre so ein anderer Name für das Mit-Pathos der Lebensgemeinschaftlichkeit als *Sympraxis*, in der der Einzelne "absolutes Subjekt" ist, ohne bereits in der vorprädikativen Sphäre vor aller perzeptiven Konstitution über Wahrnehmung vom Anderen abgeschnitten zu sein.[41]

Wenn dieser Lebensgrundsatz ebenfalls für begrenzt spezifische Kulturen gilt, in denen sich Lebensgemeinschaftlichkeit durch Konkretion des Bedürfens im Zusammenhang mit örtlicher "Erdeinverleiblichung" als Natur-Umwelt und durch subjektiv-ökonomische Arbeitsaustauschformen strukturiert hat, dann kann Interkulturalität nicht mehr bedeuten - soweit es hier den interkulturell-philosophischen Diskurs betrifft -, einen bestimmten theoretisch-philosophischen Kern oder Kanon in einer anderen Kultur zu verwurzeln, die ihre eigene Lebenskonkretion besitzt. Vielmehr wäre es daher sogar sinnvoller, von "Transkulturation" zu sprechen,[42] wobei die

41 Vgl. ausführlicher zu dieser lebensphänomenologischen Analyse R. KÜHN: *Leiblichkeit als Lebendigkeit*, Freiburg/München (Alber) 1992, S. 453 ff.

42 Dieser Begriffsvorschlag stammt gleichfalls von R. FORNET-BETANCOURT: "Probleme des interkulturellen Dialogs in der Philosophie" (1992), S. 12 f.

"Inkulturation" innerhalb der Interkulturalität dann bedeutet, das "Inter" der Transkulturalität als einen noch nicht existierenden Raum solchen neuen Lebensaustausches sich bilden zu lassen. Dieser kann neben den technisch-ökonomischen und wissenschaftlich-militärischen Manifestationen mit ihren Tendenzen zur "Barbarei" unserer Zeit unter Umständen eine neue, reale Zukunftsutopie darstellen, weil isoliert Einzelne in den jeweiligen Kulturen diese aufgrund massivster Verzerrungen und Verfestigungen wohl kaum mehr retten. Dies schließt unter anderem ein, wie es gerade auch die Wissenssoziologie nachweislich versucht, die hermeneutische Frage bisherigen Selbstverständnisses als Prozeß des eigenen kulturellen Verstehens noch kritischer zu thematisieren und genauer eine Verbindung mit der postmodernen Revision gegenwärtiger Rationalitätstypen herzustellen, welche die Grundlage für vergangenes und noch aktuelles Weltverständnis abgeben.

In der Tat beruhen nämlich die "geistigen", politischen, wirtschaftlichen Austauschgepflogenheiten heute noch auf "philosophischen" Einseitigkeiten, die als universal gültige Denkmodelle gelten. Wirklich *universal* - und dabei je konkret - ist aber nur das Leben im phänomenologischen Sinne, so daß gerade eine lebensphänomenologische Mit-Reflexion von Interkulturalität nicht auf universalisierbare Gehalte verzichten muß, ohne nicht gleichzeitig auch die autochthone Konkretion als jeweilige Lebensform oder Lebenswelt anerkennend fördern zu können. Für die Lebensphänomenologie ist jede theoretische Formulierung, unabhängig von ihrer system- oder intralogischen Stringenz, ein *Sekundärphänomen* gegenüber der allein primordialen wie universalen Lebensaffektion, so daß die interkulturell notwendige Trans-formation der "Vernunft" innerhalb des Prozesses anstehender "(Inter-)Transkulturation" kein grundsätzliches Rationalitätsproblem darstellt, das "Vernunft" untergraben würde. Denn als solche ist und kennt die Lebensphänomenologie keine Theorie als vor-gestellte Evidenz, von der sie dann monistisch-deduktiv oder eben mono-kulturell ausgehen würde. Sie kennt nur die Gewißheit des Lebens, die affektiv-selbstoffenbarend in jeder Lebens- wie Sympraxis als unmittelbares "Wissen" gegeben ist.

Wenn so die Philosophien der bisher imperial "betroffenen" Kulturen - im doppelten Sinn solcher Betroffenheit - zu tatsächlich eigenständigen Stimmen werden können, so wird damit nicht nur die bisherige periphere Exteriorität des Anderen eine vollgültige Perspektive für Welt und Geschichte, sondern bei gleichzeitigem Überschreiten der Grenzen *unserer* Verstehenshorizonte ist dann solche Philosophie Ausdruck der "Lebensbetroffenheit" selbst in einem noch radikaleren Sinne: wie nämlich Lebensaffektion sich kulturell einmalig in einem leiblichen, gestuellen, sprachlichen Pathos artikuliert, das durch nichts anderes eben, gerade weil es ein *Pathos* ist, ersetzt werden kann - insbesondere auch nicht durch eine distanziert-"kulturwissenschaftliche" Analyse. Mit der neu gewonnenen - oder noch zu gewinnenden - Zugangsart in der Praxis zur anerkannten Interkulturalität ändert sich somit auch in gewisser Weise der Status der Philosophie selbst. Sie verzichtet nicht auf ihre begriffliche Arbeit, aber insofern die Begrifflichkeit je eine Betroffenheit oder Affektion impliziert, ist der philosophische Diskurs selbst ein "pathisches Sagen", das heißt für Lateinamerika,[43] wie wir oben andeuteten, die einmalige "Narration" seiner menschlich-kulturellen Herabwürdigung und deren Überwindungsversuche als "Lebensselbsterprobung". Der lebensphänomenologisch-interkulturelle Philosophieansatz stützt mithin nicht nur zentral die Dezentrierungsnotwendigkeit unserer abendländischen, ontologisch-monistischen Verstehenskategorien, sondern als phänomenologische "Zugangs"-Kritik zur Erscheinens- oder Erfahrensproblematik als solcher läßt er überdies verstehen, was *Zugang* überhaupt besagen will: nämlich diesseits der Alternative einer anderen geschichtlichen Kraft von Diskursivität noch die grundsätzliche Lebensberechtigtheit solcher "Diskursivität" als "Ursprünglichkeit", die nicht erst von unserem Verstehenshorizont (letztlich von keinem "Welthorizont" her) zu legitimieren ist, *weil die Berechtigung zu "leben" allein im immanenten Leben und seiner Affektion selbst schon ruht.*[44]

"Präsenz" anderer Kultur überschreitet in der Tat bloße Re-perspektivierung unserer eigenen Denkposition, um in der Lebensform des Anderen einer grundsätzlichen Weise eines "Lebensganzen" zu begegnen, das in der Immanenzaffektion dieses Lebens wurzelt und keine Berechtigung von

---

43 Vgl. aus der zahlreichen Literatur J. MARTI: "Unser Amerika", in: A. RAMA (Hrsg.): *Der lange Kampf Lateinamerikas*, Frankfurt a. M. 1962. Oder auch für Afrika H. KIMMERLE: *Philosophie in Afrika - Afrikanische Philosophie. Annäherungen an einen interkulturellen Philosophiebegriff*, Frankfurt a. M. (Qumran/Campus) 1991; *Die Dimension des Interkulturellen. Philosopie in Afrika - afrikanische Philosophie. 2. Teil: Supplemente und Verallgemeinerungsschritte* (Studien zur interkulturellen Philosophie), Amsterdam/Atlanta (Rodopi) 1994. Über beide Kontinente: *Dialektik* 2, (1993): "Neue Welt und Europa".

44 Zu dieser ontologisch-phänomenologischen Grundfrage in Auseinandersetzung mit Husserls Prinzip "*zu* den Sachen selbst" (das heißt *Zugang*) vgl. M. HENRY: *Radikale Lebensphänomenologie. Ausgewählte Studien zur Phänomenologie*, Freiburg/München (Alber) 1992, S. 69 ff., 251 ff.

meiner Position her zu beziehen hat. Insofern ist jede Kultur ein undefinierbarer Bereich auch im ekstatischen Sinne, der für sich gilt und für sich spricht. So wie es keine äußere Rekonstruktion des Lebens als absoluter Lebensübereignung geben kann, da letztere im voraus jede Weise von Konstruktion überhaupt trägt, so unterliegt eben auch nicht das kulturelle Lebensganze des Anderen meiner Rekonstruktion. Interkulturalität erreicht damit über die Dimension der rational-theoretischen "Zurückhaltung" hinaus die Qualität einer *Letztepoché* als definitiver Verabschiedung von monorationaler Lebenskommunikation. Die "Rationalität" erlebt dadurch eine Verlebendigung, welche die "interkulturelle Philosophie" zu einer Erfahrung von Pluralität werden läßt, die als Verzicht auf ein letztes Hegemoniewort nicht zugleich auch Verzicht auf Philosophie als solche und auf eine *Kultur des Philosophierens* bedeutet. Anstatt also erneut in Simmels oder anderer Klagen von der "Tragödie der Kultur" unreflektiert einzustimmen, kann die postmodern-interkulturelle Überwindung von sich nach außen verschließenden gruppenspezifischen Argumentationsformen als verhärteten Lebensformen bedeuten, daß die Philosophie selbst in eine Transformation hineinfindet, die ihren eigenen Logos berührt, nämlich in jedem philosophischen Sagen auch noch ein Nichtgesagtes als Möglichkeit ihrer selbst "mitzumeinen": was Philosophie *auch* hätte sein können, ohne es schon geworden zu sein.

Cassiodorus schuf zum Beispiel aus der Übertragung der Antike in das christliche Denken ein ganzes religiöses, literarisches und wirtschaftliches Mönchsideal im weitesten Sinne, so daß diese "Transkulturation" wirklich auch einen Neuanfang darstellte, in dem das Christentum selbst eine seiner vielfältigen mittelalterlichen Lebensformen gewann.[45] Wenn heute die Postmoderne ihrerseits vor einer Transkulturation innerhalb wie außerhalb ihrer selbst steht, so tritt damit der "Gegenstand" der Kultur zusammenfassend deutlicher vor Augen: daß sich jedes Lebensbedürfen, das heißt transzendental das Leben als Bedürfen schlechthin, in seiner immanenten wie transzendenten "Interkulturalität" aus sich heraus errichten kann. Die Ein-

---

45 Vgl. CASSIODORUS, F.: *Patrologia latina*, Bd. 69-70, hrsg. v. Migne, Paris 1841; TH. HEERKLOTZ: *Die Variae des Cassiodorus als kulturgeschichtliche Quelle*, Berlin 1926; F. BRUNHÖLZLE: *Geschichte der lateinischen Literatur im Mittelalter*, München (Fink) 1975, S. 27-42. Außerdem zu diesen kulturell reichen Denkweisen des mittelalterlichen Menschen U. ECO: *Kunst und Schönheit im Mittelalter*, München (DTV) 1993.

seitigkeiten des abendländischen Logos in seiner Theoriegenealogie sind zutage getreten als wissenschaftlich-technische wie ökonomische Ausdifferenzierung des Selben, nämlich als Verfügung über das Andere, Reale, Seiende etc. im Sinne eines je "objektiv" Zuzurichtenden und zu Berrschenden. Gerade dadurch sind Wahrheits- und Geschichtsreferenz als letzte Rationalitätszugänge und -formen selbst fragwürdig geworden, um dem "Paradigma" des phänomenologisch-kulturellen Lebens nunmehr seinen endgültig anerkannten epochalen Raum zukommen zu lassen. Nicht, als sei das Leben nur ein neues *erkenntnisleitendes* Paradigma im Wechsel derselben für die historischen Wissenschaftsbrüche, sondern es ist der paradigmatische *Grund*, aus dem heraus alles "Andere" erst erscheinen kann. So führt die semiotische Narrationssystematik die "Achse des begehrenden Wollens" als grenzsystemische Triebfeder aller (Kon-)Textualität selbst ein (Greimas, Stierle). K. Röttgers setzt die Kritik einer "narrativen Soziologie" beispielsweise beim konfliktuellen Erzählen*können* an, woraus die Phänomenologie des Alltagsweltlichen eine poly-perzeptive *Lebenskunst* entstehen läßt (Waldenfels, Kiwitz, Coenen).[46] Die wissenssoziologisch-ethnologische Betrachtung (Engler) bisheriger Lebenskultur(en) als Zivilisierung und Machtpolarisierung bei Mannheim[47] und Elias sowie in der französisch-archäologischen Postmoderne (Foucault) läßt Dif-*ferenz* als System-Autopoiese auf eine "Kraft" zurückführen, die sich historisch zwar immer nur als eine kulturell-spezifische Organisations- oder Kontrollkraft zeigt,[48] aber *als* Kraft in der phänomenologischen Kraftermöglichung als solcher gründet, das heißt in einer absolut-affektiven Passivität, die sich als "Lebenskraft" selbst affiziert.

---

46 Vgl. K. RÖTTGERS: "Narrative Soziologie", *Grounded. Arbeiten aus der Sozialforschung*, II/2 (1989), S. 47-59; B. WALDENFELS: *In den Netzen der Lebenswelt*, Frankfurt a. M. (Suhrkamp) 1985; P. KIWITZ: *Lebenswelt und Lebenskunst*, München (Fink) 1986.

47 *Ideologie und Utopie* (1929), Frankfurt a. M. (Schulte Bulmke) 1965; "Ideologie und soziologische Interpretation der geistigen Gebilde", in: V. MEYA/N. STAHR (Hrsg.): *Der Streit um die Wissenssoziologie I*, Frankfurt a. M. (Suhrkamp) 1982, S. 213 ff.

48 Zur gegenwärtig interkulturellen Debatte in Frankreich vgl. R. POLIN: *La création des cultures. D'une philosophie de l'histoire à une philosophie des cultures* (1993); ebenfalls R. KÜHN: *Französische Reflexions- und Geistesphilosophie* (1993), S. 213-221: "Französische Philosophie heute".

Da in diesem originären Bereich keine theoretisch-logozentrische Beherrschung anzutreffen ist, bleiben auch die interkulturellen Differenzen als Selbstmanifestation dieser Ursprungsrealität als Sich-bedürfen zu verstehen und in Geltung, da sie vor kein monistisches oder monokulturelles Tribunal mehr zu treten haben. Die Bestandsaufnahme kulturwissenschaftlicher Bemühungen in diesem Jahrhundert, wie wir sie nur andeuten konnten, fördert daher auch nicht die Renaissancen irgendwelcher anachronistischer "Lebensphilosophien" zutage (Simmel, Eucken, Dilthey zum Beispiel), sondern ein in allem Denken und Handeln bisher noch Ungedachtes und zugleich auch anschaulich nicht Theoretisierbares im Sinne transzendenter Vorstellung: nämlich die rein-immanenten oder phänomenologischen Lebens*potentialitäten*. Ihnen dürfte die anstehende "interkulturelle Philosophie", in der Respektivität der je subjektiv-individuellen Kulturen, als Ethos der "Rationalität" allein kosubstantiell - das heißt von der "Sache selbst" her - verpflichtet sein. Als Teil der "Aufklärung der Aufklärung" bleibt daher abschließend über die Möglichkeit eines neuen kulturellen Lernens überhaupt zu sprechen, das nicht mehr auf Vergangenes einfach zurückgreifen noch die eigenen Produktionen blind hypostasieren kann.

4. Kulturelles Lernen im Auraverlust

Gegenüber der Aufklärungsphilosophie hatte bereits Hölderlin eine "höhere Aufklärung" eingefordert, die die klassische Vernunftkritik positiv aufhebt, indem sie das Argument von Lebensweisen einführt, die zugleich universell *und* kontextgebunden sein können:[49]

> "Wir haben wirklich aus den feineren, unendlicheren Beziehungen des Lebens zum Teil eine arrogante Moral, zum Teil eine eitle Etikette oder auch eine schale Geschmacksregel gemacht und glauben uns mit unseren eigenen

---

49 "Über Religion", in: *Sämtliche Werke und Briefe 2*, Berlin/Weimar (Aufbau Verlag) 1970, S. 385 f. Zu diesem "Aufklärungsdilemma" vgl. weiterhin W. ENGLER: *Selbstbilder* (1992), S. 191-194, sowie W. KLEIN/W. NAUMANN-BEYER (Hrsg.): *Nach der Aufklärung? Beiträge zum Diskurs der Kulturwissenschaften*, Berlin (Akademie Verlag) 1995.

> Begriffen aufgeklärter als die Alten, die jene zarten Verhältnisse als religiöse, das heißt als solche Verhältnisse betrachteten, die man nicht sowohl an und für sich, als aus dem *Geist* betrachten müsse, der in der Sphäre herrsche, in dem jene Verhältnisse stattfinden."

Der Gegensatz von An-und-für-sich und von Geist markiert hier eine mögliche Wende der Vernunft selbst, wonach die "Gesetze jenes unendlicheren Zusammenhangs", in den die Menschen auch gestellt sind, eben nicht von abstrakten Direktiven bestimmt sind, sondern von der Erkenntnis geleitet werden, daß jede besondere Lebensweise sich ihre "eigenen Gesetze" gibt, die als *gewußte* Beschränkung nicht zum Partikularismus werden, der andere Vorstellungsarten ihrer Freiheit beraubt. Was hier aufklärungskritisch von Hölderlin entworfen wurde, gilt auch noch für das postmoderne "Aufklärungsdilemma": wir haben weder die Welt für die Anderen zu entwerfen noch den Platz darin zu bestimmen, von woher sich jeder zu bestimmen hätte, wie der Dichter weiterhin sagt:

> "[Die Menschen sollen] sich ihre verschiedenen Vorstellungsarten einander zugesellen und so der Beschränktheit, die jede einzelne Vorstellungsart hat und haben muß, ihre Freiheit geben, indem sie in einem harmonischen Ganzen von Vorstellungsarten begriffen ist."

In bezug auf die Multikulturalität bei uns sowie auf der Erde und eine mögliche Interkulturalität allgemein bedeutet dies zugleich, daß die ökonomisch-materielle, geistige wie affektive Notlage, in peripheren Zonen überhaupt neue Realitätsreferenzen und leitende Vorstellungen aufzubauen, nicht weiterhin als ein "kultureller Mangel" gedeutet wird, sondern als Notwendigkeit *eigener* Denk- und Handlungsdezentrierung bzw. -dehabitualisierung, was ein kritisches Sich-Explizitmachen der eigenen Kulturgrenzen einschließt. So wie das innere Lebenspathos von seinem Wesen her ekstatisch undefinierbar ist, aber jeder absolut individuiert aus ihm lebt, so ist auch die interkulturell zu ermöglichende eigene Lebensweise des Anderen keine Indifferenz gegenüber derselben, sondern gerade jene *unbedingte Achtung*, die ihr als primordial-affektiv rückgebundener, partikulärer Lebenswelt zukommt. Achtung als Ethos der Interkulturalität ist infolgedessen Mit-Pathos aufgrund gegenseitiger Intropathie, wie wir schon sagten - und zwar aus dem grundlegenden Lebenswissen heraus, welches jeder in sich trägt, daß niemand "im Leben" zu existieren vermag, wenn die Affektion des Lebens ihn nicht mehr "selbst-narrativ" erreicht. Und tragende, verwurzelnde Kultur ist jene, wo dieses Affiziertwerden mit einer gewissen "natürlichen Selbstverständlichkeit" geschieht. Wo aber Herrschaftsmacht allein bestimmt, kann weder dieses Pathos zu sich selbst finden noch wirkliche Inkulturation oder kom-munikative Interkulturalität besitzen.[50] Ohne eine letzte existentielle Sicherheit zu sein, ist aber jede kulturelle Lebensweise als sich-selbst-objektivierendes Leben dadurch zugleich bleibender "Zugang zum Leben im Leben". Diesen Zugang durch brutale oder subtile Barbarei abzuschneiden, ist *Mord* am Lebendigen selbst.

Die kulturelle Frage ist demzufolge nirgendwo durch Wohlwollen zu lösen, sofern man darunter die Naivität eines Gefühls versteht, das die eidetischen und geschichtlichen Lebensgesetzlichkeiten ignoriert. Wenn Gerechtigkeit in dieser Welt nicht definitiv errichtet werden kann, weil die transzendent-phänomenologische Welthorizontalität stets für die Wahrnehmung und Theorie ein Messen und Vergleichen impliziert, das die Menschen nur als *empirische* Individuen erfaßt, dann kann zumindest lebensphänomenologisch analysiert werden (wie dies in unserem nächsten Teil über Wirtschaft hauptsächlich geschieht), daß irgendwelche abstrakten Äquivalenzgesetze für den immanenten Bereich des Pathos nicht gelten, weil dieses kein anderes "Maß" als das unsichtbar anströmende Leben im Sinne unserer Ego-Affektivität selbst besitzt. Und insofern die Menschen nicht miteinander in eine wirklich lebendige Interaktion eintreten, wo nur dieses pathische Gesetz der Verwandlung der Anstrengung in Freude und Schmerz gilt, um sich *darin* als transzendental "gleich" lebende Wesen real anzuerkennen, bleibt die Kultur eine "Falle", wie P. Bourdieu sagt,[51] weil der gesellschaftliche Habitus stärker ist als die theoretisch erkannte Machtwirkung und Veränderungsnotwendigkeit von Klassenunterschieden oder sonstigen sozialen Differenzen. Tonfall, Geruch, ungeschriebene Tischmanieren und deren Verkennung genügen, um beispielsweise nicht derselben "höheren Schicht" anzugehören, zu der Menschen sich mühsam über Ausbildungswege emporgearbeitet haben, die heute natürlich breiter gestreut sind. Die rational-

---

50 Insofern greift H. KIMMERLE auf eine "dialogische *Inter-* und *Trans*diskursivität" mit B. Waldenfels zurück, die gefühlsmäßige, atmosphärische und ästhetische Dimensionen ebenso sieht wie "von außen kommende Machtverhältnisse und ihre Verschiebungen". Vgl. *Philosophie in Afrika* (1991), S. 238.

51 *Was heißt sprechen? Die Ökonomie des sprachlichen Tausches*, Wien (Herold) 1990, S. 88 f. Vgl. *Sozialer Sinn. Kritik der theoretischen Vernunft*, Frankfurt a. M. (Suhrkamp) 1987.

ethische Diskurskorrektur kann gerade die "kulturelle Falle" nicht umgehen, solange der lebensaffektive Austausch innerhalb einer Sym-Praxis nicht stattfindet, wo sich der Einzelne ohne seine doxischen Sicherheiten und Vorstellungen einbringt, das heißt: eine radikale Epoché auf das reine Leben hin übt.

Erst in der intro-pathischen Kommunikabilität wird die Ebene der verallgemeinernden Äquivalenzmaßstäbe aufgegeben, um eine andere Realität *als solche* gelten zu lassen: jene der Affektivität mit ihrem Bedürfen in Begehren, Angst und Sichsteigern. Dies bedeutet, sofern der interkulturelle Diskurs als philosophische Kritik an Rationalitätstypen (Apel), Kommunikationskolonisierung (Habermas), Sprechakt-Ethik (Dussel) oder an monolithischer Philosophiegeschichtsschreibung (Kimmerle, Mall, Wimmer) zum Beispiel nicht in die real-alltagsweltlichen Lebensprozesse selbst zurückfindet, bleibt dieser Diskurs von der kulturellen Realität ebensoweit entfernt wie die Wissenssoziologie, die aus ihrer kognitiven Distanz heraus irrtümlicherweise auf eine mindere Realität der Lebenszusammenhänge als nur derivierter Form von "Geistigkeit" schließt. *Diese* stillschweigende Voraussetzung der gesellschaftlich-kulturellen Ordnung, die letztere perpetuiert, indem sie sie theoretisch aufheben will, ohne die habituelle Fremdheit zwischen den Positionsinhabern aufheben zu wollen (oder zu können), läßt beharrlich im asketischen Intellektualismus - was schon Nietzsche genial in seiner "Genealogie der Moral" erkannte - als ontologisches, erkenntnistheoretisches und ethisches Negativum erscheinen, was affektives Bedürfen ("Begierde") ebenfalls in lebendigster Form ist: ersehnte wirtschaftliche Fleischtöpfe contra "aufrechten Gang", politischer Protest "unter Niveau" contra "ideelle Werte" etc. Der rationale Ethikdiskurs ist eine Seite, das Erkennen von einem immer noch impliziten Klassifikationsschema intellektueller Vormundschaft die andere Seite.[52]

Die Erinnerung an leibhaftiges Mit-Pathos in der Interkulturalität ist kein Verzicht auf philosophische Begrifflichkeit, wie wir schon betonten, sondern der Versuch, eine letzte Barriere mittels phänomenologischer Epoché aufzuheben, die Kultur immer noch vornehmlich zu einem Gegenstand der *Repräsentation* und der "großen Werke" macht, anstatt diese Kultur im verbalen "leben" selbst "am Werk" zu sehen. Die interkulturelle Subversion als Affektivität ist demnach kognitiv-praktische Subversion mit einem fast uneinlösbaren Anspruch an tatsächlich-kulturelle Pluralität, daß nämlich die

52 Vgl. W. ENGLER, *Selbstbilder* (1992), 187 ff.

"Alltagsakteure" innerhalb der kulturellen Wirklichkeit in unserer sowie in der "Dritten Welt" sozusagen zu "Theoretikern" ihrer eigenen Sympraxis werden. Da dies nicht unbeschränkt möglich scheint, weil mit der Theorie dann gerade der Bruch zur Alltagswelt in die verfremdende Intellektualität hinein wieder stattfinden würde, bleibt nur die andere phänomenologische Einsicht, daß auch die theoretischen Diskurse als *Vorgriffe* auf eine befreitere Art von Menschwerdung nur *einen* Ausdruck der Lebensselbstobjektivierung darstellen. Unter der Bedingung der gleichzeitigen Praxis des genannten leibhaft-affektiven Austausches kann dann die Hoffnung entstehen, daß sich differenziertere Wahrnehmungsfelder zwischen die habitualisiert-normierten sozialen Begegnungs- und (Nicht-)Erkennungsformen schieben und dieselben auf einen weniger ideologisch-fixierten Gebrauch hin auflösen. Dann wäre "Vernunft" im Alltag selbst möglich, ohne aus dieser "alltäglichen Lebenskunst" heraustreten zu müssen; das heißt, eine eigenethnologische Interkulturalität einzuüben, die über die heimische Multikulturalität hinaus auch die Interkulturalität zwischen Völkern erleichtern dürfte, weil sie bei uns selbst affektiv praktiziert wird.

Damit steht die inhaltliche Skizze eines *interkulturellen Lernens* an, das Interkulturalität sowohl als Ernstnahme der lebensweltlichen Alltäglichkeit wie der interdisziplinären Diskurse versteht, und zwar auf dem Hintergrund der letzten phänomenologischen "Materialität" des Erscheinens - eben der pathischen Affektivität in ihrer Transzendentalität. Wie zwischen Alltagswelt und Theoriediskurs die forschungsdistanzierte "Erhebung" über den Alltag dessen immanente Erkenntnis *als* Praxis blockiert, so können die Autonomieforderungen jeder Disziplin, obwohl an sich berechtigt, zu Kolonisierungen der Grenzen führen, nach denen der "gemeinsame Gegenstand" dann eben kein gemeinsam-gemeinschaftlicher oder "sympraktischer" mehr ist, sondern ein aufoktroyierter. Daß jede kulturwissenschaftliche Disziplin unter anderem *ihre* erkenntnistheoretischen Modi als Verstehenshabitus überprüft, ist ebenso klar wie eine Interdisziplinarität, die nicht mit Unterordnung, bloßer Nebenordnung oder Addition von Diskursen verwechselt wird. Vielmehr muß interkulturelle Kontro-*verse* in der Perspektive der bereits *gewollten* Zusammenarbeit erfolgen. Das heißt, die Pluralität ist ein Austausch zwischen "Rationalitätstypen", die als in verschiedenen *Lebens*formen verankert anerkannt werden, welche ihrerseits durch keine Hyper-Rationalität "an sich" vereinheitlicht werden können, wie wir oben schon beim Hölderlinschen "Aufklärungsdilemma" sahen. Die "Einheit des Wissens", die natürlich noch ein Anliegen der Vernunft bleibt, wäre aber rückgebunden an eine ursprünglichere "Einheit von Lebenszusammenhängen", deren Trans-Rationalität eben keinerlei totalisierendes Vernunftdiktat einschließt, wie etwa bei Hegel.

Vielmehr erkennt sich die "Vernünftigkeit" der rationalen Argumentation gerade an ihrer Fähigkeit wieder, trotz nicht herstellbarer semantisch-begrifflicher Einheit den Boden der affektiv-intropathischen wie sympraktischen Gemeinschaftlichkeit nicht zu verlieren oder aufzugeben, insofern letztere Ratio als eine Ratio des Leben*könnens* in human-kultureller Weise "gewollt" ist. Dieses Wollen kann nicht Gegenstand einer Demonstration oder einer Deduktion sein, da es primordial als Ratio des lebendigen Austausches vorausgesetzt ist, wovon alles Wollen ausgeht und worauf es wieder abzielt. Das Erlernen von pluraler Rationalitätsäußerung im Sinne kultureller Werthaftigkeit ist infolgedessen die zumindest notwendige konkrete Gestalt der Einheit in der Interkulturalität als Wissen um das, was den Anderen betrifft, weil es ihn lebensaffektiv-"vital" betroffen macht: in Lateinamerika die Befreiung in ihren polykulturellen Aspekten; in Afrika zum Beispiel die Aufhebung der wertenden Klassifikationen zwischen mündlicher und schriftlicher Tradition.[53]

Die Hermeneutik der kontextuellen Spannung zwischen kultureller Verwurzelung und einer darin immer auch mitgegebenen Suche nach Universalität im Sinne einer umfassend die "Realität" interpretierenden Lebenswelt, die nichts *Menschliches* ausschließen muß, ist daher stets auch Kritik an der abendländischen Geschichte der Kolonisierung bis heute. Die praktische Utopie der Befreiung aber gründet sowohl in dieser Kritik wie im "Umlernen" der monokulturell aufgezwungenen Bilder: nämlich Heide, Unterentwickelter, Analphabet, Mestize oder Wilder (gewesen) zu sein. In diesem Umlernen, in der aktualen Selbstannahme als eines kulturellen Wertes selbst, ergibt sich nochmals die Parallele zur eigenethnologischen Multi- wie Interkulturalität unserer Alltagswelt im Westen: daß "Nachahmung"

---

53 Vgl. nochmals zu den relativ-diskursethischen Rationalitätstypen in "befreiungsphilosophischer" Sicht R. FORNET-BETANCOURT: "Skizzierungen einiger Grundvoraussetzungen" (1990), hier bes. S. 15 ff.; H. KIMMERLE: *Philosophie in Afrika* (1991), S. 60 ff; "Afrikanische Philosophie als Weisheitslehre?", in: R. A. MALL/D. LOHMAR (Hrsg.): *Philosophische Grundlagen der Interkulturalität* (1993). Zur vollen Integration mündlicher Traditionen in einen philosophischen Diskurs bereits A. JACOB (Hrsg.): *Encyclopédie Philosophique Universelle I* (1988), S. 1466 ff.

immer nur Nachahmung der eigenen Würde sein kann, die im Selbstempfinden ruht und nicht in einer Fremdreferenz - wie etwa in der wissenschaftlichen Alltagsdefinition als bloßem "Unterbau", beruflich-wirtschaftlichem Lebensunterhalt oder rein sozialer Schichtung. Universelle Interkulturalität als neues subjektives wie kollektives Ethos könnte daher als *Gegenpädagogik* des ethnozentrischen Habitus bestimmt werden, der jede Kulturwelt solange regiert, wie die Wahrnehmungslektüre in ihr nicht als potentielle Entwürdigung, Herrschaftsinstrumentalisierung und Selbstabdankungsprozeß durchschaut wird.

Ein solches interkulturelles Lernen[54] als Dezentrierung, die den Anderen nicht mehr in die eigene "Disziplin" - im doppelten Wortsinn - und in den eigenen Diskurs einverleibt, stößt insofern an die Grenzen der postmodernen Selbstaufklärung, als auf der einen Seite die Archäologie von Macht und Wissen zur Dekonstruktion der definitorischen Epistemevorgaben führen will und auf der anderen Seite damit eine letzte lebensphänomenologische Konsequenz aufleuchtet, daß nämlich grundsätzliches Zusammen*leben* von der tatsächlichen Interaktion als je *subjektiver Praxis* her gesehen wird und nicht von einem abgegrenzten Raum her. Mit "Raum" ist hier nicht der "Ort" gemeint, wo jemand lebt, der aber wechseln kann, ohne ortlos zu werden,[55] sondern jener Raum, der die definitorischen Begrenzungen von Welt aus fixierten Horizonten heraus schafft, wie Husserls Analysen zu verstehen geben. Wenn lebensphänomenologisch der transzendente (Raum-)Horizont nicht der Ort für das Selbsterscheinen des Lebens ist, sondern das Leben seinen Sitz in der Immanenz hat, dann impliziert dies eine "Selbstdefinition" und Selbstwürde *ohne* notwendige exogene Fremdreferenz. Dies könnte das kulturell-epochale Ergebnis interkulturellen Lernens überhaupt sein, so wie es dessen geheime Motivation ist, sofern Räume zwar zur autochthonen

---

54 Vgl. P. W. DIAS: "Interkulturelles Lernen und Handeln im Spannungsfeld zwischen kultureller Verwurzelung und Universalität des Denkens", in: U. SCHMID (Hrsg.): *Kulturelle Identität und Universalität. Interkulturelles Lernen als Bildungsprinzip* (Pädagogik: Dritte Welt Jahrbuch 1986), Frankfurt a. M. (IKO Verlag) 1987, S. 25-34; G. AUERNHEIMER: *Einführung in die interkulturelle Erziehung*, Darmstadt (Wissenschaftl. Buchgesellschaft) ^{2}1995. Hierin werden unter anderem Eingliederungsprozesse, bikulturelle Erziehung und kulturelle Identität besprochen.

55 Vgl. M. A. C. OTTO: *Der Ort. Phänomenologische Variationen*, Freiburg/München (Alber) 1992, § 31: "Der gute Ort" (S. 120 ff.).

Beheimatung, aber nicht zu Abgrenzungen vom Mit-Pathos gegenüber dem "Fremden" dienen sollen, das jeder *besitzhafte* Räumlichkeitsbezug aus sich heraus entwirft.

Verfolgt man den Gedanken des Raumes im Sinne der "lichtenden Eröffnung" nach Heidegger weiter, dann führt dies schließlich dahin, daß mit der lebensphänomenologischen Reduktion dieser Seinstranszendenz auch kein "Raum" mehr für irgendeine *Wahrheitstotalisierung* besteht, weil die "Wahrheit" keine zu erstrebende bzw. vorzuschreibende Modellhaftigkeit darstellt, sondern die Realität des Lebens im Sinne der materialen *ratio* der Selbstaffektion. Daraus ergibt sich ein dreifacher Hinweis für das interkulturelle Lernen:

1. Keine Kultur ist *die* Wahrheit oder könnte diese jemals liefern; vielmehr sind Kulturen Lebensprozesse aus der immanenten Lebenswahrheit heraus, die geschichtlich auf den Weg zu bringen ist, ohne in eine abstrakte oder reale Äquivalenzform von Kulturtradition/Wahrheit einmünden zu können.

2. Wenn alle Teilnehmer am interkulturellen Dialog bereits primordial an der Wahrheit partizipieren, die ihnen absolut-subjektiv *qua* Leben zukommt, dann entspricht das Einbringen *meiner* Wahrheit einer Bereicherung aller, die nicht dem Anderen aus präsumiertem "Mangel" auferlegt ist - und umgekehrt.

3. Somit bewirkt die Interkulturalität als philosophisch-phänomenologische wie pädagogische Neubesinnung auf den "Wahrheitsbegriff" diesseits totalisierender Einheit aus Macht eine Wiedergewinnung der Dignität des Alltäglichen, weil in solcher "Respektivität" stets gelebter und nicht anzudemonstrierender Wahrheit nichts *gleichgültig*, aber auch nichts *endgültig* ist, ohne in einen neuen Übermoralismus oder in einen ideologischen Relativismus zu verfallen. Was aus der inneren Lebenswahrheit heraus gelebt wird, ist *eo ipso* anerkannt, weil es sich nicht vor irgendeiner mundanen Rechtsinstanz zu rechtfertigen hat, die als Objektivität der Affektion nie adäquat sein kann, weil sie diese nicht kennt und auch niemals kennen wird.[56]

---

56 Vgl. M. HENRY, "Das Leben und die Republik", in: M. HENRY: *Radikale Lebensphänomenologie* (1992), S. 293-326; *Je suis la Vérité. Philosophie du christianisme*, Paris (Seuil) 1996, Kap. 1-2, über dieses lebensphänomenologische (und das heißt unter anderem nichthermeneutische) Geschichts-, Sprach- und Wahrheitsverständnis.

Interkulturalität als Lernprozeß, so könnte ein erstes Ergebnis an dieser Stelle lauten, ist ein Konzept, das sowohl für die globale Phänomenalität der sozialen Lebenswelt oder Alltäglichkeit einstehen kann wie für den weltweiten Dialog zwischen den Kulturen. Und da das "interkulturelle Sein" in all seinen Bezügen und Facetten an das Leben gebunden ist, bedeutet es eine Realität, die uns an die *Grundlagen der Phänomenologie* selbst heranführt und von daher zu *einer* möglichen Neudefinition der Philosophie verhelfen kann, anstatt ihren Tod am "Ende der Metaphysik" zu deklarieren. Denn sofern Philosophie, wie etwa im Deutschen Idealismus, den Abschluß von Wahrheit als umfassendes System von Begriff/Realität verstand, ist diese Forderung im Augenblick nicht nur für die philosophischen Sinnexperten, sondern auch für die Mehrzahl der Alltagsakteure zerbrochen: Denkkrise, Erfahrungskrise und Sinnkrise bilden ein "Lebensgefühl" der Postmoderne, in der sowohl die Konstruktion eines gedanklichen Gesamtsystems wie der revolutionäre Kampf gegen die bestehende und sich stets neu reproduzierende ökonomisch-"kapitalistische" Gesamtfunktionalität aufgegeben ist zugunsten der individualisierten Praxis eines je "zeitweiligen Vertrags" mit der gesellschaftlichen Mächtigkeit.[57] Die Individuen agieren vereinzelt oder in Affinitätsgruppierungen nach freiem Bedürfen innerhalb der gesamtsystemischen Ordnung, die nicht an allen Punkten des sozialen Seins mit demselbem Zwang auftritt, um sich in einer Art neuer spielerischer "Identität" mit den Möglichkeiten des Alltagslebens zu arrangieren. Ein gutes Beispiel hierfür kann etwa die Großstadt sein, durch deren semiologisch-verästeltes, funktionales Hinweissystem man sich bald bindend bald lösend hindurchbewegt, um kulturelle Spielmasken aufzusetzen und wieder abzulegen,[58] so daß die eigene Identität nicht als immerwährende Substanz betrachtet wird, sondern eher als eine fluide Aggregationsform von agil benutzten Hand-

---

57 Dies ist beispielsweise die Sichtweise von J.-F. LYOTARD: *Der Widerstreit*, München (Fink) 1987, S. 215 ff. Zur Diskussion vgl. unter anderem W. REESE-SCHÄFER/B. H. F. TAURECK (Hrsg.): *Jean-François Lyotard*, Cuxhaven (Junghans) ^{2}1990; TH. FREYER: "Zwischen Totalität und Unterbrechung. Theologische Anmerkungen zur Zeitauffassung von J.-F. Lyotard", in: *Jahrbuch für Philosophie des Forschungsinstituts für Philosophie Hannover*, 5 (1994), S. 32-54.

58 Vgl. F. CHOAY u. a. (Hrsg.): *Le sens de la ville*, Paris (Seuil) 1972 (engl. Orig.: *Meaning in Architecture*, London 1969); L. LAURITZEN (Hrsg.): *Städtebau der Zukunft*, Düsseldorf/Wien (Econ) 1970, bes. S. 171 ff.: "Interdisziplinäre Aspekte".

Vorrang gibt vor einer vielleicht möglichen "experimentellen" Weiterführung der Moderne, wie ein zusätzliches Ergebnis multi- und interkulturellen Lernens lauten könnte. Lyotard nennt dies das "Exil",[60] was darauf hinausläuft - wie übrigens bei Michel Henry[61] - der Kunst zuzusprechen, was gesamtgesellschaftlich nicht mehr einlösbar ist, nämlich eine Ästhetisierung des Lebens, die von unserer transzendentalen Affektivität als Sinnlichkeit her grundsätzlich verlangt bleibt. Dieses "Experimentieren" darf deshalb auch kein intellektuell-kulturelles Vorrecht bleiben, um vielleicht sein Leiden in dieser Postmoderne zu stilisieren und gleichzeitig zu vermarkten, sondern jenes Experimentieren in den "Nischen" der je punkuell gesellschaftlichen "Vertragsaufhebung" ist - vorübergehend? - das notwendigerweise "sub-kulturelle" Spiel der genannten mikrosozialen losen Aggregationsformen. Dies ist nicht ohne eine gewisse Ironie der Geschichte, denn gerade die zweckrational operierenden Subsysteme der Gesellschaft produzieren einen "Massenindividualismus", der die Gesellschaft als unbekämpfbares Gesamtsystem verabschiedet, um erneut das "individuelle Subjekt" an den Anfang der gesellschaftlichen Analyse zu stellen, wovon M. Weber und G. Simmel zum Beispiel zu Beginn der Kulturwissenschaft und Soziologie in Deutschland ausgegangen waren. Postmodern gesprochen: was an Gesellschaft "nur" System und toter Mechanismus ist, wird fallengelassen, um dasjenige, was an der Gesellschaft "Gesellung oder Gemeinschaftlichkeit" ist - also aktions- und affektnaher Inhalt - zum Lebenszweck zu machen.[62]

Löst sich in der Zerstreuung sozialer Spiele das gesamtsoziale Subjekt offensichtlich auf, und bilden nur noch die situativen Handlungen im einzelnen kulturellen "Sinn", dann ist dieser *methodische Individualismus* der *conditio moderna* sowohl Abschied vom emanzipatorischen Großprojekt wie Eintausch von Aura gegen neue - je kurzfristige - Handlungsspielräume und damit das prinzipiell kulturelle mögliche Sprechen aller in der ersten Person Singular: das Ich-Sprechen der Gefangenen, Schüler, Arbeiter, Wäh-

---

60 Vgl. *Immaterialität und Postmoderne*, Berlin 1985, S. 38 f.

61 Vgl. *Radikale Lebensphänomenologie* (1992), S. 274-292: "Die abstrakte Malerei und der Kosmos (Kandinsky)".

62 Für die Übereinstimmungen und Veränderungen gegenüber der Soziologie der 20er Jahre vgl. W. ENGLER: *Selbstbilder* (1992), S. 225 ff.; ebenfalls C.-F. GEYER: *Einführung in die Philosophie der Kultur* (1994), S. 23-52, der stark den modernen Abbau des Transzendentalismus aus der älteren "Kulturphilosophie" hervorhebt.

Bloß diskursive Interkulturalität als dementsprechende Machtdekonstruktion kann folglich die Mit-Produktion von Wissensfeld/Machtbeziehung prinzipiell nicht aufheben, auch nicht in einem ethischen Metadiskurs. So ruft diese postmoderne Denkkrise daher nach dem "authentischen" Sprechen derjenigen, die die Macht direkt erleiden, ohne hier theologische oder pastorale Versöhnung anzustreben: etwa das Sprechen der Delinquenten über die Justiz, was dann aber keine Theorie *über* die Delinquenz darstellt, sondern einen Gegen-Diskurs. Damit treten die Betroffenen nicht als Theoretiker in den kulturellen Wichtigkeitsdiskurs ein (was ohne Bruch und damit ohne Verlust der eigentlich zu sagenden Realität auch gar nicht möglich wäre, wie wir schon sahen), sondern solche Diskurse der Betroffenen desavouieren den aristokratisch-resignativen Dualismus, welcher der "wissenschaftlichen" Kulturkritik der Moderne anhaftet. Wenn alle bisher geschichtsgarantierenden Absolutheitsansprüche zerfallen sind und hinter dieser Denkkrise sich erst die ganze *Erfahrungskrise* ebenfalls unserer Kultur eröffnet, daß nämlich nichts mehr un-vermittelt erlebt werden kann, dann bilden eben die Diskurse der Betroffenen diesseits von immer noch gemachten Versuchen, durchgehende Orientierungsschemata fortzuschreiben, das tatsächliche Ende der Metaerzählungen (auch der philosophischen), um zu sagen, wie kulturell-gesellschaftliche und ökonomische Realität im Leben der Leiblichkeit oder des Bedürfens affektiv ohne jede "Aura" erfahren wird. Nicht nur gilt für die postmoderne Inter-kulturalität als Verlust dann, daß dieses *Inter* keinen anderen Sinn mehr besitzt als den, den wir im Sprechen und Handeln selbst erzeugen, sondern ebenfalls, daß die "Exaktifizierung" aller Dinge durch Medien, Rationalisierung, Bürokratisierung, Institutionen, Verwissenschaftlichung etc. eigentlich keine aristokratisch-bildungsbürgerliche "Kulturindustrieschelte" mehr zuläßt - oder nur in der Erinnerung, weil "Aura" stets nur zugleich auch mit macht- und klassenspezifischen Prämissen existiert hat.

Dieser Abschied tut zweifelsohne weh, weil wir durchaus darum wissen, daß in der medialen Existenz jene Bilder zugespielt werden, die der Verunselbständigung zuarbeiten, wie Horkheimer und Adorno dies schon in ihrer "Dialektik der Aufklärung" Ende der 40er Jahre diagnostiziert hatten, um es heute noch einmal wiederholen zu müssen. Damit den "Konsumenten" zugleich auch jeden "spielerischen Umgang" in den "vertragsfreien Lücken" des Systems abzuerkennen, das alles dem Regelwerk des "marktfreien" Tausches und der Berechnung unterwirft, bleibt trotzdem eine intellektuell-aristokratische Misanthropie, die dem "Zitat" der Tradition immer noch den lungsrepertoires. "Ende der Philosophie" insofern hier, als ein Subjektbegriff verabschiedet ist, der den Einzelnen auf eine durchgängige Kontrolle seiner selbst als Buchhalter seiner Aktionen und Gedanken festlegte, indem er sich vor einem "höheren" Gesamtsubjekt: Geschichte, Gesellschaft, Religion, Klasse, Abstammung etc., oder eben auch in einer davon gereinigten "Selbstreflexion", zu verantworten hatte.

Damit ist die philosophische Interkulturalitätproblematik aus dem gegenwärtigen Zeitgefühl heraus insoweit noch einmal angesprochen, als die weiterexistierenden Machtpotentiale mit ihren Bewußtseins- und Gewissenssedimentierungen einerseits sowie die kulturellen Wichtigkeits- oder Erhabenheitsdiskurse andererseits in der Tat nur vom *affective turn* der Betroffenen unterlaufen werden können. Nachdem Michel Foucault die zuvor schon erwähnte Macht/Wissens-Archäologie der herrschenden Epistemenordnung als anonym-diffuse Tiefenstruktur der Herrschaft in den Diskursen über Sprache, Lebewesen, Reichtümer zum Beispiel nachgewiesen hatte - das heißt: die Immobilisierung des menschlichen Wesens durch Linguistik, Biologie und Politische Ökonomie als dessen "Tod" -, erkannte er wie andere, daß Revolutionen dagegen nur die Disziplin verhärten, gegen die man ankämpfen will, weil man sich diese Disziplin zwecks Effizienz zunächst selbst auferlegen muß. Er löste deshalb dann die Archäologie durch eine *Genealogie* der "Mikrophysik der Gewalt" ab, indem er die "Disziplinierungsgesellschaft" in ihren praktischen Prämissen studierte: als Gefängnisse, Schulen, Asyle, Kliniken, Kasernen etc. zur Kanalisierung des sinnlichen Begehrungsvermögens, wodurch wir zu "Geständnistieren" bis in unsere eigenste Intimität hinein werden, anders gesagt das politische Monopol der Gewalt in unsere Selbstbeziehung als solche übernehmen, wovon allerdings in unseren Augen *nicht* die Lebensselbstaffektion als nicht-ekstatisches Ego betroffen ist. Foucaults Satz: "Die Aufklärung, welche die Freiheiten entdeckt hat, hat auch die [sie korrigierenden] Disziplinen entdeckt,"[59] erschüttert nicht nur die Gewißheiten des Wissens, sondern demystifiziert auch jedes kulturell-idealisiert angenommene "Ich", um zu zeigen, daß Vernunft und ihr Gegenteil gerade in *demselben* modernen Kulturkontext miteinander koexistieren.

---

59 *Überwachen und Strafen. Die Geburt des Gefängnisses*, Frankfurt a. M. (Suhrkamp) 1976, S. 285. Vgl. zu Foucaults Kulturanalyse nochmals die Untersuchung von W. BERGER: *Das Bedürfnis und sein Schatten* (1992), S. 150 ff.

ler, Asylsuchenden etc. Sie können sogar für einen Augenblick über das Fernsehen in die Rolle der "Wichtigkeitsdiskurse" gelangen, so wie traditionellerweise Politikern, Autoren, Intellektuellen und Geistlichen diese Rolle zugestanden wird - und die Erwartung sich entsprechend auf sie richtet. Aber die Möglichkeit eines grundsätzlich neuen Sprechens der Betroffenheit im Sinne einer neuen Multi- wie Interkulturalität kann als Gegebenheit nicht verkannt werden, auch wenn sie jeweils ephemer sein dürfte, weil nach immanentem Mediengesetz eine *Life*-Nachricht die andere jagt. Hier besitzt auch der Diskurs der "Dritten Welt" seinen Ort, da die geschichtlich-ethische Ewigkeitslösung als "Gerechtigkeit" obsolet geworden ist. Mithin kann das Fremde *als* das Fremde zukünftig immerhin als solches sprechen und ist nicht mehr nur imperialen Vorurteilen ausgeliefert, da die eigene westliche Identität als kulturelle Stabilität zu den Vergänglichkeiten durchschauter Totalitätsdiskurse gehört. Um nochmals Michel Foucault zu zitieren: "Es gibt im Leben Augenblicke, da die Frage, ob man anders denken kann, als man denkt, und anders wahrnehmen kann, als man sieht, zum Weiterschauen und Weiterdenken unentbehrlich ist."[63]

So tritt zur Ethnologie unserer eigenen Kultur eine "kritische Ontologie" unserer selbst hinzu, wie Foucault sie nennt: nämlich Ethos, philosophisches Leben, als die Kritik dessen, was wir sind - mit dem multikulturellen Experiment der Möglichkeit des Selbstüberschreitens "kulturell" auferlegter Grenzen. Wenn die Lebensphänomenologie in dieser Konstellation der neu entdeckten, sich je selbst sagenden Inter-Kulturalität (als "spieldifferenzierter" Alltagswelt und als "universaler" Transkulturalität) den *affective turn* zur Geltung bringt, dann deshalb, weil die *affectio* die einzige phänomenologische "Materialität" darstellt, die von vornherein auf eine theoretisch-abstrakte und damit machtbezogene Epistemé oder Regionalontologie verzichtet, eben weil die bisherige abendländische Metaphysik sich wesentlich als Verkennung dieser *allen unmittelbar* zugänglichen Realität herausgestellt hat und weiterhin herausstellt. Insofern ist die selbstaffektiv bestimmte Lebensaffektion sowohl universell wie konkret in einem, aber ohne die Hegelsche Vermittlung der Objektivität als Begriff oder Erscheinung. Das postmoderne "Spiel" der noch möglichen *wechselnden* Lebenssteigerung in den "identitätsflottierenden" Handlungsspielräumen einer gewissen direktgesellschaftlichen Entfunktionalisierung erlaubt Subjektivitätsweisen, in denen

---

63 *Sexualität und Wahrheit II: Der Gebrauch der Lüste*, Frankfurt a. M. (Suhrkamp) 1984, S. 15 f.

unsere jeweilige Humanitas nicht ohne weiteres zur unmittelbaren Selbstabdankung gezwungen ist: sie kann *kulturell* agieren, ohne Kultur nur als Reproduktion von Macht in Form von Selbstregierung oder Selbstkontrolle zivilisatorisch auszuüben zu müssen.

Dies anzuerkennen, setzt in intellektuell-praktischer Selbstkritik als abschließendes Ergebnis "kulturellen Lernens" voraus, sich nicht nur zu fragen, mit welcher Ideologie meine jeweilige wissenschaftliche Tätigkeit verbunden ist, sondern ob es überhaupt einen anderen Grund und Boden gibt als bisherige Vernunft, die "Produktion von Wahrheit" über die "Vernunft" erstellen wollte. Wenn die Anfälligkeit der Vernunft für ihre macht-soziokulturelle wie weltweit imperial-ökonomische Konstitution epochal durchschaut ist, gibt es keinerlei einsichtige Berechtigung mehr, bestimmte sozialspezifische Kulturformen mit "Geheimnis, Rätsel, Geist, Tiefe, Aura" beispielsweise zu versehen und anderen dieselbe Qualität abzusprechen, wenn sich darin *dasselbe Bedürfen* mit-teilt: nämlich je einem "Lebensgefühl" selbststeigernd Ausdruck zu verleihen. Phänomenologisch-eidetische Lebenssteigerung der immanenten Lebensaffektion ist kein *Privileg*; sie ist vielmehr das *Wesen* des Lebens selbst, wo dieses sich seiner selbst in sich selbst erfreut. Und wer will dieses Sicherfreuen dort vorschreiben, reglementieren und etikettieren, wo diese Freude in die Lebendigkeit ihres eigenen Sichempfindens hinabtaucht - in die je phänomenologische "Tiefe" genau des "Spiels" des Lebens mit sich selbst, das "ich" tatsächlich bin? Wo diese Freude *jedem* zugestanden wird, da kann ihr auch weder multi- noch interkulturell nicht mehr die "Gerechtigkeit" ihrer "Interpellation" danach abgesprochen werden (Emmanuel Lévinas, Enrique Dussel), weil in der Tat Leben ohne dieses Sicherfreuen, wie Simone Weil in Auseinandersetzung mit Nietzsche (als einem der großen Wegbereiter der Kritik der Moderne) erkannte, dem Wahnsinn geweiht ist.[64]

---

64 Vgl. *Sur la science*, Paris (Gallimard) 1966, S. 240 f., 332 f., wohinter unausgesprochen die Korrelation von Glück- und Realitätsempfinden nach Spinoza steht, der in diesem Zusammenstimmen auch den "Frieden" sah, dessen äußere Ermöglichung andererseits das Hauptziel staatlicher Existenz sein soll. Im übrigen ist die Vorwegnahme vieler kritischer Themen der Postmoderne bei S. Weil nicht zu übersehen; vgl. daher die wichtige analytische Untersuchung Wittgensteinscher Prägung bei P. WINCH: *Simone Weil - "The Just Balance"*, New York u. a. (Cambridge University Press) 1989.

TEIL III

Wirtschaft und Kultur

Sofern alle Kultur auf das sich-empfindende Leben in seiner individuellen Konkretion zurückführbar ist, diese Kultur aber auch ein Schaffensprozeß von Werten ist, muß gefragt werden, wie sich das fundamentale Verhältnis solchen Lebens zur Ökonomie darstellt, da ein Wert - als Gebrauchs- und Tauschwert - natürliche wirtschaftliche Bedingungen hat. Die Frage ist nur in lebensphänomenologischer Sicht, ob diese Bedingungen der Ökonomie ein *selbständiges Reich* von Gesetzen bilden oder sich tatsächlich genealogisch aus dem individuellen Leben heraus aufweisen lassen, ohne eine bestimmte ökonomische Theorie vorauszusetzen. Damit stünde die konkrete Genealogie einer phänomenologisch-transzendentalen Genese des "Wirtschafts*lebens*" gegen den Anspruch eines in sich abgeschlossenen Bereichs des abstrakt "Ökonomischen", aus dem im Liberalismus wie im Sozialismus autonome Gesetze politisch-wirtschaftlichen Handelns und Planens abgeleitet werden, womit dann auch weiterhin eine ethisch-kulturelle Grundfrage gestellt ist: Legitimieren sich nämich wirtschaftliche Abläufe aus ihrem selbstregulierenden Prozeßcharakter heraus, wobei sich gegebenenfalls - je nach Schule der Neoklassik reiner Ökonomie, der instrumentalen Theorie, der Neuen Ökonomischen Institutionstheorie, der Volkswirtschaftslehre als Kulturtheorie etc.[1] - markt- oder gesellschaftsverpflichtete Eingriffe intrasystemisch als notwendig und damit als gerechtfertigt erweisen, oder gibt es eine *nie* zu leugnende Rückbindung darüber hinaus an die selbstaffektive Lebensimmanenz als Lebenspathos?

---

1 Vgl. die Nennung dieser wichtigsten Tendenzen im Zusammenhang mit einer Ontologie der Volkswirtschaft als idealtypischem Sachbereich und datenbezogenen Anwendungen bei G. KOLB. "Volkswirtschaftslehre als Kulturtheorie", *Jahrbuch für Philosophie des Forschungsinstituts für Philosophie Hannover*, 5 (1994), S. 181-197. Außerdem W. VOGT (Hrsg.): *Seminar: Politische Ökonomie. Zur Kritik der herrschenden Nationalökonomie*, Frankfurt a. M. (Suhrkamp) [2]1977; L. DUMONT: *From Mandeville to Marx. The Genesis and Triumph of Economic Ideology*, Chicago (University Press) 1977.

Wir treten also nicht in die Debatte ein, ob die Ökonomie als Theorie mehr zu den Geistes- oder Naturwissenschaften gehört, bzw. ein heterogenes Gebilde aus beiden ist, das sich besonders zur Zeit des Historismus und in dessen Verlängerung als "Volkswirtschaftslehre" konstituiert hat, nachdem John Stuart Mill (1773-1836) die "Politische Ökonomie" (Nationalökonomie) bereits als Sozialwissenschaft verstanden hatte. Unsere weitgehende Begrenzung auf die Lebensphänomenologie als originäre "Ökonomie des Bedürfens" (wie wir schon im ersten Teil dieses Buches vorausschickten) folgt einerseits der allgemeinen Anweisung Husserlschen Denkens, keine Vorgabe aus einer ontischen Regionalontologie für phänomenologische Wesensforschung unbefragt gelten zu lassen, so wie diese Begrenzung andererseits eine pro-vokative Verifizierung der Lebensphänomenologie selbst bilden kann, was diese nämlich in einem scheinbar so weit von ihr entfernten Bereich "harter Fakten" an Einsichten vorzuweisen habe.

Die radikal-phänomenologische Bestimmung in bezug auf jedes Individuum besagt, und dies muß dann a priori auch für das soziativ "wirtschaftende" Individuum gelten, daß es eine *Kraft* ist - genau eine solche Kraft, die dem Reich des Ökonomischen als *transzendentales* Prinzip (und nicht im einseitig-empirischen Sinne) vorgegeben ist. Wenn die transzendentale Genealogie der ökonomischen Wertproduktion an dieses Ursprungsprinzip anknüpfen kann, so bedeutet dies, daß jene individuelle Kraft zunächst "wirtschaftlich" als *Arbeit* erscheint. Arbeit ist wesensmäßig nur als individuelle gegeben; insofern hat nie irgendeine Gruppe irgendetwas erzeugt oder gebaut. Und wie die Kraft ist die Arbeit in ihrem Ursprung subjektiv, was aber auch zugleich heißt: nur als "lebendige Arbeit", um den Marxschen Ausdruck (und nicht die spätere marxistisch-leninistische Doktrin) zu gebrauchen, ist sie real. Die ökonomische oder "soziale Arbeit" ist hingegen immer eine Abstraktion, wie im einzelnen zu zeigen sein wird,[2]

2 Für die hierbei vorausgesetzte Klärung der Arbeit als subjektiver, lebendiger oder realer im Zusammenhang mit einer phänomenologischen Marxlektüre zum Verständnis der Seins- und Wirtschaftsrealität vgl. grundlegend M. HENRY: *Marx II: Une philosophie de l'économie*, Paris (P.U.F.) 1976 (Neuaufl. 1991). Kritische Stellungnahmen dazu werden diskutiert in R. KÜHN: *Leiblichkeit als Lebendigkeit*, Freiburg/München (Alber) 1992, Teil VI (S. 381-452). Vgl. ebenfalls M. TERESTCHENCO: *Enjeux de philosophie politique moderne*, Paris (P.U.F.) 1992, Kap. VIII: "Marx et l'ontologie de la vie selon Michel Henry" (S. 193-242). - Natürlich scheint sich auch in den Wirtschaftswissenschaften der

ähnlich wie eine isoliert gedachte Kultursphäre eine ungedeckte Verallgemeinerung darstellt.

1. Arbeit und "äquivalenter" Warentausch

Wirtschaftliches Tätigwerden als Arbeit hat einen zweifachen Sinn. Zum einen beinhaltet es all jene Aktivitäten, welche die lebendigen Individuen zum Lebenserhalt und zur Weiterentwicklung einsetzen. Eine solche *Produktion* besteht in der Veränderung von Naturelementen, die den Bedürfnissen der Menschen entsprechend transformiert werden. Diese "Gebrauchswerte" bilden die Gesamtheit der "Produkte", die zum Verzehr oder zum Verbrauch bestimmt sind, wobei offensichtlich ist, daß über die Korrelation von Bedürfen/Kultur von vornherein kulturelle - und damit "ethische" - Entscheidungen in die Produktion mit einfließen. Bevor diese aber allein von gesellschaftlich-ökonomisch relevanten "Verhältnissen" bestimmt gesehen wird, ist nochmals zu betonen, daß die verändernde Arbeitskraft das je

---

Konsens durchzusetzen, daß es ohne Rückgriff auf den "Menschen" keine angemessene Theoriebildung in diesem Bereich geben kann. Aber diese Rückgriffe bleiben im weitesten Sinne *hermeneutisch*, das heißt auf ein ekstatisches Wesen des Menschen ohne eigentliche Lebenseidetik bezogen. So beispielsweise G. WEIPPERT: *Aufsätze zur Wissenschaftslehre II: Wissenschaftslehre als Kulturtheorie*, Göttingen (Vandenhoeck & Ruprecht 1967), S. 141: "Daß aber Kultur sinnhaltig ist und daß allem menschlichen, also kulturschaffenden Tun Sinnhaftigkeit zukommt, ist mit dem Geistsein des Menschen gegeben." Bis hin zu einer bereits äußerst problematischen heuristischen Ausschaltung der Lebensrealität bei aller Betonung "historisch-kulturellen Lebens" *ebd.* S. 113: "Der Mensch würde auf Grund der Besonderheit seines Seins auch dann ein Kulturgebiet Wirtschaft erstellen, so ihm die Last der Lebenserhaltung und der Lebenssicherung abgenommen wäre. Nötigt ihn doch schon die Vielzahl der Zwecksetzungen und der Wille, Zwecke zu verwirklichen, zu wirtschaftlichen Erwägungen und ökonomischen Handlungen. Allein die Tatsache also, daß der Mensch 'Wunschbildverwirklicher' ist, läßt Wirtschaft entstehen." Es gäbe aber weder einen "reinen Willen" noch "Wunschbilder" (Imaginäres), wenn diese nicht als Selbstobjektivierung des Lebens aus diesem selbst aufbrächen und damit an dasselbe transzendental zurückgebunden blieben.

individuelle Leben ist und somit jede Form von Produktion ursprünglich in diesem Leben gegründet bleibt. Sieht man darüber hinaus die gesamte Menschheitsgeschichte als die Geschichte der Naturveränderung, so ist folglich der wirtschaftliche Bereich mit der letzteren gleichursprünglich. Andererseits jedoch impliziert die phänomenologische "Substanz" des Ökonomischen als lebendig-produktive Arbeitskraft auch den *Tausch* der Gebrauchswerte. Und hier stößt jede wirtschaftliche Analyse notwendigerweise auf die entscheidende Frage - nicht nur im quantitativen Sinne, sondern auch kulturell als Ethik und Institution: Wie, das heißt in welchen quantifzierbaren Verhältnissen, wird getauscht? Ist die phänomenologische Problematik der Erscheinungen vom *Wie* des Erscheinens überhaupt bestimmt, so bedeutet die Antwort auf die Möglichkeit eines konventionell geregelten Tauschverkehrs unter den Menschen sicherlich eine der größten theoretischen und damit zivilisatorischen Leistungen der beginnenden Menschheit.[3]

---

3 So wertvoll die einzelnen geschichtlich-hermeneutischen Unterscheidungen bei HANNAH ARENDT zwischen Tätigkeit, Arbeit, Herstellen und Handeln sind, die hier nicht berücksichtigt werden können, so bleibt die Frage nach ihrer letzten ontologischen Fundierung "im Leben", das mehr ist als natural-historische Geburt; vgl. *Vita activa oder Vom tätigen Leben*, München-Zürich (Piper) [7]1987. Daß sich sodann gerade am Tauschvorgang eine weitgehend zivilisations- und ideologiekritische Debatte entzünden kann, zeigt besonders gut das Werk in zwei Bänden von GEORGES BATAILLE: *Der Begriff der Verausgabung*; *Der verfemte Teil*, München (Fink) 1975. Vor allem im letzteren entwirft er eine "Allgemeine Ökonomie", wonach der Lebensbewegung des *Überschusses* auf der Erde ein *Vergeudung* (Opfer und Potlatch) zu entsprechen habe. Demgegenüber definiert sich die klassische Wirtschaftslehre als Verteilung "knapper Mittel". Vgl. L. C. ROBBINS: *An Essay on the Nature and Significance of Economic Science*, London (Macmillan) 1932, S. 15: "Economics is the science which studies human behaviour as a relationship between ends and scarce means which have alternative uses." Oder P. A. SAMUELSON/W. D. NORDHAUS: *Volkswirtschaftslehre. Grundlagen der Makro- und Mikroökonomie 1*, Köln (Bund-Verlag) [8]1987, S. 29: "Die Wirtschaftswissenschaft beschäftigt sich mit den Entscheidungen, die die Mitglieder einer Gesellschaft hinsichtlich der Verwendung knapper Ressourcen mit alternativer Verwendbarkeit treffen, wie sie diese zum Zwecke der Produktion verschiedener Güter einsetzen und sie für den gegenwärtigen oder zukünftigen Konsum unter die einzelnen Wirtschaftssubjekte oder Gesellschaftsgruppen verteilen." Zur Unterscheidung der Fachbezeichnung: Volkswirtschaftslehre, Wirtschaftswissenschaften (*economics*), Weltwirtschaftslehre, ökonomische Theorie mit jeweiliger Angliederung wie Industrie-Ökono-

Dieses Tauschproblem war und ist insofern von größter Dringlichkeit, als es sich unmittelbar in der Fortsetzung des lebendigen Bedürfens stellt und mithin vom "Leben" gelöst werden mußte. Alle von der Arbeit erzeugten Objekte zur Bedürfnisbefriedigung sind qualitativ unterschiedlich, aber als Arbeitsprodukte können sie ausgetauscht werden, das heißt: die Arbeiten selbst - abstrakt gesehen die in sie investierten Arbeitsstunden - sind imstande, in einen Tauschverkehr einzutreten. Denn als Zeitmaß ist die Arbeit für unterschiedliche Produkte als "dieselbe" meßbar, und im Sinne eines solchen Tauschwertes wird das Arbeitsprodukt zur *Ware*. Je mehr Arbeit eine Ware enthält, umso wertreicher ist sie, und auf diesem "Gesetz" basiert der Warenverkehr zu jedem Augenblick. Aber paradoxerweise tritt mit dieser "ökonomischen" Lösung des Tauschproblems im doppelten Wortsinn von "wirtschaftlich" und "rational" auch eine *Aporie* von höchsten ethischen und kulturellen Folgen auf. Jene Arbeit, die eine Ware tatsächlich hervorbringt, ist lebendig-subjektive Arbeit. In der radikalen, phänomenologischen Unsichtbarkeit, in der sich transzendental-genealogisch eine Kraft zur Anstrengung in der Arbeit und als diese entfaltet, gibt es keinerlei objektiven Maßstab, um diese Kraft oder Anstrengung zu messen, denn diese Energie als Affektion der absoluten Subjekvität gründet allein in jenem Pathos, in dem sich das Lebensbedürfen als Bedürfen seiner selbst zur Anstrengung bündelt und verwandelt. Und genau dieses Pathos ist ebensowenig mitteilbar wie der Geschmack einer Speise oder die Leidenschaft wie auch die Anmut einer Liebe. Subjektiv und gesellschaftlich tut sich damit ein Dilemma auf, das als ontologisch bzw. meta-historisch bezeichnet werden kann: Keine Sozietät und kein reflexives Selbstverständnis ist ohne Warenaustausch im Sinne von "Arbeitsprodukten" denkbar, aber im selben Augenblick jedoch, in dem diese realen Arbeiten ausgetauscht werden sollen, entziehen sie sich konkret-individuell in die phänomenologische "Nacht" des rein selbstaffektiven, transzendentalen Pathos.

---

mie, Politischer Ökonomie etc. vgl weiterhin P. KOSLOWSKI: *Gesellschaftliche Koordination. Eine ontologische und kulturwissenschaftliche Theorie der Marktwirtschaft*, Tübingen (Mohr) 1991, S. 66 f., 98 f., der einen wirtschaftstheoretischen Ordnungsversuch einschließlich Metaphysik und Ethik darstellt und insoweit dem *gesamtkulturellen* Anliegen der lebensphänomenologischen Wirtschaftsanalyse entgegenkommt.

schon. Auf die Ökonomie insgesamt bezogen bedeutet dies nicht weniger, als daß die Totalität der wirtschaftlichen Äquivalente in ihrer objektiven Disposition (Produktivkräfte) und ideativen Selbstregulierung (Markt- und Kapitalgesetze) eine *Substitution* der allein realen Produktivkraft Arbeit darstellen, um diese anstelle ihres ungreifbaren Pathos vergleichen zu können.

Das kulturell-ethische Problem, das sich bereits von diesen Voraussetzungen her stellt, ist zumindest zweifacher Natur. Dort, wo der subjektive Austausch über die miteinander geteilte Arbeit in einem Gemeinschaftsbezug nicht mehr befriedigt wird, kann das Verlangen aufbrechen, über die Ausübung von zusätzlich mehr *Macht*, als sie die Gemeinschaftsorganisation erfordert, diesem subjektiven Begehren nachzugeben. Insoweit nämlich andere verpflichtet werden, meinem Willen zu gehorchen, kann die Illusion geboren werden, daß mein subjektives Bedürfen mit dem gesellschaftlich "Notwendigen" identisch sei. Aber auf diese Weise, das heißt über die "ungerechte" Macht, die ihre eigene phänomenologische Genese in einer Nicht-Befriedigung hat, erfährt sich das subjektive Pathos der Anstrengung nicht mehr rein, nämlich als grundsätzlich nicht-kommensurabel mit dem gesellschaftlichen Sein. Daran ließen sich die Irrtümer über Kultur anschließen, insofern Kultur ver-äußernd als ein Heraustreten aus dem "Subjektiven" verstanden wird, um "Höherem" zu dienen. Erweist sich dieses "höhere Ziel" zugleich als mit dem gesellschaftlich Allgemeinen verträglich oder gar identisch, dann kann die Kultur zur Ideologie der Macht werden, der sich Denken und Religion beispielsweise unterordnen,[6] wie wir dies in den vor-

---

werdenden Absoluten als Relativismus biete (*ebd.* S. 86 f.). Dabei ist natürlich nicht zu übersehen, daß solche kulturtheoretische Wirtschaftslehre sich aus ganz *heterogenen* Quellen wie klassischer Metaphysik, verstehender Kulturwissenschaft und moderner Markttheorie speist, was nicht ohne einen gewissen *eklektischen Methodenpluralismus* geschehen kann, den die Lebensphänomenologie durch eine radikale Epoché auf das immanente Leben auszuklammern versucht.

6 Vgl. P. L. BERGER: *Zur Dialektik von Religion und Gesellschaft. Elemente einer soziologischen Theorie*, Frankfurt a. M. (Fischer) 1973; D. SAVRAMIS: *Religionssoziologie. Eine Einführung*, München (Nymphenburger) 1968; N. KOERTGEN: "Braucht die Sozialwissenschaft wirklich Metaphysik?", in: H. ALBERT/K. H. STAPF (Hrsg.): *Theorie und Erfahrung. Beiträge zur Grundlagenproblematik der Sozialwissenschaften*, Stuttgart (Klett-Cotta) 1979, S. 55-79; A. RÜSTOW: *Das Versagen des Wirtschaftsliberalismus als religionsgeschichtliches Problem*, Zürich (Europa Verlag) 1945.

Zeitmessung investierter Arbeit möglich. In dieser Hinsicht ist die "wirtschaftliche Realität" deshalb eine Erfindung, die den Bereich des wirtschaftlichen Meß- und Quantifizierbaren als solchen konstituiert, oder auch abgekürzt gesagt: Es ist die Entdeckung der "Objektivität", in welcher die subjektive Arbeit als Kraftanstrengung prinzipiell-phänomenologisch keinen Erscheinungsraum mehr besitzt. Wo aber mit dem Nicht-Erscheinen der Subjektivität die Realität eines originären Erscheinens dahinfällt, bzw. sich zurückzieht, bleibt nur die *Repräsentation* der Arbeitskraft übrig, mit anderen Worten ihre "Idee" als eine irreale *Verdoppelung* im Sinne Nietzsches[5]

---

5 Vgl. *Genealogie der Moral*, I, 23: "Es gibt kein 'Sein' hinter dem Tun, Wirken, Werden; 'der Täter' ist zum Tun bloß hinzugedichtet - das Tun ist alles. Das Volk [unter der Verführung der Sprache und der in ihr versteinerten Irrtümer der Vernunft] verdoppelt im Grunde das Tun, wenn es den Blitz leuchten läßt, das ist ein Tun-Tun: es setzt dasselbe Geschehen einmal als Ursache und dann noch einmal als deren Wirkung." *Werke II*, hrsg. v. K. Schlechta, München (Hanser) 1976, S. 790. - Zweifellos sehen auch kritische Stimmen einen solchen "Modell-Platonismus" in der neoklassischen reinen Ökonomie vor allem, die an den Erfahrungstatsachen scheitern muß. Aber diese Kritik bei HANS ALBERT führt nur dazu, Wirtschaftslehre nicht gegenüber soziologischen und sozialpsychologischen Erkenntnissen isolieren zu sollen; vgl. *Marktsoziologie und Entscheidungslogik. Ökonomische Probleme in soziologischer Perspektive*, Neuwied/ Berlin (Luchterhand) 1967, S. 338. Aus solchen Einwänden heraus lassen sich dann gerade auch die neueren "kulturtheoretischen" Überlegungen in der Wirtschaftslehre begründen: "Demnach geht es bei der Kulturtheorie - zum Sachgebiet Wirtschaft hinzutretend [das heißt zu oben genannten 'unwandelbaren', ontologischen Kategorien wie Produktion, Ertrag, Einkommen etc.] - *zusätzlich* um die jeweilige raum-zeitliche Einkleidung dieses (dann realisierten) Sachgebietes, eben um die Kulturwirklichkeit Wirtschaft." G. KOLB: "Volkswirtschaftslehre als Kulturtheorie" (1994), S. 190. P. KOSLOWSKI: *Gesellschaftliche Koordination* (1991), S. VIII f., 4 f., 8 f., 67 ff., versteht Kultur im Anschluß an Gustav Schmoller als einen "Zwischenbau" zwischen Staat und Wirtschaft, um auf beide über faktische Sitten und ethische Normen einzuwirken. Er kritisiert aber Schmoller dort, wo die Frage nach "Lebensförderlichkeit" oder "Lebensabträglichkeit" zu einem reinen "Opportunitätsurteil" wird, das nicht die ganze ethisch-kulturelle Anforderung erfülle (*ebd.* S. 92 ff.). Hinter diesem Vorwurf ist seine allgemeine Kritik am Historismus zu sehen, daß dieser außer dem "Erleben" kein "übergeschichtlich Gültiges" mehr kenne und dieses Erleben dann pantheistisch als kryptoreligiöse "Erlösung vom Allgemeinen und Wiederkehrenden" in einen metaphysischen Status erhebe, das heißt eine Theorie des

Im radikalen Sinne können mithin transzendentale Subjektivitäten in diesem Sinne ökonomisch *nicht* ausgetauscht werden,[4] was aber besagt, daß diese Unmöglichkeit als solche gerade der *Ur-Akt der Wirtschaftsgenese* ist, denn innerhalb des Ökonomischen selbst ist der "Tausch" als äquivalente

4 Dies widerspricht nicht, um keine falschen Schlüsse hier zu ziehen, der phänomenologischen Gemeinschaftlichkeit des *Mit-Pathos* oder der kulturellen *Sym-Praxis*, wie wir sie im Mittelteil dieses Buches beschrieben haben und die der Lebensselbstaffektion *gleichursprünglich* sind, denn sofern solches Leben nur individuell gegründet ist, kann es prinzipiell auch nur "im Plural" existieren, um eine Husserlsche Wendung in bezug auf die eine Lebenswelt als "Welt im Plural" aufzugreifen. Gerade meine Einzigkeit schließt also die "Anderen" ein. Daß diese Problematik von mit-ursprünglicher Gemeinschaftlichkeit und "geplanter" Tauschregulierung unter anderem den geheimen Grund der letztjährigen Ost/West-Geschehnisse ausmacht, hat M. HENRY in einem jüngeren Werk gezeigt: *Du communisme au capitalisme. Théorie d'une catastrophe*, Paris (Jacob) 1990. - Zur Kritik eines "platonisierenden" Politikverständnisses dabei vgl. S. CANTIN: *Le philosophe et le déni du politique. Marx, Henry, Platon*, Sainte Foy/Canada (Presses Universitaires de Laval) 1992. Nach Cantin verliert die politische Dimension, die wir hier - wie schon früher erwähnt - nicht näher darstellen können, jedes ontologische Daseinsrecht, wenn die Ursprungsoffenbarung des Erscheinens ausschließlich in der Subjektivität stattfinden soll. Er übersieht aber dabei den mit-originären Sachverhalt der genannten phänomenologischen Gemeinschaftlichkeit, die "älter" als politisches Handeln ist, weshalb seine Diskussion sich hauptsächlich an Hannah Arendt orientiert, die gleichfalls vom ek-statischen Handlungsbegriff allein ausgeht und damit das Politische, Öffentliche, zur zentralen hermeneutischen Kategorie macht. Im Zusammenhang mit einem unumgehbaren Tauschproblem wäre auch der Vergleich mit all jenen ontologischen Grundlageversuchen in der Wirtschaftstheorie weiterzuführen, die von einer "Ewigen Wirtschaft" (Friedrich von Gottl-Ottilienfeld), einer "zeitlosen Theorie" der Wirtschaft (Arthur Spiethoff) oder von "allgemein-ökonomischen Kategorien" (Werner Sombart) etc. sprechen; vgl. G. KOLB: "Volkswirtschaftslehre als Kulturtheorie" (1994), S. 187 f. Aber dabei wäre dann genau jeweils das ontologisch-phänomenologische Erscheinungsapriori zu eruieren, was unseren Umfangsrahmen sprengt. Es läßt sich aber insgesamt, wie schon betont, davon ausgehen, daß die meisten Wirtschaftslehren historisch-soziologischer bzw. historisch-ethischer Provenienz eine hermeneutische Ontologie implizieren, die auf *intentional-stellungnehmende* Sinntranszendenz ausgerichtet ist und darunter auch stets "Leben" im rein *anthropologisch-empirischen* Sinne subsumiert.

herigen Kapiteln über interkulturelle Philosophie und ein neues multikulturelles Lernen näher ausgeführt haben. Der ökonomische Status einzelner oder von Gruppen kann in einer säkularisierten Gesellschaft wie der unsrigen diese Funktion der Machtausübung ebenfalls übernehmen, denn das wirtschaftliche Wachstum wird bald mit dem allgemeinen Interesse als solchem überhaupt identifiziert und entfernt sich so von der ursprünglichen, begründenden Subjektivität noch weiter, da diese als unwesentlich erscheint. Diese kurze Skizze einer Genese der Macht und deren Ideologiegeneigtheit, die hier ebenfalls nur berührt werden kann, läßt sich auch kurz so ausdrükken, daß letztlich die Erfüllung des Individuums - wie etwa nach Hegel - immer in der Allgemeinheit zu geschehen habe.

Allgemeinheit, Macht, gesellschaftlicher Status etc. sind jedoch nur augenfälligere Kulturerscheinungen als andere, um exemplarisch jenen "objektiven Substituten" auf die Spur zu kommen, welche die Grundkonzepte der Ökonomie bilden. Wir nannten schon die soziale Arbeit und - indirekt - das Geld als messende "Äquivalente" der sich entziehenden subjektiven Arbeit im Sinne der absolut-phänomenologischen Anstrengung, die keine Willensleistung ist, sondern das Sich-Selbstergreifen des Bedürfens in seiner rein immanenten Energie oder Kraft. Soziale Klasse, Handarbeit, qualifizierte Arbeit, ungelernte Arbeit etc. sind des weiteren idealisierte Charaktere, die eine re-präsentierende Einschätzung der individuellen Arbeit erlauben sollen und damit zugleich die Werteinschätzung einer Tauschware als Preis. Bei all diesen Vorgängen wird der subjektiv-gelebten Zeitlichkeit, welche allein "real" im Sinne des "inneren Zeitbewußtseins" (Husserl) ist, eine chronometrische Zeit von Stunden und Minuten übergestülpt, um Arbeit gegen Produkte austauschen zu können. Selbst losgelöst von jedem humanistischen oder anderen Gerechtigkeitsideal dürfte aber eindeutig sein, daß die subjektiven Voraussetzungen für eine Arbeit nie gleich sein können. Was dem einen bei "derselben" Arbeit leicht fällt, kann dem anderen schwer fallen. Wird kulturell-symbolisch keine zusätzliche Weise angeboten, seine Arbeit auch anders als über Zeit, Geld und Ansehen zu verstehen, so kann man mit Simone Weil kritisch fragen, ob damit die Möglichkeit einer Zivilisation nicht überhaupt vertan sei, von der sie sagt: "Es ist ein leichtes, die Stelle zu bestimmen, die die körperliche Arbeit in einem wohlgeordneten Sozialleben einnehmen soll. Sie soll dessen geistige Mitte sein."[7]

---

7 So lautet der Schlußsatz von: *Die Einwurzelung. Einführung in die Pflichten dem menschlichen Wesen gegenüber*, München (Kösel) 1956, S. 437 (franz.

"Geistig" meint hier nichts anderes als die Erfahrung der selbstaffektiven Subjektivität, wo sich im Erleben des Pathos, der Anstrengung, aber auch der Freude in der Arbeit als Akt eigener und materieller "Trans-substantiation", das Ethos unseres Wesens abyssal entscheidet: nämlich der unvermeßbaren, radikalen Immanenz unseres Handelns in dessen innerstem Wesen als "subjektiver Praxis" *zustimmen* zu können oder nicht. Die "Zustimmung" hat hier nicht die Bedeutung einer ethisch-urteilenden Stellungnahme von außen, sondern sie meint die je sich *so* ereignende Ankünftigkeit oder eben auch "Ereignishaftigkeit" des Lebens in mir als mein konkretes Affiziertwerden, in dem ich "bin" und nicht "anders" sein kann. Der Vollzug des Lebens ist damit die "Zustimmung" des Lebens in sich selbst zu sich selbst durch sich selbst. Arbeit als "geistiger Mittelpunkt" einer Kultur will dann ausdrücken, daß dieses Nicht-Äquivalente der Subjektivität, an dem sich die Annahme oder Verweigerung des "Guten" oder des "Ethos" (im eingangs analysierten Sinne) durch das Individuum entscheidet, prinzipiell als "Kultur" anerkannt ist und nicht den scheinbar objektiven Äquivalenten aufgeopfert, das heißt ihnen subsumiert wird. Eine jegliche wirtschaftliche, aber auch politische wie gesellschaftliche Institution wäre also daraufhin zu überprüfen, ob sie es ermöglicht, diese unauflösbare, sozusagen "fleischliche" Verbindung der subjektiven Sinnlichkeit mit der Realisierung des "Guten" (Ethos) zu leben, ohne diesen Vollzug ausschließlich in den Bereich des "Privaten" oder "Ideologischen" zu verbannen.

Extrem formuliert muß die Frage daher lauten, was die Ökonomie mit *Sinnlichkeit* zu tun habe, obwohl sie rein "datenbezogen" erscheint. Sofern sich alle wirtschaftlichen Vorgänge auf die lebendige Arbeit zurückführen lassen, ist jedoch die Antwort damit schon ebenso gegeben wie die Verbindung mit der Kultur angezeigt ist. Kandinsky[8] sprach von der "Monumen-

---

Orig.: *L'enracinement*, Paris [Gallimard] 1949). Vgl. *Fabriktagebuch und andere Schriften zum Industriesystem*, Frankfurt a. M. (Suhrkamp) 1978. Dazu auch A. MOULAKIS: *Simone Weil - die Politik der Askese*, Stuttgart (Klett-Cotta) 1981, hier bes. S. 93 ff.

8 Vgl. *Essays über Kunst und Künstler*, hrsg. v. M. Bill, Bern (Benteli) ^{3}1973, S. 162 ff.; dazu J. HAHL-KOCH: *Kandinsky*, Stuttgart (Hatje) 1993, S. 265 ff. (mit Abb.); R. KÜHN: *Leiblichkeit als Lebendigkeit* (1992), S. 520 ff. - Von daher ist folgende Aussage von G. KOLB: "Volkswirtschaftslehre als Kulturtheorie" (1994), S. 182, zumindest anzweifelbar, wenn nicht unhaltbar: "Es geht uns nicht [bei der Bestimmung kulturtheoretischer Wirtschaftslehre] um die innerliche Welt der Erkenntnis, um das moralisch Gute, um das ästhetische Empfin-

talkunst" und meinte im Zusammenhang mit seinem Unterricht am "Bauhaus" in den 20er Jahren damit, daß *alle* Lebensbereiche zum Anlaß von ästhetischem Empfinden werden können - auch die Fabriken wie die in ihnen erzeugten Produkte. Wir haben uns perzeptiv und emotional schon weitgehend daran gewöhnt, daß das "Schöne" aus den meisten unserer Städte verbannt wurde, die ehemals wahre "Medien" der Lebens- und Kosmoseinwurzelung waren. Das Zukunftsproblem wird daher nicht nur sein, Verschmutzung und Zerstörung von Naturqualität einzudämmen, sondern diesem unzerstörbaren Verlangen nach "Ästhetik" stattzugeben, sofern wir transzendental - und nicht zufällig - sinnliche Wesen sind.

Die lebendig-sinnliche Arbeit wird nun gerade mittels des zeitlichen Äquivalents von "Arbeitsstunden", die in die Ware als Tauschwert eingehen, um so die "soziale Arbeit" zu repräsentieren, auf absolut reine Weise in ökonomischer Hinsicht durch das *Geld* vertreten. Stellt der Tauschwert noch die soziale Arbeit in einem für den Gebrauch bestimmten Objekt dar, so bedeutet das Geld dieselbe soziale Arbeit, ohne mit einem konkret-wirtschaftlichen "Produkt" verbunden werden zu müssen. Lebensphänomenologisch bezeichnen die Begriffe Repräsentieren, Darstellen, Vertreten oder auch Vorstellen die gleiche Ek-stasis einer Welt, sei diese bewußtseinsphilosophisch, wissenschaftlich oder ökonomisch konstituiert, in der die Elementarität des Weltkontaktes sich gerade nicht mehr mit-teilen kann, weil die Affektivität als sinnliche "Erkenntnisgröße" vollständig seit Galilei im Ansatz des Erkenntnisprojektes der Modernität selbst ausgeklammert ist. So wie die Arbeit einerseits subjektiv-absolut das Hineintauchen in das Pathos der nur eigenen Anstrengung ist, so ist sie andererseits Hineinnahme des

---

den: wohl aber um gemeinsame Einstellungen, Lebensstile, Verhaltensweisen, Wertmaßstäbe, Leitvorstellungen und zugleich um einen kollektiven Sinnzusammenhang." Ohne Zweifel ist jeder spezielle Wissenschaftsgegenstand ein Ausschnitt aus der Gesamterfahrung notwendigerweise, aber die Menschen in den verschiedenen Bereichen - hier in den Wirtschaftsprozessen - lassen sich konkret nicht nach diesem methodologischen Schema zergliedern. P. KOSLOWSKI: *Gesellschaftliche Koordination* (1991), S. 8 f., spricht ähnlich bloß von einem "kulturellen Zusatznutzen der materiellen Güter", von einer Ästhetik als "spontaner Kultur" aufgrund individueller Präferenzen in der Nachfrage und Produktion. Vgl. *ebd.* S. 84 f. zur Überschneidung der materialen Wertethik mit der ökonomischen Güterlehre des Nützlichen und der ästhetischen Güterlehre des Schönen.

Resistenten oder Festen der Welt als "Materie" in die Affektivität durch diese selbst.

Arbeit beinhaltet so phänomenologisch eine *Ur-Elementarität*, die noch vor dem "es gibt" der je sich identisch-objektiv abschattenden Dinge liegt. So wie das Wässerige, das Feurige, das Chtonische etc. "Weltberührung" ohne vorgezeichnete Theoriefelder des Erkennens bezeichnen, worin Freude und Lust, aber auch Ertragen und Anstrengung, nahezu im reinen Empfinden ihrer selbst sein können, so ist die Arbeit in ihrer phänomenologischen Archaik - sieht man vom Befriedigungsaufschub darin und damit von einer ersten Zeitlichkeit und sozialen Exteriorität ab - ein Erleben der Verfügbarkeit der Welt als ein Sich-Vertrautmachen. So wie ich den Fuß auf den Boden setze und dabei leibhaft-sinnlich "weiß" im Sinne eines originären "Lebenswissens", daß die Erde mich trägt, so ist auch die Bearbeitung von "Materie", losgelöst von allen physikalisch-abstrakten Vorstellungen der letzteren, Präsenz der Welt "in" meiner leiblichen Organbewegtheit, um als fließende Grenze meiner Kraft unter deren innerlich affizierten Bewegung, die man "Energie" nennen kann, zurückzuweichen. Darin liegt eine Elementarität der Weltzugänglichkeit, die eindeutig in die innerste phänomenologische Struktur pathischer Affektivität selbst hineinreicht, sofern die Passivität des "Materialempfangs" zugleich auch die Freude über die Maniabilität der Welt und damit über meinen inchoativen Freiheitsraum ist.[9]

Gerade diese Elementarität einer "Welt" vor der Welt in der reinen Anwesenheit ohne Begriff ist - gleichursprünglich mit dem subjektiven Pathos - durch das Äquivalent Geld (Kapital) für die Arbeit ebenfalls verloren. Natürlich sind auch die sozialethischen Probleme einer "gerechten Entlohnung" keineswegs auszuklammern, aber sicher kann die Phänomenologie näher an die Unbedingtheit von "Kultur" im rein leibhaften Arbeitsakt heranführen, indem sie die Hineinnahme von Welt in die Immanenz der Subjektivität (noch vor dem dann berechtigten hermeneutischen Aspekt der "freiheitli-

9 Wir sind hier fern von jeder "Arbeitsromantik" und verweisen - außer den bereits zuvor genannten - auf einige, hauptsächlich phänomenologische Analysen zum Thema Arbeit und Ökonomie bei E. LÉVINAS: *Totalité et Infini. Essai sur l'exteriorité*, Den Haag (Nijhoff) [4]1974, S. 81 ff.: "Innerlichkeit und Ökonomie"; W. REESE: *Die Phänomenologie der schweren körperlichen Arbeit. Die Widerständigkeit der Realität*, Frankfurt a. M. (Haag + Herchen) 1992; S. MÜLLER: *Phänomenologie und philosophische Theorie der Arbeit I: Lebenswelt - Natur - Sinnlichkeit*, Freiburg/München (Alber) 1993.

chen Selbstverwirklichung" durch Arbeit) zu artikulieren vermag.[10] Eine *einseitige* Verknüpfung des Gerechtigkeitspostulates mit dem Lohnaspekt der Arbeit über das universale Tauschmittel Geld verkennt eben, daß wir unaufhebbar, das heißt phänomenologisch-transzendental, "Bewohner dieser Erde" sind - und dies eben nicht erst aufgrund historischer Entscheidungen werden, auch wenn hier Epochenschwellen wie Entzauberung der Welt im Judentum, im mönchischen Arbeitsethos oder in der renaissancehaften Weltzukehr eine mehr trennende oder intensivierende Rolle spielen.[11] Die rein funktionale Weltrelation der Moderne ist vielfach behandelt worden, und wir können für den ökonomischen Bereich hier besonders Joseph Schumpeter (1883-1950) anführen, weil er im Anschluß an Max Weber dessen Kulturkritik unter dem Gesichtspunkt der allein sich durchsetzenden "technischen Rationalität" zwar teilt, aber zugleich in diesem Kontext eine eigene "psychologische Analyse" des kapitalistischen Unternehmenssystems geben will.[12]

---

10 Oder auch eines "Schöpfungsauftrags", der im Grund diesen Freiheitshumanismus historisch motiviert; vgl. etwa E. WELTE: *Vom Sinn und Wert der menschlichen Arbeit. Aus der Gedankenwelt des hl. Thomas von Aquin*, Heidelberg (Kerle) 1946; H. RONDET: *Theologie der Arbeit*, Würzburg (Echter) 1956. Gegenwärtig ist daher "Vollbeschäftigung" (nicht eigentlich Arbeit) das zentrale Thema; vgl. G.-K. KALTENBRUNNER (Hrsg.): *Auf der Suche nach einer neuen Vollbeschäftigung. Die Mutation der Arbeit*, Freiburg-Basel-Wien (Herder) 1979.

11 Eine Grundschrift für die Kultur der frühen Renaissance ist etwa CHARLES DE BOUELLES (CAROLUS BOVILLUS): *Liber de sapiente* (1510), hrsg. v. R. Klibansky, in: ERNST CASSIRER, *Individuum und Kosmos*, Berlin 1927. Der Weise ist jener, der die Welt durch die Selbstreflexion ergänzt. Somit stehen Anthropologie, Erkenntnislehre und Theologie nicht im Gegensatz, denn Gott selbst wünscht diese Weisheit als Einheit des Wissens und des Empfindens, da die Vollendung des Menschen zugleich die Vollendung der Welt darstellt. Der Mensch ist in dieser Renaissanceschrift Mittelpunkt eines hierarchischen Universums, und in der "spirituellen" Bindung an die Welt erfährt das menschliche Wesen seine Freiheit als solche. Dieser "Ineinsfall der Gegensätze" verrät das sowohl mittelalterliche wie bereits moderne Erbe eines Nikolaus von Kues. Auf solchen Traditionshintergründen bezieht dann P. KOSLOWSKI: *Gesellschaftliche Koordination* (1991), S. 1 f., 63 ff., auch Religion mit Recht in die kulturelle Wirtschaftsanalyse ein.

12 Vgl. hier: *Theorie der wirtschaftlichen Entwicklung*, Leipzig (Duncker & Humblot) 1912, [6]1964, sowie: *Geschichte der ökonomischen Analyse*, Göttingen

So wie die modernen Wissenschaften durch den methodischen Willen gekennzeichnet sind, das Wissen nicht nur zu verwalten, sondern *grenzenlos auszudehnen*, ebenso wird der Kapitalismus im Sinne Schumpeters von einem prinzipiell-grenzenlosen "Erwerbenwollen" motiviert. Dieses Erwerben ist vom reinen "Sacherwerb" unterschieden, den es in allen Zivilisationen gegeben hat. Hinzu tritt für Schumpeter, daß durch einen Nachahmungseffekt diese moderne Neigung zur unbegrenzten Anhäufung von zunächst rein kapitalistischen Gruppen auf alle Gesellschaftsschichten übergegangen ist, um die Bewegkraft des Ökonomischen als solche zu bilden. Jedes Objekt fällt daher nach Schumpeter bereits insofern unter das Erwerbsgesetz, als es eines "Profits" würdig erscheint. Und diese Sichtweise erlaubt es ihm gerade, eine "dynamische Theorie" der kapitalistischen Interessen zu entwerfen: Die moderne Wirtschaft basiert auf Waren und Geld, insofern eben *jeder profitbringende Gegenstand ein Geldäquivalent* ist, wodurch er zur "Ware" wird. Die Idee der "Relation" und "Funktion" ersetzt in einer solchen Gesellschaft notwendigerweise die frühere Kategorie der "Substanz" (was nicht mit einer phänomenologischen Sichtweise verwechselt werden darf). Darüber hinaus noch wird die unbegrenzte Anhäufung im Zusammenhang mit dieser neuen funktionalen Relationalität ein "Geist der

---

(Vandenhoeck & Ruprecht) 1965. Auch P. KOSLOWSKI: *Gesellschaftliche Koordination* (1991) S. 33, schreibt: "Die Marktwirtschaft realisiert keine vordefinierten Zwecke außer jenen der Individuen. Der Markt ist ein Koordinationsprozeß, in den die Individuen eintreten, um ihre Präferenzen und Strategien an diejenigen der anderen und an die Bedingungen des Marktes anzupassen." Dem entspräche ebenfalls Léon Walras' Modell eines *tâtonnement* am Markt, womit Marktteilnehmer ihre wechselseitige Tausch- bzw. Zahlungsbereitschaft mit- und gegeneinander *ausloten*; vgl. *ebd.* S. 24 ff. Dieses Bild, dem auch in gewisser Weise die interaktionistische Vorstellung der Österreichischen Schule entspricht, käme einem "lebendigen Austausch" auch am Markt eher entgegen als der Begriff vom physikalisch-mathematischen "Marktgleichgewicht" (etwa nach Ricardo). Entsprechend lehnt P. KOSLOWSKI, *ebd.* S. 48 ff., auch ein ausschließliches *Denken in Äquivalenten* ab, sei es als strikter Marktmechanismus, sei es philosophisch als konsensuelle Abstimmung (herrschaftsfreier Diskurs nach Habermas) von faktischer und approximierter Bedürfnisbefriedigung. Allerdings ist mit einer solchen bloß äußeren *Äquivalenzeinschränkung* noch nicht die grundsätzliche *Lebenssubstitution* aufgehoben, die es prinzipiell zu sehen gilt, um Wirtschaft wieder näher an ihren eigentlichen Gegenstand - das Leben - methodenbewußter heranzurücken.

Konkurrenz", der sowohl die industrielle Produktion selbst wie jede einzelne Person ergreift. Und aus diesen Faktoren ergibt sich zusammen die Idee eines "ständigen Fortschritts", welcher bislang noch die typische Gläubigkeit der (post-)industriellen Ökonomie darstellt, ohne durch bisher schon eingetretene Krisen prinzipiell erschüttert zu sein.

Schumpeter folgt natürlich nicht der lebensphänomenologischen Analyse, sondern einer psychologisch-funktionalen im Rahmen einer ökonomischen Kulturkritik des modernen Rationalitätsprimats. Aber er kann uns Folgendes zusätzlich verständlich machen, was sich bisher aus unserer Untersuchung herausgeschält hat: Der ökonomische Bereich ist 1. weder die Realität des transzendental-lebendigen Individuums noch die Realität des "materiellen" Universums. Insofern widersprechen diese phänomenologisch-genealogischen Ergebnisse einer immanenten "Ökonomie des Bedürfens" sowohl jedem politisch-doktrinären Marxverständnis wie einem naiv-liberalen Realismus. Die wirtschaftliche Realität besteht aus idealen Entitäten, die phänomenologisch-epistemologisch (Henry) - wie dann auch psychologisch-funktional (Schumpeter) - die irreellen Repräsentanten einer anderen ontologischen Grundordnung sind: nämlich der subjektiven Kraft der Individuen in aktiver Mitgegebenheit der zu bearbeitenden Natur. 2. Im Gegensatz zu diesem immateriellen Bereich der ökonomischen Repräsentanz, in deren "Realität" der Tauschwerte sozusagen kein "Atom" der Materie eintritt, wie Marx sagte, besitzt die Entfaltung der subjektiven Vermögen als Kräfte in sich nichts Ökonomisches, so wie Stein, Baum, Luft und Wasser in sich nichts Ökonomisches sind. Zwischen rein-phänomenologischem Leben und ideativen Wirtschaftsverhältnissen verläuft auf diese Weise eine Grenze der Heterogenität, die als Verstehensvoraussetzung beider Bereiche sich aus dem nicht übersehbaren, wesenhaften Unterschied zwischen Phänomenalisierung des Affektiv-Lebendigen einerseits sowie des Ekstatisch-Dimensionalen (Welt, Zeit, Geschichte) andererseits ergibt. Da jede "Dialektik" als vermittelnder Bezug bereits schon eine "ob-jektivierende" Phänomenalisierung voraussetzt, kann die dialektische Vermittlungskategorie ebenfalls nicht für den reinen Ursprungsbereich des Lebens in Anspruch genommen werden. 3. Die Kultur, insofern sie als Selbstmodalisierung unseres affektiv-sinnlichen Wesens solchem originär-phänomenologischen Leben kosubstantiell ist, hängt in ihrem Grund daher nicht von "wirtschaftlichen Entscheidungen" ab und kann von diesem Bereich her auch nicht angemessen in ihrer prinzipiellen Bedeutsamkeit und Lebenswichtigkeit beurteilt werden. Was ästhetisch-sachfremde Kriterien zur Einbeziehung von

"Kunst" in unsere "urbane Umwelt" teilweise in dieser Hinsicht abschrekkend hervorgebracht haben, ist nur ein Beispiel dafür.[13]

2. Wirtschaft als Proto-Kultur

Obwohl die phänomenologisch-lebendige Realität der Individuen also der Wirtschaft als abstrakter Wesenheit fremd ist, bildet die Kraft der Individuen nichtsdestoweniger - wie für die Kultur - die effektiv pro-duzierende Voraussetzung für alle ökonomischen Verhältnisse. In dem Maße, wie der Wirtschaftsbereich die Bedingung der Aufrechterhaltung und der Weiterentwicklung des Lebens beinhaltet, wird dieses Leben daher in seinem alltäglichen Bedürfnisvollzug aufs äußerste bedroht, sobald die subjektiven Kräfte der Anstrengung und Arbeit schwanken, unterbrochen werden oder sogar absterben. Wie im kulturellen Bereich entsteht mithin auch im wirtschaftlichen Bereich alles durch die Individuen, so daß von hier aus schon eine innere Verbindung zwischen Kultur und Wirtschaft besteht. Während durch die Kultur, welche die Lebenssteigerung an sich ist, die subjektiven Kräfte und Vermögen eine im weitesten Sinne ästhetische Verfeinerung erfahren, findet im ökonomischen Bereich eine erste *Bündelung* dieser subjektiven Potentialitäten auf ein erstes Sichsteigern hin statt, das die Bestätigung ihrer selbst als vermögender Kraft ist. Da dies nicht ohne Akte der Nachahmung akkumulierten Produktionswissens, ohne Entdeckung neuer Verfahren zum Beispiel, aber auch nicht ohne eine gewisse geübte Geschmeidigkeit und Geschicklichkeit der Leibesbewegungen geht, oder des

13 Vgl. M. HENRY: *Radikale Lebensphänomenologie. Ausgewählte Studien zur Phänomenologie*, Freiburg/München (Alber) 1992, S. 293-326: "Das Leben und die Republik", hier bes. S. 316 ff. Insofern ist jede ökonomisch-staatliche Begünstigung von "Kultur" als "Sinnstabilisierung", wie beispielsweise C. HERRMANN-PILLATH sie fordert (anstatt die tatsächlichen "Schöpfer" als Künstler etc. hauptsächlich entscheiden zu lassen), im Ansatz problematisch. Vgl. "Wissenschaft und Kultur als Kräfte gesellschaftlicher Ordnung während der Transformation", in: C. HERMANN-PILLATH (Hrsg.): *Marktwirtschaft als Aufgabe. Wirtschaft und Gesellschaft im Übergang vom Plan zum Markt*, Stuttgart (G. Fischer) 1994, 383-397, hier S. 293 ff.

Gedächtnisses und Denkens, ist bereits auf dieser Stufe des materiellen Produzierens eine sozusagen "anonyme" Präsenz des Kulturellen gegeben, auch wenn diese zumeist nicht als solche deklariert ist, weil wir den Kulturbegriff weitgehend aufgrund einer langen "Metaphysik der Repräsentation" erst im Bereich der künstlerisch-genialen Werke anwenden.

Das Vergessen bzw. Übersehen einer subjektiv-originären Kultur im elementaren Wirtschaftsprozeß rührt daher, daß in letzterem zumeist die beiden oben schon genannten Prozesse nicht unterschieden werden: nämlich der *Realprozeß* der lebendigen Arbeit vom *Wirtschaftsprozeß*. Wenn wir der Bündelung des Bedürfens auf Anstrengung hin schon Kultursein zusprechen, dann nicht nur, weil zur praktischen Wissensnachahmung unverzichtbar auch noch eine *kulturelle* Gefühls- und Willensbildung als "Erziehung" und "Pädagogik" hinzutritt, sondern weil der Realprozeß der lebendigen Arbeit in zweiter Hinsicht auch die Arbeitsinstrumente und die Rohstoffe umfaßt. Im Unterschied zur eigentlich subjektiven Arbeit sind Werkzeuge und Rohstoffe zwar "objektive" Elemente, aber sie sind der "Natur" unmittelbar durch diesen Arbeitseinsatz abgerungen und wurden durch diese in Pro-dukte verwandelt. Gehen wir der Deutlichkeit halber auf eine archaische Stufe zurück, wo zum Beispiel ein "Naturding" wie Knochen, Stein etc. ohne bzw. mit rohester Bearbeitung als Arbeitsinstrument benutzt wird, dann wird daran ersichtlich, daß die Werkzeugbeschaffung zunächst kein ökonomischer Prozeß ist. Dieser tritt mit seinen abstrakten Regeln erst dann auf, wenn die Arbeitserzeugnisse ausgetauscht werden, und zwar nach quantifizierbaren und berechenbaren Austauschregeln. Wie sehr jedoch subjektive Leibvermögen als Können, Geschick, Übung, Ausprobieren, Beständigkeit, Anpassung und Differenzierung in das einfachste Werkzeug eingehen und es somit in seinem Entstehen auch nach außen hin zu einem "kulturellen Gegenstand" werden lassen, selbst bevor es noch rituelle oder magische Ausschmückungen als weitere Kulturauszeichnung erhält, hat Heinrich Rombach unter anderem in seiner bild-phänomenologischen "Fundamentalgeschichte der Menschheit" gezeigt.[14]

---

14 Vgl. *Leben des Geistes*, Freiburg-Basel-Wien (Herder) 1977, hier bes. das Kap. "Das Können" (S. 41-52) mit Darstellungen und Analyse von Faustkeil, Form, Feuer, Struktur, Hingabe sowie Können/Machen. Vgl. auch in paläontologisch-kulturwissenschaftlicher Sicht R. GRABMANN/H. MÜLLER-BECK: *Urgeschichte der Menschheit*, Stuttgart u. a. (Kohlhammer) ^{3}1952, Kap. III,1-3: Anfänge der Technologie und der Kultur, Urkulturen in Europa, Gerätearten etc. (S. 169 ff.);

Kulturelle Formung ist im Realprozeß Arbeit/Werkzeug folglich nicht fortzudenken und bildet zusammen mit dem Pathos der Anstrengung als subjektiver "Kultivierung" ein Unsichtbares jeder weiteren Lebensentwicklung, auf der Wirtschaft aufbaut. Die Frage an heutige Verhältnisse im Zusammenhang mit dem fundamental-phänomenologischen Leib/Erde-Kontakt als Elementaritätserleben wäre daher, ob auf diese konstitutiven Kulturschichten als Genealogie unserer Bedürfens- und Könnensausprägung in Zukunft überhaupt verzichtet werden kann, oder ob sie außerhalb des "Produzierens" mit automatischen Maschinen in andere Bereiche zu verlagern sind - wie beispielsweise in den kulturphänomenologisch zu klärenden Bereich von "Freizeit" und neuem "Ethikbewußtsein" für Umwelt und "Lebensqualität".[15]

Diese Frage kann hier nur aufgeworfen werden, um uns stattdessen weiteren Differenzierungen des ökonomischen Prozesses in Abhebung vom *Realprozeß Arbeit-Rohstoff-Werkzeug-Produkt* zuzuwenden, der als ökonomischer Prozeß insgesamt abstrakt verdoppelt wird, indem die einzelnen Realkonstituenten verdoppelt werden. Auf diese Weise kann gezeigt werden, daß alle wirtschaftlichen Bestimmungen durch die lebendige Arbeit des lebendigen Individuums hervorgebracht und von kulturellen "Äußerungen" begleitet werden, ähnlich wie das "Ich denke" Kants alle Vorstellungen begleitet. Das *Kapital* als Tauschwert oder Geld ist so eine Selbststeigerung von Werten, die den Anschein haben, sich in ihrem Wert "von selbst" zu vermehren. Auf dem Markt, im Warenverkehr, kann jedoch keine Wertvermehrung eintreten, da der Tausch die Gleichheit der getauschten Waren als solche zur Bedingung hat. Nach Marxens bekannter Analyse tritt aber auf dem Markt ebenfalls ein "Wert" auf, der die alles entscheidende Eigenschaft des Wertproduzierens besitzt, und zwar in seinem einzigartigen Charakter als Arbeits*kraft*, die mit dem lebendigen Individuum identisch ist. Gegen Geld als "Lohn" wird der Gebrauch dieser Arbeitskraft auf dem Markt gekauft, und im Verlauf eines Arbeitstages wird zusammen mit dem berechneten Lohn der "Mehrwert" erarbeitet. Um dieses tragende Phänomen jeglicher Wirtschaft zu verstehen, die in ihrer Wertproduktion nur die Re-präsentation

---

J. RÖPKE: *Primitive Wirtschaft, Kulturwandel und die Diffusion von Neuerungen*, Tübingen (Mohr) 1970.

15 Vgl. G.-K. KALTENBRUNNER (Hrsg.): *Überleben und Ethik. Die Notwendigkeit, bescheiden zu werden*, Freiburg-Basel-Wien (Herder) 1976 (Lit.); L. WEGEHENKEL (Hrsg.): *Marktwirtschaft und Umwelt*, Tübingen (Mohr) 1981.

der Verwirklichung der realen Arbeitskraft darstellt, muß gerade der Bereich des objektiven Marktes in seiner phänomenologischen Sichtbarkeit verlassen werden, um in das unsichtbare Leben dieser Arbeitskraft selbst einzutauchen, die den Ursprungsbereich allen Hervorbringens (*pro-ducere*) bildet. Lohn und Mehrwert als Kapital fallen auseinander, weil der Lohn den Wert zur Erhaltung des Lebens (heute mit seinen sozialen und kulturellen Komponenten zusätzlich) darstellt, das heißt aber prinzipiell jenes Lebens, das die Subjektivität mit ihrer Kraft ausstattet. Gegen den Lohn werden Waren verzehrt, die so die Produktion verlassen, um dann schließlich ganz zu verschwinden. An ihrer Stelle tritt in der realen Produktion daraufhin wieder die vom Kapital gekaufte Arbeitskraft auf.

Aber in der je neu investierten und durch Verzehr unterhaltenen Arbeitszeit stellt das lebendige Individuum in seiner Kraft mehr an Gebrauchswert her, als es für seinen Lebensunterhalt bedarf, wodurch wir uns beispielsweise von früheren Sammlerkulturen unterscheiden. Prinzipiell-phänomenologisch stehen wir damit aber dennoch vor der absoluten Eigenschaft des Lebens, die metaphysisch genannt werden kann, daß nämlich *das Leben imstande ist, stets mehr zu geben, als man ihm zurückgibt*; das heißt für den Wirtschaftskontext hier: mehr zu produzieren als zu konsumieren. Dieses gleichsam metaphysische "Mehr" also ist die Bedingung jeglicher Steigerung: in der Wirtschaft als produzierter Mehrwert, in der Kultur als Selbststeigerung der subjektiven Kräfte und Vermögen. Denn diese "metaphysische" Eigenschaft, die sich jedoch ohne jede Spekulation als eine radikal-phänomenologische hier erweisen läßt, besteht darin, daß das subjektive Leben nicht nur den "dunklen" Willen hat, sich selbst zu "übersteigen", ohne sich zu verlassen, sondern auch die tatsächlich effektive Fähigkeit dazu besitzt. Rein phänomenologisch betrachtet, das bedeutet unter Einklammerung *aller* ideativen Abstraktionen, haben mithin Kultur und Wirtschaft dasselbe "Wesen" zur Bedingung, nämlich ein Mehr-vermögen des Lebens, das weder Kultur noch Wirtschaft im Sinne von irgendwelchen "Objekten" her restituieren können. Dieses absolut-phänomenologische "Mehr"[16] impli-

16 Es läßt sich in dieser Epochéeinstellung als die "Gabe des Lebens" bezeichnen; zur Problematik dieses Begriffs in der gegenwärtigen philosophischen wie kulturellen Diskussion vgl. R. KÜHN: "Phänomenologie als Onto-*do*-logie? Zur Philosophie der Gabe", *Philosophischer Literaturanzeiger*, 47/3 (1994), S. 290-310. In wirtschaftskultureller Hinsicht läßt sich daher sagen: "Wir konsumieren eher, um kreative Produzenten zu sein, als daß wir produzieren, um zu konsu-

ziert daher die höchsten, letzten, aber auch alltäglichsten Konsequenzen, wenn es um Erscheinensphänomene in ihrer "subjektiv-transzendentalen Geburt" geht.

Wenn jegliche menschliche Entwicklung - hier allerdings losgelöst von aller Fortschrittsideologie betrachtet - auf der genannten Grundeigenschaft des Lebens als Selbstwachsen und Selbststeigern gründet, dann läßt sich aus dem ökonomischen Bereich als Indiz auch das Gegenteil solchen "Wachsenkönnens" herauslesen, nämlich die tödliche Bedrohung der Stagnation, der Rückwärtsentwicklung und sogar des zerstörenden Verfalls. Ohne hier eine "Kulturpathologie" nach irgendeinem organizistischen Vorstellungsmodell entwerfen zu wollen, besagt das stets mögliche "Mehr" des Lebens in seiner ur-phänomenologischen Ankünftigkeit als solcher schlicht die Unterbrechung dieses Mehr, wenn die Individuen als radikal-selbstaffizierte Lebende aufhören, diese lebendige "Ereignishaftigkeit" des Mehr, das ohne jedes angebbare innerzeitliche Geschichtsdatum ist, zu leben und dadurch vor ihm abdanken. Mit dieser Abdankung, die transzendental gesehen die Verweigerung der "Menschwerdung" aus der absoluten Lebensabkünftigkeit heraus ist, verzichten die Individuen zugleich darauf, weiterhin die Kraft "erfahrend" zu erproben und zu vollziehen, die sie als lebendige Wesen selbst sind.

Ökonomisch bedeutet dies in aller Konkretheit das Veröden der Produktionsstätten, die Flucht vor der Initiative, das Desinteresse an "Verantwortung" für den Einsatz von Kräften. Wir benutzen hier bewußt kein wirtschaftsspezifisches Vokabular, um zu verdeutlichen, daß "Baisse, Konjunkturrückgang, Arbeitslosigkeit" etc. im letzten keine wirtschaftlichen Probleme im rein autoregulativen Sinne eines markt- oder planwirtschaftlichen Systems sind, sondern ureigenste "Lebensprobleme" im beschriebenen eidetisch-phänomenologischen Sinne des Lebens selbst. Aus demselben Grund, verbunden mit den Aussagen über Arbeit und Werkzeug als Realprozeß, läßt sich die Wirtschaft daher als eine *Proto-Kultur* bezeichnen. Sie ist das kulturelle "Werden" der individuell gewollten Kraftentfaltung auf das Maximum des Lebensmehr hin. Im Bild gesprochen: der verzierte Knochen als Gerät

---

mieren. Eine Wirtschaftsordnung muß beim Postulat der Produktionsfreiheit und nicht primär bei der Konsumfreiheit oder Konsumentensouveranität beginnen." P. KOSLOWSKI: *Gesellschaftliche Koordination* (1991), S. 37, begründet seine Aussage mit der *entelechialen Freiheit*; wir sehen aber, daß das Leben grundsätzlich mehr gibt (produziert) als es nimmt (konsumiert), weshalb ontologisch auch dieses Leben selbst noch "vor" jeder Freiheit kommt.

ist die potentielle Vorwegnahme der "Höhlenmalerei", in der die vorhandenen und geübten Kräfte in religiös-magischer Form als Feier oder Beschwörung des Lebens in seiner Höchststeigerung gelebt werden - als Jagdreichtum oder möglicherweise nach anderen Zeugnissen auch als "unsterbliches Leben".[17]

Wirtschaft als Proto-Kultur bedeutet somit gewollte, geübte und gezielte Ausrichtung der individuellen Lebenskraft, um dem Bedürfen des Lebens nach Mehr stattzugeben und dieses Mehr in paroxystischer Weise dann schließlich in der "zweckfreien Kultur" als Kunstwerk, Ritus, Tanz, Schöpfung, Geselligkeit etc. zu erleben. Dieselben Kräfte, die wirtschaftlich für den Lebenserhalt eingesetzt werden, bilden sich als ästhetisch verfeinerte und "befreite" Kräfte weiter, so daß gesagt werden kann: proto-kulturell gesehen ist Wirtschaft ein "Übergang" zur Maximalsteigerung subjektiven Lebens als Krafteinsatz und reiner Empfindung in der Kultur. Vor solcher Übereignung des Lebens nicht abzudanken, sondern die Kräfte zu nutzen und zu formen, ist daher selbst - auch wenn er sich äußerlich im rein wirtschaftlichen Bereich vollzieht - ein gleichwesenhaft kultureller Akt, weil damit das innere Telos dieser Kräfte bejaht ist, nämlich sich bis zu ihrem reinen Erleben hin zu steigern. Sichtbar wird an dieser Stelle allerdings auch sofort, daß ein rein ökonomisch definiertes "Wachstum" als Güter-, Kapital- oder Ressourcenmaximierung sich selbst blockiert, wenn die höchste phänomenologische Möglichkeit dieses Wachstums in der kulturellen Entfaltung nicht - oder kaum mehr - wahrgenommen wird, weil der wirtschaftliche Zentralbegriff der Maximierungsvorgabe dann vom grundlegenden "Mehr" des Lebens phänomenologisch, erkenntnistheoretisch, epistemologisch wie ideologisch abgeschnitten ist. Die allerseits heute diagnostizierten Erfahrungs- und Sinnkrisen bis in die "Unternehmenskultur" hinein sind ein klarer Hinweis darauf, insofern hier diese spezifische Betriebskultur innersystemisch nur als Motivation zur *gesteigerten Produktion mit entsprechendem*

---

17 Vgl. G. SIEGMUND: *Der Glaube des Urmenschen*, Bern-München (Francke) 1962, S. 23 ff.; AD. E. JENSEN: *Die getötete Gottheit. Weltbild einer frühen Kultur*, Stuttgart (Kohlhammer) 1966, S. 11 ff., 125 ff.; K. PALANYI: *Primitive, Archaic and Modern Economics*, Boston (Beacon Press) 1971. Zur oben erwähnten "Kulturpathologie" vgl. hingegen E. SPRANGER: *Kulturpathologie. Reden bei der feierlichen Eröffnung des SS 1947* (Tübingen Reihe Universität Tübingen Nr. 37) 1947. Über "Konjunktur" O. SCHLECHT: *Konjunkturpolitik in der Krise*, Tübingen (Mohr) 1983.

Absatz gesehen wird, auch wenn gesamtsoziologische und personhermeneutische "Sinnfragen" mit berücksichtigt werden.[18]

Die Analyse der Proto-Kultur als "Wirtschaft" muß allerdings noch weitergetrieben werden, und zwar bis an jenen entscheidenden phänomenologischen Punkt hin, wo die Existenz der "Dinge" im wirtschaftlichen Bereich nicht mehr von einem Akt lebendigen "Pflegens" oder "Bewahrens" (Wartung) abgetrennt werden kann. Bisher stellten wir fest, daß der Mehrwert 1. aus jener Arbeit stammt, die über die reine Äquivalenzzeit der berechneten Lohnarbeit als zusätzliche reale Produktionszeit hinausgeht, und 2. aus der "Reproduktion" der Arbeitskraft mittels des notwendigen Konsums zur Lebenserhaltung, welche aber weniger bedarf, als die lebendige Tätigkeit selbst gibt. Von höchster Bedeutung für den Wirtschaftsprozeß ist 3. jedoch auch, daß der Wert der objektiven Produktionsbedingungen in Gestalt von Werkzeugen, Maschinen und Rohstoffen *bewahrt* wird. Genau an dieser Stelle stößt man auf die Grenzphänomene einer "metaphysischen" Lebensphänomenologie und damit auf das "Geheimnis" des Lebens als solchen, woraus insgesamt für unsere Untersuchung ersichtlich wird, daß eine Analyse des Wirtschafts*lebens* wesenhaft zu einer radikal-phänomenologischen Analyse des absolut-immanenten Lebens gehört, so wie dies auch umgekehrt gilt.

Auf dem Markt des Warenaustausches bedeutet der Tausch eine rein fiktive "Konservierung" des Wertes, wenn gegen Geld zum Beispiel Kaffee mit Tee getauscht wird. Denn die Identität des Wertes in der Folge von Kaffee-Geld-Tee ist eine bloß momentane und hängt von der "Bewahrung" des

---

18 Vgl. W. HOLLEIS: *Unternehmerkultur und moderne Psyche*, Frankfurt a. M. (Campus) 1987; P. ULRICH: "Systemsteuerung und Kulturentwicklung. Auf der Suche nach einem ganzheitlichen Paradigma in der Managementlehre", *Die Unternehmung*, 38/4 (1984), S. 303-322. Letzterer sieht diese Kultur im einzelnen 1. als Identitätsstiftung (Wir-Gefühl), 2. als symbolische Legitimation nach außen und Motivation nach innen, 3. als Konsensstiftung (Firmentradition, Verständigungspotential), 4. als Orientierung (Verringerung fremd erscheinender Regelung) und 5. als Eröffnung von Lernpotentialitäten. In diskurstheoretischer Überschätzung verabsolutiert er jedoch hierbei die Koordinierbarkeit von Begehrungen und Handlungen; vgl. auch P. ULRICH: *Transformation der ökonomischen Vernunft. Fortschrittsperspektiven der modernen Industriegesellschaft*, Bern/Stuttgart (Haupt) 1986. Außerdem A. O. HIRSCHMANN: *Abwanderung und Widerspruch. Reaktionen auf Leistungsabfall bei Unternehmungen, Organisationen und Staaten*, Tübingen (Mohr) 1974.

Wertes des Gebrauchswertes ab, denn wenn letzterer sich verschlechtert, dann verringert sich auch der Tauschwert: der Kaffee wie der Tee können verfaulen und das Geld entwertet werden. Mithin setzt dieser Warenaustausch die "Konservierung" des Gebrauchswertes vor dem Tausch voraus, und diese reale Konservierung gehört zum realen Produktionsprozeß der Gebrauchswerte und führt mit zum Mehrwert. Diese Konservierung erfolgt im letzten allerdings *außerhalb* der eigentlich ökonomischen Sphäre, das heißt im Bereich des phänomenologischen Lebens und der lebendig-subjektiven Arbeit. Für die Produktionsstätten, die Warenlagerung etc. ist es unmittelbar einsichtig, daß hierfür überwachende und erhaltende Tätigkeiten notwendig sind, die nicht als Herstellung (Pro-duktion) im strengen Sinn erscheinen. Aber bereits auf dieser Ebene, die von äußerster Trivialität zu sein scheint, erschließt sich uns "das große metaphysische Gesetz des Seins, daß nämlich die Dinge weder durch sich selbst existieren noch weiterbestehen, sondern allein in einer geheimnisvollen Berührung mit dem Leben".[19]

Nur auf diese je lebendig-affizierende Weise entgehen die Dinge dem "Nichts" und dem "Tod" im realen wie metaphorischen Sinne. Dies bedeutet allerdings, daß entgegen einer kaum aufhebbaren naiven Gläubigkeit im Sinne natürlicher Welteinstellung das "Sein" nicht in den Objekt-Dingen beruht, auf die unser Blick trifft und der sich selbst zu genügen scheint. Auch alles, was "älter" ist als wir, was uns vorangegangen ist wie Luft, Wasser, Erde und Stein: das alles wird ausschließlich als *Korrelat* eines lebendigen Aktes des Empfindens von uns gesehen, gehört oder gefühlt. In einer Einstellung phänomenologisch-radikaler Epoché heißt dies dann aber, daß nichts ohne jene lebendigen Kräfte und Vermögen wäre, die unsere Leiblichkeit selbst sowie identisch mit dem Leben sind. Die Welt ist "im Leben" - und nicht umgekehrt, wie es neben dem naiven Bewußtsein auch die monistischen Transzendenzontologien immer wieder glauben machen wollen.

Wenn mithin schon jedes Sehen ein lebendiger Akt ist, durch den die Welt erscheint, dann "ist" die Welt nur dank einer lebendig-subjektiven Praxis, um den Marxschen Ausdruck für dieses unvergleichbare Tun zu benutzen, an das alle ideativen Erkenntnisabstraktionen und nur mechanisch von außen betrachteten Handlungen "in der dritten Person", wie Maine de Biran sagt, nicht heranreichen. Die Konsequenzen daraus für Wirtschaft und

---

19 M. HENRY: *Du communisme au capitalisme* (1990), S. 125. Zur Erhaltung der Werte im Produkt vgl. auch K. MARX: *Grundrisse der Kritik der politischen Ökonomie*, Frankfurt a. M./Wien (Europäische Verlagsanstalt) o. J., S. 270 ff.

Kultur liegen dann offen zutage, denn selbst der einfachste Blick gewöhnlichster Wahrnehmung ist nie ohne affektive Qualität: die Steine scheinen schwer fürs Tragen oder spitz zum Daraufgehen etc. Diese elementare ästhetische Eigenschaft des Blicks und der übrigen Sinne können wir als transzendental-ästhetische Sinnlichkeit allgemein die *Ur-Kultur* nennen, noch vor jeder eigentlichen Praxis, es sei denn, man zählt bereits die passiv-habituell sich einstellenden Leibkinästhesen dazu. Durch die Lebensaffektion besteht mithin eine sinnliche Ur-Kultur, von der alle erscheinenden Dinge abhängen, und so wie der Blick seinen Gegenstand nun "bewahrt" (*tueri*), um ihn betrachten (*intueri*) zu können, ebenso müssen wir auch die "Dinge" pflegend bewahren, um sie als Pro-dukte, als Heraus-führungen aus der Natur, her-stellen und dann konservieren zu können. Dieser Vorgang des produzierend-bewahrenden Herstellens wäre dann im weiteren Sinne die Wirtschaft als eine *Proto-Kultur*, insofern zur primordialen Sinnlichkeit die "Pflege" (Wartung) koextensiv zur Produktion hinzutritt. Gemäß eines solchen Verständnisses wäre folglich auch Ökonomie in einem ganz originären Sinne *cultus*, eben Proto-Kultur, damit etwas dauern, bearbeitet und wiederverwandt werden kann, was den Tausch einschließt.

Ist diese Analyse richtig, dann befremdet es auch nicht mehr, warum alle frühen Kulturen den Akt des Herstellens und des geregelten Tausches in "Gerechtigkeit" mit Ursprungsmythen von Göttern und kultischen Riten begründeten und umgaben, von denen der Prometheusmythus uns vielleicht noch der bekannteste ist, da Prometheus das Feuer stahl und so die Künste (*téchnai*) zu den Menschen brachte, um dafür dann von Zeus an den Felsen gekreuzigt zu werden. Zusätzlich zum immer gefeierten Lebensgrundwissen, daß das Leben mehr gibt, als wir ihm zurückgeben können, tritt also die weitere Überzeugung hinzu, daß das Gegebene/Hergestellte "gepflegt" und geschützt werden muß, damit wir es nutzen und verzehren können. Wirtschaft als Proto-Kultur besagt daher zusammengefaßt, daß vor allen abstrakten Marktgesetzen nur in Berührung mit dem Leben (Pflege, Wartung) wiederum Wachstum (Mehrwert) sein kann.[20] Tautologisch gesprochen, um die

---

20 Für die Etymologie und Begriffsgeschichte von "Kult" vgl. den entsprechenden Artikel von W. SCHMIDT-BIGGEMANN, in: *Historisches Wörterbuch der Philosophie 4*, Darmstadt (Wissenschaftl. Buchgesellschaft) 1976, Sp. 1300-1309; des weiteren R. DÖBERT: *Systemtheorie und die Entwicklung religiöser Deutungssysteme*, Frankfurt a. M. (Suhrkamp) 1973, S. 87 ff., über den Zusammenhang von Religionsgeschichte und Gesellschaftsformen.

Radikalität dieses Grundprinzips deutlich zu machen: Das Leben erzeugt und pflegt sich selbst, allerdings mit der entscheidenden Bedingung - wenn wir seine Kräfte als die unsrigen einsetzen. Aber selbst dieser Einsatz ist kein abstrakter Willensentscheid, sondern nochmals von der Lebenseidetik "Leben und Mehrgeben zur eigenen Steigerung" abhängig.

Blicken wir auf die uns umgebende Welt, so nehmen wir überall die Zeichen der Arbeit wahr, als "kultivierte" Landschaft, Straßen- und Hausbau. Auf diese Weise ist die Welt das Korrelat einer subjektiven Praxis, die niemals unterbrochen werden kann, damit das, was wir sehen, auch ist. Anstatt zu sagen, die Wirtschaft sei eine Proto-Kultur, die in der Ur-Kultur der Sinnlichkeit gründet, läßt sich auch phänomenologisch ausführen, daß unser Verhältnis zur Welt ein *ökonomisch-praktisches Verhältnis* ihrer ständigen Veränderung ist. Und dies bewahrheitet sich, seitdem Menschen auf dieser Erde als festem Boden stehen, denn damit ist die nur leibkorrelativ gegebene "Substanz" dieser widerständig-tragenden Erde das Gehen wie Ruhen selbst, das zum "Erd-sein" investiert wird.[21] In dem Maße folglich, wie sich die je individuell-aktive Kraft des Lebens inmitten des "Seins" entfaltet und die "ontologische Leistung" schlechthin darstellt, ist auch der reale Wirtschaftsprozeß nur ein besonderer Fall - wenn auch ein exemplarischer ersten Ranges - dieser Lebenswirktatsächlichkeit als einer Ersten Kultur oder Ersten Philosophie, sofern mit Kultur, Wirtschaft wie Philosophie "Realitätsbezug" angesprochen ist. Der vorgestellte wirtschaftliche Prozeß kann deshalb nur, wie wiederholt betont wurde, von dieser lebendigen Grundoperation her verstanden werden.

Die Tauschwerte als Werkzeuge und Rohstoffe werden dementsprechend in diesem proto-kulturellen Akt des "Bewahrens" gepflegt (*Wartung*), um am Ende des Wirtschaftsprozesses als Gewinn (*Profit*) aufzutreten, indem dieses "Konservieren" zur Reproduktion (*Lohn*) hinzutritt, wobei dies nicht nur vom Kapitalismus, sondern von jeder Wirtschaftsform gilt. Allerdings gehen Rohstoffe und zum Teil Werkzeuge beim realen Produktionsprozeß unter, um nur korrespondierende Gebrauchswerte entstehen zu las-

---

21 TH. LUCKMANN gründet auf solche Erstorientierungen im Kosmos die Möglichkeit einer "Proto-Soziologie"; vgl. *Lebenswelt und Gesellschaft. Grundstrukturen und geschichtliche Wandlungen*, Paderborn (Schöningh) 1989. Außerdem R. KÜHN: *Studien zum Lebens- und Phänomenbegriff*, Cuxhaven-Dartford (Junghans) 1994, Kap. VIII.3: "Zur Phänomenologie der Technik und der Natur als Grund" (S. 393-414).

sen. Aber gerade weil diese Gebrauchswerte konserviert werden müssen, und zwar durch lebendige Arbeit, bewahrt diese letztere zugleich in ihnen auch die Arbeitsquantität, die dann in den Gebrauchswerten als Tauschwerten enthalten ist. Auf diese Weise erklären sich phänomenologisch alle Transformationen in der wirtschaftlichen Sphäre durch die allpräsente Kraft des Lebens, die in Herstellen, Konservieren, Tauschen und Verbrauchen je individuell wirkt. Diese Übergänge im Realprozeß der allseits lebendig-subjektiven Praxis sind zugleich lebenskulturelle Übergänge, insofern Kultur grundlegend bedeutet: dieses Leben - und damit die "Substanz" des Seins als Korrelat - einer Steigerung entgegenzuführen. Wir unterscheiden dann *Ur-Kultur* (selbstaffektiv-leibliche Sinnlichkeit) und *Proto-Kultur* (Übergang von Bedürfen/Arbeit und Bewahren/Pflege) von der *Kultur der Werke* als Übergang Genuß/Verzehr ("Schöpfung"), um die kontinuierlich-"fließende" lebensphänomenologische Genealogie sichtbar zu machen, in der sich lebendige Kräfte als Potentialität zur Lebenssteigerung wandeln, ohne ontologisch ein "Anderes" zu werden.

Marx selbst hat diese Veränderungsprozesse noch mit der Konzeptualisierung eines auf Aristoteles zurückgehenden Materie/Form-Schemas zu erklären versucht, indem jeder Arbeitsakt der Materie eine Form einprägt, ohne welche die Materie nicht existieren würde.[22] Und Analoges gilt für den Verbrauch; aber wir dürfen bei dieser "objektivierenden Arbeit" nicht vergessen, daß es stets unser *Leib* ist, der diese Strukturierung ermöglicht, so daß die "Materie" "im Griff des Lebens" ist, das heißt: von ihm leibkorrelativ "geformt" wird und sich deshalb in einem fundamentalen Sinne, der nochmals als real-ökonomische Proto-Kultur angesprochen werden kann,

---

22 Vgl. auch G. LUKÁCS: *Zur Ontologie des gesellschaftlichen Seins. Die ontologischen Grundprinzipien von Marx*, Darmstadt/Neuwied (Luchterhand) 1972, Teil II,11: "Die Arbeit als teleologische Setzung"; A. SCHMIDT: *Der Begriff der Natur in der Lehre von Marx*, Frankfurt a. M. (Europäische Verlagsanstalt) ^{2}1971, S. 74 ff. In der beschriebenen phänomenologischen Hinsicht gilt dann auch, daß sich "Präferenzen" nicht erst bilden, "wo Wertqualitäten wahrgenommen und erlebt werden, [die] dann in einem zweiten Schritt ethisch durch das Verallgemeinerungsprinzip und ökonomisch durch das Preissystem koordiniert werden können." P. KOSLOWSKI: *Gesellschaftliche Koordination* (1991), S. 84. Diese These verstehender Kulturphilosophie nach Diltheys Kreislaufschema von Erleben und Ausdruck muß noch lebensphänomenologisch tiefer fundiert werden, insofern Leibsein selbst schon kulturelle Sinnlichkeit bedeutet und eine solche passiv-habituelle Vorgabe den "Stil" der Wert-"Stellungnahme" jeweils prägt.

dem "Gebrauch" darbietet. Kurz gefaßt: der Gebrauchswert, wie er dann auch konsumiert wird, ist in diesem originär-phänomenologischen Sinne zugleich ein *Lebenswert* mit der ökonomisch-kulturellen Prägung der so genannten lebensteleologischen Übergangsgegebenheit Bewahren/Gebrauchen/Verzehren bzw. Wiederverwenden im Realprozeß. Auf diese Weise ließen sich dann auch Reinvestitionen analysieren, die dem Tausch entzogen werden, um die Produktivkräfte zu erneuern oder zu erweitern.

Jede Art eines monistisch-ontologisch konzeptuellen *Hylemorphismus* vergißt, daß die der Materie durch lebendige Arbeit eingeprägte Form nicht kraft ihrer eigenen objektiven Geformtheit auch schon Bestand hat, sondern eben nur durch "lebendiges Bewahren" unter weiterem Einsatz von subjektiv-leiblicher Arbeit weiterbestehen kann, was auch für den objektiven Bestand der Materie gilt, wenn man überhaupt an dieser Trennung Materie/Form zu Erklärungszwecken festhält. Denn es sei immerhin darauf hingewiesen, daß Husserl diese Dichotomie sowohl für die innere Zeitanalyse wie für die passiv-assoziativen Konfigurationen überwand, da eine "assoziative Kraft" sich nicht nur von einem Horizont in-formierend (apperzeptiv) abhebt, sondern als intentionales Leben überhaupt auch neue "Felder" schafft, weshalb er dann eben später den Dualismus von Hyle/Morphe bzw. Inhalt/Anschauung für die Intentionalanalyse prinzipiell überwand, um einen ständigen "Spielraum" von passiv wie aktiv ineinander verwobenen Synthesen anzusetzen. Würde folglich die "geformte Materie" wirklich sich selbst überlassen, wie es ökonomisch-markttheoretisch der Fall zu sein scheint, so ist allerdings die darin objektivierte Arbeit eben nicht nur "tote Arbeit", wie Marx seinerseits sozusagen "phänomenologisch" erkannte, sondern sie würde als Gebrauchswert verrotten, um sich schließlich ganz aufzulösen. Die phänomenologische Epoché auf die transzendentalen Erscheinensbedingungen hin zeigt daher in diesem Bereich der wirtschaftlichen Proto-Kultur ihre ganze "metaphysische" Relevanz, die letztendlich bis ins Gesellschaftliche und Politische hineinreicht: "Sein" gibt es nur als Leben und durch dieses absolut-phänomenologische Leben. Tritt irgendeine Trennung von dieser Lebenskraft ein, so kehren die Dinge im Ökonomischen wie im Kulturellen ins "Nichts" zurück. Die "Dialektik" von lebendiger und toter Arbeit offenbart daher, daß die Gebrauchswerte tatsächlich *Lebenswerte* sind, und zwar nicht nur, weil sie mit dem Ziel der Lebenserhaltung geschaffen wurden, sondern auch deshalb, weil darüber hinaus nur ein weiterbestehender Bezug zur "Lebenskraft" als Arbeit, Konservierung und Pflege (Wartung) sie erhält. Da das phänomenologisch-ontologische Wesen des

Lebens aber das Sich-Selbsterfahren und damit das Sich-Selbstdurchhalten in jeder Erfahrung als transzendentalem Sinnlichkeitsvermögen ist, hält, trägt oder bewahrt es auch alles Seiende, mit dem es in Berührung kommt oder in Berührung kommen will.

Wirtschaft entwickelt mithin nicht plötzlich dann kulturelles Interesse, wenn sie sich beispielsweise fördernd dem Forschungs- und Kunstbereich zuwendet oder eigene Personalführung und das "Konsumentenverhalten" verstehen will, um so gesellschaftlich wie geschichtlich wichtige Aufgaben dezisionistisch zu den ihrigen zu machen. Wirtschaft ist originär in die "Kultur des Lebens" eingebunden, sofern sie über den "Reichtum" dieses Lebens dank der praktischen Weltzuwendung mitverfügt. Wo jedoch der lebendigen Arbeit nicht mehr ihr lebenseidetischer Entfaltungsraum eingeräumt wird, um zu erzeugen und zu bewahren, da verfallen Einrichtungen wie Erzeugnisse, bis schließlich sogar die lebensparadoxe Entwicklung bei den Individuen eintritt, nur noch den geringsten Kraftaufwand zu leisten oder gar nichts mehr zu tun - und sich, wo es möglich ist, durch Schwarzmarkt, Diebstahl und Plünderung weiterzuernähren. Es gehört zu den historizistischen wie soziologistischen Vorurteilen bei der Bewertung solcher Erscheinungen, wie sie Osteuropa und Teile der Dritten Welt gekannt haben und weiterhin kennen, nur lokale oder geschichtlich kontingente "Ereignisse" mit "wirtschaftlichem Hintergrund" darin zu erblicken. Das Dilemma geht tiefer: es ist - wie aufgezeigt wurde - absolut-phänomenologischer und damit "metaphysischer" Natur, ohne bei irgendeinem Prinzip in einer idealistisch-ethischen Hinterwelt anzusetzen, sondern bei dem zu bleiben, was wir sind: lebendig-praktisches Selbstempfinden zu allen Orten und Zeiten. Und weil es sich bei dieser Lebensaffektion der radikal-subjektiven Arbeit um eine solche immanent-metaphysische "Realität" handelt, ist folglich auch das ontologische Defizit, wenn dieses einmal mit Unterbrechung, Aufschub oder sogar endgültiger Abdankung des "Arbeitswillens" eintritt, im wahrsten Sinne des Wortes total: Gebrauchs- und Tauschwerte versanden, das Geld wird wertlos, die Produkte schlecht und unansehnlich, oder sie gewinnen bei Steigerung des Elends einen imaginären Wert, der weder Gebrauch noch Tausch entspricht, sondern die unerreichbare Chimäre des vorstellenden Begehrens symbolisiert. Nichts sieht trister aus als ungenutzte Fabrik- oder Lagergebäude mit herabfallendem Putz, zerbrochenen Fensterscheiben und herabhängenden Dächern, durch die der Regen das Werk seiner Zerstörung ungehindert fortsetzt. Nicht weil diese Gebäude zerbombt wurden, sondern weil die "Barbarei" hier einem inneren Mangel entspricht, der solche Dinge dann bewohnt: sie kommunizieren nicht mehr mit der lebendigen Kraft und der ihr innewohnenden Freude. Wir haben damit nicht nur ein kurzes Schlaglicht auf den "real existierenden Sozialismus" geworfen, und zwar bewußt auch mit einer ästhetischen Konnotation, sondern vielmehr auf eine "Lebenserscheinung", die immer möglich ist, wenn sich das Leben, das heißt das einzelne, subjektive Individuum, nicht mehr *in sich selbst unmittelbar kulturell* erfährt.[23] Ist der postindustrielle, wissenschaftlich-technische "Kapitalismus", wie er sich in den letzten Jahrzehnten immer mehr entwikkelt hat, dagegen gefeit, weil er bewußt seit Beginn der jüngeren Moderne auf das gesetzt hat, was ökonomisch allein zählt, nämlich *die lebendige Arbeit*?

3. Kapitalismus als ontologische Subversion

Da phänomenologisch immer das *Wie* entscheidend ist, wodurch eine Erscheinung sich phänomenalisiert, können die Entstehungsbedingungen des Kapitalismus als einer *ontologischen* Revolution ersten Ranges nicht in äußeren Umständen liegen. Damit Arbeit als lebendige Produktivkraft *allein* auf dem Markt gekauft werden kann, muß sie von allem getrennt werden, was sie bis zur kapitalistischen Revolution an Erde und Werkzeuge als "Mit-Ereignis" des Lebens band. So wie Heidegger in der Korrelation von Denken und Sein das Grundereignis der Eröffnung des Seins sieht, so ist lebensphänomenologisch - nach einem Ausdruck Husserls - das "Im-Griff-behalten" allen Seins jenes noch fundamentalere Ereignis, aus dem sich das "Mit-Ereignis" von Leib und Erde erklärt. Wir haben analysiert, daß die Werkzeuge einen proto-kulturellen und wirtschaftlichen Übergang der subjektiven Anstrengung in Arbeit hinein darstellen, um die Resistenz der Erde

23 In der Terminologie der Wirtschaftssprache ausgedrückt heißt dies, daß zentralistische Planung zwar den physischen Ausstoß und Verbrauch einer Wirtschaft zu berechnen vermag, aber nicht die subjektiven Kosten, die nicht global vorhersehbare Präferenzen einschließen. Vgl. zu dieser Debatte schon in der 30er Jahren: F. A. VON HAYEK (Hrsg.): *Collectivist Economic Planing. Critical Studies on the Possibilities of Socialism* (1933), Clifton (Kelley) 1975; P. KOSLOWSKI: *Gesellschaftliche Koordination* (1991), S. 45 ff.

(Boden, Rohstoffe) sich einzuverleiben. In dieser phänomenologischen Sicht ist die Erde, das uns umgebende Universum, eine originäre Lebenwelt, das heißt das Sein der Dinge für das Leben und im Leben, in dem kein Bruch zwischen der subjektiv-lebendigen Arbeit, den Produktionsmitteln, der Erzeugung und dem Verbrauch stattfindet. Es ließe sich auch sagen, daß vorindustriell die Ur-Kultur der sinnlicheren Weltwahrnehmung und der aktiv-praktischen Weltaneignung ein kulturelles Ereignis bildete: nämlich das "Mit-Ereignis" von Leben und Welt in stets lebensteleologisch-lebendigen Akten, die in sich nur das Prinzip "Leben"selbstmodal abwandeln und insofern auch nicht primär "geschichtliche Ereignisse" sind, was unsere Analyse von der historistischen wie der lebensphilosophischen Perspektive mit ihrer meist hermeneutischen Untersuchungsmethode grundsätzlich unterscheidet.

Von all diesen leib- und erdlebendigen Bezügen schneidet der rein merkantile Kapitalismus die "Arbeitskraft" ab, um mit ihrer Hilfe nur noch ein Ziel zu verfolgen, welches bis zur beschleunigten "industriellen Revolution" vor allem heißt: Gewinn- und Kapitalmaximierung. Natürlich hatte die Verarmung der Bauern durch Großgrundbesitz sowie die schon aufkommende Industrialisierung zusammen mit Erfindungen und Entdeckungen hunderttausende von Individuen boden- und arbeitslos gemacht.[24] Aber es bleibt die maßgebliche ontologische - und damit kulturelle - Wende, daß in diesen von allem entblößten Individuen eine *Kraft* erkannt wurde, die allem Reichtum zugrundeliegt. Logischerweise wurde diese lebendige Arbeitskraft von Männern, Frauen und Kindern bis zu 10 und 15 Stunden am Tag ausgenutzt, und zwar mit allen weiteren Begleiterscheinungen, die ihre Existenz wie Würde vernichteten: elendigste Wohn- und Hygieneverhältnisse, ohne Schulbildung sowie ohne Aufstiegschancen. So wie unsere Landschaften von der stummen Arbeit vergangener Generationen zeugen, von den immer wieder erneut vollzogenen Gesten des Bebauens und Erntens, um durch diese alltägliche Geduld Überleben und etwas Wohlstand zu sichern, so sind auch die "Reichtümer", die wir heute anschauen und weiterbenutzen, wenn auch vielfältig erneuert und modifiziert, Ergebnisse von bitterstem Schicksal, von Blut und Tränen, wie aber auch von Freude. Im wahrsten Sinne des Wortes

---

24 Vgl. M. PIETSCH: *Die Industrielle Revolution*, Freiburg-Basel-Wien (Herder) 1964; A. O. HIRSCHMANN: *Leidenschaften und Interessen. Politische Begründungen des Kapitalismus vor seinem Sieg*, Frankfurt a. M. (Suhrkamp) 1980; F. A. VON HAYEK: *Der Wettbewerb als Entdeckungsverfahren*, Kiel (Institut für Weltwirtschaft) 1968.

war der Kapitalismus in seinen Anfängen "Ausbeutung", das heißt die grenzenlose Verwendung der nackten Arbeitskraft, die als lebendige Subjektivität von allen weiteren Lebensbindungen im oben geschilderten Sinne gelöst wurde, weshalb der Kapitalismus nicht nur in seiner unmenschlichen und ungerechten Behandlungsart eine "Barbarei" war, sondern lebensphänomenologisch gesehen eine *ontologische Barbarei*, nämlich ein Sichlösen von jeder Kultur, die an sich im Wachsen und Verfeinern aller "Lebensbereiche" wie Wirtschaft, Kunst, Wissenschaft, Religion etc. *gleichzeitig* ruht.

Versuchen wir einige genealogische "Tendenzen", die im meta-historischen Charakter der Trennung von Arbeit und Leben als solchen liegen, an folgenden "ökonomischen Erscheinungen" wie Lohngerechtigkeit, Kapitalanhäufung und Produktionsfinalität strukturell aufzuzeigen, um dann zur Verschärfung dieser Probleme durch die neuzeitliche Technisierung überzugehen. Der *Lohn* nach dem Grundsatz "gleicher Lohn für gleiche Arbeit" scheint ein Stück sozialer Gerechtigkeit zu verwirklichen, die nicht pauschal in Frage zu stellen ist, obwohl die singulären Eigenschaften einer realen Arbeit: Intensität, Mühe, Langeweile oder Befriedigung, in keiner Weise in den ökonomischen Äquivalenten wiederkehren, die von den Wirtschaftswissenschaften errechnet oder von den Tarifpartnern ausgehandelt werden. In dieser fundamentalen Differenz kommt es zu einer tiefgreifenden Kluft mit gesamtkulturellen Auswirkungen, wenn "gleiches Geld" auch für "ungleiche Arbeiten" bezahlt wird, um damit eben die Aporie der "sozialen Gerechtigkeit" auf der Basis von irreellen Vergleichsvorstellungen an den Tag kommen zu lassen. Ohne hier irgendeinem Parteiprogramm zu huldigen, muß gesehen werden, daß Anstrengung, Talent, Verdienste etc. mit ganz unterschiedlicher subjektiver Verwirklichung in die unterschiedlichsten Arbeiten eingehen, die nur noch mit äußerster Künstlichkeit untereinander gemessen werden können.

Das Paradox der modernen Ökonomie ist es, Ersatzwirklichkeiten erfunden zu haben, um diese Kluft zu überbrücken. Im Augenblick jedoch, wo sie angewandt werden, zeigt sich nicht nur eine diesbezügliche transzendentale Unmöglichkeit, sondern der Schatten über den Individuen verdichtet sich, wenn unter dieser versteckten Unmöglichkeit die "Ausbeutung" im Sinne der Mehrwert-Produktion sich fortzeugt. Der Zweifel nagt heutzutage immer stärker am kapitalistischen Versprechen, alte Herrscherwillkür durch mathematisches Maß zu ersetzen, weil gerade dieses Maß gegenüber der Subjektivität willkürlich auftritt. Der zunehmend politisch oder ethisch beklagte "Individualismus" neuer Prägung ist eine Konsequenz davon, denn wenn die lebendigen Wesen ihr Leben nicht weitgehend mehr in der Arbeit leben können, dann muß dieses Bedürfen in anderen Bereichen "nachgeholt" werden. Der Bruch der realen Arbeit mit dem subjektiven Leben als Kulturverlust am Ort der Arbeit selbst führt aber dann ebenfalls zu einem Kulturmißtrauen überhaupt: das, was bei der Arbeit keine Berücksichtigung mehr erfährt, indem es nicht in die "Rechnung" eingeht, ist damit als "Wert" überhaupt disqualifiziert und unterentwickelt.[25]

Hinzu kommt als verstärkende Begleiterscheinung die ontologische Umkehr des Verhältnisses von Leben und Wirtschaft durch die *kapitalistische Ordnung* selbst. Das Kapital gibt sich als der Motor des Gesamtgeschehens und der Weiterentwicklung aus, während allein die subjektiv-lebendige Arbeit tatsächlicher *Ursprung* aller Werte und Produktvermehrung ist. Die Finalität des Marktes und des Tausches ist zunächst nicht mehr die Ware zur Befriedigung von Lebensbedürfnissen, sondern die *unbegrenzte* Kapitalanhäufung dient als Ziel. Hielten sich früher Produktion und Bedürfnisbefriedigung in den Grenzen des Lebensmöglichen einer jeden geschichtlichen Epoche, so tritt mit dem Kapitalismus genau eine phänomenologische Wesensumkehr auf, indem der Lebensprozeß nicht mehr selbst sein eigenes Ziel bildet, sondern als Mittel der Geldproduktion dienen muß. Diese "ontolo-

---

25 Deshalb unterscheidet sich diese Analyse auch von F. KAMBARTEL's Kritik des Markt- und Preissystems als einer rein "ökonomischen Situation", in der dem Arbeiter, der seine Arbeit mag, dasselbe Gehalt bezahlt wird, wie dem, der sie nur erduldet; vgl. *Theorie und Begründung*, Frankfurt a. M. (Suhrkamp) 1976: "Bemerkungen zum normativen Fundament der Ökonomie". Denn Kambartel will diese Situation durch eine konsensuelle Absprache oder partizipative Abstimmung ersetzen, was aber in diesem Fall abstrakte Diskurselemente zum Maßstab der Subjektivität machen würde. Wenn seinerseits P. KOSLOWSKI: *Gesellschaftliche Koordination* (1992), S. 53 f., die freie Berufswahl und eine "nicht-monetäre Extra-Rente in Form höherer beruflicher Befriedigung" ins Feld führt, dann ist einerseits die "freie Berufswahl" weitgehend ein bloßes Desiderat geworden und andererseits die "Extra-Rente" der Befriedigung keine Antwort auf die transzendentale Frage, wie Subjektivität sich grundsätzlich zu einem Äquivalentensystem verhält, das *zufällig* auch Befriedigung verschafft, aber von seinem Ansatz daran nicht interessiert ist. Deshalb sind ja gerade im Bereich der "Personalführung" neue kulturtheoretische Ergänzungen zur Betriebs- und Volkswirtschaftslehre notwendig geworden, weil vom Urprung her der Kapitalismus nur die reine Arbeitskraft ohne jedwede "Befindlichkeit" derselben sah.

gische Subversion", wie sie Michel Henry nennt,[26] führt zu weiteren Substitutionselementen des Lebens, das selbst kulturell dann keinen eigentlichen Raum mehr besitzt, in dem es durch *eigene* Rechtfertigung allein erscheinen kann. Diese Substitutionselemente werden in ihrer "ökonomischen Realität" zu mehr als irreellen Repräsentanten der lebendigen Arbeit; sie werden zu "Ursachen", wie beispielsweise der "Gewinn" als Profitrate. An sich bedeutet der Gewinn eine Wertvermehrung, der seine Substanz aus dem Mehrwert schöpft. Aber die unterschiedlichen Kapitalformen wie produktives, konstantes oder variables Kapital werden mit mathematisch-konzeptuellen Analyseformen umgeben, die immer komplexer werden und die Mathematik selbst zwingen, noch ausgefeiltere Rechenmodelle zu finden. Vielleicht wollte L. von Mises auch dies sagen, wenn er schrieb, Profite und Verluste seien anormal.[27] Sie erscheinen zunächst als Maßstäbe der Richtigkeit oder Verfehltheit subjektiv-spekulativer Bewertungen von Kosten- und Ertragsdifferentialen unterschiedlichster Handlungen und Dinge, aber sie beruhen eben im letzten auf diesem subjektiven Einsatz sowie demjenigen anderer, der "einkalkuliert" wird.

Die vollständige *Mathematisierung* jedoch der Wirtschaft als einer rein ökonomischen Kosten-Preis-Gewinn-Funktion stellt in ihrer zunehmenden Bedeutung für die Volkswirtschaften nicht nur eine Parallele zu der unaufhaltsamen Verwissenschaftlichung der Technik dar, um selbst schon einen eigenen Technikzweig - etwa im Forschungsbereich - zu bilden, sondern phänomenologisch wie kulturell ist das Problem hierbei das folgende. Welches sind die wirklichen Grundkonzepte der Wirtschaft, wenn ihre Konzeptualisierung von den "ökonomischen Erscheinungen" wie von den erwähn-

---

26 *Du communisme au capitalisme* (1990), S. 141 ff.; vgl. *Die Barbarei. Eine phänomenologische Kulturkritik*, Freiburg/München (Alber) 1994, S. 169 ff. Außerdem S. PEJOVICH (Hrsg.): *Philosophical and Economic Foundations of Capitalism*, Lexington (Heath) 1983; M. NOVACK (Hrsg.): *The Denigration of Capitalism. Six Points of View*, Washington (American Entreprise Institute) 1979.

27 Vgl. *Human Action. A Treatise on Economics*, New Haven (Yale University) Press 1949, 297. Dazu P. KOSLOWSKI: *Gesellschaftliche Koordination* (1991), S. 55 f. Zu den unterschiedlichen Kapitalformen (Mehrwert, Surplus, Profit, Zins, Rente, Investion etc.): O. VON NELL-BREUNING/J. H. MÜLLER: *Vom Geld und Kapital*, Freiburg-Basel-Wien (Herder) 1962, S. 96 ff.; P. KOSLOWSKI: *Ethik des Kapitalismus*, Tübingen (Mohr) [4]1991, S. 15 ff.; K. SCHILLER: *Betrachtungen zur Geld- und Konjunkturpolitik*, Tübingen (Mohr) 1984.

ten Kapital- und seinen Berechnungsformen ausgeht, also sozusagen von einem Wirtschaftsüberbau und nicht von der tatsächlichen Genealogie? Ökonomisch gesehen sind beispielsweise Produktiv-, Handels- und Finanzkapital ebenbürtig, ebenso konstantes und variables Kapital, insofern sie die "Geschichte" der existierenden Werte ausdrücken. Aber über das wirkursächliche Vermögen, das sie hervorbringt, verbreiten sie ein diskurskonstitutives Schweigen, das kulturell nicht nur zur Undurchsichtigkeit der Realprozesse für das Bewußtsein führt, sondern letztlich eben gerade das als *quantité négligeable* erscheinen läßt, was alle Werke hervorbringt: das Leben. Die kulturelle Verzerrung ist dann zusätzlich folgende bei wirtschaftlichen Engpässen, "Konjunkturrückgängen", Geldabwertung etc., daß nämlich dieses Leben, die Bewegung von Bedürfen und Begehren zur Befriedigung hin, als "absurd" oder sogar als nicht mehr lebenswert erscheint.

Natürlich vollziehen sich die proto-kulturellen Akte des Arbeitens, Erfindens, geduldigen Wiederholens und Überprüfens weiterhin im wirtschaftlichen Bereich der Produktion, Wartung und Verwaltung, aber das Widersprüchliche ist, daß sie als eigentlich lebendig-kulturelles Vermögen nicht mehr erkannt und in diesem Sinne gutgeheißen werden, weil eben die spezifischen "Antriebskräfte" des Wirtschaftlichen in anderen, *abstrakten Entitäten* zu ruhen scheinen. Notgedrungen wiederholt sich dann die allgemeingesellschaftlich konstatierte Erfahrungs-, Sinn- und Legitimationskrise in den Unternehmen und beschwört eine teils artifizielle teils überforderte "Unternehmenskultur" herauf.[28] Um die wirtschaftlichen Parameter und ihre Schwankungen zu verstehen, sind sie folglich einer transzendentalen Epoché zu unterziehen, um zur Genealogie des phänomenologischen Lebens zurückzufinden, das in seinem Wesen die Bedingungen wie Möglichkeiten einschließt, sein Bedürfen jeweils zu "übersteigen" im Sinne eines immanen-

---

28 Artifiziell insofern, weil als Körperschaften zum Teil "ethische" Entscheidungen übernommen werden sollen, "Ethos" jedoch grundlegend an die transzendentalsinnliche "Betroffenheit" der Subjektivität allein gebunden ist. Überfordert andererseits, da diese Entscheidungen "kulturelle" Vorgaben implizieren, die an sich aus der Gesamtkultur herrühren müssen, so daß hier eine prekäre "Stellvertreterfunktion" übernommen wird, die an sich nicht mehr überschaubar ist, wenn man an die Einführung irreversibler Technikprozesse denkt. Vgl. zur Diskussion A. KLEINFELD-WERNICKE: "Person oder Institution - Zur Frage nach dem Subjekt moralisch verantwortlichen Handelns des Unternehmens", *Jahrbuch für Philosophie des Forschungsinstituts für Philosophie Hannover*, 5 (1994), S. 163-180.

ten Transformationsprozesses mit eigenständiger, realökonomischer Teleologie. Eine radikale ökonomische Analyse ist daher meta- wie außerökonomisch in bezug auf das heute gegebene Verständnis von *economics*, denn was die wirtschaftlichen Parameter in ihren Schwankungen einfangen, und zwar stets mit Verspätung, sind die "geheimen" Bewegungen der inneren "Historialität" des Lebens als unendlicher Reiteration des Bedürfens und des Begehrens, da Bedürfen und Begehren, die in ihrer transzendentalen Subjektivität nicht mathematisierbar sind, in eigener unendlicher Wiederholung unsere Gesten, Handlungen und "Aktionen" hervorrufen.

Damit kein einseitig hedonistisches Mißverständnis aufkommt, bleibt zu betonen, daß die zuletzt verwandten Begriffe nicht nur rein-phänomenologische Analysebegriffe darstellen, sondern auch beanspruchen, die *Produktivitätsgeschichte* der kapitalistischen Ökonomie als eine grundsätzliche Geschichte der "Ursprungssachverhalte" aufzuzeigen. Im Husserlschen Sprachgebrauch ist ein "Sachverhalt" durch die apperzeptive Auffassung von "originären Gegebenheiten" mit ihren Horizontimplikationen zu verstehen, was für die lebensphänomenologische Wirtschaftsanalyse bedeutet, daß die "Geschichte" der Produktionserscheinungen nie eine bloße chronologische Ereignisgeschichte ist, sondern eine transzendentale Wesensgeschichte oder meta-historische Genealogie der "Tendenzen" im Wirtschaftsablauf. Da solche Tendenzen einem lebendigen Grundvermögen gehorchen, sind sie nicht zufällig; sie übersetzen die beständige naturierende "Aktion" eines selben Prinzips, ohne daß dieses Prinzip "Leben" als erstes Glied einer Deduktionskette genommen werden könnte, weil es damit sein phänomenalisierendes Wesen verlöre und zu einem sichtbaren Theoriekonzept rationalsyllogistischer oder verstehend-hermeneutischer Art würde.

Im Kapitalismus und seiner Wirtschaftsform läßt sich also rein eine *Tendenz* der Geschichte als unserer "Kultur" lesen, und damit ist sie in der Tat eine "teleologische Geschichte". Ihre kulturelle Bedeutung hat ihre Wurzeln in der "Tendenz" des Lebens selbst, nämlich im transzendentalen Willen zu *leben*, und nichts als zu leben, und zwar nach dem innergenealogischen Gesetz von Bedürfen und Verlangen (weshalb es nicht mit dem Entelechiegedanken bei Aristoteles und Leibniz etwa zu verwechseln ist, der rein metaphysischer Natur ist). Diese Teleologie des Lebens hat sich umgekehrt, weil die Produktivitäts- und Kapitalmaximierung an die erste Stelle getreten ist und somit die Eigenteleologie des Lebens "aufgehoben" hat. Insofern bildet der Kapitalismus jedoch jene bevorzugte Geschichte, in der die Geschichte der Welt selbst rein aus der Lebenspervertierung zu lesen ist, ohne hiermit eine moralische Anklage vortragen zu wollen. Es bleibt nur festzustellen, daß die Mittel/Zweck-Umkehr nicht "unschuldig" ist und ihre kulturellen Erscheinungen zeitigt, unter denen wir zunehmend leiden. Die neue ökonomisch-mathematisch-technische Finalität der Geldproduktion zugunsten der begrenzten Produktion von Gebrauchsgütern als "Lebenswerten" wirkt auf die innerste Lebensbewegung Bedürfen/Verlangen/Begehren/Anstrengung selbst zurück und modifiziert deren Struktur bis zur individuellen wie gesellschaftlichen Unkenntlichkeit. Denn "was zu tun ist", ergibt sich nun nicht mehr aus der genannten Struktur mit ihren bisherigen kulturellen Selbstobjektivierungen in Religion, Kunst, Ethos und Wissenschaft, sondern die neue Produktionsfinalität um ihrer selbst willen schafft sich ihre eigenen Bedingungen im bisherigen realen Arbeitsprozeß, um diesen selbst zu einem *unbegrenzten* Prozeß zu machen, der nicht mehr - oder nur noch minimal - an die lebendige Arbeitskraft (und damit direkt an das Verhältnis Bedürfen/Befriedigung) gebunden ist. Das 19. Jahrhundert verlängerte den Arbeitstag bis an die Grenzen des Lebenserträglichen, um Mehrwert und Kapital zu produzieren. Nachdem diese Möglichkeit gesellschaftlich-kulturell ausgeschöpft ist, jedoch in der Dritten Welt zu unseren Gunsten weiterexistiert, bleibt ein zweiter Weg: die Arbeitsproduktivität durch Entwicklung der mechanisch-technischen Produktionskräfte selbst zu erhöhen, um die "verlorene", notwendige Zeit der Regenerierung des Arbeiters gering zu halten, und dies bei der gleichen oder sich sogar verkürzenden Zeit eines Arbeitstages. Die einstige Todesbedrohung durch Erschöpfung ist so beseitigt, um noch größerer Bedrohung unweigerlich Platz zu machen, nämlich der tödlichen Lebensverkennung in der individuell-kulturellen Lebensverkennung überhaupt (Arbeitskraft) und im "natürlichen Gleichgewicht" seitens der "umweltgebundenen" Lebensbedingungen als einer Folgeerscheinung, wobei eine zunehmende Marginalisierung und "Privatisierung" der Kultur als originäre Lebensformen beide Umkehrprozesse begleitet.

Das Auftreten dieser "negativen" Phänomene zeigt sich heute mit einer Deutlichkeit, die der *ontologischen Zäsur* durch den Kapitalismus angemessen ist und sich mit der "tendenziellen Geschichte" der Welt als koextensivem Korrelat der Lebenspraxis verbindet, falls man diese Wesensgeschiche nicht durch hermeneutische, soziologische und funktional-ökonomische Analysen allein verstellt. Abgesehen von der proto-kulturellen Nutzung der Sinnlichkeit als Bedürfen, Begehren, Anstrengung, Arbeit, Ausbildung, Intuition, Kreativität, eingeübter Geschicklichkeit etc. bleibt also die kapitalistische Produktionsweise - im paradigmatischen Sinne für eine Gesamtentwicklung, und nicht bloß als mittlerweile anachronistischer Gegensatz zum Sozialismus gesehen - vom eigentlichen kulturellen Leben getrennt, sofern dieses eben in der prinzipiellen "Mit-Ereignishaftigkeit" von Leben und Welt als transzendentaler Gegebenheit unserer Sinnlichkeit und Praxis gründet. Und diese *Trennung von Kultur und Produktion* als "Wirtschaft" verstärkt sich noch, so lautet die weiter zu analysierende These, weil die kapitalistische Zweck/Mittel-Umkehr nicht nur die lebendige Arbeit durch die abstrakten Äquivalenzen wie etwa die Geldproduktion ersetzt, sondern letztlich auch die *Natur* als solche mit den aus ihr zu gewinnenden Rohstoffen auf eine reine *Technikäquivalenz* tendenziell reduziert. Denn die Substitution der lebendigen Arbeitskraft durch Maschinen, Automatisierung und Informatik birgt den absolut-ontologischen Versuch, durch diese "Alchimie" nur noch ein technisch-materielles Natursubstrat gelten zu lassen. Mit anderen Worten wird die konsequente Herauslösung der Naturqualität aus der Lebenswelt betrieben, so daß auch die Lebenswelt keine "Welt-für-das-Leben" im umfassend lebendig-kulturellen Sinne mehr ist, sondern eine "Welt-für-die-Technik-allein".

Nun ist allerdings nichts so schwierig wie die gegenwärtige Technikdebatte, weil sie meist innersystemisch geführt wird bzw. unter philosophisch-ideologischen Vorgaben von "Seinsvergessenheit" (Heidegger) sowie als postmoderne Aufklärungsversuche unserer "rationalen Vernunft". Die innersystemische Debatte, die zugleich politisch-gesellschaftlich geführt wird, versucht Schadensbegrenzung und teilweisen Systemwandel durch Technik selbst wiederum herbeizuführen; die globalen Analysen arbeiten mit ontologischen, objektiv-transzendentalen, prospektiven oder geschichts-dekonstruierenden Vorgaben.[29] Der radikal-phänomenologische Lebensbegriff gibt die Möglichkeit, die Technikentwicklung *außersystemisch* zu beurteilen, ohne die ontologischen wie historischen Bedingungen zu vernachlässi-

---

29 Vgl. unter anderem M. HEIDEGGER: *Die Technik und die Kehre*, Pfullingen (Neske) [4]1978; F. G. JÜNGER: *Die Perfektion der Technik*, Frankfurt a. M. (Klostermann) [7]1993; F. DESSAUER: *Streit um die Technik*, Frankfurt a. M. (Knecht) 1956; M. BENEDIKT/R. KASPER "Naturtechnik und Urteilskraft", in: W. LÜTTERFELDS (Hrsg.): *Transzendentale oder evolutionäre Erkenntnistheorie?*, Darmstadt (Wissenschaftl. Buchgesellschaft) 1987, S. 189-209; H. KAHN/A. J. WIENER: *Ihr werdet es erleben. Voraussagen der Wissenschaft bis zum Jahre 2000*, Reinbek (Rowohlt) 1971; D. BELL: *Die Zukunft der westlichen Welt. Kultur und Technologie im Widerstreit*, Frankfurt a. M. (Fischer) 1979.

gen, sofern sie in einer meta-empirischen Korrelation von "Ökonomie" und praktischer Sinnlichkeit gründen. Um zu verstehen, was Technik originär im Zusammenhang mit dieser pathisch-ökonomischen Leiblichkeit ist, woraus sich die moderne "ontologische Subversion" durch die rein-objektive Entwicklung der wissenschaftlich-technischen Produktivkräfte ergibt, muß eine phänomenologische Einstellung eingenommen werden, die sich ohne äußere, das heißt mundane Beschreibungskriterien ganz in die radikal-subjektive Sinnlichkeit als Bedürfen und Anstrengung hineinbegibt, um von daher immanent aufzuweisen, was "Welt" als reines Korrelat davon sein kann.

4. Wissenschaftstechnik und Wirtschaftsaufhebung

Schon bei der proto-kulturellen Analyse des praktisch-ökonomischen Tätigwerdens des Individuums mit seiner rein subjektiven Kraft konnten wir darauf verweisen, daß der phänomenologische Charakter der "Welt" als Erleben unserer Impressionabilität "Widerstand" und damit "Grenze" ist. In einer archaischen Wirtschaftsform wird diese ursprüngliche Situation des Lebens, sofern es die Welt als praktisches Korrelat "in seinem Griff hält", allein dadurch unmittelbar deutlich, als der reale Produktionsprozeß hier mit dem *Überleben* identisch ist; das heißt: die drängenden Bedürfnisse gegenüber Hunger, Kälte und sonstigen "äußeren" Widerwärtigkeiten müssen eine *sofortige* Lösung finden. Diese Grenzsituation offenbart die extremste Bedingung des Lebens, das tatsächlich Notwendige zu produzieren, um dem Tod zu entrinnen. Sobald diese gefährliche Situation sich ein wenig lockert, können mit Hilfe gleichzeitig produzierter Werkzeuge zusätzliche Verbrauchsgüter erzeugt werden, und in diesem *Abstand*, der sich zwischen dem "Lebensnotwendigen" und dem, "was das Leben produzieren *kann*", auftut, siedelt sich alles an, was wir gewöhnlich bis heute als Kultur und Zivilisation bezeichnen. Die Möglichkeit dieses ökonomisch-kulturellen Abstands, nämlich *mehr* als die "Bedürfnisse" produzieren zu können, ist das Grundvermögen des Lebens, weshalb wir weiter oben sagten, die Proto-Kultur der Wirtschaft habe ihre Wurzeln in der Ur-Kultur des Lebens. Denn jedes "Vermögen" ruht diesseits der kontingent-empirischen Fakultäten im innersten Wesen des Lebens als dessen Pathos. Jedes Bedürfen ist zunächst in der Tat Selbstbedürfen des Lebens, und als solches ist es eine Kraft, die auf das

Bedürfen selbst zurückwirkt, es emporhebt und steigert, um ihm so jene Kraft zu geben, sich als Vermögen oder Können zu verwirklichen. In dieser ganz immanent-phänomenologischen Hinsicht läßt sich also sagen, daß der Übergang Bedürfen/Vermögen oder Kraft/Können die *Kultur* selbst ist, aus der alle besonderen Fähigkeiten der Individuen dann ihre proto-kulturellen Kräfte schöpfen.

Unter den abstrakten Sedimentierungen der modernen Wissenschaft und ihrer mathematisch-wissenschaftlichen Komplexion verschwindet dieses lebendige Ur-Vermögen des Mehr-Produzierens aus dem Blick, und immer weniger scheinen die Wirtschaftswissenschaften als *economics* zu finden, was sie eigentlich suchen, selbst da, wo sich verdienstvoll innovierende kulturtheoretische Bemühungen um ein breiteres Forschungsspektrum bemühen.[30] Fundamental zu verstehen bleibt allerdings, wie die unendliche Steigerung der Produktivität mit Hilfe der Technik, um den Mehrwert wachsen zu lassen, die inneren Strukturen des lebendigen Realprozesses selbst vollständig untergräbt. Was heißt also *Produktivität* befreit von ökonomischen, technisch-kapitalistischen sowie auch meist hermeneutisch-kulturtheoretischen Vorgaben?

Produktivität bezeichnet phänomenologisch 1. das wirkungsvolle Vermögen, gut und zeitsparend lebensnützliche Güter herstellen zu können. Diese Produktivität haben wir zuvor schon mit der lebendigen Arbeit selbst identifizieren können, wozu auch Arbeitswerkzeuge und Rohstoffe gehören. In der originären "Mit-Ereignishaftigkeit" von Leben und Welt, von lebendiger Arbeit und Werkzeug, bedeutet die Steigerung dieser Produktivität sodann: die Wirkung der Lebenskraft zu erhöhen. Die Menschen haben in

---

30 Vgl. außer den zuvor schon genannten Arbeiten auch H. KASPER: *Die Handhabung des Neuen in organisierten Sozialsystemen*, Berlin (Springer) 1990; W. BÖCKMANN: *Sinnorientierte Führung als Kunst der Motivation*, Landsberg (Moderne Industrie) 1987. - Es bleibt allgemein nur bei einer Oberflächenbeschreibung, solange die technisierte Wirtschaft nur als eine *Reaktion* auf den ökonomischen Realprozeß als zu automatisierenden gedacht wird, da hierbei "das Ökonomische" als Ausgangsidee bereits immer schon ideal-transzendental vorausgesetzt ist. In phänomenologischer Sicht kann dieses Ökonomische - wie jede Entität - nur eine abkünftige sein, letztlich eben vom Leben, weshalb wir unsere Bemühungen um diesen analytischen Aufweis hier hauptsächlich konzentrieren. Vgl. außerdem B. S. FREY/W. STROEBE: "Ist das Modell des Homo Oeconomicus 'unpsychologisch'?", *Zeitschrift für die gesamte Staatswissenschaft*, 136 (1980), S. 82-97.

dieser Hinsicht während ihrer ganzen Geschichte Werkzeuge erfunden und entwickelt, wobei zwei Unterschiede zur heutigen technischen "Entwicklung" bereits sichtbar werden. Zum einen war diese Entwicklung begrenzt und zum anderen blieb die Werkzeuggestalt von der leiblich vorgegebenen Arbeitskraft strukturiert, indem das Werkzeug sich ihr anpaßte und so die "Verlängerung" der individuellen Vermögen darstellte. Während dieser langsamen wie endlichen Entwicklung wurde die "Welt" stets als eine bewegliche Grenze im Inneren der subjektiven Anstrengung empfunden, und jede Steigerung blieb somit eine Steigerung der subjektiven Kraft, weshalb natürlich auch das Wachstum des Mehrwerts in diesen zurückliegenden Epochen ebenso begrenzt war.

Die Bedeutung der Produktivität wird 2. im Zusammenhang mit der ontologischen Erschütterung der Entdeckung der *galileischen Naturwissenschaften* verständlich, das heißt durch einen meta-historischen "Sachverhalt" innerhalb der geschichtlichen Tendenz als Genealogie des Lebens.[31] Geschichtlich als Historie ist der Grundsachverhalt des Lebens insofern, als jedes Individuum in der Geschichte geboren zu werden und in ihr zu sterben scheint, während die meta-historische, originäre "Faktizität" die unendliche Reiteration von Bedürfen/Arbeiten in ihrem Übergang ist, welcher die Geschichte erst zu einer Historie der Produktion und Konsumtion werden läßt, was auch Husserl in seinem späteren Lebensweltbegriff andeutet, ohne es jedoch auszuführen. Genau in diesem lebensoriginären "Übergang" von Bedürfen und Arbeit als rein subjektiven oder radikal-phänomenologischen Gesetzlichkeiten greift seit Galilei die Wissenschaft insofern in eine ganz bestimmte Richtung ein, als die Produktion im hier zu bestimmenden zweiten Sinne von nunmehr aufhört, absolut an die Subjektivität als Arbeitskraft (Produktivität im ersten Sinne) gebunden zu sein. Werkzeuge, Rohstoffe wie Produkte waren bis zur Entdeckung der galileischen Wissenschaft nur durch die sich selbst erprobende Subjektivität bekannt, indem nämlich die Anwen-

31 Diese phänomenologische Wissenschaftsanalyse wird von M. HENRY in *Die Barbarei* (1994) eingehend durchgeführt, um dort sowohl auf Technik, Wirtschaft wie Humanwissenschaften angewandt zu werden; vgl. bes. S. 83 ff., 151 ff., 170 ff. für die Diskussion unseres Zusammenhangs. Zur weiteren Dokumentation des Weltbildwandels vgl. sodann A. MAIER: *Die Mechanisierung des Weltbildes im 17. Jahrhundert*, Rom (Edizioni di storia e letterature) ²1968; H. GROSSMANN: *Die gesellschaftlichen Grundlagen der mechanistischen Philosophie und die Manufaktur* (1935), Reprint München (Kösel) 1970.

dung der je subjektiven Kraft mit der Handhabung der Werkzeuge selbst identisch war. Dieses archaische "Mit-Ereignis" von Kraft und Werkzeug (Objekt) zerbricht Galilei durch die Reduktion aller relevanten Erkenntnis auf die ideal-geometrische Erkenntnis von Kreisen, Dreiecken und anderen "Figuren", die die Körper in ihrer Erscheinung begrenzen. Was nicht mehr zählt, da es als täuschende Erkenntnisquelle für die Physik - und dann für die "Wahrheit" des Universums insgesamt - eliminiert wird, ist die Subjektivität mit den sogenannten sekundären Qualitäten wie Farbe, Wärme, Geruch etc., die der *animalitas* des menschlichen Körpers zugerechnet werden. Descartes gab dieser geometrischen Methode dann eine mathematisch-algebraische Formulierung - so war die physikalisch-mathematische Betrachtungsweise des "materiellen Seins" prinzipiell geboren, und zwar mit ihrer zunächst tendenziellen wie sodann massiven Substitution der subjektiven Arbeit bis heute.

Denn indem die moderne Technik auf der Basis naturwissenschaftlich reiner Erkenntnis in den ökonomischen Realprozeß eintritt, findet eine ontologische Transformation grundsätzlicher Art insofern statt, als das Tun und Handeln als Arbeiten in seinem Wesen nicht mehr subjektiv bleibt, sondern *objektiv* wird. Das "technische Tun" ist mit anderen Worten nicht mehr das "Spiel" der innerlich erlebten und erprobten Vermögen, die jedesmal ein Pathos sind, sondern das "Tun" vollzieht sich nunmehr vor dem Blick des Denkens. In seiner technisch-instrumentalisierten Form ist das Tun als produzierende Tätigkeit geronnene, materialisierte Theorie und verläuft wie ein physikalischer Naturprozeß, wobei im übrigen die natürlichen Prozesse chemischer und elektromagnetischer Art immer mehr das Sein selbst dieses "technischen Produzierens" bestimmen werden. Anstelle der Subjektivität, der "Person in ihrem Handeln und Leiden", wie Husserl für die Affektionen und Akte oft sagt, tritt eine phänomenologisch absolut andere Erscheinungsweise auf, nämlich rational-materialisierte Objektivität, in der das unsichtbar-pathische Leben keinen Platz mehr besitzt. Hier liegt zugleich die große, entscheidende *kulturelle Kehre*, die alle Entwicklungen der Moderne offen oder untergründig bestimmen wird, weshalb es notwendig ist, sich außersystemisch dieser neuen "Realität" vom Leben her anzunähern, um die Ungeheuerlichkeit der Veränderung überhaupt in den Blick zu bekommen, und zwar mit den Folgen für die Zukunft, die sich ebenfalls als sichere Tendenz ablesen lassen: die Auseinanderentwicklung von Produktion (Tauschwerten) und Konsumtion (Gebrauchswerten). Von daher rührt unsere Skepsis, die Bereiche Wirtschaft und Kultur, wenn auch grundsätzlich die Wirtschaft als ein Bereich der Kultur überhaupt anerkannt und erforscht werden sollte, auf einer begrenzt *organisatorisch-ethischen* Ebene zusammenführen zu wollen, ohne sich dabei die entscheidende genealogisch-ontologische Kluft vom Wesen des Lebens her deutlich zu machen.

Jede Zweideutigkeit im Technikbegriff ist deshalb zu vermeiden. Gemeinhin versteht man unter *Technik* die Gesamtheit all jener instrumentalen Dispositive, die der Mensch zur Naturveränderung einsetzt, um seine Bedürfnisse zu befriedigen. Jedoch läßt sich der radikale Umbruch nicht übersehen, der sich um die Mitte des 19. Jahrhunderts vollzieht, als die moderne Technik im galileischen Sinne die traditionale Technik ablöst, um von da an eigentlich erst die auf Maschinen reduzierte Technik als instrumental-objektive Prozesse im Produktionsvorgang zu bezeichnen. Denn bis dahin war Technik mit dem praktischen Handlungswissen identisch und schloß dieses praktische Handeln selbst ein, und zwar, wie wir gesehen haben, als die subjektive Lebens- und Arbeitskraft, deren "Wissen" mit den eingesetzten Vermögen des leiblich-subjektiven Lebens selbst identisch war. In der modernen Technik *verschwindet die Subjektivität*, da die Werkzeuge, Instrumente, Maschinen sowie ganze Produktionsanlagen das physikalisch-mathematische Naturwissen als einzige Referenz haben, es in sich aufnahmen und somit die objektiven Naturvorgänge im Sinne Galileis, Descartes' und Newtons in sich bergen, um dann erneut auf die rein wissenschaftlich wahrgenommene Natur angewandt zu werden. Deshalb ist die Technik kein praktisches Lebenswissen mehr, das sich selbst in seiner Ausübung erfährt, sondern sie ist *die unmittelbare Fortsetzung der Wissenschaft* und wird sich immer mehr mit dieser vereinen. Die Wissenschaft, die von ihrem Ansatz her nur sich selbst verpflichtet ist und kein externes Kriterium wie Ethik oder Philosophie prinzipiell kennt, stellt nämlich zunehmend jene Probleme, welche die Technik dann ihrerseits wieder zu beantworten hat, so daß sich eine immer komplexere und durchgehend selbstregulierende Technik-Wissenschaft entwickelt.[32]

---

32 Ohne Zweifel lassen sich unabhängig von dieser Sichtweise geistes- und wirkungsgeschichtliche "Verstehenserklärungen" der Maschinenentwicklung geben; vgl. zum Beispiel A. BARUZZI: *Mensch und Maschine. Das Denken "sub specie machinae"*, München (Fink) 1973. Danach ist für das moderne Bewußtsein "Sein" die materielle Einheit der Natur, während Gott nicht mehr als Referenz dient. Animalität und Lebenskraft erscheinen als ein Naturprodukt, während der Maschinenaspekt metaphysisch die Schöpfung unter dem Gesichts-

Auf den Realprozeß der wirtschaftlichen Produktion angewandt bedeutet dies die vollständige Subversion der "Produktivkräfte", weil nunmehr Technik und Produktion dasselbe besagen, und dieser eingeschränkte Sinn von Technik wie von Produktion, das heißt ohne prinzipiell-methodologische Lebensreferenz, wird in Zukunft das historische Schicksal der Welt bestimmen. *Subjektivität im phänomenologisch-realen Sinne von "lebendiger Arbeit" wird allmählich aus dem Realprozeß eliminiert werden, während der technisch-objektive Produktionsablauf unbeschränkt zunehmen wird.* Oder in mehr ökonomischer Hinsicht ausgedrückt: Arbeitsprozeß und Produktionsprozeß werden sich auseinanderentwickeln, wovon die "Massenarbeitslosigkeit" heute nur ein erster Vorbote ist. Sie stellt nämlich letztlich keine bloße Konjunktur-, Struktur- oder individuell-gesellschaftliche Motivationsfrage mit kulturellen Implikationen im einzelnen dar, sondern eine global-kulturelle oder eben auch "ontologische Mutation" prinzipieller Art, die schlicht lautet: Das "Leben" ist systemisch nicht mehr gefragt, und zwar im doppelten Sinne des Wortes weder als Letztrealität anerkannt noch für den Produktionsprozeß notwendig. Diese vollständige Veränderung der Welt und ihrer Geschichte hebt des weiteren die Sinnreferentialität des Ökonomischen insofern auf, als die traditionelle technisch-materielle Produktion mit dem Lebenspathos als Bedürfen, Kraft und Arbeit bisher zusammenfiel, sich in ihnen erlebte und bestätigt fand, den Rhythmus der Tage, Nächte und Jahreszeiten daraus empfing, während die automatisierte moderne Technik

---

punkt physikalischer Kausalität verwaltet. Jegliche Wirklichkeit muß der beobachtenden Erfahrung unterworfen werden, damit Welt und Mensch sich der Maschine angleichen können. Neben den Folgen einer Konzeption des "natürlichen Glücks" (*plaisir* bei den französischen Materialisten, die Baruzzi untersucht) verstärkt sich der kybernetische Gedanke einer "Natur-Maschine", worin sich das alte Gottesverhältnis des Menschen neu abbildet: Der Mensch nimmt göttliche Allmacht an, während sich die Maschinen selbst regeln. Da aber damit die Abhängigkeit der Menschen von ihren eigenen Erfindungen eintritt, muß ein "künstlicher Mensch" entworfen werden, der einer natürlichen Selbsterkennung des Menschen nach den alten Totalitätsphilosophien gehorcht. Aber damit scheint uns eben die ontologische Subversion der Technik wiederum nur auf der Ebene der Vorstellungsveränderungen verständlich gemacht zu sein. Zur Bedeutung der Idee anderer möglicher Welten und ihrer Kompossibilität als Problem von Mathematik, Mechanik, Sozial- und Rechtsphilosophie im 17. Jahrhundert vgl. auch P. KOSLOWSKI: *Gesellschaftliche Koordination* (1991), S. 20 ff.

diese innerste Kraft mit ihren Vermögen nunmehr ohne Verwendungszweck läßt.

Damit befindet sich die "Existenz" dieses selbstaffektiven Lebens nicht nur außerhalb der eigentlichen Produktion. Es ist auch nicht nur das Individuum - entgegen allen anderslautenden politischen und ideologischen Diskursen - als "überflüssig" vergessen, anstatt jeweils ein *Reichtum* zu sein, wie die Beschäftigungkrise immer deutlicher zeigt, sondern die Bedingung eines "unbrauchbaren" Lebens mit seiner "ungenutzten" Energie tritt in aller Schärfe an den Tag. Es ist, wiederum phänomenologisch-schlicht gesagt, die *Angst*, die an sich als solche zum Lebenspathos gehört, aber dann auf ihren Höhepunkt getrieben wird, wenn die Energie an Bedürfen und Begehren ohne Verwendung ist. Deshalb ist der gegenwärtigen Krise auch nicht mehr mit einem "Sinnmanagement" beizukommen,[33] welches grundsätzlich die real-wirtschaftliche Möglichkeit von Energieorientierung noch voraussetzt. Vielmehr schwindet jeder Sinn, wo das Leben allein auf sich zurückgewor-

---

33 Vgl. S. TEUFL: *Der "Sinn"-Begriff anhand der Logotherapie und Existenzanalyse nach Viktor E. Frankl - Anwendungen für das Management? Der Versuch einer Annäherung.* Diplomarbeit der Sozial- und Wirtschaftswissenschaften Universität Wien, 1993, 95 S. Der Verfasser sieht nach Darstellung des Diskussionsstandes letztlich mit Recht einen Widerspruch zwischen je nur personal-individueller Sinnfindung und dem Versuch, betriebsintern "Sinn" als Motivation, Konsens etc. zu oktroyieren. Unsere These ist außerdem, daß jede Sinnkategorie heute an der radikal-systemimmanenten Eliminierung des "Lebens" scheitert, da Sinn welt- oder transzendenzbezogen ist, während "Leben" diesseits davon ruht, weshalb kein "Sinn" für diesen Grundverlust eintreten kann. Von daher sind die Versuche einer "Unternehmenskultur" - sozusagen als Insel in der globalen gesellschaftlichen Sinnkrise - auch phänomenologisch zusätzlich in Frage gestellt. So setzt denn auch A. KLEINFELD-WERNICKE "Person oder Institution" (1994), S. 176, für "die natürliche Person" spezifisch moralische Vermögen wie "Gewissen, Schuldgefühle, Angst" voraus, über die eine Korporation nie verfügt, auch wenn sie nach außen hin "als Objekt externer Verantwortungszuschreibung" auftreten kann. Nach der klassisch-personalen Wert- und Entscheidungslehre (etwa Dilthey, Scheler, Spranger) entspricht dies der "Stellungnahme" als Schlüsselbegriff der verstehenden Kulturphilosophie; vgl. P. KOSLOWSKI: *Gesellschaftliche Koordination* (1991), S. 83 f. Außerdem F. H. KNIGHT: *The Ethics of Competition and Other Essays* (1935), Reprint New York (Libraries Press) 1969; O. E. WILLIAMSON: "The Modern Corporation: Origins, Evolution, Attributes", *Journal of Economic Literature*, 19 (1981), S. 1537-1570.

fen ist, um sich in diesem reinen Selbsterfahren dann - von außen - als negiert zu erleben. Faschismus und doktrinär-politischer Marxismus vollzogen diese Verneinung je systematisch (wie heute die neuen "Fundamentalismen"), damit das Individuum sich selbst "metaphysisch" als ein Nichts deklariere, um sich dann umso williger einem ideologisch-"erlösenden" Allgemeinprozeß von Volkstum oder "revolutionärer" (bzw. "göttlicher") Geschichtsmacht einzufügen. Heute ist selbst dies - bei uns unter technisch-ökonomisch sich ausbreitenden Rationalisierungsbedingungen - nicht mehr notwendig: Die reine Tatsache, geboren zu sein, impliziert schon, daß ich ein "Nichts" bin, das heißt nicht "verwendbar" und daher "überflüssig". Die funktionale Austauschbarkeit des Einzelnen im Produktions- und Verwaltungsablauf ist noch eine geringe Erfahrung gegenüber dieser historischen Tendenz der Nicht-Verwendbarkeit. Daher können wir auch die sich anbahnende Verdoppelung der Erdbevölkerung nicht als einen Lebensreichtum ansehen, sondern nur als eine technische Belastung, womit ausschließlich eine Feststellung hinsichtlich der herrschenden *Meinung* mit ihrer Furcht vor dem Verlust des gegenwärtigen weltpolitischen *status quo* als Privileg für den Westen getroffen ist und zum Beispiel keine Verurteilung von Familienplanung an sich. Die Heilmittel, die der technische Okzident (und bald auch der Osten) im Inneren wie Äußeren anbietet, sind Narkotika, und zwar von den sprichwörtlichen Drogen bis hin zu den Medien.

Heute bricht folglich in einem radikal neuen, epochalen Sinne auf, was das Leben, das heißt jedes Individuum "spontan" gelöst hat, nämlich seine Kulturwerdung durch den "Übergang" von Bedürfen in Tätigwerden über Begehren und Angst. Die fundamental-phänomenologische Frage wird sein, ob sich diese ontologische Selbstverständlichkeit der je immanent-individuellen Lebenskulturation jemals als ein "theoretisches Problem" lösen läßt, wenn es zunächst und zuerst ein subjektives Praxisproblem darstellt, das heißt die Verwirklichung dieser Praxis selbst. Insofern reicht diese Frage des Lebensausschlusses aus dem wirtschaftlich-technischen Produktionsprozeß tiefer als die bisherigen funktionalen, institutionslegitimierenden oder wertorientierten Kulturtheorien, die sich zusätzlich systemstabilisierend neben der gesellschaftlich-ökonomischen Systemrationalität etablieren wollen. Wir müssen demgegenüber beantworten, wovon es keine apriorische Theorie geben kann, weil die absolute Lebensaffektion die theoretische Distanz und deren Diskurse nicht kennt und in sich selbst bereits unmittelbar praktisch im beschriebenen Übergangssinne ist. Vielleicht wird so auch nochmals besser verständlich, warum die Arbeit letztlich *keine ökonomische Größe* ist, wenn Ökonomie als solche die Einführung von theoretischen Tauschäquivalenten bedeutet. Daß die Arbeit allein Werte schaffen kann, gerade weil sie phänomenologisch gesehen außerökonomischer Natur ist, bildet keine anachronistische Neuauflage der Diskussion bei Marx mit den englischen Ökonomen (besonders mit Smith und Ricardo), sondern die These, daß der *Grund* des wirtschaftlichen Universums eben außerhalb desselben liegt.

Auch der *Markt* erklärt dementsprechend nichts, solange er schon voraussetzt, was er eigentlich erklären soll, nämlich die *Idealität* von "Tauschwerten", so wie die galileisch-geometrische Methode die *Ideation* von Kreisen und Dreiecken voraussetzt, deren "Ursprung" *genealogisch* in der transzendentalen Bewußtseinsintention auf Weltkonstitution als solcher hin liegt, die überhaupt erst die ideelle Dimension für das Erscheinenkönnen solcher geometrischen "Figuren" schafft. Dem abstrahierten Raum-Zeit-Universum der Wissenschaft, abstrahiert von der "Natur" als Lebenswelt nach Husserl, entspricht die transzendentale Genese von Wert, Markt, Tausch etc., die im nicht-theoretischen - und damit im nicht-ökonomischen - Leben liegt. Dieser nicht-ökonomische Ursprung der Ökonomie, und zwar als Ineinander, Bündelung und Übergang im lebensphänomenologischen Sinn von Kraft, Energie und Bedürfen, pro-duziert "metaphysisch" die ökonomischen Phänomene, bevor diese sich in der empirischen Wirtschaft und für deren konzeptualisierte Lehre zeigen, wobei die Ökonomie wiederum als eine spezifische "Realitäts"- Dimension erst mit der entsprechenden Phänomenbestimmung hervortritt.

Diese nochmalig notwendige Erinnerung an die Genealogie der Ökonomie als Prozeß vom naturierenden Leben aus sowie in diesem Leben gewinnt ihre erschreckende Wahrheit, wenn man sie auf den technisch bestimmten Produktionsprozeß heute anwendet, der vor der Moderne eine ursprüngliche Zusammengehörigkeit oder "Mit-Ereignishaftigkeit" von Leben und Universum bedeutete. Die moderne Technik versetzt nicht nur die subjektive Arbeit außerhalb ihrer objektiv-maschinell ablaufenden Prozesse; sie eliminiert damit nicht nur subjektives Wissen und Können als je individuelle Existenz, sondern sie schneidet auch in aller Konsequenz von der Welt als Korrelat unserer Kraft ab. Und damit kommen wir zu einer letzten, tendenziell schon vorhersehbaren Entwicklung, die Ökonomie und Kultur in ein gespenstisch zu nennendes Licht taucht, aber gerade gegenwärtig bereits in der Ökonomie deutlich auszumachen ist. Wenn in der Tat die lebendige Arbeit allein die Schöpfung von Tauschwerten bedeutet, dann bezeichnet die wachsende Substitution des wirtschaftlich-produktiven Prozesses durch objektiv-technische Prozesse *die fortschreitende Ausschaltung der lebendigen Fähigkeit, Werte zu produzieren.* Wirtschaften aber heißt Wert an sich produzieren, so daß die technische Mutation des realen Produktionsprozesses nichts anderes zukünftig bedeuten kann als *die Unmöglichkeit des wirtschaftlichen Prozesses als solchen.*[34] Als Folgeerscheinung verändern sich dabei notwendigerweise die historischen Formen der wirtschaftlichen Genese ihrerseits, das heißt der Tauschprozeß wie die Geldproduktion.

In einer Tauschgesellschaft ist die Genese des Realprozesses noch weitgehend transparent, obwohl auch hier jede Modalität der subjektiven Arbeitskraft, die den Tauschwert produziert, schon durch meßbare, objektive Äquivalente verdunkelt ist, die man ihr substituiert. Ebenfalls können die abstrakten Entitäten selbst in diesem historischen Stadium nur *aufgrund ihrer Abstraktheit* funktionieren. So ist der hier verwandte Begriff des "Wertes" und sein Marktkorrelat frei von jeder Materie, denn 40 Thaler Kaffee "entsprechen" 40 Thaler Tee. Die ideale Funktion des Tauschwertes scheint seiner eigenen ökonomischen Bewegung automatisch wie autonom zu folgen, wodurch die ökonomischen Gesetze selbst rein eigenen Regulierungen zu gehorchen scheinen. Die Wirtschaft bleibt aber phänomenologisch betrachtet eine "Verdoppelung" des Lebens, wie wir schon aufzeigten, weshalb letzteres in der Tiefe die scheinbar selbständigen ökonomischen Prozesse weiterhin hervortreibt und "bestimmt". In der modernen kapitalistischen Warenzirkulation wird diese "Selbständigkeit" nunmehr absolut offenbar, da das Mittel "Tauschwert" unter der Form des Geldes jetzt zum Selbstzweck wird. Natürlich produziert selbst hier im Grunde die lebendige Arbeit des Realprozesses die Kapitalwerte weiter, aber es tritt mit dieser ontologischen Mittel/Zweck-Umkehr eine entscheidende Mutation des Realprozesses als solchen ein. Zunächst wird die "Ausbeutung" der subjektiven Kräfte in zeitlicher wie in intensiver Hinsicht bis zum äußersten getrieben; aber ohne jeden Schleier eines ideologischen Humanitäts- oder Gerechtigkeitsideals ist zu erkennen, daß "Ausbeutung" zur Gründung der Ökonomie selbst gehört, weil "Wirtschaft" das Aussaugen des Lebens bis aufs Blut

34 Vgl. M. HENRY: *Du communisme au capitalisme* (1990), S. 165 ff., für diese Feststellung und ihre Konsequenzen. Im folgenden wird dadurch auch nochmals unsere grundsätzliche Unterschiedlichkeit von jedem marxistisch-ideologischen Diskurs einsichtig. Vgl. diesbezüglich beispielsweise A. SOHN-RETHEL: *Materialistische Erkenntniskritik und Vergesellschaftung der Arbeit*, Berlin (Merve) 1971; L. ALTHUSSER/E. BALIBAR: *Das Kapital lesen I*, Reinbek (Rowohlt) 1971.

bedeuten kann. Verläßt man jedoch die innersystemische Oberflächenstruktur der Ökonomie, wo ökonomische Ursachen immer ökonomische Folgen haben, dann besteht das zentrale "Ereignis" des technisch-ökonomischen Kapitalismus darin, gerade nicht die *Ausbeutung* noch weiter auf die Spitze zu treiben (sie verläuft allerdings in der Dritten Welt weiter), sondern sie *abzuschaffen*.

Aber die ontologische Konsequenz dieser "Aufhebung" besteht zugleich darin, daß die lebendige Realarbeit tendenziell aus dem Realprozeß entfernt wird, weil mit der Aufhebung der Ausbeutung die Referenz zum subjektiven Leben als eigentlichem Produktionsgrund abgeschnitten ist. Philanthropisch-humanitäre, wirtschaftshistorische wie -ethische und gesellschaftskritische Sichtweisen führen mithin an dieser Stelle nicht an die hauptsächliche Erschütterung heran, welche die Neuzeit in Zukunft bestimmen wird. Die wachsende Automatisierung des Realprozesses, die vom Kapitalismus epochal-genealogisch vorangetrieben wird, ist der einzige Weg, die "Produktivität" zu steigern *und gleichzeitig* die notwendige Arbeitszeit dazu zu senken. Nun tritt als weiteres entscheidendes Merkmal in ontologisch-phänomenologischer Hinsicht hinzu, um die heutigen ablaufenden phänomenalen Wirtschaftsvollzüge zu verstehen, daß die *unbegrenzt* technische Weiterentwicklung sich im Grunde nicht dem Kapitalismus als Wertpraxis verdankt, sondern der Technik methodologisch als solcher inhärent ist, sofern diese auf theoretischen Wissenschaftserkenntnissen beruht, die ihr Korrelat in der "Realität" der physikalischen Prozesse haben. Die technischen Anlagen sind folglich nichts anderes als die Gesamtheit dieser "Naturprozesse", deren streng wissenschaftliche Definition die Programmierung und dann Entfaltung als "Technikprozeß" erlaubt und implizit immer weiter entwickeln hilft - und dies aus eigener, innerer epistemologischen Notwendigkeit heraus tun muß.

Auf der anderen Seite bedeutet jedoch diese "kulturelle" Synthese von Technik-Wissenschaft und Kapitalismus, die das Weltgeschick "metaphysisch"-tendenziell bestimmt, zugleich in ökonomischer Hinsicht einen wiederum entscheidenden *Widerspruch*. Nicht nur, daß diese ungeheure Entwicklung von Produktionsmöglichkeiten seitens der Wertvermehrung gefordert, aber allein durch die Zukunft des wissenschaftlichen Forschens garantiert wird, sondern weil Ökonomie und Technikwissenschaft in bezug auf Waren und Geld einer je eigenen Logik folgen. Der Kapitalismus hat die technische Möglichkeit integriert, um Tauschwerte und schließlich Kapital zu produzieren, deren Quelle an sich in der lebendigen Arbeitskraft liegt.

Indem die technische Produktionsform allmählich diese subjektive Realarbeit eliminiert, wird dieser Realprozeß auch nicht mehr in der Lage sein, Tauschwerte, Geld und Kapital zu produzieren. Der Wirtschaftsprozeß wird mit dem Verschwinden - oder besser: mit der Entfernung der Arbeitskraft - aus seinem produktiven Bereich seiner eigenen Substanz beraubt sein. Und genau auf diese Weise führt der Ausschluß der Subjektivität zur angekündigten Konsequenz von sicher noch nicht absehbaren historischen Einschnitten ersten Ranges, daß nämlich *die Existenz eines realen Wirtschaftsprozesses selbst unmöglich wird.*

Dieses scheinbar paradoxe Ereignis, daß die Wirtschaft sich selbst als solche aufhebt und damit als "kulturelle Erscheinung" für sich keinen Ewigkeitswert mit all ihren politisch-gesellschaftlichen Folgeerscheinungen postulieren kann, so wie auch schon andere kulturelle Regulationssysteme (Religion, Moral etc.) abdanken mußten, ist als "Widerspruch" jedoch nicht dem Kapitalismus allein anzulasten. Allerdings gerät dieser notgedrungen in seine eigenen Widersprüche. Die steigende Mehrarbeit (aufgrund der technischen Errungenschaften) übertrifft bei weitem nicht nur die real-notwendige Arbeit (in bezug auf die Löhne), sondern sie bringt darüber hinaus eine Anzahl von Waren auf den Markt, die mangels fehlender Kaufkraft ihren Tauschwert nicht mehr realisieren können. Der Kapitalismus findet hier die konstitutive Aporie der Warengesellschaft wie Überproduktion etc. wieder, aber die *Korrespondenz von Gebrauchswert/Tauschwert* wird zunehmend dann ungewiß, wenn beide Prozesse sich voneinander entfernen, indem vor allem der Tauschwert seinen Eingang als Gebrauchswert nicht mehr in die lebendige Konsumtion findet. An dieser Stelle trifft sich daher dieses an sich ökonomische Problem mit der im Prinzip unendlichen Technikentwicklung, weil die Ausschaltung der Subjektivität aus dem Realprozeß tendenziell auch die Auslöschung des "Wertes" bedeutet, das heißt die Möglichkeit für ein Produkt, getauscht zu werden. Denn die hoch entwickelte Technologie kann Gebrauchsgüter in unbegrenzter Menge produzieren, die jedoch schließlich keinen Tauschwert mehr darstellen, wenn man bis an die Grenze der Aufhebung lebendiger Arbeit gehen sollte. Diese Situation ist teilweise schon die unsrige; marktökonomisch-kulturell gesehen wäre es die Konsequenz dieser Krise, *nicht mehr verkaufen zu können, was produziert wird.*

Kulturell ist dieses Problem insofern, als die Konsumtion im Sinne "lebendiger Einverleibung" in Frage gestellt ist - und damit die Teleologie des Bedürfens schlechthin, auf dem die "Koordinationsmöglichkeit" des Marktes beruht. Technisch-wissenschaftlich lassen sich schon jetzt potentiell

Güter herstellen, für die der einzelne Verbraucher, welcher an sich das Endglied aller Produktion ist, kein Geld aufbringen kann. Die riesigen Kapitalreserven bedeuten nichts im Verhältnis zu den Spitzen- wie Serienprodukten, die hergestellt werden könnten. Die klassischen Kapitalismuskrisen zwischen Überangebot und Geldmangel müssen daher in ihrem Prinzip gesehen werden, nämlich eine steigende Anzahl von Produkten in bezug auf einen Tauschwert zu evaluieren und zu verkaufen, der immer weniger diese Funktion erfüllen kann. In den Großunternehmen hat das *Marketing* schon längst den klassischen Ingenieurbereich an Bedeutung übertroffen, da es vor allem die "Kanäle" ausfindig zu machen und zu berechnen gilt, durch die sich die Waren am schnellsten mit Gewinn absetzen lassen. Das "kulturelle" Problem, Dinge verkaufen zu müssen, die eigentlich nicht gebraucht werden (weshalb Märkte künstlich über Werbung geschaffen werden müssen), kann daher sicherlich nicht im letzten mehr erneut durch "Sinnmanagement" aufgefangen werden, weil sich "Identitätsprobleme" für Firmen wie Personal stellen, die über den betriebswirtschaftlichen "Verkaufskonsens" hinausreichen.[35] Denn bei aller Differenzierbarkeit der ohne eigentliche, phänomenologische Lebenseidetik als "unbegrenzt" angesetzten Bedürfnisse ist daran festzuhalten, daß diese im Leben wurzeln, weshalb ihre "Künstlichkeit" wohl kaum ebenso unendlich ausdehnbar sein dürfte wie die Künstlichkeit der Produkte.

Damit ist auch der Begriff des *Gebrauchs* abschließend phänomenologisch noch genauer zu betrachten. Wenn heute die umfassende Automatisierung den Realprozeß der Produktion zu ersetzen beginnt, so sind auch deren Erzeugnisse zunehmend Waren eines neuen Typs, die nicht mehr den Gebrauchswerten bisher gleichen, sofern letztere besagten: Gebrauch für das Leben, nämlich Brot zum Essen, Kleider gegen Kälte oder Wärme sowie zur Hervorhebung der Schönheit und Wohnung als Bleibe. Die Art zu essen und

---

35 Die "übergeordneten Ziele" wie etwa "Service am Kunden" oder "Produktivität bei Spitzenleistungen" implizieren "normative Wendungen" einer "starken Kultur", die als Sinnreferenz vielleicht von den Führungskräften geteilt werden, aber damit noch nicht unbedingt von den Betriebsmitgliedern als intrinsischer Motivation; vgl. W. HOLLEIS: *Unternehmenskultur und moderne Psyche* (1987), S. 274, 285 f., 293. Vgl. für frühere Tauschformen M. D. SAHLINS: "Exchange-value and the Diplomacy of Primitive Trade", in: *Essays in Economic Anthropology. Dedicated to the Memory of Karl Polanyi*, Seattle (University of Washington Press) 1965.

sich zu kleiden, waren zugleich unmittelbar "kultureller Ausdruck" als Verfeinerung der Sensibilität, das heißt zur Steigerung unseres sinnlichen Empfindens, was mehr ist als einfache Anpassung an gesetzte "Sitten". *Dieses alltägliche Leben*, so wie es jedermann verstand, war *das Leben im phänomenologischen Sinne*, das der Arbeit wie der Ruhe und der Feier die einzig denkbare Finalität zuschrieb, und zwar nicht so, daß dieser "Zweck" außerhalb des jeweiligen Tuns war, sondern sich im "gelebten Leben" wiederum selbst erfüllte: in der sich-erleidenden und sich-erfreuenden Subjektivität, kurz gesagt im Lebenspathos der transzendentalen wie konkreten Selbstaffektion.

Scheidet die Wissenschaftstechnik die lebendige Arbeit aus dem wirtschaftlichen Realprozeß aus, so können mit gleicher Logik auch die produzierten Gebrauchswerte keine eigentlichen "Werte-für-das-Leben" mehr sein. Bewundern wir heute vermehrt in Museen die alltäglichsten Gegenstände unserer eigenen älteren Vergangenheit sowie diejenigen anderer fremder Völker als ästhetisch-kulturelle Gegenstände, ohne daß solche Ästhetik ehemals bewußt gewolltes Ziel war, sondern sich eben aus dem Gebrauch selbst als Gebrauch-für-das-Leben ergab, so müssen wir umso deutlicher feststellen, wie sich hier eben nicht nur die Produktion total verändert. Auf der anderen Seite dieses Prozesses, das heißt im Konsumbereich, verschwindet in der Tat die Subjektivität im definierten Sinne gleichfalls, weil die Produkte keinen eigentlichen "Sitz im Leben" mehr haben, von letzterem nicht benötigt werden, sondern zunehmend Maschinen für Maschinen sind. Läßt sich aber überhaupt anderes als "Werte" für das Lebensbedürfen produzieren, so könnte der berechtigte Einwand lauten? Die Evidenz ist jedoch nicht von der Hand zu weisen, daß solche "Maschinen für Maschinen", wie beispielsweise neueste Steuerungssysteme für Großanlagen der Industrie oder Raumfahrt- bzw. Militärprojekte, dem wissenschaftlichen Fortschritt entsprechen, der nicht nur die Möglichkeit gibt, sondern auch die Aufgabe stellt, diese technischen Lösungen zur Weiterbetreibung des wissenschaftlichen Forschens selbst auszuführen.[36] Deshalb finden die technischen Dispositive mit ihren technischen Produkten ihr Ziel in sich selbst.

---

36 Vgl. H. ZEMANEK: *Das geistige Umfeld der Informationstechnik*, Berlin u. a. (Springer) 1992, S. 95 ff.: "Von der Einzellösung zur Systemlösung - Eine Wandlung der Technik"; D. PARROCHIA: *Philosophie des réseaux*, Paris (P.U.F.) 1993; E. F. SCHUMACHER: *Die Rückkehr zum menschlichen Maß. Alternativen für Wirtschaft und Technik*, Reinbek (Rowohlt) 1977.

Ausschaltung der Subjektivität als lebendiger Arbeitskraft wie als lebendiger Konsum geht so Hand in Hand mit einer technischen Produktionsform, die sich immer mehr dem Funktionieren von physikalisch-energetischen Prozessen angleicht, Produkte derselben Art zur Eingliederung in dieselben oder in neue technische Prozesse erzeugt und damit auch die Natur nur noch als einen solchen Prozeß erscheinen läßt, so daß ebenfalls die lebendige Korrelation von Welt und Subjektivität aufgehoben ist. In diesen historisch einmaligen Veränderungen, welche die Weltgeschichte nunmehr zu bestimmen scheinen, existiert tendenziell im Grunde bereits nichts mehr *für das Leben*, weshalb - teils noch nicht bewußt, teils schon ernüchtert - die "wissenschaftliche Kultur" das bisherige Kulturverständnis verdrängt hat.[37] Die Wirtschaft bildet von daher vielleicht jenen Bereich, wo sich diese Entwicklungen am reinsten ablesen lassen, weil Produzieren und Konsumieren unter allen theoretischen Abstraktionen dennoch unmittelbar mit den fundamentalen Lebensbedürfnissen des Überlebens und der Weiterentwicklung verbunden sind. Wenn die Wirtschaft heute die dringende Notwendigkeit verspürt, in ihre Teildisziplinen wie Nationalökonomie, Weltwirtschaftslehre, Management etc. die Realität der "Kultur" stärker als bisher zu berücksichtigen, so ist dies das sicherste Zeichen dafür, daß diese als bisher selbstverständliche Lebensreferenz aus der Praxis verschwunden Kraft noch investieren können.ist - bis auf jene Orte und Zeiten, wo sich die lebendigen Individuen mit ihrer je subjektiven

Das Erschreckende ist jedoch nicht nur, daß das Individuum technisch-innersystemisch aus dieser Wirtschaft schon tendenziell verbannt ist, sondern daß die "kapitalistische" Wirtschaftsform, die mit allen sozialen Ungerechtigkeiten auf dieses lebendige Individuum als "Arbeitskraft" einmal grundlegend gesetzt hatte, dabei ist, von der ontologischen Szene im Sinne einer meta-historischen Tendenz zu verschwinden, und zwar "zum Nutzen" der sich von markt- und kapitalwirtschaftlichen Vorgaben befreienden technisch-wissenschaftlichen Selbstentwicklung. In den "liberalen Wirtschaftsländern" scheint diese Entwicklung schon nicht mehr nur tendenziell zu sein; sie verfestigt sich bereits mit den genannten Folgeerscheinungen wie Massenarbeitslosigkeit, Kaufkraftschwund, Absatzengpässen und einer allgemeinen kulturellen Verwirrung bezüglich der "Wertorientierung". Diese

37 S. AUROUX erhebt denn auch diese "wissenschaftliche Kultur" zur allein legitimen anstelle der überkommenen "literarisch-humanistischen Kultur"; vgl. *Barbarie et philosophie*, Paris (P.U.F.) 1990.

ist nicht allein der Komplexität und Spezialisierung anzulasten, keinem Ungenügen von "Denksystemen" (denn niemals wurde diesbezüglich so viel "produziert", bis in die Philosophie hinein) - es ist die Wurzel selbst betroffen, die alles Erscheinen ermöglicht: das Leben in seiner lebendig-kulturellen Wesenhaftigkeit als immanenter Bedürfensteleologie.

Ausblick

Wirtschaftskultur oder Lebenskultur?

Wenn der Produktionsprozeß immer mehr Menschen entläßt und die weiteren notwendigen Stunden lebendiger Arbeit noch mehr reduziert werden, dann ist das daraus entstehende neue kulturelle Problem nicht ausreichend mit dem Begriff "Freizeit" aufgezeigt, so als käme es nur auf eine andere Verrechnung von "Zeit" an. Vielmehr stoßen wir einerseits auf die "Freisetzung" von Potentialitäten der Individuen, die nicht mehr von der bisherigen ontologischen wie geschichtlichen Verknüpfung Leben/Arbeit absorbiert und gelenkt werden. Auf der anderen Seite stehen kulturell keine glaubwürdigen Sinn-Allgemeinheiten, Weltanschauungen und Geschichtsziele mehr bereit, die dem Einzelnen noch verbindlich und überzeugend sagen würden, in welche Richtung er seine Kräfte zu investieren habe. Natürlich wird dieses Vakuum nicht verhindern, daß radikale Gruppenideologien gerade in dieser Zeit wieder geboren werden, um diese Aufgabe den Einzelnen abzunehmen, wie etwa bei uns der Neo-Nazismus (als eine Spielart des "Fundamentalismus"), wobei aber überhaupt über eine Möglichkeit der "Rückkehr" des Faschismus zu reflektieren wäre, dessen Gefahr keineswegs gebannt ist.

Jene, die noch im Produktionsprozeß tätig sind, werden sich mit den betrieblichen Imperativen und erzeugten Produkten kaum mehr identifizieren können, weil deren technischer "Warencharakter" einem Wert-für-das-Leben widerspricht und nur der eigenen technisch-wissenschaftlichen Logik gehorcht. Dieser tendenzielle "Lebensverlust" als phänomenologische Zäsur, die nicht mit der Wiederkehr einer "romantischen Konstellation" verwechselt werden sollte (wie teilweise von Vertretern der Post-Aufklärung vorgetragen wird), kann durch kein Sinn- oder Motivationsmanagement letztlich aufgefangen werden, weil jeder derartig beschaffene "Sinn" als eine Abstraktion durchschaut wird, der das Leben *als* Subjektivität negiert. Diese beiden Hauptergebnisse aus unseren vorherigen Untersuchungen über die "kulturelle" Entwicklung der Wirtschaft verweisen auf ein lebensgenealogisch Neuartiges: "Leben" wird freigesetzt sein, konfrontiert mit sich allein, um sich so als das zu erfahren, was es seinem reinen, phänomenologischen Wesen nach ist, nämlich "Selbstaffektion" ohne mögliches Theoriesubstitut.

Wir nannten dies nach dem *pragmatic* und *linguistic turn* den *affective turn*, wodurch der Philosophie gerade auch als "Kulturphilosophie" eine ganz neue Aufgabe zuwächst, nämlich das ek-statische Erscheinungsapriori ebenfalls interkulturell zu überdenken.[1]

Was sich heute in der Wirtschaft bei uns zeigt, wird sich bald weltweit zeigen, so daß das Programm "Wirtschaftskultur" mehr als ein Paradigma ist - es ist das Durchdenken der Konsequenzen, wenn das Leben abstrakt, symbolisch, theoretisch-wissenschaftlich und technisch verneint wird, woran auch die Philosophie weiterhin mitwirkt, ohne daß das Leben aufhören könnte, das Leben zu sein, das heißt unbeugsames Begehren zu leben mit seinem eigenen, unumkehrbaren Sich-Selbstbedürfen. "Wirtschaftskultur" ist folglich von der gegenwärtigen Entwicklung her gezwungen, das äußerste Dilemma zu denken, das einerseits darin besteht, das Individuum innersystemisch aufzuheben, ohne das Leben real aufheben zu können (es sei denn als totale Vernichtung), und andererseits keine Realität zu besitzen, die "objektiv" die metaphysisch nicht-objektivierbare Wirklichkeit des Lebens - je nur *als* lebendige Individuen existierend - ersetzen könnte. So wie die einzelnen, vom Arbeitsrhythmus "befreiten" Individuen in der Rückbesinnung auf ihre Potentialitäten diese selbst zur Verwirklichung in die Hand werden nehmen müssen, so wird eine "Wirtschaftskultur", die mehr als eine

---

1 Angesichts des Zusammenbruchs des Gesamtheitskonzepts des Marxismus, der eben mehr war als nur eine Wirtschaftstheorie, und des unzureichenden Pragmatismus des Westens fordert daher P. KOSLOWSKI einen heute notwendigen Alternativentwurf, der - wie schon zuvor erwähnt -"nur in einem philosophisch-theologisch-ökonomischen Systementwurf bestehen kann, der die theologische Metaphysik und die Wirtschaftsphilosophie der sozialen, ökologischen und ethischen Marktwirtschaft in einer umfassenden Theorie der Gesamtwirklichkeit von Kultur und Natur vereinigt". Vgl. *Gesellschaftliche Koordination. Eine ontologische und kulturwissenschaftliche Theorie der Marktwirtschaft*, Tübingen (Mohr) 1991, S. 3. Die epistemologische Grundreferenz bleibt aber hierbei die *ratio*, die als kulturell-philosophisch-ökonomische Dimension "alles Seiende umfaßt". Entsprechend ist der verwandte Lebensbegriff rein ekstatisch-hermeneutisch: "Philosophie, Theologie und Ökonomie zielen auf denselben Zweck, auf das richtige Leben und den richtigen Gebrauch der wertvollsten Ressourcen." (*Ebd.* S. 2) Da jedoch in diesem Entwurf die Kultur *integraler* Bestandteil der Ökonomie ist (vgl. bes. S. 67 ff. im Anschluß an Gustav von Schmoller), kann uns diese Arbeit dennoch im folgenden als Referenz für das kritische Bemühen um eine "Kultivierung" der Gesamtwirklichkeit dienen, ohne die Unterschiede zum lebensphänomenologischen Ansatz zu verwischen.

Sinnüberhöhung ihres für sie "an sich" selbstverständlichen Produzierens und Konsumierens ist, jene tödlichen Abstraktionen auszumachen haben, wo sich die implizit oder explizit thematische Substitution der lebendigen Individuen verbirgt.

Dieses Reich der Substitutionen aufzudecken, wo die "Objektivität" das Leben nicht nur repräsentiert, sondern - nach und nach oder auch schlagartig - ausschließt und vernichtet, indem es für bedeutungslos erklärt oder tatsächlich zerstört wird, nähert *Kulturphilosophie* und *Wirtschaftskultur* als erweiterte ökonomische Disziplin vom Prinzip her an, und nicht nur von einigen Sachfeldern her, wo die Überlebensprobleme schon offensichtlich sind. Jedes kulturelle Besinnen heute kann, über der epistemologischen Aufklärungsarbeit hinaus, dem Grundakt der Ausscheidung der Subjektivität im galileischen Wissenschaftsprojekt gegenüber nicht mehr "neutral" sein, denn diese Sichtweise hat bis in die Schulen hinein ein Selbstbild des Menschen bereits geschaffen, der nichts mehr im eigentlichen Sinne *von sich weiß*. Er weiß nichts mehr von sich in seinem lebendigen Sein als Lebenspathos, weil er sich ausschließlich als ein empirisches Individuum sieht, das allein der objektivierenden Erkenntnis zu seiner Wesensbestimmung überlassen ist: unbedeutsamer Teil des Universums; wie dieses aus Atomen und Molekülen bestehend, mit einigen zusätzlichen Aminosäuren, die den "Code" des "Lebens" weitervererben. Und falls die einzelnen Disziplinen der Humanwissenschaften sich zusätzlich doch des Individuums annehmen, so fehlt ihnen zumeist jede transzendentale Reflexion auf die phänomenologisch unersetzbare Subjektivität als *humanitas*, um stattdessen den Menschen begrenzt-soziologistisch in seiner "Rolle" als Klassen-, Gruppen-, ethnokulturelles Milieu- oder Volksmitglied zu definieren und zu klassifizieren. Soweit dies die Wirtschaftslehre ebenfalls betrifft, da sie naturgemäß von zu handhabenden Vergleichswerten ausgeht, ist der Arbeiter, der Angestellte oder die Führungskraft durch eine abstrakte Arbeit definiert, die nicht nur wiederum dem quantifizierbaren Kalkül unterliegt, sondern wo jeder letztlich im Prinzip austauschbar erscheint. Die Ethikreflexionen in dieser Hinsicht setzen nicht bei dem an, wo das "Ethos" nur empfunden werden kann, nämlich in der buchstäblich nicht zu ver-äußernden Betroffenheit des subjektiven Herausgefordertseins, sondern *ethics* bezeichnet mittlerweile auch in unserem Sprachgebrauch weitgehend eine Handlungsstrategie, die einzelne Entscheidungen in jene Sachzwänge einordnet, wo die Übersicht über die eigenen Handlungsfolgen gar nicht mehr möglich ist, sondern von einem "gruppenverantwortlichen" Gremium getragen wird. Dabei werden einzelne "ethische" Verfehlen, aber wohl auch positive Leistungen, insofern irrelevant, als das gesteckte Gesamtziel erreicht wird.[2]

Natürlich läßt sich argumentieren, daß die globalen Probleme in Staaten- und Unternehmensführung teilweise so komplex seien, daß der einzelne Entscheidungsträger sie nicht alle übersehen könne und daher durch korporative Entscheidungsfindung entlastet werden müsse. Aber wir sollten dann auch erkennen, was wir aufgeben, ohne damit behaupten zu wollen, daß es nur *isolierte* Entscheidungen gäbe. Solange die ökonomische Ordnung auf dem Prinzip basiert, daß die Aktivität des Individuums die Quelle aller Nützlichkeit und allen Reichtums darstellt, haben wir ein Modell, das sicher nicht ganz zu Unrecht die Menschen aus Ost und Süd (noch) anzieht. Wenn unser freiheitlich-politisches System auf ausdrücklich "unverletzbaren Menschenrechten" gegründet ist, die es *jedem* ermöglichen sollen, den einmaligen "Lebensentwurf" in ihm zu verwirklichen, so besitzen wir damit etwas Wunderbares. Aber daneben kann nicht übersehen werden, daß die abstrakten Entitäten wie "Demokratie" und "Soziale Gerechtigkeit" nicht im postulierten Vollsinn existieren können. Gäbe es den *dêmos*, wie er beschworen wird, so würde er uns vernichten, wie bisher versuchte Umsetzungen von Geschichtsmythen als Nation, Geschichte, Proletariat oder Klasse. Denn *ein* Volk, das die Stelle der Individuen einnimmt, würde sich gegen diese wenden, um sie im Gleichschritt in ihr Verderben marschieren zu lassen - im Namen des Volkes! Hinsichtlich der sozialen Gerechtigkeit erkannte Marx, daß sie nur dann wirklich möglich wäre, wenn es einen Überfluß an Gütern gäbe, so daß sich die Frage selbst nicht mehr stellen würde. So wie der "subjektiv Einzelne" aus der Sicht einer Gesamtheit heraus stets verdächtig, undurchsichtig oder unbedeutend erscheinen wird, weshalb durch die gesamte Geschichte hindurch zumeist ontologisch-ethische oder religiöse Kriterien definiert wurden, um ihn auszusondern oder anzupassen (Häretiker, Bour-

---

2 Vgl. zur Diskussion neuer korporativer Entscheidungsziele etwa H. LENK/M. MARING (Hrsg.): *Wirtschaft und Ethik*, Stuttgart (Reclam) 1992, hierin bes. S. 317-328: P. FRENCH: "Die Korporation als moralische Person"; F. X. KAUFMANN: *Der Ruf nach Verantwortung*, Freiburg i. Br. (Herder) 1993, S. 48 ff., 81 ff.; P. KOSLOWSKI: *Wirtschaft als Kultur. Wirtschaftskultur und Wirtschaftsethik in der Postmoderne*, Wien (Passagen) 1989, S. 101 ff.: "Ethische Ökonomie und Kulturelle Ökonomie"; *Gesellschaftliche Koordination* (1991), S. 66 ff.: "Ethische Ökonomie als Synthese von ökonomischer und ethischer Theorie". Außerdem E. S. PHELPS: *Altruism, Morality, and Economic Theory*, New York (Sage Foundation) 1975.

geois, Volksschädling, Arbeitsloser etc.), so läßt sich "soziale Gerechtigkeit" auch nur über Äquivalente bestimmen, durch die engagierte Arbeit und im Grenzfall Nicht-Arbeit zur gleichen Entlohnung führen, was bald jeden Sinn von "Gerechtigkeit" in einem sozialen Gemeinwesen untergraben wird. Es geht hier um den Aufweis "kultureller Widersprüche", nicht um die Demontage des Sozialstaats. Wenn dann allerdings "Wirtschaftsethik" eingeführt wird, um Initiative, Verantwortung und andere rein-subjektive Motivationen zu wecken, zu stärken oder neu zu beleben, dann nimmt es nicht wunder, daß solche "Ethik" als zu "seicht" empfunden wird, und P. Koslowski hat recht mit seiner Aussage, daß prinzipiell eine "Ethik ohne Kosten und Anstrengung" nicht geschaffen werden kann.[3] Aber damit bricht eben die ganz fundamentale, subjektiv-kulturelle Frage in ihrer fundamentalen, phänomenologischen Stringenz wieder auf, was denn Anstrengung *als* Leben und nicht bloß als Muskelkontraktion oder Imperativ bedeutet.

Wenn diese abyssale "Anstrengung" im Sinne des Lebenspathos vom selben Autor unter die neue wirtschaftskulturelle Ordnung der *Koordination* subsumiert wird, bei der die ökonomische "Kardinalfrage der Mittelmaximierung um den höheren Komplexitätsgrad [der] größtmöglichen Berücksichtigung *aller* Zwecke der Individuen" erweitert wird,[4] dann ist damit sicherlich ein umfassenderes wirtschaftskulturelles Konzept entwickelt als bislang, das *vom Ansatz her* eine explizite philosophische Erkenntnistheorie sowie eine ethische und politische Ökonomielehre umfaßt. Und nicht nur diese werden berücksichtigt, sondern darüber hinaus eine "idealrealistische"

---

3 *Gesellschaftliche Koordination* (1991), S. 10. Entsprechend kritisiert er auch eine "Sozialstaatsillusion", die allein auf Besitzstandswahrung ausgerichtet ist wie das Sozialversicherungssystem der BRD; vgl. *Wirtschaft als Kultur* (1989), S. 137-167: "Der soziale Staat der Postmoderne". Vgl. auch A. SEN: *Ökonomische Ungleichheit*, Frankfurt (Campus) 1975.

4 *Wirtschaft als Kultur* (1989), S. 13. Daß dabei systematisch-modellhaft auf Leibniz' *calculus de maximis et minimis* zurückgegriffen wird (bes. S. 19-26), verweist von vornherein auf eine phänomenologische Selbstbeschränkung im Sinne reiner Welttranszendenz als gesetzte "Schöpfung" (einschließlich Gott), wozu auch die Leibnizsche "Monade" gehört, sofern sie durch Wahrnehmung und Perspektiven (ekstatische Schau) definiert ist und gerade die absolut transzendentale Monade als radikale Subjektivität nicht miterfaßt. Vgl. zu dieser Analyse näherhin R. KÜHN: *Studien zum Lebens- und Phänomenbegriff*, Cuxhaven (Junghans) 1994, Kap. III.1: "Die Theodizeefrage als Problem der Weltphänomenalität" (S. 116-126).

theologische Metaphysik sowie parlamentarische Demokratietheorie einschließlich Staats- und Regierungstheorie. Beschränken wir uns hier auf den letzteren Aspekt vom phänomenologischen Zusammenhang zwischen Demokratie und "Koordination", so kann in der Tat grundsätzlich nur ko-ordiniert werden, was sichtbar ist, oder durch Theorie in eine solche ideelle Schau gerückt wird. Koordination setzt daher ebenfalls als *ordo* jenen ontologisch-monistischen Welthorizont voraus, in dem überhaupt etwas erscheinen kann: in diesem Falle die verobjektivierten "Zwecke" der Individuen. Es sollen zwar idealiter *alle* diese Zwecke erfaßt werden, aber wenn es tatsächlich *eine* durch Analyse begründete lebensphänomenologische Einsicht gibt, die ihrerseits für den "Kulturdiskurs" relevant ist, dann ist es jene Erkenntnis, daß durch solche Ko-Ordination von vornherein ausgeschaltet ist, was im definierten *ordo* nicht erscheinen kann, nämlich das ethisch-verborgene "Mehr" der Anstrengung in seiner phänomenologisch-subjektiven Ipseität. Wie soll es *zu-geordnet* werden? - auch wenn es sich hierbei natürlich um einen Fortschritt gegenüber allen Modellen von offener oder subtil-geheimer *Sub-ordination* handelt.

Wenn das Demokratiekonzept einen Sinn hat, dann kann es sich weder auf den *dêmos* beziehen, wie wir andeuteten, noch auf die parlamentarische Repräsentanz, sondern auf die lebendigen Individuen allein. Denn die "Kultur" existierender Demokratien zeigt, was in ihrem Wesen angelegt ist: die Substitution des Einzelnen durch ver-mittelnde Delegierte, die durch Wahl dann die politischen und staatlichen Institutionen bilden. Im "Licht des Staates", um ein Wort aus Marxens Hegelkritik anzuführen,[5] kann sich nur

---

5 Vgl. *Zur Kritik der Hegelschen Rechtsphilosophie [Kritik des Hegelschen Staatsrechts § 261-313]* (Marx-Engels, Werke 1), Berlin (Dietz) 1972, S. 205: "Familie und bürgerliche Gesellschaft erscheinen als der dunkle Naturgrund, woraus das Staatslicht sich entzündet." P. KOSLOWSKI plädiert deshalb auch dafür, daß "der gesellschaftliche Gesamtdiskurs nicht von einer Diskursform getragen werden kann, sei es der Markt oder die demokratische Abstimmung", sondern eine Pluralität von Diskursen oder institutionalisierten Entscheidungssystemen verlangt. Er erkennt aber auch an, daß "Stellvertreterdiskurse" wie in der parlamentarisch-demokratischen Repräsentation "immer unvollkommen" bleiben müssen (S. 54 f.) und von der Wortmächtigkeit abhängen, um überhaupt an Diskursen teilzuhaben. Vgl. *Wirtschaft und Kultur* (1989), S. 47 f., 72 ff., wo auch auf Rorty's These eingegangen wird, über die demokratische Diskussion hinaus gäbe es keine philosophische mehr, was unsere Kritik am hypostasierten demokratischen "Wahrheitsbegriff" gut beleuchten kann. Vgl. R. RORTY: "Der

zeigen, was als *res publica* definiert ist: das "Allgemeinwohl" als Erscheinensapriori, das ebenso die realen Lebensvollzüge ersetzt und verdunkelt, wie dies der Wirtschaftsprozeß gegenüber dem produktiven Realprozeß der Arbeit vollzieht. Die Kritik des Parlamentarismus ist nicht in erster Linie eine Affärenkritik des Machthungers, der Fraktionsdiskurse anstelle von Sachdiskursen oder offen bis heimlich verschafften Vorteilen, sondern eine prinzipielle Kritik am "Zensurcharakter" jeglicher etablierten Öffentlichkeit, nämlich nur das zuzulassen und zu kennen, was in *ihren* Lichtraum tritt. Die Medienzensur, die sich heute mit der politischen Repräsentation verquickt, geschieht im Namen der Freiheit, aber sie ist deswegen nicht weniger selektiv, da nur das fern-gezeigt wird, was konstitutiv-metaphysisch in den homogenen Bereich des Sichtbaren als "Dabeisein" überhaupt eintreten kann: das Inter-view, der Wichtigkeitsdiskurs sowie Fußballspiel und Lottozahlen.

Es geht nicht darum, hier gegen Einrichtungen zu polemisieren, die vielleicht zur Zeit gar nicht anders sein können, wenn die vorher beschriebenen ontologischen Erschütterungen in Wirtschaft und Technik ihre Wahrheit beinhalten, wozu auch die des Staates als "Republik" gehört. Aber es dürfte für eine Klarsicht des Kulturellen darauf ankommen, Dingen keinen Namen zu geben, der ihnen nicht zukommt, weil er der Realität nicht entspricht. Es gehört zu den altererbten Vorurteilen der Philosophen, den *Denkprozeß* mit dem *Realitätsprozeß* ineins zu setzen, anstatt phänomenologisch zuzugestehen, daß alles schon geschehen ist, bevor wir es benennen. Die Einschreibung des Lebens in Objektivitäten, die selbst kein Leben sind, ist - als Überdeterminierung - ein Etikettentausch, den wir zugestehen können, ohne in Quietismus zu verfallen, weil das Handeln weiterhin kosubstantiell zum Leben gehört - aber nicht die Koordinierungen dieses Handelns aufgrund einer theoretischen "Ordnung". So halten wir auch dafür, daß *Koordination* durchaus ein angemessener, neuer Name sein kann, um weitere Möglichkeiten des "Kapitalismus" bzw. der "freien, sozialen Marktwirtschaft" etc. noch systemimmanent auszuschöpfen, sofern anerkannt wird, daß der große Phänomenfluß von Produktion, Wartung, Handel, Finanzen und Verwaltung sich in seiner Ermöglichung dem Leben - und nicht sich selbst - verdankt, auch wenn er in seinen technisierten Stratifikationen immer weiter von dieser lebendigen Quelle abrückt. Daß es eine "sich im Markt spontan entwickelnde Produktions- und Konsumkultur" geben soll,

---

Vorrang der Demokratie vor der Philosophie", *Zeitschrift für philosophische Forschung*, 42 (1988), S. 7.

die sich auf diesen Markt als solchen zurückführt, ist dann ebenso fragwürdig wie die Feststellung, es gäbe einen "kulturellen Zusatznutzen der materiellen Güter, die Ästhetik und den symbolischen Gehalt von Gütern",[6] weil dadurch irreführend suggeriert wird, Kultur und Ästhetik entstünden marktintern, ohne daß sinnlich-empfindende Individuen *ständig* dabei in allen Abläufen aufträten. Gewiß, das Argument ist an dieser Stelle gegen den "kruden Materialismus" einer marxistischen "Tonnenideologie" gemeint, aber der verwandte Kultur- bzw. Ästhetikbegriff als den Gütern an sich anhaftend ist damit nicht weniger problematisch, weil er den wahren Entstehungsort phänomenologisch verkennt, der nicht "die" Produktion sein kann.

Selbst wenn man erfreulicherweise diese Verfeinerung von Gebrauchswerten in unserer Wirtschaftsform als Zeichen von gewollter "Lebenskultur" noch verzeichnen kann, so breitet sich ein großes Schweigen über all jene gefertigten Güter aus, die entweder als rein technische Produkte nur in einem abgeleiteten Sinne Gebrauchswerte sind, bzw. als Serienprodukte gar nicht mehr verkauft werden können. Wir haben auf diese höher werdende Mauer zwischen der Subjektivität der Produktion und der Subjektivität des Konsums hingewiesen, in der sich technisch-autonome Produkte in gewisser Weise verselbständigen, weil die ursprüngliche Äquivalenz - über das Tun

---

6 P. KOSLOWSKI: *Gesellschaftliche Koordination* (1991), S. 8. Im Zusammenhang mit Motiv und Handlung, und zwar im Anschluß an Dilthey, wird S. 79 ff. gefordert, daß für eine "Verstehende Wirtschaftslehre" ökonomische, ästhetisch-kulturelle und ethische Rationalität sich zu durchdringen habe, um Einseitigkeiten des Ökonomismus, des Ästhetizismus und als Moralismus zu vermeiden. Der Zentralbegriff der Sprangerschen "Stellungnahme" (S. 83 f.) verstärkt dabei diesen hermeneutischen Verstehensprimat des "Sinnverstehens", in der sich Werterleben und Nützlichkeitsabwägung miteinander verbinden. Dabei wird das "Ästhetische" durch den Markt dann so begründet, daß der "wirtschaftliche Produzent in seinem Erleben und Ausdrücken von Qualitäten eines Gutes den Rezipienten in anderer Weise und in höherem Maße in den Produktionsprozeß miteinbeziehen muß als der künstlerische und wissenschaftliche Produzent" (S. 85). Damit ist grundsätzlich das ästhetische Moment beim individuellen Hersteller anerkannt, aber es existiert nicht "an" der Ware (und damit nicht in einem Marktautomatismus), sondern nur *dank* der "Erlebnisfähigkeit" bei Produzent und Konsument als transzendental-sinnlichen Wesen. Zur weiteren Diskussion vgl. *Wirtschaft und Kultur* (1989), S. 78 ff. u. 101 ff., zur "Kultivierung des Unternehmers" und zu seinen schöpferischen Leistungen im Sinne "poietisch-ontologischer Gerechtigkeit" über die "diskursive Gerechtigkeit" hinaus.

in der Arbeit - zwischen Bedürfen und dessen Befriedigung zerbrochen ist, ebensowie alle maschinell gefertigten Güter eben gar nicht mehr das unmittelbar-ästhetische Moment des Leiblichen durch Handproduktion tragen können, sondern meist nur ein geschliffenes *design*. Außerdem bewirkt der Bruch zwischen Produktion und Konsumtion, daß die eigentlichen Produzenten, nämlich Arbeiter und Angestellte, in den meisten Fällen schon gar nicht mehr das kaufen und konsumieren können, was sie selbst in ihren Firmen produziert haben, weil der Kaufwert (Tauschwert) ihren Lohn bei weitem übersteigt (wobei von der zunehmenden "Massenverelendung" noch nicht gesprochen ist). Zudem tut sich für die Zukunft die Frage auf, *wer* noch zu "koordinieren" sein wird, wenn der technisch-durchrationalisierte Produktionsprozeß *ohne* Menschen abläuft, sobald die Technik die ontologisch-metaphysischen Prämissen des Kapitalismus ganz eingeholt haben wird? Denn bislang verläuft die Diskussion mit ihren ethischen, ökologischen und kulturtheoretischen Implikationen meist hinsichtlich dessen, *wie* die *existierende* Wirtschaftsform - kapitalistisch, liberal, sozial oder marktwirtschaftlich genannt - sich die Technik ohne zu große Krisenerscheinungen und Nebenbelastungen für die Natur einverleiben könne. Wir müssen aber schon an die Eigenlogik des nächsten innersystemischen Schritts denken, der von keinem Ethikkonsens im weitesten Sinne mehr abhängt, weil die Wissenschaften wie die Technik - da subjektivitätslos - keine solchen ethischen Fragen aus ihrem Wesen heraus stellen können.[7]

---

7 Vgl. M. HENRY: *Die Barbarei. Eine phänomenologische Kulturkritik*, Freiburg/München (Alber) 1994, bes. S. 183 ff., 270 ff. - Wenn P. KOSLOWSKI: *Gesellschaftliche Koordination* (1991), schreibt: "Die Marktwirtschaft realisiert keine vordefinierten materialen Zwecke außer jenen der Individuen" (S. 33 f.), dann scheint uns bei dieser Bestimmung der teleologisch-entelechialen Sichtweise von Individuum und Markt die grundsätzlich *neue* ontologische Qualität von Technik eben nicht berücksichtigt zu sein. Diese läßt sich nicht mehr vom Spielraum des mechanischen Kausalnexus' nach Leibniz allein her verstehen (vgl. auch S. 24 f., 36 ff. zum Freiheitsbegriff), sofern Technik - anders als "die beste aller Welten" zur Maximierung der singulären Zwecke bei konstanter Energie - im Ansatz keine singuläre Subjektivität mehr kennt, die Leibniz im Monadenmodell noch berücksichtigt. Die Technik, um in dieser Vorstellung zu bleiben, ist keine "mögliche" oder "kleine Welt" unter anderen, die sich der "prästabilisierten Harmonie" von Selbstwollungen und äußerer kausalmechanischer Determiniertheit fügt - es ist eine qualitativ *andere Welt*. Dieser "qualitative Sprung" wird auch in *Wirtschaft als Kultur* (1989), S. 60 f., übersehen,

Das philosophische, wirtschaftliche und kulturelle Schweigen hinsichtlich der pathischen Lebensrealität, die nie abwesend ist und uns daher nie täuscht (sofern wir sie nicht mit der Vorstellung verwechseln), hat etwas zutiefst Befremdliches, was das moderne und postmoderne Denken als solches auszeichnet. Nicht nur, daß an die Stelle von Freude und Leid, von Emotion und Sensibilität, chemische und biologische Formeln getreten sind, die als "Leben" ausgegeben werden,[8] sondern daß sich sofort eine verwerfende Verdächtigung einstellt, wenn dieses phänomenologische, ontologische und letztlich metaphysische "Wesen" unseres Seins genannt wird. Eine Unruhe oder Verächtlichkeit tritt ein, die jedoch jener ebenso konfusen wie gefährlichen Lehre gilt, die den Namen *Vitalismus* trägt und zumeist unmittelbar mit dem Lebensbegriff verbunden wird, wenn dieser auftaucht. Ohne Zweifel gehört dieser "Vitalismus" zu den Wurzeln großer medizinischer wie literarischer Leistungen am Ende des 19. Jahrhunderts sowie in der ersten Hälfte unseres Jahrhunderts - und ohne Zweifel auch zur Entstehung des Nazismus, der das hellste Licht darauf geworfen hat, was unsere abendländische Tradition an "Geist" beherbergt, um die "Seelen" zur "historischen Tat" zu motivieren. Die *blinde* Erhebung von Kraft und Leben hat zu den

---

um eine sehr optimistische Sicht von der Verbindung Technik/Kultur vorzutragen, die auf keiner Analyse des Technischen selbst beruht, sondern bisherige Verhältnisse nur besser steuern will: "[Die Technik wird] immer kultureller. Die Technik ist immer stärker auf kulturelle Vorleistungen angewiesen, weil die technische Variabilität und Adaptationsfähigkeit durch den Übergang von der energie- zur informationsverarbeitenden Maschine zugenommen haben." Hier rückt der Kulturbegriff bei Koslowski nahe an ein einseitiges Verständnis von schon selbstberechtigt herrschender "wissenschaftlicher Kultur" allein heran.

8 Für die epistemologisch-methodischen Widersprüche im neodarwinistisch-kybernetisch-informationstheoretischen Lebensbegriff vgl. D. WYSS: *Vom zerstörten zum wiederentdeckten Leben. Kritik der modernen Biologie*, Göttingen: (Vandenhoeck & Ruprecht) 1986. Liest man aufmerksam den Entelechie-, Kraft- oder Begierdebegriff bei P. KOSLOWSKI, so sind hier die Vorbehalte gegen einen sich-selbstoffenbarenden Lebensbegriff auch mitgegeben; vgl. *Gesellschaftliche Koordination* (1991), S. 47: "Das unbefragte Akzeptieren jedes faktischen Bedürfnisses als einer *absoluten* Nötigung zur Wahl macht verantwortliche Freiheit obsolet." Hier wird zwar im Kontext eine rein ökonomistische verantwortliche Freiheit obsolet." Hier wird zwar im Kontext eine rein ökonomische Theorie der Bedürfnisse kritisiert, aber es klingt doch an, daß "rationale Freiheit" das nicht weiter in seinem Eigenwesen differenzierte "Bedürfen" lenkt und ontologisch über ihm stehe.

unmenschlichsten Auswüchsen und größten Verbrechen geführt, in welche auch die Wirtschaft sich hat einspannen lassen. Die Gründe für diese Verbrechen wie für die tiefen Irrtümer, die unter dem Namen "Vitalismus" zusammengefaßt werden können, betreffen die Dunkelheit der Phänomene in deren Prinzip, welches im Leben ruht. Diese Dunkelheit *nicht* phänomenologisch zu analysieren, bedeutet Irrtümer und Unkenntnis zum Leidwesen der weiteren kulturellen Entwicklung fortzuzeugen, da *eine* Meinung in allen Kulturbereichen von der Religion über die Wissenschaft, Moral und Pädagogik bis hin zur theoretischen Ökonomie und ihrer "Begierdelehre" vorherrscht, daß nämlich die "vitale Kraft" in ihrer "Blindheit" jene triebhaften und leidenschaftlichen Verhaltensweisen hervorrufe, die dann vom "Licht der Vernunft" korrigiert und in ruhigere Bahnen gelenkt würden. So übernehme gerade der *Markt* die Aufgabe, subjektive Präferenzen soweit zum Zug kommen zu lassen, wie auch die Nutzen-Kosten-Rechnung einkalkuliert würde.[9] Dieses "Licht der Vernunft" ist identisch mit dem "Licht der Welt", in dem sich alle *Dinge* zeigen, sowie mit dem "Licht des Staates", der angeblich allein vor Unordnung und blutigen Auseinandersetzungen rettet, wenn man nur vom Krieg absieht.

Wenn aber, so ist zu fragen, die "Dunkelheit" des Lebens gerade eine Konsequenz jenes sogenannten Rationalismus wäre, der aus genealogisch-

---

9 Vgl. P. KOSLOWSKI: *Gesellschaftliche Koordination* (1991), S. 50, wo sich dann doch auch eine implizite Auffassung vom Selbstwissen als Bedürfnis durchsetzt, das nicht vom reinen Kostenargument gedeckt ist: "Man kann den Schluß ziehen, daß im Markt Bedürfnisse feiner registriert und wahrscheinlich vom Individuum auch präziser wahrgenommen werden, weil der einzelne für ihre Befriedigung bezahlen muß." Es bleibt hierbei die Kardinalfrage, wer eigentlich "im Markt" letztlich registriert: der Markt selbst oder das Bedürfen als absolute Subjektivität? Eine Entität oder ein Empfinden, wozu auch die Kosteneinschätzung *als* Empfinden gehören würde? Wollungen, Begierden, Präferenzen etc. sind keine Sachverhalte, die wie Dinge neben uns liegen und dementsprechend auch nicht wie solche hantiert und benannt werden können. Wir erkennen an, daß der im folgenden erwähnte *Krieg*, im Zusammenhang mit einer phänomenologischen "Aggressionsanalyse", sowohl eine Herausforderung an die Lebensphänomenologie als solche wie an jede Kulturphilosophie überhaupt ist. Für eine solche notwendige Diskussion vgl. problematisierend mit ökonomischem Hintergrund G. KOHLER: "Krieg, Politik und Markt. Kants Versprechen. Überlegungen am Ende der großen Konkurrenz", *Zeitschrift für Philosophische Praxis*, 1 (1994), S. 12-19 (Lit.); H. VON STIETENCRON/J. RÜPKE (Hrsg.): *Töten im Krieg*, Freiburg/München (Alber) 1994.

geistesgeschichtlich-kulturellen Gründen gar nicht imstande ist, *eine andere phänomenale Offenbarungsweise* überhaupt in den Blick zu bekommen als jene des Denkens, das konstitutiv Gegen-stände nur im "Licht der Welt" erkennen kann? Denn die Zurückdrängung des Lebens, wenn nicht sogar seine Verurteilung, und im Verbund damit die Unbedeutsamkeit des Individuums, das aufgrund seiner subaltern-rationalen Lage gar nicht fähig sei, sich selbst zu leiten, weil es nicht wisse, was es zu "tun" habe, ist ein ebenso altes Vorurteil wie jenes, daß es nur "objektive Erkenntnis" als einzig "wahre" gäbe. "Das Leben erkennen" bedeutet dann von dieser einseitigen Bedingung aus, es in jenes "Außen" (Heidegger) von Welt und Bewußtsein (oder Dasein) zu versetzen, wo es in der Tat außerhalb seiner selbst ver-setzt ist, so wie kein Ding in einer solchen ek-statischen Welt "bei sich" sein kann. Und in dieser "Exteriorität" der *theoría*, der Re-flexion, des Bewußtseins, der Seins-lichtung wie der Markt-öffentlichkeit als Maximierung der knappen Mittel und der "entelechialen Freiheit"[10] nimmt dann der Substitutionsprozeß seinen Anfang, dessen Genealogie nachgezeichnet wurde: Konzeptualisierung von Produkten und Austauschverfahren, von denen das naive Denken annimmt, sie würden durch sich selbst existieren und nicht im unrestituierbaren "Mehr" der Lebenssteigerung als uneinholbarem "Voraus" ohne jede Vorzeitlichkeit gegenüber meiner Existenz. "Das Leben kennen" - rational, hermeneutisch, kulturtheoretisch, will infolgedessen besagen, es so zu berücksichtigen, daß es eingeschätzt werden kann, um in das vordefinier-

---

10 Vgl. P. KOSLOWSKI: *Gesellschaftliche Koordination* (1991), S. 39 f.: "Der Markt ist eine Einrichtung zur Vermittlung und Koordination individueller Strategien entelechialer Freiheit und Selbstverwirklichung. Seine Funktion der Entdekkung, Erzeugung von Wissen in der Gesellschaft und seine Funktion der Kontrolle und Überprüfung von Handlungsergebnissen und Leistungen sind Hilfsfunktionen für den Zweck der essentiellen, individuellen Freiheit zu handeln [...] Ein gesellschaftlicher Koordinationsmechanismus muß zur selben Zeit dem Bedürfnis nach der menschlichen Subjektivität Rechnung tragen und die ständige Überprüfung der wirtschaftlichen Durchführbarkeit von Selbstverwirklichungsstrategien sicherstellen." Der Markt ist damit eine lebensabgehobene Entität, so wie die hier genannte "Subjektivität" nur die empirisch-erscheinende Subjektivität der "personalen Selbstverwirklichung" ist. Vgl. auch J. M. BUCHANAN: "Individual Choice in Voting and the Market", *Journal of Political Economy*, 62 (1954), S. 334-343; "Is Economics the Science of Choice?", in: E. STREISSLER (Hrsg.): *Roads to Freedom. Essays in Honour of Friedrich A. von Hayek*, London 1969, S. 47-64.

te Feld der "wissenschaftlichen Kenntnisse" integriert zu werden, wodurch es augenscheinlich dann seiner "Dunkelheit" entrissen ist. Verantwortlich für den "Vitalismus" und seine Folgen ist nicht das Leben, sondern der Reduktionismus des Rationalismus, der aus dem Leben nicht nur eine "blinde", sondern sogar eine "bedrohliche" Kraft macht, um sie besser zähmen zu können.[11]

In unserem kulturphilosophischen Ausblick mit der Aufweisung der Relevanz der Lebensrealität für alle menschlichen Praxisbereiche, einschließlich weltweit verflochtener Politik und Wirtschaft, bleiben daher zusammenfassend mindestens drei Gewißheiten des "Lebens selbst" den sekundären Rationalisierungen entgegenzuhalten. Es sind *unmittelbare Gewißheiten*, und nicht deduzierbare *Evidenzen*, die es dem Leben gestatten, sein eigenes Geschick in die Hand zu nehmen, sich auf diese Weise stets selbst zu leiten und dadurch zugleich das Universum:

1. Anstatt vom objektiven Denken die Erscheinungsweise seines Wesens bestätigt zu bekommen, vollzieht das Leben in sich die Offenbarung, Parusie oder Manifestation seiner selbst durch sich selbst, und zwar in einer "Erfahrungsweise", die stets lebendiges und somit unbezwingbares Gewißsein seines eigenen Sich-bedürfens ist, womit kosubstantiell Anstrengung, Freude und Leid mit ihren Übergängen als *dasselbe* Pathos gegeben sind. Nur dieses absolut-selbstaffektive Leben entgeht jedem Zweifel, der - wie Descartes grundlegend erkannte - immer schon die Distanz einer Welt und damit das korrelative In-die-Irre-geführt-werden durch unsere Vorstellungen als Möglichkeit voraussetzt.

2. Die absolute Nichtbezweifelbarkeit dieses Lebens - die ohne theologisch-metaphysische Ansprüche auf einen "Gott" *in intellectu* ist (Anselm, Leibniz), wenn auch nicht ohne Implikation der *absoluten* Vorgängigkeit

---

11 Vgl. M. HENRY: *Du communisme au capitalisme. Théorie d'une catastrophe*, Paris (Jacob) 1990, S. 217 ff. Zur Begriffsgeschichte von "Leben" vgl. auch R. KÜHN: *Studien zum Lebens- und Phänomenbegriff*, Cuxhaven (Junghans) 1994, S. 18 ff. (mit Lit.); speziell zum Vitalismus: F. M. WUKETITS: "Die Überwindung von Mechanismus und Vitalismus. Auf dem Weg zu einer neuen Biophilosophie", *Philosophia naturalis*, 19/3-4 (1982), S. 371-391, ohne damit die phänomenologische Problematik eingeholt zu haben. Sowie neuerdings B. IRRGANG: *Lehrbuch der Evolutionären Erkenntnistheorie. Evolution, Selbstorganisation, Kognition*, Basel/München (Reinhardt) 1992; G. PÖLTNER: *Evolutionäre Vernunft. Eine Auseinandersetzung mit der Evolutionären Erkenntnistheorie*, Stuttgart u. a. (Kohlhammer) 1993.

des Lebens als seine "Offenbarung" - kann sich aus dem Grunde nicht in der Ex-position des "Lichts der Welt" zeigen, weil das Pathos der inneren Selbstmitteilung oder Selbstaffektion keinen Hiatus in sich kennt, in dem es als Transzendenz dann doch "für Anderes" irgendwie erscheinen könnte. Auch eine äußerste "Kontraktion" auf sich selbst ist damit grundsätzlich ausgeschaltet, um einen einheitlichen Raum der Ex-pansion um sich herum entstehen zu lassen, wie es beispielsweise der Leibnizsche Kausalnexus als Gegenstück zur entelechialen Monade aufgrund älterer, zum Teil kabbalistischer, Traditionen voraussetzt.[12] Denn jede Kontraktion (*constraint*) impliziert ihrerseits schon horizonthaft-phänomenologisch als Rück-zug eine gedachte Distanz oder Welthaftigkeit, die diese Kontraktion an sich erst begründen soll.

Jede Substitution des Lebens, welche Form der Ver-äußerung als Ausdruck, Gestalt, Darstellung, Verstehen etc. auch immer sie annehmen mag, kann im Prinzip nur eine Stellvertretung (*re-praesentatio*), ein Hinweis oder ein Bild für "etwas" sein, das an-stelle des rein selbstpathischen Lebens gilt. Für die abstrakte Arbeit der Ökonomen, sofern sie die Theorie des Wirtschaftens oder vor allem dessen Berechnungen betrifft, bleibt deshalb zu sagen, daß sie ebenfalls eine wesenhafte *Derealisierung* des Lebens im Sinne subjektiv-lebendiger Arbeit ist, denn die ökonomische Konzeptualisierung als "Selbstverwirklichung" oder "Interaktion" impliziert notwendigerweise "Gedachtes" anstelle der lebendigen Subjektivität, die weder mit einem reflexiven bzw. interaktionellen Ich, Selbst, *Me* (Mead) oder einer "Biographie" identisch ist.[13]

---

12 Vgl. P. KOSLOWSKI: *Gesellschaftliche Koordination* (1991), S. 21 f.; *Wirtschaft und Kultur* (1989), S. 28 f., mit Verweis auf M. GUÉROULT: *Leibniz. Dynamique et Metaphysique*, Paris (Aubier-Montaigne) 1967, S. 215-235. - Der Gedanke eines "kontraktiven Rückzugs" Gottes als Welterschaffungsmotiv findet sich bei Simone Weil in der Neuzeit wieder, die gleichfalls eine metaphysisch orientierte Gesellschaftsordnung entwirft; vgl. R. KÜHN: *Deuten als Entwerden. Eine Synthese des Werkes S. Weils in hermeneutisch-religionsphilosophischer Sicht*, Freiburg-Basel-Wien (Herder) 1989, S. 17 ff., 389 ff.

13 Vgl. etwa P. KOSLOWSKI: *Gesellschaftliche Koordination* (1991), S. 43: "Nutzen- und Kostenbewertungen sind wegen des monadischen Charakters des Individuums notwendigerweise subjektiv. Sie sind nicht nur subjektiv aufgrund von freiem Willen, Vorlieben und Willkür, sondern weil die subjektive Geschichte jedes Individuums einmalig ist [...] In den Entscheidungsprozessen der Individuen sind die *ex-ante*-Bewertungen von Kosten und Erträgen, die die Ent-

3. Weil jede Theorie eine gleichzeitig mit ihr vorentworfene Ordnungsreferenz impliziert, die ihr als "Totalität" zur Maximierung der Fakten dient, beansprucht sie aus diesem "rationalen" *Ordnungsgefüge* heraus auch ein Recht auf epistemologisch wie ontologisch bzw. ethisch begründete Handlungsanweisung. Insoweit die Vernunft das Leben in die "Dunkelheit" verbannt, kann (oder darf) es sich auch nicht selbst zu "seinem Besten" äußern, weil das Wissen dessen Rahmenbedingungen vergibt, wenn damit auch nur ein "regulatives" und kein "metaphysisches" Bestes gemeint ist.[14]

---

scheidungen beeinflussen, für jedes monadische Individuum verschieden, da jedes die Lage von seiner Warte, die durch seine Biographie bestimmt ist, wahrnimmt." Subjektivität erscheint so in einer gewissen Weise als "Willkür", weil sie von außen als biographisches Leben gesehen wird und außerdem an die Wahrnehmung gebunden ist, die par excellence vom Stil der Ver-äußerung gekennzeichnet ist, so daß hier "subjektiv" eigentlich nur für "beliebige Wahl" steht, aber nicht für einen ontologischen Charakter.

14 Vgl. *ebd.* S. 24: "Obgleich totale Maximierung als konkrete Anweisung für das politische Handeln auf der operativen Ebene eine 'totalitäre', unrechtmäßige Übertragung einer metaphysischen Konzeption auf eine empirische bzw. kategoriale Anwendung ist, reflektiert die metaphysische Frage nach der besten aller Welten in ihrer nicht-kategorialen, metaphysisch-holistischen Form jedoch die Struktur der *konstitutiven* politischen Entscheidungen über die beste Verfassung von Gesellschaft und Wirtschaft. Die Frage nach dem Besten - und nicht nur nach dem Guten [etwa bei Aristoteles, R. K.] - und die Forderung einer genauen mathematischen Ableitung des Besten ist der originäre Beitrag Leibniz' und des 17. Jahrhunderts zur Sozialphilosophie und Metaphysik." Vgl. *ebd.* S. 58 f., sowie programmatisch schon S. 1 f.: "Das Ökonomie- und Koordinationsprinzip ist zugleich ein Kulturprinzip [...] Die kulturelle Dimension der Wirtschaft und die wirtschaftliche Dimension des Kulturellen vereinigen sich zur Idee der Ökonomie und Koordination des Seienden, zu einer Idee, welche *alles Seiende* umfaßt" (Hvh. R. K.) Vgl. ähnlich S. 14: die "metaphysische Koordination" des Seienden bei Leibniz. Und wenn nun das "Leben" in seinem phänomenologischen Eigenwesen gerade kein "Seiendes" ist? Ein massiver metaphysischer *Ordnungsgedanke* läßt offensichtlich die entscheidenden phänomenologisch-ontologischen Erscheinensdifferenzen vergessen, womit solche Ordnung trotz aller relativierenden Hinweise wieder der Gefahr der Verselbständigung unterliegt. C.-F. GEYER: *Einführung in die Philosophie der Kultur*, Darmstadt (Wissenschaftl. Buchgesellschaft) 1994, S. 119 ff., kritisiert denn auch in seiner a-transzendentalen Sichtweise der Kultur Koslowskis Position als "Neoreduktionismus", der die "Spannung zwischen Wissenschaft, Philosophie, Religion und Diffus-Lebensweltlichem in Harmonie überführen" will. Für die ökonomi-

Entscheidend ist nicht diese an sich begrüßenswerte Selbstbeschränkung aufgrund kulturgeschichtlicher wie erkenntnistheoretischer Einsicht, sondern der Anweisungscharakter als solcher für das Leben aus der Vernunft heraus. Zweifelsfrei sich immer in sich selbst als Leben "wissend", "weiß" das Leben auch, was es zu tun hat, denn kein Wert, Ziel oder Nutzen könnten jemals solche sein, wenn sie nicht als solche *empfunden* würden. Das Ethos des Lebens als Selbstgewißheit der Selbsterprobung im Sinne seines Pathos schließt "berechenbare" Phänomenalität als das "Feld" seines Wirkens aus, weil das Leben allein den nicht zurückweisbaren Selbsterweis seines Bedürfens und Begehrens kennt.

Das Leben, das mit dem einzelnen Individuum identisch ist, läßt sie lieben, um Paare zu bilden; läßt sie arbeiten und austauschen, um sich zu ernähren - wodurch insgesamt dank singulärer Handlungen und Aktionen Gemeinschaften und Gesellschaften entstehen. *Diese* Ratio des Lebens weist dem Menschen in sich selbst unmittelbar gewisse Zwecke *in actu* zu, die aus keinem Vernunftprinzip deduzierbar wären, wenn die Vernunft sie nicht *zuvor* schon *als* Leben erfahren hätte. Daher sind alle Begriffsbildungen der Ökonomie, der Politik, der Kultur im vorstellenden Sinne überdeterminiert, wenn sie nicht auf diese lebendig sich bewährenden Gewißheiten der Lebenspraxis zurückgreifen, um sich von daher als von ihrem Ursprung her zu verstehen. So folgt auch die *Ethik* dem Grund, den das Leben in sich selbst als absolute Vorgängigkeit seiner selbst legt; und die "ethischen Fortschritte" bis hinein in die Ökonomie als Tausch, Rationalitätsprinzip etc. erfolgen, indem "Erfahrungen gemacht werden", bei denen das Leben jeweils in diesen seinen eigenen abyssalen Grund eintaucht. Nehmen wir eine der phänomenologisch-radikalsten Ethiken heute, jene von Emmanuel Lévinas, der den Kriegszustand an die Ontologie schlechthin als unausweichlichen Totalisierungsanspruch des Selben gebunden sieht, anstatt die absoluttranszendente "Andersheit" des Anderen anzuerkennen, wie sie auf dem "Antlitz" eines jeden Menschen erscheint,[15] so ist zu sagen, daß das Leben

---

sche Interkulturalität vgl. auch A. LAURENT: "The Cultural Diversity of Westeners Conception of Management", *International Studies of Management and Organisation*, 13/1-2 (1983).

15 Vgl. *Die Spur des Anderen. Untersuchungen zur Phänomenologie und Sozialphilosophie*, Freiburg/München (Alber) ^{3}1992, S. 114 f. Dies bedeutet mehr als ein bloßes Plädoyer für "Individualität" wie bei N. MACRAE: "Für eine Welt individueller Lebensstile", in: R. LÖW u. a. (Hrsg.): *Fortschritt ohne Maß? Eine*

Bruder wie Feind den Vortritt läßt, sobald es das Leben "im Antlitz" des Anderen erkennt - und nicht mehr den bloßen Vorstellungen gehorcht, die mit "Bruder" und "Feind" verbunden sind. Dieses ethische, affektive "Gesetz", das nichts von "objektiven Bedingungen" weiß, hat keine "Situationsanalyse" vollzogen, wenn die unwiderstehliche Weisung des Lebens dem Leben "gebietet", "sich" und den "Anderen" zu "achten", die sich in *demselben* Leben *als je andere* in sich und für sich *lebendig* erweisen.

Für kulturphilosophische Überlegungen insgesamt sowie für eine ökonomisch-kulturhermeneutische Besinnung insbesondere darf mithin geschlossen werden, daß der lebendige Selbsterweis als seine eigene Selbsterprobung den *alltäglichsten* Akt als Gesetz oder Vollzug bewohnt, da keine andere oder größer denkbare Kraft ihn ermöglicht als die lebendige Ermöglichung in ihm selbst. Von daher sind nicht nur alle äußeren Bewertungsmaßstäbe, sofern sie Wesentliches, Gerechtes, Bestes etc. einschätzen und vergleichen wollen, relativiert, sondern es ist auch ein Maßstab für jede Organisation, Koordination oder Regierung gefunden, die im "Kulturstil" der wissenschaftlichen Moderne das, was *nicht empfinden* kann, zum Prinzip der Regelung menschlicher Angelegenheiten erhebt. Es ist ein *Prinzip des Todes*, das im Niedergang des Kommunismus deutlich genug geoffenbart hat, von welcher Natur letztlich ein System "objektiver Planung" ist. Denn der doktrinär-politische Marxismus war ein radikaler Rationalismus westlicher Prägung, insofern er die menschlich-ökonomischen wie kulturellen Verhältnisse von zentralen Planstellen aus als ausschließlich "objektive Beziehungen" leiten wollte und damit dem subjektiven Leben fremd war. Wir können aber nicht einfach mehr davon ausgehen, daß "die individuellen Präferenzen am Markt", indem Kosten und Nutzen sich dort ohne Wahrheitsverabsolutierung *einer* "Glücksvorstellung" als Freiheitsspielraum für den Einzelnen erweisen,[16] damit die Herausforderung *rein technischer Pro-*

Ortsbestimmung der wissenschaftlich-technischen Zivilisation, München (Piper 1981), S. 213-233.

16 Wenn damit auch eine berechtigte Kritik gegenüber der konsensuell-totalitätsanfälligen Habermasschen Theorie des "herrschaftsfreien Diskurses" vorgebracht ist; vgl. P. KOSLOWSKI: *Gesellschaftliche Koordination* (1991), S. 46-51. Deshalb wird *ebd.* S. 64 ff., 101 ff. eine "Ethische Ökonomie" mit der Aufteilung in eine "verstehende Volkswirtschaftslehre" und eine "normative Theorie der Wirtschaftsethik" vorgetragen, das heißt eine Untersuchung der Kulturfaktoren als Ursachen des Wirtschaftshandelns und dessen Koordination in formaler und auch materialer Hinsicht (Präferenzbildung). Die Ethik übernimmt dabei

duktion schon gelöst haben. Das Todesprinzip des Plans widersetzt sich nicht der abendländischen, nordamerikanischen und japanischen Wirtschafts- und "Kulturwelt" der großen Industrieregionen und der ökonomisch aufsteigenden Schwellenländer. Es ist deren Vorbote und der erste avortierte, neuzeitlich-globale Versuch "gelenkter" abstrakter Entitäten, in die auch die Individuen als "freie Produzenten und Konsumenten" eingehen, insofern das wissenschaftliche Projekt *als solches* keine subjektive Präferenz mehr zuläßt. Es ist der methodologisch schon entschiedene und vollzogene Ausschluß der Subjektivität, der seiner Verwirklichung entgegeneilt.

Was bleibt? Man kann dem absolut-phänomenologischen Leben ganz neue Welten überstülpen, die bis hin zu seiner theoretischen und dann praktischen Auslöschung reichen. Es bleibt allerdings das Leben, das in sich selbst wie erdrückt gegen sich selbst weiterbesteht, ohne auf sich verzichten zu können, auch wenn es bald auf all die Güter in seiner technisch-ökonomisch geprägten "Umwelt" wird verzichten müssen, die im Laufe der Jahrhunderte für es Anlaß waren, unmittelbar-medial sein Glück als seine Anmut intensiver zu erfahren: Statuen, Gemälde, Religion, literarisch-musikalisches Gedächtnis, Kultivierung der alltäglichsten Gesten. Es waren jene Zeichen, die sich die lebendigen Generationen, auch wenn sie jetzt "vergangen" sind, aus der Nacht ihrer erprobten Subjektivität heraus über die Zeit hinweg weiterreichten, um das gleichwesenhafte, meta-historische Pathos des Erleidens wie der Freude dieser "Nacht" kulturell zu bekunden, für welche die Sprache der Welt, der Ob-jekte mit ihren Horizonten, keine Worte hat. Denn diese "Sprache des Pathos" ist das unendlich wiederholte Verlangen und dessen Erfüllung, die grenzenlose Einbildungskraft, die Schelling eine "pro-

---

insbesondere die Aufgabe einer *Vorkoordination*, die im Sinne des Kantischen Imperativs zwischen Individualisierung und Verallgemeinerungsfähigkeit der marktorientierten Handlungsmaxime *in foro interno* vermitteln soll (vgl. S. 101 f., 108 ff.). Damit wird den *wahl*-subjektiven Präferenzen zur Wahrnehmung von Wertqualitäten und Nutzungsmöglichkeiten wie bei J. M. Buchanan weitgehend Rechnung getragen, auch wenn P. Koslowski zusätzlich eine ontologisch unabhängige Wertqualität mit Max Scheler von der Subjektivität supponiert und vom je "höheren Grad der Öffentlichkeit" abhängig macht (S. 105). Ethik im marktökonomischen Sinne ist auf diese Weise weitgehend eine psychisch-anthropologische Leistung der Inklusion und Internalisierung (S. 112) - nicht aber der phänomenologisch-genealogischen Rückbindung an das primordial-selbstaffektive Lebensethos, das *ich* vor und in allem objektivierenden Wertbeurteilen *bin*.

duktive" nannte und Coleridge die "poetische Imagination"; die Liebe für das Lebendige, wo immer Leben auf Leben trifft - nicht um irgendwelche "natürlichen Bedürfnisse" zu definieren und diese als "materielle Prozesse" zu kalkulieren sowie zu organisieren und zu "befriedigen", sondern um es als das *Mehr* zu zelebrieren. So ist Spinozas *conatus* nicht einfach der "Drang", entelechial im Leben zu verharren, was auch auf die selektive Darwinsche Entwicklungskonzeption zuträfe. Vielmehr ist dieser *conatus* die Passion, nichts anderes als die Passion des Seins "zu sein": reine Selbstaffektion also, die auch dort sich als diese reine *passio* im Sinne von Sicherleiden und Leidenschaft erfährt, wo sie auf die Grenzen von Existenz und Notwendigkeit trifft. Insofern brauchen die "harten Gesetze" der Wirtschaft gerade nicht aus einer mit sich stringenten phänomenologischen Lebensanalyse ausgenommen zu sein, ohne sie apologetisch hypostasieren zu müssen, wenn Produzieren, Bewahren, Tauschen und Konsumieren den immanenten Lebensstrukturen entsprechen.

Noch besitzt der "Kapitalismus" die "innere" Überzeugung von der lebendigen, individuellen Anstrengung als "Sinn" eigener und kollektivkoordinierter Initiative ohne konsensuelle Totalitätsansprüche auf Letzterlösungslehren, selbst wenn er nicht weiß, woher ihm diese Gewißheit erwächst. Zu übersehen ist allerdings neben seiner Tendenz zur technischen Selbstreproduktion auch nicht, daß die Erfahrung der Subjektivitäten am Produzieren und Konsumieren einschließlich wirtschaftlicher Proto-Kultur im zuvor beschriebenen Sinne und als "zweckfreie Kultur" im marginalisierten Bereich des Freizeitlichen, Modischen, Ästhetischen etc. einer *Ratlosigkeit* gleicht, die man "Gier" nennen könnte, wenn damit nicht der Eindruck eines moralisierenden Urteils von oben herab aus der uneinnehmbaren Perspektive eines bedürfnisenthobenen "Gottes" entstünde. Auch hier gilt die gesamt- wie insbesondere wirtschaftskulturelle Tendenz als Lebensgenealogie: Da die Subjektivität allerorten - als Arbeit und Gebrauchswert - tendenziell ungefragter wird, geht sie sprichwörtlich *leer* aus, wird dabei *gierig*-ruhelos in ihrer Ratlosigkeit und wirft sich auf alles, was in seiner Bewegung "Leben" verspricht. So Fernsehen, Informatik, Happenings jeglicher Art, die ein "Bild" entstehen lassen, um es gleich darauf dem Verschwinden zu weihen, weil eben keines bedeutsamer als das andere ist, sondern weil das "*Dasein*" das notwendige Gesetz der Medien in ihrer Abfolge von Erscheinen/Verschwinden selbst ist, um so den Eindruck einer "Lebensbewegung" zu erzeugen: die des Filmstars, des politischen Tagesredners, bei denen man *live* "dabei" ist, aber im Grunde Zensur wie Vorgabe der "eigenen" Bedürfnisse bis hinein in deren Phantasmen bedeuten. Im technisch "Medialen" gibt es kein Verweilen mit all den inneren affektiven und geistigen Sensibilisierungsprozessen des Betrachtens, Wirkenlassens, Wiederkehrens etc., die eine ganze ästhetische Kultur mit Initiation, Imitation und Kontinuität beinhalten. Aber diese *Stasis* kann verstehen lassen, daß die äußerlich wahrnehmbare "Bewegung" nicht prinzipiell - oder allein - ein Wesensattribut des rein phänomenologischen Lebens ist, wenn wir es nicht aus ungeprüften lebensphilosophischen Vorgaben wie beim jungen Hegel, Nietzsche oder Schopenhauer und anderen einfach übernehmen wollen. Ohne die griechische Kultur aus der Kritik der Repräsentations- und Präsenzmetaphysik des Seins entlassen zu können, bleibt doch bestehen, daß "höchstes Leben" in seinem Glück hier gerade nicht in der Bewegung gedacht wurde, sondern vor allem in seinem In-sich-Ruhen.[17]

Diese phänomenologische Epoché der Bewegtheit, um der prinzipiellen Modellhaftigkeit vom Gegensatzpaar Ruhe/Bewegtheit - wie andererseits auch Passivität/Spontaneität - für die Lebensrealität zu entgehen, wurde hier eingeflochten, um kulturell-wirtschaftlich zu bedenken, daß der moderne Marktbegriff bis in seine perfektionierten Produkte hinein die Subjektivitäten weitgehend von ihrer inneren "Lebenstonalität" löst, um sie *Pseudo-Bewegtheiten* zu überantworten, die zudem als "Gier" nach dem Je-Neuen (Modetrends, Rekorde etc.) gar nicht mehr ein Bedenken des Selbstpathos der Affektion aufkommen lassen, welche ihrerseits weder als reine Ruhe noch als reine Bewegung zu verstehen ist, sondern beide erst aus sich entläßt. Immerhin beansprucht Ökonomie heute als Lehre vom Wirtschafts*leben* von sich aus, dasselbe als einen "Lebensprozeß" auch kulturell dabei zu durchdringen, und dabei ist es nicht unerheblich, welche analytischen Vor-

---

17 Vgl. *Alter. Revue de Phénoménologie*, 1 (1993), S. 18 ff.: "Liminaire: Naître et mourir" zur Kritik dieser meist nicht gesehenen Voraussetzung der Lebensbeschreibung auch in der Phänomenologie. Zur Anwendung auf den "Bewegungsgedanken" in den Medien vgl. M. HENRY: *Die Barbarei* (1994), S. 298 ff. Für die weitere Medienanalyse auch B. GUGGENBERGER: *Sein oder Design*, Berlin (Rotbuch) 1987; H. U. RECK: *Zugeschriebene Wirklichkeit. Alltagskultur, Design, Kunst, Film und Werbung im Brennpunkt der Medientheorie*, Würzburg (Könighausen & Neumann) 1994. Im Bereich des interkulturellen Managments heute vgl. W. FOX: "Japanese Management: Tradition under Strain", *Business Horizont*, (Aug. 1977); G. HOFSTEDE: "Confucius Connections: from Cultural Roots to Economic Growth", *Organisational Dynamics*, (Früjahr 1988); M. JAHRMARKT: *Das Tao-Management*, Freiburg i. B. (Haufe) ^{2}1989.

gaben bereits in das hermeneutische Vorverständnis einfließen. So kann eine Leben/Bewegungs-Identifikation eben den Verkauf von allem rechtfertigen, was die Illusion solcher Bewegung verursacht, bis hinein in die "Kommunikationssysteme", wo eigentlich niemand mehr mit niemandem kom-muniziert, sondern letztlich Raketen ihre einsamen Bahnen ziehen. Und die modernsten Hyper-Maschinen werden nicht mehr mit der Begrifflichkeit ihrer eigentlich physikalisch-elektromagnetischen Herkunft benannt: sie sind vielmehr "künstliche Intelligenz" und werden (bald) das endgültige Modell für unser "Denken" bilden. Das heißt, Maschinen werden anthropomorphisiert und Menschen hingegen maschinell-funktionalisiert verstanden, was auf ihre "Kommunikationsstile" zurückwirkt. Wirtschaftskultur als Lebenskultur? Falls man diese Entropie restlos akzeptiert, ja - aber mit dem Ziel, das schon S. Freud dem Leben nicht in einem verzeihbaren wissenschaftsgeschichtlichen Schnörkel zuschrieb, sondern als tatsächlich negative Energie, nämlich als *Todestrieb*, weil sein dem naturalistischen Positivismus entlehntes Weltbild nichts anderes zuließ.

Die Selbstzerstörung des Lebens besitzt also schon Namen; sie hat schon einen "Geschmack", der von der Monotonie über die Langeweile bis hin zur Überdrüssigkeit reicht. Und sie besitzt schon ihre Fluchtwege: von Ost nach West und dort die Abdankung an "Prozesse". Man könnte sich die Analyse leicht machen und sagen: Diese "Wissenschaftskultur" wird verschwinden, wenn die Individuen eines Tages die Illusion der Substitute "durchschauen", weil sie sie einfach nicht mehr wollen. Denn das Leben trägt weder *von seinem Ursprung her* den Namen Kapitalismus noch Demokratie oder Koordination - sicher noch weniger *science-fiction* und Plan. Das Leben ist eine Wahrheit ohne Worte, was die Lebensphänomenologie keineswegs davon befreit, ihre Analysen noch weiter zu schärfen, um in ihrem Diskurswort jenes Pathos durchtönen zu lassen, das in jeder Affektion schon immer neu sich weiß, und bei welcher Tätigkeit auch immer, denn das unveräußerliche "Wort" des Pathos ist sein *conatus* als *passio*, und zwar bis hinein in das (auch abstrakt-wissenschaftliche) "Denken", das als lebendiger Vollzug davon nicht abgeschnitten ist. "Wirtschaftskultur" kann daher ebenfalls ein verheißungsvoller Name sein, an der *hard ware* der Ökonomie, Finanzen und gesellschaftlichen Rahmenbedingungen noch einmal zu prüfen, ob wir dort "sein" können, was wir sind: nämlich radikal-absolut lebendig Empfindende, ohne die kein "Sein" zur Erscheinung gelangt. Der analytisch ausgezeichnete Bereich der Lebensphänomenologie mit ihrer kulturphilosophischen Erstrelevanz sind daher sicher vornehmlich die proto-kulturellen Grundrealitäten der Wirtschaft wie Bedürfnisse, Befriedigung, Arbeit, Wert, Anreiz beispielsweise, auf deren Ontologie im Rahmen selbst kulturell orientierter Volkswirtschaftslehren meist nur ein *deskriptiver* Blick ohne eigentliche phänomenologische Genese fällt oder die Anwendung einer spekulativen Metaphysik wie bei P. Koslowski, wenn es dort unter anderem einfach heißt: "Entelechiale Entwicklung bedeutet, daß die Wirtschaft die maximale Verwirklichung und Expressivität des menschlichen Selbst ermöglicht."[18]

Aber auf der anderen Seite liegt in dieser "entelechialen Effizienz" eben auch eine *Modellpotentialität*, welche die phänomenologische Enthaltsamkeit, Anweisungen zu geben, so unmittelbar nicht kennt, und von daher kann dieser Entwurf bei Koslowski ein Programm unterbreiten, in dem ansatzweise die "Lebenskultur" als "Wirtschaftskultur" zumindest dem Anspruch nach enthalten ist. Es können also hier zusammenfassend Schritte dieses Modells im vor-transzendentalen Bereich der Epoché mitgegangen werden, ohne die philosophischen Begründungsunterschiede zu verkennen. Zu diesen Schritten in eine "lebenskulturelle Volkswirtschaftslehre" hinein, wie wir sie *prospektiv* im unmittelbar lebensweltlichen Sinne nennen möchten, gehört vor allem 1. die "Kompossibilität von Lebewesen" sowie 2. ebenfalls die Überzeugung, daß "etwas nur dann ein ökonomisches Gut sein kann, wenn es subjektiven Nutzen abgibt".[19] Wenn wir in diese Kompossibilität des Lebens und des Nutzens 3. die Erde als "Lebenskorrelat" im Sinne des weiter oben beschriebenen "Mit-Ereignisses" von Leben und Erde einschließen, dann scheint uns phänomenologisch auch von vornherein die Gefahr einer sub-

18 *Gesellschaftliche Koordination* (1991), S. 37; zur Begründung aus der Leibnizschen Monadenlehre vgl. *ebd.* S. 24.

19 *Ebd.* S. 56 ff. Vgl. auch P. KOSLOWSKI: *Wirtschaft als Kultur* (1989), S. 49, als Ergebnis der Wertbetrachung von Natur: "Im Austausch mit der nichtmenschlichen Natur und dem außermenschlichen Leben gewinnen wir das Leben, das wir nur im Austausch überhaupt zu erhalten vermögen, weil wir nicht alles selbst tun *können.*" Allerdings wird diese Sichtweise nur auf ökologische Probleme angewandt, anstatt prinzipiell wirtschaftsumfassend berücksichtigt zu werden, sofern dieses "Nicht-alles-tun-können" dem lebensphänomenologisch angesetzten "Mehr des Lebens" in allem Tun entsprechen kann. Vgl. auch *ebd.* S. 92 f. zur Neudefinition der Ressourcenknappheit als "Strukturbegrenztheit" der lebendigen Ordnungen, die zu gezielten und nicht-irreversiblen Eingriffen nötigen, wobei Koslowski allerdings diese Struktur- und Artenordnung dem Wert des "Heiligen" (Schöpferidee) nach Max Scheler annähert (bes. S. 44).

jektivistischen Anthropozentrik ausgeschlossen, von welcher derselbe Autor kritisch im Hinblick auf ein notwendiges ökologisch-kulturelles Weltwirtschaftskonzept spricht. Nichtmenschliches Seiendes muß in der Tat einen plausiblen Ort innerhalb der menschlichen Wertschätzung besitzen, um als "Grenze der menschlichen Freiheit" berücksichtigt zu werden. Die Leib/Erde-Relation als *ökonomisch-protokulturelle Grundrelation* würde dies implizieren, ohne daß naturrechtliche oder theologisch-metaphysische Ideen zur Begrenzung einer totalisierend-quantitativen Maximierung nötig wären, was unter anderem die Fruchtbarkeit des rein phänomenologischen Ansatzes beim Leben als Ursprung zeigt. Anders ausgedrückt: der rein regulative Gebrauch des Prinzips des Besten, das sich als metaphysisches Prinzip nicht auch zu einem kategorialen Prinzip für ökonomisch-mathematische Optimierung aufspreizen darf, ist phänomenologisch einsehbar bereits in der lebendig-subjektiven Grundrelation des Übergangs Bedürfen/Arbeit gegeben, ohne zusätzliche theoretische oder spekulative Voraussetzungen machen zu müssen, was an sich ebenfalls dem klassisch-philosophischen "Ökonomieprinzip" entspricht. Die Begrenzung ökonomischer Totalisierung als *Nichtkultur* ergäbe sich auf diese Weise aus unserem subjektiv-phänomenologischen Wesen selbst, was dann ebenfalls eine gewisse Bestätigung der Berechtigung auch für die weiteren phänomenologischen Wirtschaftsanalysen bedeuten dürfte.

Dieses synergetische Potential von Koordinationsmodell und Lebensphänomenologie ergibt sich 4. sodann auch im Bereich ideal-normativer und kulturell-faktischer Ethik als Teil einer lebenskulturellen Ökonomielehre. Denn einerseits fordert die Begründung von "idealem Ethos und Hermeneutik kultureller und ethischer Praxis" eine praktische *Letztbegründung*, die nicht wieder die "Rationalität" einer solchen Forderung in einem geschichtlich-kulturellen "Stil" des Rationalen gründet, weil dadurch ein unendlicher Regreß von Geschichte und Werthaftigkeit einträte.[20] Auf der anderen Seite ist jede Rationalitätsforderung auch ökonomischer Art im Wertbereich an eine phänomenologische Evidenz der *Apodiktizität* gebunden, wenn der Wert eine letztlegitimierende Handlungsmaxime in formaler wie materialer

20 Vgl. die Auseinandersetzung mit der Historischen Schule (insbesondere Schmoller, Dilthey und Rickert) sowie mit der materialen Wertethik Schelers *ebd.* S. 64 ff., 82 ff., 103 ff. Dazu auch zuletzt von P. KOSLOWSKI: *Die Ordnung der Wirtschaft. Studien zur Praktischen Philosophie und Politischen Ökonomie*, Tübingen (Mohr) 1994.

Hinsicht sein soll. Evidenz als Apodiktizität ist aber stets auch ein Evidenz-*gefühl*, wie Husserl gezeigt hat,[21] ohne damit die lebensphilosophisch-psychologische Diffusion allen Erlebens in ein "metaphysierendes Panerleben" zu teilen, wie P. Koslowski zurecht letzteres an der "Verstehenden Kulturwissenschaft" der 20er Jahre kritisiert. Husserl hat solchen individualistischen wie programmatischen "Psychologismus" überwunden, indem er das subjektive Bewußtseinsleben als eine Typik von genetischer Eidetik erkannte. Wir erinnern nur daran, um hier zu sagen, daß "Evidenzgefühl" nicht Beliebigkeit beinhaltet, sondern gerade auch in der lebensphänomenologischen Radikalisierung Husserls die *Kompossibilität* der Lebenserscheinungen mitbedeutet. Jede *ratio*, jeder Lebenswert, bleibt daher in einem kompossiblen "Gefühl" der Mich-Betroffenheit mit transzendentaler Selbstaffektion begründet. Das Ökonomieprinzip mag rein funktional in seinem Selbstverständnis betrachtet ein bloß formales, wenn auch apriorisches sein;[22] in seiner passiv-apperzeptiven Genese ist es nicht minder an das Bedürfen und dessen "Gewißheit" zurückgebunden, die es in eine Evidenz des "wirtschaftlichen Syllogismus" übersetzen will.

Insofern solcher Ökonomiesyllogismus also an der Evidenz partizipiert, besitzt er auch "Kultur" im material-phänomenologischen Sinne des apodiktischen Gefühls, selbst wenn die "Subjektivität" solcher Apodiktizität me-

---

21 Vgl. *Formale und transzendentale Logik. Versuch einer Kritik der logischen Vernunft* (1929), Tübingen (Niemeyer) 1981, S. 139 ff. (§ 58 ff.): "Man muß also diese große und so viel mißachtete Selbstverständlichkeit in den Mittelpunkt aller prinzipiellen Besinnungen stellen, daß so etwas wie ein Gegenstand [...] den ihm eigentümlichen *ontischen Sinn* (durch den er dann in allen möglichen Bewußtseinsweisen bedeutet, was er bedeutet) ursprünglich nur schöpft aus den Erlebnisprozessen der Erfahrung, als solchen eben, die in sich charakterisiert sind als Bewußt-haben im Modus "Es-selbst", als Selbst-Erscheinungen eines Etwas, als uns Selbst-entgegentreten in Seinsgewißheit [...] Die Urform ist dabei das Sich-selbst-gegenwärtig-zeigen der Wahrnehmung, oder des Sich-"wieder"-zeigen der Wiedererinnerung im Modus des Vergangen." (S. 147).

22 Vgl. L. VON MISES: "Soziologie und Geschichte. Epilog zum Methodenstreit in der Nationalökonomie", *Archiv für Sozialwissenschaften und Sozialpolitik*, 61 (1929), S. 465-512. Zur weiteren epistemologisch-ökonomischen Diskussion G. L. S. SHACKLE: *Epistemics and Economics. A Critique of Economic Doctrines*, Cambridge (University Press) 1972; H. A. SIMON: "Rationality as Process and as Product of Thought", *American Economic Review*, 68 (1978), S. 1-15, sowie philosophisch-epistemologisch H. SCHNÄDELBACH (Hrsg.): *Rationalität. Philosophische Beiträge*, Frankfurt a. M. (Suhrkamp) 1984.

thodisch verkannt wird. Alle kulturelle Ergänzung einer hermeneutisch wie metaphysisch-modellhaft umfassender gesehenen "Wirtschaftswissenschaft" kann zudem im "Durchdringungspostulat" von ethischen, kulturellen und wirtschaftlichen Motivations- und Handlungsbestimmungen auch nur wieder an der "Materialität" dieser subjektiven *Werthaftigkeit* anknüpfen, so daß ihre "kulturelle Ergänzung" mathematischer Ökonomie (*economics*) keine von außen kommende ist, sondern die lebenskulturelle "Materialität" der Apodiktizität nur inhaltlich weiter ausführt und dabei das Prinzip der "Subjektivität" wiederentdeckt, um es als unverzichtbar für jede Ökonomielehre überhaupt einzubringen. Damit sind 5. die "Nachfrageelastizitäten" unter der Annahme von *revealed preferences* ein zum Teil mathematisierbares, historisches, ökonomisches *wie* kulturelles Problem, das nicht nur "Verstehbarkeit" im Sinne "gesetzmäßiger" Relationen zwischen Psyche (Motive) und überindividuellen Zweckzusammenhängen (Kultur) impliziert, sondern auch die all diesen Dimensionen nochmals vorausliegende primordiale Realität des Lebens. Die Einbettung eines solchen, gesamtkulturell "erklärenden Verstehens" in das genannte phänomenologisch-"metaphysische" Prinzip ständiger transzendental-lebendiger *generatio* verhindert dann gerade, daß sich dieses Verstehen an irgendeiner Stelle seines Selbstvollzugs als *letzte* "rationale" Realitätsinstanz etabliert, um über Bedürfnisse, Motive, Befriedigungsweisen am Markt etc. absolut zu befinden. Unter dieser generativ-"regulativen" Lebensidee, die eben konstitutiv keine irrationale *black box* von unerforschlichen Motiven des "Inneren" ist, sondern das phänomenologische "Verstehen" dieser letzten *ekstatischen Unerforschlichkeit als Notwendigkeit selbst*, wie weit man auch die Differenzierung von Methoden, Diagnosen und Kalkülen treibt, kann folgender Forderung zugestimmt werden: "Ökonomische, ästhetisch-kulturelle und ethische Rationalität sollen sich jedoch in der Volkswirtschaft durchdringen und in der Wirtschaftstheorie gemeinsam als handlungsleitende Motive analysiert und verstanden werden."[23]

Die "Lebenskultur" wäre 6. in solcher Ökonomie und ihrer Theorie die ständig anwesende Korrektur als *Krisis*, ohne Kriterien ins Spiel zu bringen, die dem Grund der Ökonomie als Wirtschafts*leben* selbst fremd wären, denn selbst das rechnerische Detail von Kosten- und Preiskalkulation bliebe an das "Wissen" von der eigenen radikal-subjektiven Kulturalität solchen Tuns zurückgebunden, so wie es auch im Hinblick auf eine "Ethische Ökonomie"

---

23 P. KOSLOWSKI: *Gesellschaftliche Koordination* (1991), S. 81.

an die mathematisch nicht einholbare, absolute "Subjektivität" der "Konsumenten" zurückgebunden wäre. Der Käufer selbst wiederum wüßte in seinen Gebrauchspräferenzen dann seinerseits davon, daß auch sein Begehren *nicht unendlich* sein kann, wie die klassische Ökonomielehre vorgab,[24] weil jedes Bedürfen substantiell vom Wesen des Lebens her eine Korrelation oder besser eben Kompossibilität ergänzend einschließt: Anstrengung, Arbeit, Tausch, Reproduktion, Pflege etc. *Lebenswissen* als Kultur ist damit immer auch *ökonomisches Wissen* in einem ganz primordial-praktischen, lebensalltäglichen Sinne, weshalb die Ökonomie ihrerseits (das heißt in ihrem tatsächlichen Begründungsrückverweis) nicht prinzipiell die Unmöglichkeit von "Lebenskultur" in sich schließt, falls wir die "ontologischen Subversionen" von Kapitalismus und Technik mit ihren systemischen Plan- wie Selbstautomatismen als "Rationalitäten" in *ihrer Irrationalität* durchschauen, die letztlich für das "Leben" nicht maßgeblich sein kann - ebensowenig wie eine totalisierende Metaphysierung oder Moralisierung, sofern man darunter nicht eine neue "Kultur des Gefühls" versteht, wie etwa Renaissancezeit und Barock sie kannten. Dieser Hinweis meint jedoch keine

---

24 Vgl. G. SCHERHORN: *Bedürfen und Bedarf*, Berlin (Duncker & Humblot) 1959; P. KENDE: *L'abondance est-elle possible? Essai sur les limites de l'économie*, Paris (Gallimard) 1971, S. 93 ff.; T. SCITOVSKY: *Psychologie des Wohlstands. Die Bedürfnisse des Menschen und der Bedarf des Verbrauchers*, Frankfurt a. M. (Campus) 1977. Die Vorstellung von den unbegrenzt angesehenen Bedürfnissen wurde von den Philosophen, insbesondere von Hegel (vgl. K. KOZU), popularisiert und trifft daher auch nicht den *conatus* bei Spinoza etwa als die reine *passio* "zu sein" (vgl. J. LACROIX: *Spinoza et le problème du salut*, Paris [P.U.F.] 1970, S. 15 ff.), sondern eher HOBBES' Aussage: "Felicity is a continual progress of the desire from one object to another." (*Leviathan*, Kap. 11) Über den Zusammenhang von Nichtsättigungsannahme und mechanistischem Weltbild, zwischen Physik und Politischer Ökonomie, vgl. P. KOSLOWSKI: *Gesellschaftliche Koordination* (1991), S. 18 ff., 24 f., wo jedoch der *conatus* als "Tendenz zur Selbstverwirklichung" ohne weitere Erklärung mit dem Leibnizschen Monadenbegriff parallelisiert wird. Deshalb wird an anderer Stelle auch die "Sachgerechtigkeit" der allgemein wirtschaftlichen "Bedarfsdeckung" in Anspruch genommen, um das Gewinnkriterium "nicht zum End- und Alleinzweck der unternehmerischen Tätigkeit" werden zu lassen; vgl. *Wirtschaft als Kultur* (1989), S. 114. Außerdem M. KEYZER: "Conatus, Freedom and the Market", *Studia Spinozana*, 8 (1992) (Hrsg. E. BALIBAR u. a.): *Spinoza's Psychology and Social Psychology*, Würzburg (Königshausen & Neumann) 1994, S. 117-146.

unmögliche restaurative oder nostalgische Rückkehr zu vergangenen Epochen, wo ein bestimmter gemeinsamer Empfindungsstil im Denken und Handeln gegeben war und gepflegt wurde, ohne "totalitär" zu sein, sondern die grundsätzliche, ontologische Anerkennung, daß Gefühl und Subjektivität als *konkrete* Individualität *eo ipso* kulturbildend sind, ohne einerseits auf eine Ermöglichung oder eine Sanktionierung von außen warten zu müssen und ohne solche gemeinsamen "Kulturwerte" andererseits wiederum subjektivistisch verneinen zu müssen, denn sie sind die generative Verdichtung dessen, was sich die historisch unüberblickbaren Individuen in ihrer Zahl über Tod und Geburt hinweg als "Bedürfen" weitergeben, ohne mit einem "Allgemeinen" in Gattung und Ideologie verschmelzen zu müssen.[25]

Die genealogische "Ökonomie" des Bedürfens ist daher als die transzendentale "Kultur" der Ökonomie anzusehen, wo letztere sich darauf besinnt, daß sie selbst nur *im Leben* erscheinen kann und nur dort ihre Dauer hat. Diese scheinbare Trivialität der Alltäglichkeit in die Abstraktion der kulturellen Diskurse analytisch einzubringen, bleibt vornehmlich die Aufgabe der Lebensphänomenologie, womit sie lebenseidetisch ohne Welt- und Wissensabsolutismus, das heißt mit anderen zusammen, Zukunft von der unveräußerbaren Teleologie des Lebens her offenhalten kann. Oder nochmals mit Husserl gesagt: "Die objektive Welt ist psychologische Welt, und sie ist Kulturwelt, die von der *funktionierenden menschlichen Subjektivität* ihre Kulturprädikate zugeteilt erhalten hat, Prädikate, die ihre Weise der Erfahrung und Ausweisung haben, aber einer solchen, die objektive Erfahrung von fremden Subjekten und ihrem leiblich-geistigen Funktionieren voraussetzt." Solche transzendentale Subjektivität impliziert "letzte Klarheit einer Unmöglichkeit einer *Kulturmathematik*, trotzdem auch Kultur ihr

---

25 Zum Problem der "Generativität von Geburt und Tod als Wesensvorkommnisse für die Weltkonstitution" einschließlich ökonomisch-kulturellen Bedürfens vgl. auch E. HUSSERL: *Zur Phänomenologie der Intersubjektivität. Texte aus dem Nachlaß, III. Teil: 1929-1935* (Husserliana XV), Den Haag (Nijhoff) 1973, S. 171 ff. u. ö.; *Analysen zur passiven Synthesis 1918-1926* (Husserliana XI), Den Haag (Nijhoff) 1966, S. 219 f.: "Geschichte ist ein stufenweises, von einer immanenten Teleologie durchherrschtes Konstituieren immer höherer Sinngebilde [...] Geschichte im gewöhnlichen Sinn in ihrer Beziehung auf menschliche Kultur ist nur eine höchste Stufe, und auch diese hat, so zeigt sich, ihr Ansich vorgezeichnet. [Dies führt phänomenologisch] zu einer transzendentalen Kulturwissenschaft als transzendentaler Wissenschaft von möglichen Gemeinschaftsbeziehungen überhaupt."

Apriori hat, und Sozialität ihr Apriori."[26] Versteht man diese Transzendentalität als eine in allen Punkten ihres Erscheinens tatsächliche, konkret lebendige Subjektivität, wie dargestellt wurde, dann verliert auch diese Transzendentalität ihren anonymen Charakter, um eben "Kultur und Wirtschaft" ihres ominös-transzendenten Wesens zu entkleiden, das ihnen in den theoretischen Diskursen bis hinein in die "Postmoderne" noch anhaftet.

---

26 *Ebd.* S. 435-347 (Beilage 28) (Hvh. R. K.).

Literaturverzeichnis

ACHAM, K.: *Geschichte und Sozialtheorie. Zur Komplementarität kulturwissenschaftlicher Erkenntnisorientierung*, Freiburg/München (Alber) 1995.

ADLER, N.: "Cross Cultural Management. Issues to be faced", *International Studies of Management and Organisation*, 13/1-2 (1987).

AGUIRRE, H.: "Zum Verhältnis von modaler und praktischer Möglichkeit", in: E. W. ORTH (Hrsg.): *Perspektiven und Probleme der Husserlschen Phänomenologie* (Phänomenologische Forschungen 24-25), München/Freiburg (Alber) 1991, S. 150-182.

AKERMA, K.: *Soll eine Menschheit sein? Eine fundamentalethische Frage*, Cuxhaven (Junghans) 1995.

ALBERT, H.: *Marktsoziologie und Entscheidungslogik. Ökonomische Probleme in soziologischer Perspektive*, Neuwied/Berlin (Luchterhand) 1967.

Alter. Revue de Phénoménologie, 1 (1993): *Naître et mourir.*

ALTHUSSER, L./BALIBAR, E.: *Das Kapital lesen I*, Reinbek (Rowohlt) 1971.

ARENDT, H.: *Vita activa oder Vom tätigen Leben*, München-Zürich (Piper) 7 1987.

ARISTOTELES: *Politik*, Reinbek (Rowohlt) 1965.

ARISTOTELES: *De partibus animalium*, hrsg. v. O. M. Balme, Oxford (Clarendon Press) 1972 (mit engl. Übers.). Dt. Übers.: *Über die Teile der Lebewesen*, Darmstadt (Wissenschaftliche Buchgesellschaft) (in Vorb.).

AUERNHEIMER, G.: *Einführung in die interkulturelle Erziehung*, Darmstadt (Wissenschaftliche Buchgesellschaft) 2 1995.

AUROUX, S.: *Barbarie et philosophie*, Paris (P.U.F.) 1990.

BACHELARD, G.: *La philosophie du non. Essai d'une philosophie du nouvel esprit scientifique*, Paris (P.U.F.) 7 1975.

BARUZZI, A.: *Mensch und Maschine. Das Denken "sub specie machinae"*, München (Fink) 1973.

BATAILLE, G.: *Der Begriff der Verausgabung; Der verfemte Teil*, München (Fink) 1975. Original: *La part maudite. Essai d'économie générale I: La consumation*, Paris (Minuit) 1949.

BATESON, G.: *Ökologie des Geistes. Anthropologische, psychologische, biologische und epistemologische Perspektiven*, Frankfurt a. M. (Suhrkamp) 1985.

BECK, H.: "Lateinamerika als Ort kreativer Kulturbegegnungen. Zukunft im Widerspruch zur Gegenwart?", in: R. A. MALL/D. LOHMAR (Hrsg.): *Philosophische Grundlagen der Interkulturalität*, Amsterdam/Atlanta (Rodopi) 1993.

LITERATUR

BECK, U.: *Politik in der Risikogesellschaft. Essays und Analysen*, Frankfurt a. M. (Suhrkamp) 1991.

BEHR, H.: "Theorie des Fremden als Kultur- und Zivilisationskritik. Ein kritischer Forschungsbericht", *Philosophisches Jahrbuch*, 192/1 (1995), S. 186-194.

BELL, D.: *Die Zukunft der westlichen Welt. Kultur und Technologie im Widerstreit*, Frankfurt a. M. (Fischer) 1979.

BELL, D./VOSSENKUHL, W. (Hrsg.): *Wissenschaft und Subjektivität. Der Wiener Kreis und die Philosophie des 20. Jahrhunderts*, Berlin (Akademie Verlag) 1993.

BENDIG, V.: *Das Prinzip Gegensatz. Beitrag zu einem interdisziplinären, phänomenologischen Vergleich fundamentaler Strukturgesetze in Natur und Kultur*, Frankfurt a. M. (Lang) 1992.

BENEDIKT, M./KASPER, R.: "Naturtechnik und Urteilskraft", in: W. LÜTTERFELDS (Hrsg.): *Transzendentale oder evolutionäre Erkenntnistheorie?*, Darmstadt (Wissenschaftliche Buchgesellschaft) 1987, S. 189-209.

BERGER, P. L.: *Zur Dialektik von Religion und Gesellschaft. Elemente einer soziologischen Theorie*, Frankfurt a. M. (Fischer) 1973.

BERGER, W.: *Das Bedürfnis und sein Schatten. Vorarbeiten zu einer Philosophischen Anthropologie*, Freiburg/München (Alber) 1992.

BERGSON, H.: *Oeuvres*. Edition du Centenaire, Paris (P.U.F.) 1970.

BERNET, R.: *La vie du sujet. Recherches sur l'interprétation de Husserl dans la phénoménologie*, Paris (P.U.F.) 1994.

BÖCKMANN, W.: *Sinnorientierte Führung als Kunst der Motivation*, Landsberg (Moderne Industrie) 1987.

BOLLACHER, M. (Hrsg.): *Johann Gottfried Herder: Geschichte und Kultur*, Würzburg (Königshausen & Neumann) 1994.

BOUELLES, C. DE (CAROLUS BOVILLUS): *Liber de sapiente* (1510), hrsg. v. R. Klibansky, in: E. CASSIRER: *Individuum und Kosmos*, Berlin 1927.

BOURDIEU, P.: *Sozialer Sinn. Kritik der theoretischen Vernunft*, Frankfurt a. M. (Suhrkamp) 1987.

BOURDIEU, P.: *Was heißt sprechen? Die Ökonomie des sprachlichen Tausches*, Wien (Herold) 1990.

BRUAIRE, C.: *Philosophie du corps*, Paris (Seuil) 1968.

BRUNHÖLZLE, F.: *Geschichte der lateinischen Literatur im Mittelalter I*, München (Fink) 1975.

BUCHANAN, J. M.: "Individual Choice in Voting and the Market", *Journal of Political Economy*, 62 (1954), S. 334-343.

BUCHANAN, J. M.: "Is Economics the Science of Choice?", in: E. STREISSLER (Hrsg.): *Roads to Freedom. Essays in Honour of Friedrich A. von Hayek*, London 1969, S. 47-64.

CANTIN, S.: *Le philosophe et le déni du politique. Marx, Henry, Platon*, Sainte Foy/Kanada (Presses Universitaires de Laval) 1992.

CAPELLE, W.: *Die Vorsokratiker. Fragmente und Quellenberichte*, Stuttgart (Kröner) 1963.

CASSIODORUS, F.: *Patrologia latina*, hrsg. v. Migne, Bd. 69-70, Paris 1841; hrsg. v. R. A. B. Mynors, Oxford (Clarendon) 1937.

CASSIRER, E.: *Zur Logik der Kulturwissenschaften. Fünf Studien*, Darmstadt (Wissenschaftliche Buchgesellschaft) 1989.

CASSIRER, E.: *Erkenntnis, Begriff, Kultur*, Hamburg (Meiner) 1993.

CASSIRER, E.: *Geist und Leben*, hrsg. v. E. W. Orth, Leipzig (Reclam) 1993.

CERRONI, U.: "Die westliche Kultur und die Dritte Welt", *Internationale Dialog Zeitschrift*, III/3 (1970), S. 194-208.

CHISHOLM, R. M.: *Die erste Person. Eine Theorie der Referenz und der Intentionalität*, Frankfurt a. M. (Suhrkamp) 1992.

CHOAY, F. u. a. (Hrsg.): *Le sens de la ville*, Paris (Seuil) 1972. Original: *Meaning in Architecture*, London 1969.

CHRÉTIEN, J.-L.: *L'inoubliable et l'inespéré*, Paris (Desclée de Brouwer) 1990.

COENEN, H.: *Diesseits von subjektivem Sinn und kollektivem Zwang*, München (Fink) 1986.

COMOTH, K.: *Quasi Perfectum. Subjektivität im Umkreis der Trinität*, Heidelberg (Winter) 1992.

Comte, A.: *Système de politique, ou Traité de Sociologie instituant la Religion de l'Humanité, t. II: La Statique sociale, ou le Traité abstrait de l'ordre humain*, Paris (Carilian-Goeury/Dalmont) 1852.

COMTE, A.: *Rede über den Geist des Positivismus*, hrsg. v. I. Fetscher, Hamburg (Meiner) 1956.

CORBIN, A.: *Pesthauch und Blütenduft. Eine Geschichte des Geruchs*, Berlin 1984.

CRAIG, M.: *Kreatives Management in New Age*, New York (Springer) 1989.

DANIEL, M./EMBREE, L. (Hrsg.): *Phenomenology and Cultural Disciplines*, Dordrecht-Boston-London (Kluwer) 1994.

DERRIDA, J.: "Introduction", in: E. HUSSERL: *L'origine de la géométrie*, Paris (P.U.F.) 1962, S. 3-171.

DERRIDA, J.: "D' un ton apocalyptique adopté naguère en philosophie", in: *Les fins de l'homme à partir du travail de Jacques Derrida*, Paris (Galilée) 1981, S. 445-486.

DESSAUER, F.: *Streit um die Technik*, Frankfurt a. M. (Knecht) 1956.

Deutsche Zeitschrift für Philosophie, 2 (1995): *Multikulturalismus.*

Dialektik. Enzyklopädische Zeitschrift für Philosophie und Wissenschaften, 2 (1993): *Neue Welt und Europa.*

Dialektik, 3 (1993): *Natur, Naturwissenschaften, Kulturbegriffe.*

DIAS, P. W.: "Interkulturelles Lernen und Handeln im Spannungsfeld zwischen kultureller Verwurzelung und Universalität des Denkens", in: U. SCHMID (Hrsg.): *Kulturelle Identität und Universalität. Interkulturelles Lernen als Bildungsprinzip* (Pädagogik: Dritte Welt Jahrbuch 1986), Frankfurt a. M. (IKO Verlag) 1987, S. 25-34.

DILTHEY, W.: *Ideen über eine beschreibende und zergliedernde Psychologie*, Berlin 1894.

DILTHEY, W.: *Die Philosophie des Lebens*. Aus seinen Schriften, ausgewählt v. H. Nohl. Mit einem Vorwort v. F. Bollnow, Stuttgart 1961.

DILTHEY, W.: "Einleitung in die Geisteswissenschaften" (1883), in: *Gesammelte Schriften 1*, Stuttgart [7]1973.

DILTHEY, W.: "Der Aufbau der geschichtlichen Welt in den Geisteswissenschaften" (1910), in: *Gesammelte Schriften 7*, Stuttgart [7]1973.

DÖBERT, R.: *Systemtheorie und die Entwicklung religiöser Deutungssysteme*, Frankfurt a. M. (Suhrkamp) 1973.

DOTZLER, B. J./MÜLLER, E. (Hrsg.): *Wahrnehmung und Geschichte. Markierungen zur Aisthesis materialis*, Berlin (Akademie Verlag) 1995.

DUALA-M'BEDY, M.: *Xenologie. Die Wissenschaft vom Fremden und die Verdrängung der Humanität in der Anthropologie*, Freiburg/München (Alber) 1977.

DUERR, H.-P.: *Nacktheit und Scham. Der Mythos vom Zivilisationsprozeß*, Frankfurt a. M. 1988.

DUMONT, L.: *From Mandeville to Marx. The Genesis and Triumph of Economic Ideology*, Chicago (University Press) 1977.

DUSSEL, E.: "Die Vernunft des Anderen. Die 'Interpellation' als Sprechakt", in: R. FORNET-BETANCOURT (Hrsg.): *Diskursethik oder Befreiungsethik?*, Aachen (Augustinus) 1992, S. 96-119 (APEL's Replik *ebd.* S. 16-54: "Die Diskursethik und die Herausforderung der Dritten Welt").

ECO, U.: *Kunst und Schönheit im Mittelalter*, München (DTV) 1993.

ELIAS, N.: *Die höfische Gesellschaft. Untersuchungen zur Soziologie des Königtums und der höfischen Aristokratie*, Neuwied/Berlin (Luchterhand) 1969.

ELIAS, N.: *Über den Prozeß der Zivilisation. Soziogenetische und psychogenetische Untersuchungen*, 2 Bde., Basel (Haus zum Falken) 1939 (Neudruck Frankfurt a. M. 1976).

ELIAS, N.: *Über die Zeit. Arbeiten zur Wissenssoziologie II*, Frankfurt a. M. (Suhrkamp) 1984.

ENGL, L. u. T. (Hrsg.): *Die Eroberung Perus in Augenzeugenberichten*, München (DTV) 1977.

ENGLER, W.: *Selbstbilder. Das reflexive Projekt der Wissenssoziologie*, Berlin (Akademie Verlag) 1992.

EUCKEN, R.: *Grundlinien einer neuen Lebensanschauung*, Leipzig (Teubner) 1907.

LITERATUR

EUCKEN, R.: *Geistesprobleme und Lebensfragen*, Leipzig 1918.

FACKELDEY, H. G.: *Norm und Begründung. Zur Logik normativen Argumentierens*, Frankfurt a. M. (Lang) 1992.

FELLMANN, F.: *Lebensphilosophie. Elemente einer Theorie der Selbsterfahrung*, Reinbek (Rowohlt) 1993.

FESTUGIÈRE, A.-J.: *La sainteté*, Paris (P.U.F.) 1949.

FORNET-BETANCOURT, R. (Hrsg.): *Diskursethik oder Befreiungsethik?*, Aachen (Augustinus) 1992.

FORNET-BETANCOURT, R.: *Interdisziplinäre und interkulturelle Forschung in der Theologie. Autochthone Theologien und Kulturen*, Eichstätt (Diritto) 1992.

FORNET-BETANCOURT, R.: *Cuestiones de método para une filosofía desde Ibero-Américana*, México 1993.

FORTHOMME, B.: "Etude sur l'affectivité à propos d'un ouvrage consacré à Michel Henry", *Annales de philosophie* (Université Beyrouth), 15 (1994), S. 111-116.

FOUCAULT, M.: *Les mots et les choses. Une archéologie des sciences humaines*, Paris (Gallimard) 1966. Dt. Übers.: *Die Ordnung der Dinge*, Frankfurt a. M. (Suhrkamp) 1974.

FOUCAULT, M.: *Überwachen und Strafen. Die Geburt des Gefängnisses*, Frankfurt a. M. (Suhrkamp) 1976.

FOUCAULT, M.: *Sexualität und Wahrheit II: Der Gebrauch der Lüste*, Frankfurt a. M. (Suhrkamp) 1984.

FOX, W.: "Japanese Management: Tradition under Strain", *Business Horizont*, (Aug. 1977).

FRANK, M.: *Das Sagbare und das Unsagbare. Studien zur deutsch-französischen Hermeneutik und Textheorie*, Frankfurt a. M. (Suhrkamp) 1990.

FRANK, M.: *Selbstbewußtsein und Selbsterkenntnis. Essays zur analytischen Philosophie der Subjektivität*, Stuttgart (Reclam) 1991.

FRANK, M.: *Conditio moderna. Essays, Reden, Programm*, Stuttgart (Reclam) 1993.

FREY, B. S./STROEBE, W.: "Ist das Modell des Homo Oeconomicus 'unpsychologisch'?", *Zeitschrift für die gesamte Staatswissenschaft*, 136 (1980), S. 82-97.

FREYER, H.: *Die Bewertung der Wirtschaft im philosophischen Denken des 19. Jahrhunderts* (1921), Hildesheim (Olms) 1966.

FREYER, H.: *Herrschaft, Planung, Technik. Aufsätze zur politischen Soziologie*, Weinheim (VCH Acta humanoria) 1987.

FREYER, TH.: "Zwischen Totalität und Unterbrechung. Theologische Anmerkungen zur Zeitauffassung von J.-F. Lyotard", *Jahrbuch für Philosophie des Forschungsinstituts für Philosophie Hannover*, 5 (1994), S. 32-54.

FRENCH, P.: "Die Korporation als moralische Person", in: H. LENK/M. MARING (Hrsg.): *Wirtschaft und Ethik*, Stuttgart (Reclam) 1992.

LITERATUR

FROMM, E.: *Analytische Sozialpsychologie und Gesellschaftstheorie*, Frankfurt a. M. (Suhrkamp) 1970.

FUCHS, B. A.: *Der Geist der bürgerlich-kapitalistischen Gesellschaft*, München/Berlin (Oldenbourg) 1914.

GEHLHAAR, S.: *Die frühpositivistische (Helmholtz) und phänomenologische (Husserl) Revision der Kantischen Erkenntnislehre*, Cuxhaven (Junghans) 1991.

GERHARDT, K.: *Aggression und Rassismus - elementare Verhaltensweisen?*, München (Kösel) 1973.

GETHMANN, C.-F. (Hrsg.): *Lebenswelt und Wissenschaft. Studien zum Verhältnis von Phänomenologie und Wissenschaftstheorie*, Bonn (Bouvier) 1991.

GEYER, C.-F.: "Theodizee oder Kulturgeschichte des Bösen? Anmerkungen zum gegenwärtigen Diskurs", *Zeitschrift für philosophische Forschung*, 45/2 (1992), S. 238-256.

GEYER, C.-F.: *Einführung in die Philosophie der Kultur*, Darmstadt (Wissenschaftliche Buchgesellschaft) 1994.

GOFFMANN, B. E.: *Das Individuum und der öffentliche Austausch. Mikrostudien zur öffentlichen Ordnung*, Frankfurt a. M. (Suhrkamp) 1974.

GORDAN, P.: *Evangelium und Inkulturation*, Graz (Styria) 1992.

GRABMANN, R./MÜLLER-BECK, H.: *Urgeschichte der Menschheit*, Stuttgart u. a. (Kohlhammer) ^{3}1952.

GRASSI, E.: *Verteidigung des individuellen Lebens. Studia humanitatis als philosophische Überlieferung*, Bern (Francke) 1946.

GRATHOFF, R.: "Milieu und Gesellschaft", in: E. W. ORTH (Hrsg.): *Handlungssinn und Lebenssinn. Zum Problem der Rationalität im Kontext des Handelns* (Phänomenologische Forschungen 20), Freiburg/München (Alber) 1987.

GRÄTZEL, S.: *Organische Zeit. Zur Einheit von Vergessen und Erinnern*, Freiburg/München (Alber) 1993.

GREIMAS, A. J.: *Du Sens. Essais sémiotiques*, Paris (Seuil) 1970.

GREIMAS, A. J.: *Sémiotique et sciences sociales*, Paris (Seuil) 1976.

GREISCH, J.: "Descartes selon l'ordre de la raison herméneutique. Le 'moment cartésien' chez Michel Henry, Martin Heidegger et Paul Ricoeur", *Revue des Sciences philosophiques et théologiques*, 73 (1989), S. 529-548.

GREISCH, J.: "Das Leibphänomen. Ein Versäumnis von *Sein und Zeit*", in: P. J. M. VAN TONGEREN u. a. (Hrsg.): *Eros und Eris*, Dordrecht (Kluwer) 1992.

GREISCH, J.: *Hermeneutik und Metaphysik. Eine Problemgeschichte*, München (Fink) 1993.

GROSSMANN, H.: *Die gesellschaftlichen Grundlagen der mechanistischen Philosophie und die Manufaktur* (1935), Reprint München (Kösel) 1970.

GROTJAHN, A.: *Soziale Pathologie*, Berlin [3]1923.

GUÉROULT, M.: *Leibniz. Dynamique et Metaphysique*, Paris (Aubier-Montaigne) 1967.

GURWITSCH, A.: *Die mitmenschliche Begegnung in der Milieuwelt*, Berlin/New York (De Gruyter) 1973.

HABERMAS, J.: *Erkenntnis und Interesse*, Frankfurt a. M. (Suhrkamp) 1970.

HABERMAS, J./LUHMANN, N.: *Theorie der Gesellschaft oder Sozialtechnologie?*. Frankfurt a. M. (Suhrkamp) 1971.

HABERMAS, J.: *Legitimationsprobleme im Spätkapitalismus*, Frankfurt a. M. (Suhrkamp) [2]1973.

HABERMAS, J.: *Nachmetaphysisches Denken*, Frankfurt a. M. (Suhrkamp) 1989.

HAHL-KOCH, J.: *Kandinsky*, Stuttgart (Hatje) 1993.

HARE, R. M.: *Die Sprache der Moral*, Frankfurt a. M. (Suhrkamp) 1973.

HARTOG, F.: *Le miroir d'Hérodot*, Paris (Gallimard) 1980.

HAYEK, F. A. VON: *Der Wettbewerb als Entdeckungsverfahren*, Kiel (Institut für Weltwirtschaft) 1968.

HAYEK, F. A. VON (Hrsg.): *Collectivist Economic Planing. Critical Studies on the Possibilities of Socialisme* (1933), Clifton (Kelley) 1975.

HAYEK, F. A. VON: *Drei Vorlesungen über Demokratie, Gerechtigkeit und Subjektivismus*, Tübingen (Mohr) 1977.

HEERKLOTZ, Th.: *Die Variae des Cassiodorus als kulturgeschichtliche Quelle*, Berlin 1926.

HEGEL, G. W. F.: *Theologische Jugendschriften*, hrsg. v. H. Nohl, Tübingen (Mohr) 1907.

HEGEL, G. W. F.: *Phänomenologie des Geistes*, hrsg. v. J. Hoffmeister, Hamburg (Meiner) [6]1952.

HEGEL, G. W. F.: *Enzyklopädie der philosophischen Wissenschaften im Grundrisse, II. Teil* (Werke 10), Frankfurt a. M. (Suhrkamp) 1969.

HEGEL, G. W. F.: *Vorlesungen über die Philosophie der Geschichte* (Werke 12), Frankfurt a. M. (Suhrkamp) 1970.

HEIDEGGER, M.: *Über den Humanismus*, Frankfurt a. M. (Klostermann) 1947.

HEIDEGGER, M.: *Sein und Zeit*, Tübingen (Niemeyer) [11]1967.

HEIDEGGER, M.: *Die Technik und die Kehre*, Pfullingen (Neske) [4]1978.

HEIDEGGER, M.: *Phänomenologische Interpretation zu Aristoteles. Einführung in die phänomenologische Forschung* (GA 61), Frankfurt a. M. (Klostermann) 1985.

HEIDEGGER, M.: *Beiträge zur Philosophie. Vom Ereignis* (GA 65), Frankfurt a. M. (Klostermann) [2]1994.

HEINRICHS, W.: *Einführung in das Kulturmanagement*, Darmstadt (Wissenschaftliche Buchgesellschaft) 1993.

HELD, K.: "Heimwelt, Fremdwelt, die eine Welt", in: E. W. ORTH (Hrsg.): *Perspektiven und Probleme der Husserlschen Phänomenologie. Beiträge zur neueren Husserl-Forschung* (Phänomenologische Forschungen 24/25), Freiburg/München (Alber) 1991, S. 305-337.

HELD, K.: "Europa und die interkulturelle Verständigung. Ein Entwurf im Anschluß an Heideggers Phänomenologie der Grundstimmungen", in: H.-H. GANDER (Hrsg.): *Europa und die Philosophie* (Martin-Heidegger-Gesellschaft Schriftenreihe 2), Frankfurt a. M. (Klostermann) 1992, S. 87-104.

HENRY, M.: "Le bonheur chez Spinoza", *Revue d'histoire de la Philosophie*, 39-41 (1944-1946), S. 67-100 u. 187-225.

HENRY, M.: *Marx. I: Une philosophie de la réalité; II: Une philosophie de l'économie*, Paris (Gallimard) 1976 (Neuaufl. 1991).

HENRY, M.: "Théodicée dans la perspective d'une phénoménologie radicale", *Archivio di Filosofia*, 1-3 (1988), S. 383-393.

HENRY, M.: *Du communisme au capitalisme. Théorie d'une catastrophe*, Paris (Jacob) 1990.

HENRY, M.: "Interview", in: *Revue des Sciences humaines*, 1 (1991), S. 49-65.

HENRY, M.: *Radikale Lebensphänomenologie. Ausgewählte Studien zur Phänomenologie*, Freiburg/München (Alber) 1992.

HENRY, M.: *Die Barbarei. Eine phänomenologische Kulturkritik*, Freiburg/München (Alber) 1994. Original: *La barbarie*, Paris (Grasset) 1987.

HENRY, M.: "Phénoménologie non-intentionnelle: une tâche de la phénoménologie à venir", in: D. JANICAUD (Hrsg.): *L'intentionnalité en question. Entre phénoménologie et recherches cognitives*, Paris (Vrin) 1995, S. 383-397.

HENRY, M.: *Je suis la Vérité. Philosophie du christianisme*, Paris (Seuil) 1996.

HENSEL, P. H.: *Ethisches Wissen und ethisches Handeln*. Habilitationsschrift Universität Straßburg 1888.

HERODOT: *Historien*, 2 Bde., hrsg. v. J. Feix, München (Heimaran) 1963.

HERRMANN-PILLATH, C. (Hrsg.): *Marktwirtschaft als Aufgabe. Wirtschaft und Gesellschaft im Übergang vom Plan zum Markt*, Stuttgart u. a. (G. Fischer) 1994.

HIRSCHMANN, A. O.: *Abwanderung und Widerspruch. Reaktionen auf Leistungsabfall bei Unternehmungen, Organisationen und Staaten*, Tübingen (Mohr) 1974.

HIRSCHMANN, A, O.: *Leidenschaften und Interessen. Politische Begründungen des Kapitalismus vor seinem Sieg*, Frankfurt a. M. (Suhrkamp) 1980.

HOBBES, THOMAS: *Leviathan oder Stoff, Form und Gewalt eines bürgerlichen und kirchlichen Staates*, hrsg. v. I. Fetscher, Neuwied/Berlin (Luchterhand) 1966.

HOCHE, H.-U.: *Elemente einer Anatomie der Verpflichtung*, Freiburg/München (Alber) 1992.

HÖFFE, O.: "Personale Bedingungen eines sinnerfüllten Lebens", in: R. KÜHN/H. PETZOLD (Hrsg.): *Psychotherapie und Philosophie*, Paderborn (Junfermann) 1992, S. 395-422.

HOFSTEDE, G.: "Conficius Connections: from Cultural Roots to Economic Growth", *Organisational Dynamics*, (Frühjahr 1988).

HÖLDERLIN, F.: "Über Religion", in: *Sämtliche Werke und Briefe 2*, Berlin/Weimar (Aufbau Verlag) 1970.

HOLLEIS, W.: *Unternehmenskultur und moderne Psyche*, Frankfurt a. M. (Campus) 1987.

HORKHEIMER, M./ADORNO, TH. W.: *Dialektik der Aufklärung. Philosophische Fragmente* (1944) (Ges. Schriften 3), Frankfurt a. M. (Suhrkamp) 1980.

HUSSERL, E.: *Cartesianische Meditationen* (Husserliana I), Den Haag (Nijhoff) 1963.

HUSSERL, E.: *Analysen zur passiven Synthesis. Aus Vorlesungs- und Forschungsmanuskripten 1918-1926* (Husserliana XI), Den Haag (Nijhoff) 1966.

HUSSERL, E.: *Phänomenologische Psychologie* (Husserliana IX), Den Haag (Nijhoff) 1968.

HUSSERL, E.: *Zur Phänomenologie der Intersubjektivität. Texte aus dem Nachlaß, III. Teil: 1929-1935* (Husserliana XV), Den Haag (Nijhoff) 1973.

HUSSERL, E.: *Ding und Raum. Vorlesungen 1907* (Husserliana XVI), Den Haag (Nijhoff) 1973.

HUSSERL, E.: *Die Krisis der europäischen Wissenschaften und die transzendentale Phänomenologie* (Husserliana VI), Den Haag (Nijhoff) 1976.

HUSSERL, E.: *Formale und transzendentale Logik. Versuch einer Kritik der logischen Vernunft* (1929), Tübingen (Niemeyer) 1981.

HUSSERL, E.: *Die Idee der Phänomenologie. Fünf Vorlesungen* (Text nach Husserliana II), Hamburg (Meiner) 1986.

IRRGANG, B.: *Lehrbuch der Evolutionären Erkenntnistheorie. Evolution, Selbstorganisation, Kognition,* Basel/München (Reinhardt) 1992.

JACOB, A. (Hrsg.): *Encyclopédie Philosophique Universelle*, Paris (P.U.F.) 1988-1995 (bisher 3 Bde. von 4).

JAHRMARKT, M.: *Das Tao-Management*, Freiburg i. Br. (Haufe) [2]1989.

JAIN, E.: *Das Prinzip Leben. Lebensphilosophie und Ästhetische Erziehung*, Frankfurt a. M. (Lang) 1993.

JAIN, E.: *Hermeneutik des Sehens. Studien zur ästhetischen Erziehung der Gegenwart*, Frankfurt a. M. (Lang) 1995.

JANICAUD, D.: *Le tournant théologique de la phénoménologie française*, Paris (Eclat) 1991.

JENSEN, AD. E.: *Die getötete Gottheit. Weltbild einer frühen Kultur*, Stuttgart (Kohlhammer) 1966.

JODL, F.: *Geschichte der Ethik*, 2 Bde., Stuttgart/Berlin 1882-1889 (Reprod. 1965).

JÜNGER, F. G.: *Die Perfektion der Technik*, Frankfurt a. M. (Klostermann) [7]1993.

KAHN, H./WIENER, A. J.: *Ihr werdet es erleben. Voraussagen der Wissenschaft bis zum Jahre 2000*, Reinbek (Rowohlt) 1971.

KALTENBRUNNER, G.-K. (Hrsg.): *Überleben und Ethik. Die Notwendigkeit, bescheiden zu werden*, Freiburg-Basel-Wien (Herder) 1976.

KALTENBRUNNER, G.-K. (Hrsg.): *Auf der Suche nach einer neuen Vollbeschäftigung. Die Mutation der Arbeit*, Freiburg-Basel-Wien (Herder) 1979.

KAMBARTEL, F.: *Theorie und Begründung*, Frankfurt a. M. (Suhrkamp) 1976.

KAMBARTEL, F.: "Universalität und Lebensform. Zu den (unlösbaren) Schwierigkeiten, das gute und vernünftige Leben über formale Kriterein zu bestimmen", in: W. OELMÜLLER (Hrsg.): *Normbegründung - Normendurchsetzung (Materialien zur Normendiskussion 2*), Paderborn (Schönigh) 1978.

KANDINSKY, W.: *Essays über Kunst und Künstler*, hrsg. v. M. Bill, Bern (Benteli) [3]1973.

KANT, I.: "Von einem neuerdings erhobenen vornehmen Ton in der Philosophie" (1796), in: *Gesammelte Schriften 8* (Akademie-Ausgabe), Berlin (De Gruyter) 1923, S. 387-406.

KANT, I.: *Zum ewigen Frieden. Ein philosophischer Entwurf*, Stuttgart (Reclam) 1965.

KANT, I.: *Grundlegung zur Metaphysik der Sitten* (Akademie Textausgabe 4), Berlin (De Gruyter) 1968.

KASPER, H.: *Die Handhabung des Neuen in organisierten Sozialsystemen*, Berlin (Springer) 1990.

KAUFMANN, F. X.: *Der Ruf nach Verantwortung*, Freiburg i. Br. (Herder) 1993.

KENDE, P.: *L'abondance est-elle possible? Essai sur les limites de l'économie*, Paris (Gallimard) 1971.

KEYZER, R.: "Conatus, Freedom and the Market", *Studia Spinozana*, 8 (1992), hrsg. v. E. Balibar u. a.: *Spinoza's Psychology and Social Psychology*, Würzburg (Königshausen & Neumann) 1994, S. 117-146.

KIMMERLE, H.: *Philosophie in Afrika - afrikanische Philosophie. Annäherungen an einen interkulturellen Philosophiebegriff*, Frankfurt a. M. (Qumran/ Campus) 1991.

KIMMERLE, H.: "Philosophie in Afrika - afrikanische Philosophie als Weisheitslehre?", in: R. A. MALL/D. LOHMAR (Hrsg.): *Philosophische Grundlagen der Interkulturalität*, Amsterdam/Atlanta (Rodopi) 1993.

KIMMERLE, H.: *Die Dimension des Interkulturellen. Philosopie in Afrika - afrikanische Philosophie. 2. Teil: Supplemente und Verallgemeinerungsschritte* (Studien zur interkulturellen Philosophie), Amsterdam/Atlanta (Rodopi) 1994.

KIWITZ, P.: *Lebenswelt und Lebenskunst*, München (Fink) 1986.

KLAGES, L.: *Der Mensch und das Leben*, Bonn [3]1986.

Klages, L.: *Der Geist als Widersacher der Seele* (1929-1932), Nachdruck Bonn [6]1981.

KLEIN, W./NAUMANN-BEYER, L. (Hrsg.): *Nach der Aufklärung? Beiträge zum Diskurs der Kulturwissenschaften*, Berlin (Akademie Verlag) 1995.

KLEINFELD-WERNICKE, A.: "Person oder Institution - Zur Frage nach dem Subjekt moralisch verantwortlichen Handelns des Unternehmens", *Jahrbuch für Philosophie des Forschungsinstituts für Philosophie Hannover*, 5 (1994), S. 163-180.

KLINGER, C./STAEBLEIN, R. (Hrsg.): *Identitätskrisen und Surrogatidentitäten. Zur Wiederkehr einer romantischen Konstellation*, Frankfurt a. M. (Campus) 1989.

KNIGHT, F. H.: *The Ethics of Competition and Other Essays* (1935), Reprint New York (Libraries Press) 1966.

KOERTGEN, N.: "Braucht die Sozialwissenschaft wirklich Metaphysik?", in: H. ALBERT/K. H. STAPF (Hrsg.): *Theorie und Erfahrung. Beiträge zur Grundlagenproblematik der Sozialwissenschaften*, Stuttgart (Klett-Cotta) 1979, S. 55-79.

KOHLER, G.: "Krieg, Politik und Markt. Kants Versprechen", *Zeitschrift für Philosophische Praxis*, 1 (1994), S. 12-19.

KOHUT, K.: *Rasse, Klasse und Kultur in der Karibik*, Frankfurt a. M. (Vervuert) 1989.

KOLB, G.: "Volkswirtschaftslehre als Kulturtheorie", *Jahrbuch für Philosophie des Forschungsinstituts für Philosophie Hannover*, 5 (1994), S. 181-197.

KOSLOWSKI, P.: *Die postmoderne Kultur. Gesellschaftlich-kulturelle Konsequenzen der technischen Entwicklung*, München (Beck) [2]1988.

KOSLOWSKI, P.: *Die Prüfungen der Neuzeit. Über Postmodernität. Philosophie der Geschichte, Metaphysik, Gnosis*, Wien (Passagen) 1989.

KOSLOWSKI, P.: *Wirtschaft als Kultur. Wirtschaftskultur und Wirtschaftsethik in der Postmoderne*, Wien (Passagen) 1989.

KOSLOWSKI, P.: *Gesellschaftliche Koordination. Eine ontologische und kulturwissenschaftliche Theorie der Marktwirtschaft*, Tübingen (Mohr) 1991.

KOSLOWSKI, P.: *Ethik des Kapitalismus*, Tübingen (Mohr) [4]1991.

KOSLOWSKI, P.: "Sozial- und Kulturphilosophie", in: P. KOSLOWSKI: *Orientierung durch Philosophie. Ein Lehrbuch nach Teilgebieten*, Tübingen (Mohr) 1991.

KOSLOWSKI, P.: (Hrsg.): *Neuere Entwicklungen in der Wirtschaftsethik und Wirtschaftsphilosophie*, Berlin (Springer) 1992.

KOSLOWSKI, P.: *Die Ordnung der Wirtschaft. Studien zur Praktischen Philosophie und Politischen Ökonomie*, Tübingen (Mohr) 1994.

KOZU, K.: *Das Bedürfnis der Philosophie. Ein Überblick über die Entwicklung des Begriffskomplexes "Bedürfnis", "Trieb", "Streben" und "Begierde" bei Hegel* (Hegel-Studien Beiheft 30), Bonn (Bouvier) 1988.

KRÄMER, H.: "Plädoyer für eine Philosophie der Lebenskunst", *Information Philosophie*, 3 (1988), S. 5-17.

KRÄMER, H.: *Integrative Ethik*, Frankfurt a. M. (Suhrkamp) 1992.

KRIELE, M.: *Die demokratische Weltrevolution*, Göttingen (Vandenhoeck & Ruprecht) 1987.

KRINGS, H.: *Ordo. Philosophisch-historische Grundlegung einer abendländischen Idee* (1941), Hamburg (Meiner) 1982.

KROMPHARDT, J.: *Konzeptionen und Analysen des Kapitalismus*, Göttingen (Vandenhoeck & Ruprecht) 1980.

KRÜGER, H. P.: *Perspektivenwechsel. Autopoiese, Moderne und Postmoderne*, Berlin (Akademie Verlag) 1993.

KÜHN, R.: "Auf dem Weg zu einer erneuerten Bergsonrezeption und lebensphilosophischen Besinnung", *Philosophische Rundschau*, 36/3 (1989), S. 232-244.

KÜHN, R.: *Deuten als Entwerden. Eine Synthese des Werkes Simone Weils in hermeneutisch-religionsphilosophischer Sicht*, Freiburg-Basel-Wien (Herder) 1989.

KÜHN, R.: *Leiblichkeit als Lebendigkeit. Michel Henrys Lebensphänomenologie absoluter Subjektivität als Affektivität*, Freiburg/München (Alber) 1992.

KÜHN, R./PETZOLD, H. (Hrsg.): *Psychotherapie und Philosophie - Philosophie als Psychotherapie?*, Paderborn (Junfermann) 1992 (mit Beiträgen u. a. von G. Boehme, O. Höffe, Th. Luckmann, H. Saner, H. Schmitz, W. Seitter, H. Vetter).

KÜHN, R.: *Französische Reflexions- und Geistesphilosophie*, Frankfurt a. M. (Hain) 1993.

KÜHN, R.: *Studien zum Lebens- und Phänomenbegriff*, Cuxhaven-Dartford (Junghans) 1994.

KÜHN, R.: "Phänomenologie als Onto-*do*-logie? Zur Philosophie der Gabe", *Philosophischer Literaturanzeiger*, 47/3 (1994), S. 290-310.

KÜHN, R.: "Bedürfen und Vorstellungsdestruktion", *Gregorianum*, 76/2 (1995), S. 223-342.

KÜHN, R.: "Bedürfen und transzendentale Geburt", *Concordia. Internationale Zeitschrift für Philosophie*, 2 (1995), S. 21-41.

LACROIX, J.: *Spinoza et le problème du salut*, Paris (P.U.F.) 1970.

LANDGREBE, L.: *Faktizität und Individuation. Studien zu Grundfragen der Phänomenologie*, Hamburg (Meiner) 1982.

LAURENT, A.: "The Cultural Diversity of Westeners Conception of Management", *International Studies of Management and Organisation*, 13/1-2 (1983).

LAURITZEN, L. (Hrsg.): *Städtebau der Zukunft*, Düsseldorf/Wien (Econ) 1970.

LE RIDIER, L./RAULET, G. (Hrsg.): *Verabschiedung der (Post-)Moderne?*, Tübingen (Narr) 1987.

LEE, N.: *Edmund Husserls Phänomenologie der Instinkte*, Dordrecht u. a. (Kluwer) 1993.

LEE, T.: *Kultur als Widerstand und Befreiung. Zur geschichtlichen Entwicklung der humanistischen Idee in Europa und in der Dritten Welt*, Frankfurt a. M. (Lang) 1993.

LEESE, K.: *Die Krisis und Wende des christlichen Geistes. Studien zum anthropologischen und theologischen Problem der Lebensphilosophie*, Berlin (Junker & Dünnhaupt) 1932.

LEFEBVRE, H.: *La vie quotidienne dans le monde moderne*, Paris (Gallimard) 1968.

LENK, H./MARING, M. (Hrsg.): *Wirtschaft und Ethik*, Stuttgart (Reclam) 1992.

LERSCH, PH.: *Lebensphilosophie der Gegenwart*, Berlin 1932.

LESSING, TH.: *Die verfluchte Kultur. Gedanken über den Gegensatz von Leben und Geist* (1918), Neudruck München 1981.

LÉVINAS, E.: *Totalité et Infini. Essai sur l'exteriorité*, Den Haag (Nijhoff) [4]1974.

LÉVINAS, E.: *Die Spur des Anderen. Untersuchungen zur Phänomenologie und Sozialphilosophie*, Freiburg/München (Alber) [3]1992.

LIEBER, H.-J. (Hrsg.): *Kulturkritik und Lebensphilosophie*, Darmstadt (Wissenschaftliche Buchgesellschaft) 1974.

LIPPITZ, W.: "Der phänomenologische Begriff der Lebenswelt - seine Relevanz für die Sozialwissenschaften", *Zeitschrift für philosophische Forschung*, 32 (1978), S. 416-435.

LITT, TH.: *Erkenntnis und Leben. Untersuchung über Gliederung, Methoden und Beruf der Wissenschaft*, Leipzig/Berlin 1923.

LITT, TH.: *Geschichte und Leben. Probleme und Ziele kulturwissenschaftlicher Bildung* (1918), Leipzig [3]1925.

LITT, TH.: *Pädagogik und Kultur. Kleine pädagogische Schriften* (1918-1926), Bad Heilbronn 1965.

LÖNS, H.: *Transzendentalphilosophie und Metaphysik der Kultur. Eine Untersuchung zur theoretischen Philosophie Paul Natorps*, Franfurt a. M. (Lang) 1994.

LOHMAR, D.: *Phänomenologie der Mathematik. Elemente einer phänomenologischen Aufklärung der mathematischen Erkenntnis nach Husserl*, Dordrecht u. a. (Kluwer) 1991.

LORENZEN, P./SCHWEMMER, O.: *Konstruktive Logik, Ethik und Wissenschaftstheorie*, Mannheim (Bibliographisches Institut) [2]1975.

LÜBBE, H.: *Die Aufdringlichkeit der Geschichte. Herausforderungen der Moderne vom Historismus bis zum Nationalsozialismus*, Graz-Wien-Köln (Styria) 1989.

LÜBBE, H.: *Im Zug der Zeit. Verkürzte Aufenthalte in der Gegenwart*, Berlin u. a. (Springer) 1991.

LUCKMANN, TH.: *Lebenswelt und Gesellschaft*, Paderborn (Schöningh) 1980.

LUHMANN, N.: *Liebe als Passion. Zur Codierung von Intimität*, Frankfurt a. M. (Suhrkamp) 1983.

LUHMANN, N.: *Soziale Systeme. Grundriß einer allgemeinen Theorie*, Frankfurt a. M. (Suhrkamp) 1987.

LUKÁCS, G.: *Zur Ontologie des gesellschaftlichen Seins. Die ontologischen Grundprinzipien von Marx*, Darmstadt/Neuwied (Luchterhand) 1972.

LYOTARD, J. F.: *Immaterialität und Postmoderne*, Berlin 1985.

LYOTARD, J. F.: *Der Widerstreit*, München (Fink) 1987.

LYOTARD, J. F.: *Das postmoderne Wissen. Ein Bericht*, Wien (Passagen) 1993.

MACPHERSON, G. B.: *Die politische Theorie des Besitzindividualismus von Hobbes bis Locke*, Frankfurt a. M. (Suhrkamp) 1973.

MAIER, A.: *Die Mechanisierung des Weltbildes im 17. Jahrhundert*, Rom (Edizioni di storia e letterature) ²1968.

MALINOWSKI, B.: *Eine wissenschaftliche Theorie der Kultur* (1941), Frankfurt a. M. (Suhrkamp) 1975.

MALL, R. A./LOHMAR, D. (Hrsg.): *Philosophische Grundlagen der Interkulturalität* (Studien zur interkulturellen Philosophie 1), Amsterdam/Atlanta (Rodopi) 1993.

MALL, R. A.: *Philosophie im Vergleich der Kulturen*, Darmstadt (Wissenschaftliche Buchgesellschaft) 1995.

MANNHEIM, K.: *Ideologie und Utopie* (1929), Frankfurt a. M. (Schulte Bulmke) 1965.

MANNHEIM, K.: "Ideologische und soziologische Interpretation der geistigen Gebilde", in: V. MEYA/N. STAHR (Hrsg.): *Der Streit um die Wissenssoziologie I*, Frankfurt a. M. (Suhrkamp) 1982, S. 213 ff.

MARION, J.-L.: *Réduction et donation. Recherches sur Husserl, Heidegger et la phénoménologie*, Paris (P.U.F.) 1989.

MARTI, J.: "Unser Amerika", in: A. RAMA (Hrsg.): *Der lange Kampf Lateinamerikas*, Frankfurt a. M. 1962.

MARX, K.: *Grundrisse der Kritik der politischen Ökonomie*, Frankfurt a. M. /Wien (Europäische Verlagsanstalt) o. J.

MARX. K.: *Zur Kritik der Hegelschen Rechtsphilosophie [Kritik des Hegelschen Staatsrechts § 261-313]* (Marx-Engels, Werke 1), Berlin (Dietz) 1972.

MISCH, G.: "Die Idee der Lebensphilosophie in der Theorie der Geisteswissenschaften", *Kant-Studien*, 31 (1926), S. 536-548.

MISCH, G.: *Lebensphilosophie und Phänomenologie. Eine Auseinandersetzung der Diltheyschen Richtung mit Heidegger und Husserl* (1930), Darmstadt ³1967.

MISES, L. VON: "Soziologie und Geschichte. Epilog zum Methodenstreit in der Nationalökonomie", *Archiv für Sozialwissenschaften und Sozialpolitik*, 61 (1929), S. 465-512.

MISES, L. VON: *Human Action. A Treatise on Economics*, New Haven (Yale University Press) 1949.

MOHR, O.: *Das sinnliche Ich. Innerer Sinn und Bewußtsein bei Kant*, Würzburg (Königshausen & Neumann) 1991.

MOULAKIS, A.: *Simone Weil - die Politik der Askese*, Stuttgart (Klett-Cotta) 1981.

MÜLLER, S.: *Phänomenologie und philosophische Theorie der Arbeit I: Lebenswelt - Natur - Sinnlichkeit*, Freiburg/München (Alber) 1993.

NELL-BREUNING, O. VON: *Kapitalismus - kritisch betrachtet*, Freiburg i. Br. (Herder) 1974.

NELL-BREUNING, O. VON/MÜLLER, J. H.: *Vom Geld und Kapital*, Freiburg-Basel-Wien (Herder) 1962.

NIEDERMANN, J.: *Kultur. Werden und Wandlungen des Begriffs und seiner Ersatzbegriffe von Cicero bis Herder* (Bibliotheca dell' Archivum Romanicum I, 28), Rom 1941.

NIETZSCHE, F.: *Werke in drei Bänden*, hrsg. v. K. Schlechta, München (Hanser) [7]1973.

NOVACK, M.: *The Denigration of Capitalism. Six Points of View*, Washington (American Entreprise Institute) 1979.

OLLIG, H.-L. (Hrsg.): *Philosophie als Zeitdiagnose. Ansätze der deutschen Gegenwartsphilosophie*, Darmstadt (Wissenschaftliche Buchgesellschaft) 1991.

ORTH, E. W.: "Kulturphilosophie und Kulturanthropologie als Transzendentalphilosophie", *Husserl Studies*, 4 (1987), S. 242-255.

ORTH, E. W.: (Hrsg.): *Logik, Anschaulichkeit und Transparenz. Studien zu Husserl, Heidegger und die französische Phänomenologie* (Phänomenologische Forschungen 23), Freiburg/München (Alber) 1990.

OSTENDORF, B. (Hrsg.): *Multikulturelle Gesellschaft. Modell Amerika*, München (Fink) 1994.

OTTINO, P.: "L'empreinte culturelle musulmane dans l'océan indien", in: *Encyclopédie Philosophique Universelle*, Bd. I, hrsg. v. A. Jacob, Paris (P.U.F.) 1989, S. 1497-1504.

OTTO, M. A. C.: *Der Ort. Phänomenologische Variationen*, Freiburg/München (Alber) 1992.

PARROCHIA, D.: *Philosophie des reseaux*, Paris (P.U.F.) 1993.

PEILL-SCHOELLER, P.: *Interkulturelles Management. Kulturelle Synergien in Joint Ventures zwischen China und den deutschsprachigen Ländern*, Berlin (Springer) 1994.

PFLUG, G.: Art. "Lebensphilosophie", in: J. RITTER u. a. (Hrsg.): *Historisches Wörterbuch der Philosophie 5*, Darmstadt (Wissenschaftliche Buchgesellschaft) 1980, Sp. 135-140.

PHELPS, E. S.: *Altruism, Morality, and Economic Theory*, New York (Sage Foundation) 1975.

PIETSCH, M.: *Die Industrielle Revolution*, Freiburg-Basel-Wien (Herder) 1964.

PLATZ, H.: *Geistige Kämpfe im modernen Frankreich*, München (Kösel-Pustet) 1922.

POLANYI, K.: *Primitive, Archaic, and Modern Economies*, Boston (Beacon Press) 1971.

POLIN, R.: *La création des cultures. D'une philosophie de l'histoire à une philosophie des cultures*, Paris (P.U.F.) 1993.

POLLMANN, L.: *Der Neue Roman in Frankreich und Lateinamerika*, Stuttgart (Kohlhammer) 1968.

PÖLTNER, G.: *Evolutionäre Vernunft. Eine Auseinandersetzung mit der Evolutionären Erkenntnistheorie*, Stuttgart-Berlin-Köln (Kohlhammer) 1993.

PORÉE, J.: "Le temps du souffrir. Remarques critiques sur la phénoménologie de Michel Henry" *Archives de Philosophie*, 54 (1991), S. 213-240.

RAD, G. VON: *Theologie des Alten Testaments I: Die Theologie der geschichtlichen Überlieferungen Israels*, München (Kaiser) 1966.

RECK, H. U.: *Zugeschriebene Wirklichkeit. Alltagskultur, Design, Kunst, Film und Werbung im Brennpunkt der Medientheorie*, Würzburg (Königshausen & Neumann) 1994.

REESE, W.: *Die Phänomenologie der schweren körperlichen Arbeit. Die Widerständigkeit der Realität*, Frankfurt a. M. (Haag + Herchen) 1992.

REESE-SCHÄFER, W./TAURECK, B. H. F. (Hrsg.): *Jean-François Lyotard*, Cuxhaven (Junghans) ²1990.

RENTSCH, Th.: *Die Konstitution der Moralität. Transzendentale Anthropologie und praktische Philosophie*, Frankfurt a. M. (Suhrkamp) 1990.

RICKERT, H.: "Zwei Wege der Erkenntnistheorie", *Kant-Studien*, 14 (1909), S. 169-228.

RICKERT, H.: *Kulturwissenschaft und Naturwissenschaft* (1899), Tübingen (Mohr) 1926.

RICKERT, H.: *Die Grenzen der naturwissenschaftlichen Begriffsbildung* (1896), Tübingen (Mohr) ⁵1929.

RICOEUR, P.: "Expérience et langage dans le discours religieux", in: J.-F. COURTINE (Hrsg.): *Phénoménologie et Théologie*, Paris (Critérion) 1992, S. 15-40.

ROBBINS, L. C.: *An Essay on the Nature and Significance of Economic Science*, London (Macmillan) 1932.

ROMBACH, H.: *Leben des Geistes*, Freiburg-Basel-Wien (Herder) 1977.

RONDET, H.: *Theologie der Arbeit*, Würzburg (Echter) 1956.
RÖPKE, J.: *Primitive Wirtschaft, Kulturwandel und die Diffusion von Neuerungen*, Tübingen (Mohr) 1970.
RORTY, R.: "Der Vorrang der Demokratie vor der Philosophie", *Zeitschrift für philosophische Forschung*, 42 (1988).
RÖTTGERS, K.: "Narrative Soziologie", *Grounded. Arbeiten aus der Sozialforschung*, II/2 (1989), S. 47-59.
RÜSTOW, A.: *Das Versagen des Wirtschaftsliberalismus als religionsgeschichtliches Problem*, Zürich (Europa Verlag) 1945.

SAHLINS, M. D.: "Exchange-value and the Diplomacy of Primitive Trade", in: *Essays in Economic Anthropology. Dedicated to the Memory of Karl Polanyi*, Seattle (University of Washington Press) 1963.
SAMUELSON, P. A./NORDHAUS, W. D.: *Volkswirtschaftslehre. Grundlagen der Makro- und Mikroökonomie 1*, Köln (Bund-Verlag) ^{8}1987.
SAND, CHR.: *Die große Freiheit. Über einige Ähnlichkeiten und Unterschiede in den Freiheitsverständnissen der europäischen, indischen und chinesischen Philosophie*, Cuxhaven-Dartford (Junghans) 1994.
SANER, H.: "Memento nasci. Vorbemerkungen zu einer Philosophie der Geburt", in: G. K. KALTENBRUNNER (Hrsg.): *Überleben und Ethik*, Freiburg i. Br. (Herder) 1975, S. 142-161.
SANER, H.: "Die Grenzen des Ertragbaren. Zur Phänomenologie chronischer Schmerzen", in: R. KÜHN/H. PETZOLD (Hrsg.): *Psychotherapie und Philosophie*, Paderborn (Junfermann) 1992, S. 15-28.
SAVRAMIS, D.: *Religionssoziologie. Eine Einführung*, München (Nymphenburger) 1968.
SCHÄFER, E.: "Die Indianer und der Humanismus. Die spanische Conquista in lateinischer Literatur", in: E. u. B. BLATTMANN (Hrsg.): *Reinhold Schneider - Ich, Tod, Gott*, Frankfurt a. M. -Bern-New York (Lang) 1985, S. 205-259.
SCHELER, M.: *Die Wissensformen und die Gesellschaft* (Ges. Werke 8), Bern/München (Francke) ^{2}1960.
SCHERHORN, G.: *Bedürfen und Bedarf*, Berlin (Duncker & Humblot) 1959.
SCHILLER, K.: *Betrachtungen zur Geld- und Konjunkturpolitik*, Tübingen (Mohr) 1984.
SCHIVELBUSCH, W.: *Das Paradies, der Geschmack und die Vernunft. Eine Geschichte der Genußmittel*, Frankfurt a. M. 1983.
SCHLECHT, O.: *Konjunkturpolitik in der Krise*, Tübingen (Mohr) 1983.
SCHMIDT, A.: *Der Begriff der Natur in der Lehre von Marx*, Frankfurt a. M. (Europäische Verlagsanstalt) ^{2}1971.
SCHMIDT-BIGGEMANN, W.: Art. "Kult", in: *Historisches Wörterbuch der Philosophie 4*, Darmstadt (Wissenschaftliche Buchgesellschaft) 1976, Sp. 1300-1309.

SCHMITZ, H.: "Sind Tiere Bewußthaber? Über die Quellen unserer Du-Evidenz", *Zeitschrift für philosophische Forschung*, 46/3 (1992), S. 329-347.

SCHMITZ, H.: "Zwei Subjektbegriffe. Bemerkungen zu dem Buch von E. Tugendhat: Selbstbewußtsein und Selbstbestimmung", *Philosophisches Jahrbuch*, 89 (1982), S. 131-142.

SCHMITZ, H.: "Immanenz als Falle des Lebens", *Philosophische Rundschau*, 42/1 (1995), S. 69-75.

SCHNÄDELBACH, H. (Hrsg.): *Rationalität. Philosophische Beiträge*, Frankfurt a. M. (Suhrkamp) 1984.

SCHULTE, W.: *Radikal böse. Karriere des Bösen von Kant bis Nietzsche*, München (Fink) 1988.

SCHUMACHER, E. F.: *Die Rückkehr zum menschlichen Maß. Alternativen für Wirtschaft und Technik*, Reinbek (Rowohlt) 1977.

SCHUMPETER, J.: *Theorie der wirtschaftlichen Entwicklung* (1912), Leipzig (Duncker & Humblot) ^{6}1964.

SCHUMPETER, J.: *Geschichte der ökonomischen Analyse*, Göttingen (Vandenhoeck & Ruprecht) 1965.

SCHÜTZ, A.: *Der sinnenhafte Aufbau der sozialen Welt. Eine Einleitung in die verstehende Soziologie*, Wien (Springer) 1932.

SCHWEIDLER, W.: *Geistesmacht und Menschenrecht. Der Universalanspruch der Menschenrechte und das Problem der Ersten Philosophie*, Freiburg/München (Alber) 1994.

SCITOVSKY, T.: *Psychologie des Wohlstands. Die Bedürfnisse des Menschen und der Bedarf des Verbrauchers*, Frankfurt a. M. (Campus) 1977.

SEBBAH, F.-D.: "Eveil et naissance. Quelques remarques à partir d'Emmanuel Lévinas et Michel Henry", *Alter. Revue de Phénoménologie*, 1 (1993), S. 209-235.

SEIDL, H.: *Wert und Wirklichkeit in der Philosophie H. Rickerts*, Bonn (Bouvier) 1968.

SEN, A.: *Ökonomische Ungleichheit*, Frankfurt (Campus) 1975.

SEPP, H. R. (Hrsg.): *Edmund Husserl und die phänomenologische Bewegung. Zeugnisse in Text und Bild*, Freiburg/München (Alber) 1988.

SHACKLE, G. L. S.: *Epistemics and Economics. A Critique of Economic Doctrines*, Cambridge (University Press) 1972.

SIEGMUND, G.: *Der Glaube des Urmenschen*, Bern-München (Francke) 1962.

SIMMEL, G.: *Fragmente und Aufsätze*, hrsg. v. G. Kantorowicz, München/Leipzig (Duncker & Humblot) 1923.

SIMMEL, G.: *Lebensanschauung. Vier metaphysische Kapitel*, München/Leipzig (Duncker & Humblot) 1923.

SIMMEL, G.: *Philosophische Kultur. Gesammelte Essays* (1911), Potsdam (Kiepenheuer) 1923.

SIMMEL, G.: *Der Konflikt der modernen Kultur: ein Vortrag*, München/Leipzig (Duncker & Humblot) 1926.

SIMON, H. A.: "Rationality as Process and as Product of Thought", *American Economic Review*, 68 (1978), S. 1-15.

SIMON, J.: *Wahrheit als Freiheit. Zur Entwicklung der Wahrheitsfrage in der neueren Philosophie*, Berlin (De Gruyter) 1978.

SOHN-RETHEL, A.: *Materialistische Erkenntniskritik und Vergesellschaftung der Arbeit*, Berlin (Merve) 1971.

SPECTOR, H.: *Analytische und postanalytische Ethik. Untersuchung zur Theorie moralischer Urteile*, Freiburg/München (Alber) 1993.

SPRANGER, E.: *Lebensformen. Geisteswissenschaftliche Psychologie und Ethik der Persönlichkeit*, Halle 1921.

SPRANGER, E.: *Die Kulturzyklentheorie und das Problem des Kulturverfalls* (Sitzungsbericht der Akademie der Wissenschaften), Berlin 1926.

SPRANGER, E.: *Probleme der Kulturmorphologie*, Berlin 1936.

SPRANGER, E.: "Kulturpathologie?", in: *Reden bei der feierlichen Eröffnung des SS 1947* (Reihe Universität Tübingen Heft 37), Tübingen 1947, S. 18-141 (*Gesammelte Schriften* 5, Heidelberg 1969, S. 173-193).

STREISSLER, E./WATRIN, CH. (Hrsg.): *Zur Theorie marktwirtschaftlicher Ordnungen*, Tübingen (Mohr) 1980.

STIERLE, K.: "Semiotik als Kulturwissenschaft", *Zeitschrift für französische Sprache und Literatur*, 83 (1973), S. 99-128.

STIETENCRON, H. VON/RÜPKE, J. (Hrsg.): *Töten im Krieg*, Freiburg/München (Alber) 1994.

TERESTCHENCO, M.: *Enjeux de philosophie politique moderne*, Paris (P.U.F.) 1992.

TERRAY, E.: *Zur politischen Ökonomie der "primitiven" Gesellschaften*, Frankfurt a. M. 1972.

TEUFL, S.: *Der "Sinn"-Begriff anhand der Logotherapie und Existenzanalyse nach Viktor E. Frankl - Anwendungen für das Management? Der Versuch einer Annäherung. Diplomarbeit der Sozial- und Wirtschaftswissenschaften* Universität Wien, 1993 (Typoskript 95 S.).

TROTIGNON, P.: *L'idée de la vie chez Bergson et la critique de la métaphysique. Essai sur le système de Bergson*, Paris (P.U.F.) 1968.

ULRICH, P.: "Systemsteuerung und Kulturentwicklung. Auf der Suche nach einem ganzheitlichen Paradigma in der Managementlehre", *Die Unternehmung*, 38/4 (1984), Sp. 303-322.

ULRICH, P.: *Transformation der ökonomischen Vernunft. Fortschrittsperspektiven der modernen Industriegesellschaft*, Bern/Stuttgart (Haupt) 1986.

VOLLMER, G.: *Evolutionäre Erkenntnistheorie*, Stuttgart (Hirzel) 1975.

WALDENFELS, B.: *Phänomenologie in Frankreich*, Frankfurt a. M. (Suhrkamp) 1983.

WALDENFELS, B.: *In den Netzen der Lebenswelt*, Frankfurt a. M. (Suhrkamp) 1985.

WALDENFELS, B.: "Verschränkung von Heimwelt und Fremdwelt", in: R. A. MALL/D. LOHMAR (Hrsg.): *Philosophische Grundlagen der Interkulturalität*, Amsterdam/Atlanta (Rodopi) 1993.

WEBER, H.: *Kulturgeschichte und Kultursoziologie* (1935), München (Piper) ^{2}1950.

WEBER, H.: *Prinzipien der Geschichts- und Kultursoziologie*, Tübingen 1951.

WEBER, M.: *Gesammelte Aufsätze zur Religionssoziologie*, Tübingen (Mohr) 1920.

WEBER, M.: *Wirtschaft und Gesellschaft*, Tübingen (Mohr) 1980.

WEGEHENKEL, C. (Hrsg.): *Marktwirtschaft und Umwelt*, Tübingen (Mohr) 1981.

WEIL, S.: *L'enracinement*, Paris (Gallimard) 1949 (posthume Veröffentlichung durch Albert Camus). Dt. Übers.: *Die Einwurzelung*, München (Kösel) 1956.

WEIL, S.: *Sur la science*, Paris (Gallimard) 1966.

WEIL, S.: *Fabriktagebuch und andere Schriften zum Industriesystem*, Frankfurt a. M. (Suhrkamp) 1978.

WEINGARTEN, E. u. a. (Hrsg.): *Ethnomethodologie. Beiträge zu einer Soziologie des Alltagslebens*, Frankfurt a. M. (Suhrkamp) 1976.

WEIPPERT, G.: *Aufsätze zur Wissenschaftslehre II: Wissenschaftslehre als Kulturtheorie*, Göttingen (Vandenhoeck & Ruprecht) 1967.

WELTE, E.: *Vom Sinn und Wert der menschlichen Arbeit. Aus der Gedankenwelt des heiligen Thomas von Aquin*, Heidelberg (Kerle) 1946.

WETZEL, M./RABATÉ, J.-M. (Hrsg.): *Ethik der Gabe. Denken nach J. Derrida*, Berlin (Akademie Verlag) 1992.

WIDDER, J.: "Unheilbarkeit, Hinfälligkeit, Sterblichkeit. Zur ethischen Dimension der modernen Medizin", *Geschichte der Gegenwart*, 11/4 (1992), S. 276-289;

WIDDER, J.: "Die Beschränkung der Ethik in der Medizin", *Wiener Medizinische Wochenschrift*, 7 (1994), S. 23-26.

WIEDER, D. L./ZIMMERMANN, H. D.: *Regeln im Erklärungsprozeß. Wissenschaftliche und ethnowissenschaftliche Soziologie*, Frankfurt a. M. 1976.

WILDGEN, W.: *Dynamische Sprach- und Weltauffassungen (in ihrer Entwicklung von der Antike bis zur Gegenwart)*, Universität Bremen 1985.

WILLIAMSON, O. E.: "The Modern Corporation: Origins, Evolution, Attributes", *Journal of Economic Literature*, 19 (1981), S. 1537-1570.

WIMMER, F.: *Vier Fragen zur Philosophie in Afrika, Asien und Lateinamerika*, Wien (Braumüller) 1988.

WIMMER, F.: *Interkulturelle Philosophie I: Geschichte und Theorie*, Wien (Passagen) 1990.

WIMMER, R.: "Die veränderte Wissens- und Handlungssituation in den Wissenschaften vom Leben", in: K. STEIGLEDER/D. MIETH (Hrsg.): *Ethik in den Wissenschaften*, Tübingen (Attempto) 1990, S. 230-259.

WIMMER, R.: "Zur ethischen Problematik der Keimbahn-Gentherapie am Menschen", *Zeitschrift für philosophische Forschung*, 44 (1990), S. 55-67.

WINCH, P.: *Simone Weil - "The Just Balance"*, New York u. a. (Cambridge University Press) 1989.

WOUTERS, C.: "Informalisierung und der Prozeß der Zivilisation", in: P. R. GLEICHMANN u. a. (Hrsg.): *Materialien zu N. Elias' Zivilisationstheorie*, Frankfurt a. M. (Suhrkamp) 1977.

WUKETITS, F. M.: "Die Überwindung von Mechanismus und Vitalismus. Auf dem Weg zu einer neuen Biophilosophie", *Philosophia naturalis*, 19/3-4 (1982), S. 371-391.

WUKETITS, F.: *Gene, Kultur und Moral. Soziobiologie - Pro und Contra*, Darmstadt (Wissenschaftliche Buchgesellschaft) 1990.

WYSS, D.: *Die Strukturen der Moral*, Göttingen (Vandenhoeck & Ruprecht) 1968.

WYSS, D.: *Vom zerstörten zum wiederentdeckten Leben. Kritik der modernen Biologie*, Göttingen (Vandenhoeck & Ruprecht) 1986.

ZEMANEK, H.: *Das geistige Umfeld der Informationstechnik*, Berlin u. a. (Springer) 1992.

Personenregister

Sachregister

Sachregister

SACHREGISTER

GPSR Compliance

The European Union's (EU) General Product Safety Regulation (GPSR) is a set of rules that requires consumer products to be safe and our obligations to ensure this.

If you have any concerns about our products, you can contact us on ProductSafety@springernature.com

In case Publisher is established outside the EU, the EU authorized representative is:

Springer Nature Customer Service Center GmbH
Europaplatz 3
69115 Heidelberg, Germany

Batch number: 10815974

Printed by Printforce, the Netherlands